《朱子家禮》在朝鮮傳播中的"諸具"疏證

A Study and Annotation on Zhu Ju of Zhu Xi's Family Rituals which Created in Joseon Dynasty

趙曜曜　著

中国社会科学出版社

圖書在版編目（CIP）數據

《朱子家禮》在朝鮮傳播中的"諸具"疏證 / 趙曜曜著. —北京：中國社會科學出版社，2022.4

ISBN 978 - 7 - 5203 - 9950 - 0

Ⅰ.①朱… Ⅱ.①趙… Ⅲ.①朱熹(1130 - 1200)—家禮—文化傳播—研究 Ⅳ.①K892.27

中國版本圖書館 CIP 數據核字(2022)第 046630 號

出 版 人	趙劍英
策劃編輯	趙　威
責任編輯	李凱凱
責任校對	朱妍潔
責任印製	王　超

出　　版	中国社会科学出版社
社　　址	北京鼓樓西大街甲 158 號
郵　　編	100720
網　　址	http://www.csspw.cn
發 行 部	010 - 84083685
門 市 部	010 - 84029450
經　　銷	新華書店及其他書店

印　　刷	北京君昇印刷有限公司
裝　　訂	廊坊市廣陽區廣增裝訂廠
版　　次	2022 年 4 月第 1 版
印　　次	2022 年 4 月第 1 次印刷

開　　本	710 × 1000　1/16
印　　張	30
字　　數	418 千字
定　　價	158.00 元

凡購買中國社會科學出版社圖書，如有質量問題請與本社營銷中心聯繫調換
電話:010 - 84083683
版權所有　侵權必究

出 版 說 明

　　爲進一步加大對哲學社會科學領域青年人才扶持力度，促進優秀青年學者更快更好成長，國家社科基金2019年起設立博士論文出版項目，重點資助學術基礎扎實、具有創新意識和發展潜力的青年學者。每年評選一次。2020年經組織申報、專家評審、社會公示，評選出第二批博士論文項目。按照"統一標識、統一封面、統一版式、統一標準"的總體要求，現予出版，以饗讀者。

全國哲學社會科學工作辦公室
2021年

摘　　要

　　朱熹《家禮》比諸其旁論，篇幅最爲精短，然却受衆最多、傳播最廣。《家禮》自元末明初傳入朝鮮之始，其研究始終處於相對單一、獨立且自成宗派的環境中，並在本土化、庶民化的過程中，孕育產生了"諸具"這一獨一無二的文獻記錄形式。"諸具"將行禮所需備辦的人、物以詳盡而細微的面貌呈現出來，文字表意不明處配以圖繪，以圖彰其形，體現了強烈的視覺感及現場感。

　　由於"諸具"一項，中國禮學論著並未單列，且不爲學術界所關注。加之中、朝兩地方域有別、殊類科迥，致使《家禮》中禮器諸具聽熒不明，遑論行禮之順暢。故而本書首次以"諸具"這個"新問題"作爲切入點，以"新材料"——《韓國禮學叢書》收錄的域外禮經漢籍爲主軸，嘗試以《家禮》次第爲章節，排比爬梳《家禮》本文及注文中"諸具"條目，兼收並存中、朝諸多禮學家辨訟考證之辭，將傳統名物訓詁與考古學、社會學、文化學等有機結合，對物具的式樣、結構、用途等力求作出詳明的闡釋。

　　全書共分五章。首章，推究朝鮮時代禮書中"諸具"這一名目產生、發展、定型之過程。其中第二至五章，依通、冠、婚、祭禮的次序，將提煉的"諸具"作爲詞頭，着重稽考《叢書》較《家禮》衍變及創發的物具，分三端進行細化的處理：第一，所謂"創發"者，即《家禮》文本所無，憑半島民俗所用而增設。所增之物，皆有本源可考，未敢有一字贅入。第二，所謂"刪汰"者，即《家禮》所載服器已不合朝鮮之用，或李朝世人更不知其爲何物，故需依後賢議論對部分"諸具"進行裁革。"諸具"的適時刪減，體現了禮因時、因俗而變的原則。第三，所謂"衍變"者，主要是指"諸具"名稱、位置、形制、隆殺等，與《家禮》描述相去甚遠，《叢書》或改換俗用，或係以俗稱，或補充所明。結語部分從器物性質上對疏證對象安排了大致的分類，並就疏證過程中的難點和不足作了概括，另着眼於宏觀意義上的"訓詁學"方法，對"諸具"疏證的理想形式及目標給予了有限的期待。

關鍵詞： 朱子家禮，諸具，疏證，朝鮮王朝

Abstract

Compared with other works, Zhu Xi's Family Rites is the shortest, yet has the largest audience and the widest dissemination. The study of the Family Rites in China is not systematic or continuous. In real life, few people have used the Family Rites in practice. In contrast, the Family Rites have been introduced to our neighboring country, Korea, since the late Yuan and early Ming dynasties, and scholars in that country have studied the Family Rites continuously and in their own way, forming different schools of thought. In the process of localizing and popularizing the Family Rites, a unique form of documentary record, the "Zhu Ju", was created. The "Zhu Ju" present a complete and detailed picture of the people and objects needed to perform the rites. Where the text is not comprehensive enough, diagrams are added to give a strong visual and live sense.

In Chinese books on rituals, there is no separate list of "Zhu Ju". The scholarly community has not paid much attention to it either. China and Korea are different countries, and they have different interpretations of the rituals and their use in the Family Rites. This project takes the "new topic" of the "Zhu Ju" as the starting point, and obtains "new materials" from the books on rituals included in the Korean Rituals Series. The chapters are set up in the order of the Family Rites, and the "Zhu Ju" in the original text and the commentary of the Family Rites are annotated. In this section, the research results of many Chinese and Korean ritual scholars are listed, and traditional exegesis is combined with archaeology, sociology, and cultural studies to provide detailed explanations of the patterns, structures, and uses of the objects.

This book is divided into six chapters. Chapter 1, history of the formation of Korean distinctive "Zhu Ju". Chapter 2 – 5, annotation of the "Zhu Ju" in the "General Ceremony (通禮)" "Cap Wearing Ceremony (冠禮)" "Wedding Ceremony (婚禮)" "Sacrificial Ceremony (祭禮)" of the Chosun Dynasty. The objects and "Zhu Ju" which were researched, explained, and summarized were categorized and systematically analyzed according to the differences in the choice of objects between China and Korea from three aspects: creation, elimination, and derivation. Creation means to add new palace utensils in the Family Rites according to the folk customs of the Korean Peninsula. Elimination is to delete some objects in the Family Rites that were no longer used. Derivation appeared mainly in Zhu Ju which had changed from the descriptions in the Family Rites in terms of names, locations, scales, and forms, and the Korean scholars replaced them with common names or common usages. Chapter 6, the conclusion and the appendix. This chapter classifies the different types of "Zhu Ju" and addresses the difficulties and shortcomings of the exegesis process. Finally, from the macro – exegetical point of view, we will explain how to better annotate the "Zhu Ju".

Key Words: *Zhu Xi's Family Rituals*, Zhu Ju, Study and Annotation, Chosun Dynasty

凡　例

一、材料來源：作爲研究底本的《家禮》選用《孔子文化大全》所收明内府刊《性理大全》本；作爲"諸具"比勘對象的朝鮮時代禮學著述，限於韓國慶星大學校韓國學研究所編輯整理的《韓國禮學叢書》正編 120 册，155 種禮書。

二、章節安排：文章采用述、圖、表、録的形式，設凡例、引論、正文、附録四個部分。《家禮》的篇目次第原爲通禮、冠禮、昏禮、喪禮、祭禮，然喪禮篇幅甚巨，值得另立一題。① 因此，本書擬對喪禮之外的"四禮"諸具加以疏證。"四禮"各章由"具體疏證"及"中朝諸具列表對比"兩節組成。

三、"諸具"疏證格式：並不對《家禮》所有物具作全面的鋪陳，而是擇其中因時代變遷、地域有別而造成中朝兩國異名、殊制、滋惑歧互的物具進行稽考。出列《家禮》正文，依"諸具"出現的先後爲序，以"【】"標目。其下首先添附朱子本注以及楊復、劉垓孫、劉璋、黄瑞節的注文，此所謂源也；其次憑《叢書》次序，窮

---

① 下文"引論"有述，"喪禮"在《家禮》中所占篇幅遠超其餘四禮。"孝莫重於執喪"，朝鮮學者也往往將"喪禮"作爲單獨的研究單元，因而在《韓國禮學叢書》收録的禮學著作中，多有以"喪禮""喪儀"命題者。筆者根據《韓國禮學叢書》整理的"諸具"材料，與"喪禮"有關者約佔三分之二以上，非三五年之功可成。因而，本書擬先集中時間和精力完成對《朱子家禮》中其餘"四禮"諸具的疏證，形成較爲系統的疏證架構。而將"喪禮"部分作爲下一階段研究工作的重點，以期在將來最終完成對"通""冠""婚""喪""祭"諸具的完整疏證。

盡性地爬梳、隨録其中朝鮮禮學家的考證，注明其在《叢書》中首見的位置，以"/"爲間隔，《叢書》册數編號在前，具體頁碼在後，此所謂流也；最末檢視古籍史料、評騭前説，對其舛漏不可辨或窒礙難通處予以闡釋，設"按"字表明己意，此所謂疏證之旨歸。

四、文字及圖片格式：全書使用繁體字，個別文字辨考時依需要采用簡體；爲保留文獻原貌，《家禮》及《叢書》引文中出現的異體、俗體、古體字不作改動，原文缺損或模糊不清的字詞代以"□"；引文中雙行夾注一律改爲單行，小字注文統一納於"（ ）"中以示區别；由於"諸具"名物繁多，加之禮儀曲折，僅賴文字説明遠遠不夠，因此疏證中旁引禮圖相發明，圖片下添附來源，文圖經緯相錯，井井不紊。

目　　錄

引　論 …………………………………………………………（1）
　　第一節　《朱子家禮》源流考鏡 ……………………………（2）
　　第二節　《朱子家禮》朝鮮化溯程 …………………………（14）
　　第三節　《叢書》特色"諸具"解題 …………………………（24）

第一章　朝鮮特色化"諸具"形成始末 ……………………（30）
　　第一節　肇端：丘濬《家禮儀節》 …………………………（31）
　　第二節　樞機：金長生《喪禮備要》 ………………………（37）
　　第三節　成熟：李縡《四禮便覽》 …………………………（41）
　　第四節　《家禮》所涉"諸具"彙總 …………………………（46）

第二章　朝鮮時代"通禮"所涉"諸具"疏證 ………………（55）
　　第一節　通禮"諸具"疏證 …………………………………（56）
　　第二節　《叢書》對《家禮》通禮"諸具"的衍變及創發 ……（209）

第三章　朝鮮時代"冠禮"所涉"諸具"疏證 ………………（213）
　　第一節　冠禮"諸具"疏證 …………………………………（215）
　　第二節　《叢書》對《家禮》冠禮"諸具"的衍變及創發 ……（305）

第四章　朝鮮時代"婚禮"所涉"諸具"疏證 ………………（309）
　　第一節　婚禮"諸具"疏證 …………………………………（311）

第二節　《叢書》對《家禮》婚禮"諸具"的衍變及創發 ……（385）

第五章　朝鮮時代"祭禮"所涉"諸具"疏證 ……………（389）
第一節　祭禮"諸具"疏證 …………………………………（390）
第二節　《叢書》對《家禮》祭禮"諸具"的衍變及創發 ……（414）

結　語 ………………………………………………………（416）

附錄一　本書取用《韓國禮學叢書》表 …………………（420）

附錄二　中國、李氏朝鮮尺度表……………………………（428）

附錄三　朝鮮所涉《家禮》"諸具"彙總 ……………………（431）

參考文獻 ……………………………………………………（441）

索　引 ………………………………………………………（446）

後　記 ………………………………………………………（455）

Contents

Introduction ·· (1)

  1. The Compilation of the *Zhuzi Family Rites* ····················· (2)

  2. The Chosunisation of the *Zhuzi Family Rites* ················· (14)

  3. Introduction to the Zhu Ju ··· (24)

Chapter 1: History of the Formation of the Zhu Ju with Korean Characteristics ·· (30)

  1. The Beginning: Qiu Jun's *Jiali Yijie* ····························· (31)

  2. The Pivot: Jin Changsheng's *Sangli Beiyao* ··················· (37)

  3. The Perfection: Li Zai's *Sili Bianlan* ··························· (41)

  4. A summary of the Zhu Ju in the *Zhuzi Family Rites* ············ (46)

Chapter 2: Annotation of the Zhu Ju in the General Ceremony of the Chosun Dynasty ································· (55)

  1. Annotation of the Zhu Ju in the General Ceremony ············ (56)

  2. The Chosunisation of the Zhu Ju in the Genaral Ceremony ·· (209)

Chapter 3: Annotation of the Zhu Ju in the Cap Wearing Ceremony of the Chosun Dynasty ····················· (213)

  1. Annotation of the Zhu Ju in the Cap Wearing Ceremony ··· (215)

2. The Chosunisation of the Zhu Ju in the Cap Wearing Ceremony .... (305)

Chapter 4: Annotation of the Zhu Ju in the Wedding Ceremony of the Chosun Dynasty .... (309)

1. Annotation of the Zhu Ju in the Wedding Ceremony .... (311)
2. The Chosunisation of the Zhu Ju in the Wedding Ceremony .... (385)

Chapter 5: Annotation of the Zhu Ju in the Sacrificial Ceremony of the Chosun Dynasty .... (389)

1. Annotation of the Zhu Ju in the Sacrificial Ceremony .... (390)
2. The Chosunisation of the Zhu Ju in the Sacrificial Ceremony .... (414)

The conclusion and the appendix .... (416)

Appendices 1: List of the *Korean Rites Series* cited in this article .... (420)

Appendices 2: Length units in China and Korea .... (428)

Appendices 3: Classification and summary of the Zhu Ju in the *Family Rites* of the Chosun Dynasty ...... (431)

Bibliography .... (441)

Index .... (446)

Postscript .... (455)

圖表目錄

圖1—1	治棺之具	（40）
圖1—2	立銘旌"諸具"	（44）
圖2—1	家廟圖	（66）
圖2—2	立祠堂於正寢之東圖	（66）
圖2—3	祠堂全圖	（67）
圖2—4	祠堂一間圖	（67）
圖2—5	祠堂全圖	（72）
圖2—6	穆陵丁字閣	（72）
圖2—7	丁字閣圖	（72）
圖2—8	祠堂龕室之圖	（83）
圖2—9	桌圖	（89）
圖2—10	嵌銀青銅香爐	（93）
圖2—11	香爐蓋具圖	（93）
圖2—12	香爐圖	（93）
圖2—13	香盒蓋具圖	（95）
圖2—14	香盒圖	（95）
圖2—15	床圖	（101）
圖2—16	中國交椅	（107）
圖2—17	李朝可折疊式交椅	（109）
圖2—18	李朝不可折疊式交椅	（109）
圖2—19	中國"燭臺"圖	（114）

圖 2—20	李朝"燭臺" ……………………………………	(114)
圖 2—21	燭檠並燭圖 ……………………………………	(114)
圖 2—22	李朝螺鈿花蝶紋小盤 …………………………	(118)
圖 2—23	盤碟圖 …………………………………………	(118)
圖 2—24	朝鮮半島"碟匙" ………………………………	(119)
圖 2—25	三國青釉侈口盞 ………………………………	(130)
圖 2—26	南宋建窯鷓鴣斑茶盞 …………………………	(130)
圖 2—27	茶盞圖 …………………………………………	(130)
圖 2—28	東晉德清窯黑釉盞托 …………………………	(132)
圖 2—29	北宋青白釉帶盞托 ……………………………	(132)
圖 2—30	茶托造型結構圖 ………………………………	(132)
圖 2—31	茶托圖 …………………………………………	(132)
圖 2—32	竺副帥圖 ………………………………………	(136)
圖 2—33	劉松年《攆茶圖》局部 ………………………	(136)
圖 2—34	李嵩《貨郎圖》局部摹本 ……………………	(137)
圖 2—35	內蒙古赤峰市元寶山元代壁畫 ………………	(137)
圖 2—36	茶筅圖 …………………………………………	(138)
圖 2—37	狼筅製 …………………………………………	(138)
圖 2—38	宋影青瓜棱形湯瓶 ……………………………	(141)
圖 2—39	湯提點圖 ………………………………………	(141)
圖 2—40	點茶圖局部 ……………………………………	(141)
圖 2—41	高麗青瓷鑲嵌銅彩童子紋注子和承盤 ………	(142)
圖 2—42	湯瓶圖 …………………………………………	(142)
圖 2—43	南宋銀鎏金梅梢月紋盤盞 ……………………	(145)
圖 2—44	朝鮮半島酒臺 …………………………………	(145)
圖 2—45	李朝銅合金盞臺 ………………………………	(145)
圖 2—46	高麗青瓷盞臺 …………………………………	(145)
圖 2—47	中國酒注變化示意圖 …………………………	(148)
圖 2—48	朝鮮半島酒注 …………………………………	(149)

圖2—49	茅束及茅盤圖	(160)
圖2—50	中國"筅"	(171)
圖2—51	李朝"筅"	(172)
圖2—52	李朝"筅記"	(174)
圖2—53	李朝俗節時食	(195)
圖2—54	祝版圖	(205)
圖3—1	承塵圖	(218)
圖3—2	遮日圖	(218)
圖3—3	不同造型的梳子	(224)
圖3—4	"非"形髮箆	(225)
圖3—5	梳箆同體	(225)
圖3—6	總圖	(233)
圖3—7	布總圖	(233)
圖3—8	朝鮮半島"唐只"	(233)
圖3—9	頭䙅圖	(234)
圖3—10	掠頭圖	(239)
圖3—11	中國"網巾"	(242)
圖3—12	懶收網	(242)
圖3—13	朝鮮半島"網巾"	(243)
圖3—14	西漢"鮑一笥"	(246)
圖3—15	《家禮》卷首"笥"圖	(246)
圖3—16	缺骻衫	(252)
圖3—17	童子四䙅衫圖	(254)
圖3—18	四䙅衫前後圖	(254)
圖3—19	服四䙅衫式	(254)
圖3—20	武士戎裝圖	(265)
圖3—21	南宋佚名《盥手觀花圖》	(265)
圖3—22	金代齊國王墓"紅羅勒帛"	(266)
圖3—23	新石器時代木屐正面及背面	(272)

圖3—24	兩齒木屐	(272)
圖3—25	男女漆木屐	(273)
圖3—26	三國東吳雙齒木屐	(274)
圖3—27	南宋馬遠《寒山子像》	(274)
圖3—28	朝鮮有齒木屐	(274)
圖3—29	兒童彩屐	(274)
圖3—30	李朝"幅巾"	(294)
圖3—31	大帽圖	(296)
圖3—32	士人著笠圖	(296)
圖3—33	馬尾毛製黑笠	(297)
圖3—34	笠子圖	(297)
圖3—35	北齊婁睿墓壁畫局部	(299)
圖3—36	草堂權煜著儒巾像	(299)
圖3—37	李朝"儒巾"	(299)
圖3—38	束帛圖	(304)
圖4—1	納采具書式	(315)
圖4—2	朝鮮半島納幣書樣	(315)
圖4—3	無封皮"四柱單子"	(318)
圖4—4	有封皮"四柱單子"	(318)
圖4—5	青紅綫捆束柱單四端	(319)
圖4—6	紅綫由下至上捆束柱單	(319)
圖4—7	涓吉單子	(321)
圖4—8	幣圖	(327)
圖4—9	李朝"函"	(332)
圖4—10	函外裹"袱"具"謹封"紙	(334)
圖4—11	李朝"巹"圖	(338)
圖4—12	合巹杯	(338)
圖4—13	戴勝的西王母	(342)
圖4—14	出土的"勝"	(342)

圖4—15	方勝	（343）
圖4—16	人勝剪紙	（343）
圖4—17	戴花勝的陶俑	（345）
圖4—18	墨車圖	（353）
圖4—19	神衣前後圖	（365）
圖4—20	李朝"簇頭里"	（366）
圖4—21	李朝"圓衫"	（366）
圖4—22	肩輿（即"轎"）	（370）
圖4—23	唐人乘"肩輿"圖	（370）
圖4—24	朝鮮"四人轎"	（371）
圖4—25	轎簾圖	（371）
圖4—26	李朝"雁"圖	（375）
圖4—27	以"袱"裹雁	（377）
圖4—28	木雁	（377）
圖5—1	中國今用"杯珓"	（400）
圖5—2	金長生擬"杯珓"圖	（400）
圖5—3	《家禮》每位設饌之圖	（405）
圖5—4	《家禮儀節》兩位並設饌圖	（405）
圖5—5	匙筯	（407）
表1—1	《家禮儀節》所列器物及人員	（34）
表2—1	李朝俗節及饌品	（185）
表2—2	通禮"諸具"衍變及創發	（210）
表3—1	冠禮"三加"中朝對比	（289）
表3—2	冠禮"諸具"衍變及創發	（305）
表4—1	婚禮"諸具"衍變及創發	（386）
表5—1	祭禮"諸具"衍變及創發	（414）

引　　論

　　紫陽朱夫子感於"古禮繁縟，後人於禮日益疏略，然居今而欲行古禮，亦恐情文不相稱"① 的現世情狀，立於修己安身之本，衍布於士庶階層宗族内部的人倫風教、綱常節度，撰輯爲《家禮》一書。其所發明雖區區數萬言，却熔鑄漢唐群經舊學，博采衆家禮說之長，化繁爲簡、約古從俗，成爲時人履踐冠、婚、喪、祭禮之大端的日用手册。《家禮》的問世，"是其將'天理'與人間世對接的一個重要嘗試，是其將形而上的理學思想世俗化的一次社會實驗"②，誠可謂"集大成而緒千百年絶傳之學，開愚蒙而立億萬世一定之規"③。

　　本章係以《家禮》爲依歸，探賾索隱，考其著述淵源、歷程、内容特色，並就該書真僞及版本問題作扼要的引介，以期對《家禮》完整之概念有通盤的了解。其次剖析是書東傳朝鮮半島之内因外緣，查檢其土著化、庶民化、大衆化之流衍始末。最末，針對補苴《家禮》類禮書中朝鮮化的"諸具"項，參酌群經，旁及史典，剔抉爬梳，勾繪出"諸具"在遞嬗過程中的大致輪廓。

---

　　① 朱熹：《朱子語類》卷84《禮一》，朱傑人、嚴佐之、劉永翔主編《朱子全書》第17册，上海古籍出版社、安徽教育出版社2010年版，第2877頁。

　　② 朱傑人：《〈朱子家禮〉解讀——以婚禮爲例》，《歷史文獻研究》第30輯，華東師範大學出版社2011年版，第21頁。

　　③ 玄燁：《御製朱子全書序》，《序跋》，《朱子全書》第27册，第845頁。

第一節 《朱子家禮》源流考鏡

一 《家禮》一書真僞問題

《朱子家禮》又名《朱文公家禮》《文公家禮》《家禮》等。"據《四庫全書》的著録統計，朱子現存的著作共二十五種，六百餘卷，總字數在二千萬字左右"①，《家禮》比諸朱子旁論，篇幅最爲精微，然却是其接受人群最廣的禮學讀本，亦是最具爭議的著述之一，其癥結主要集中在《家禮》真僞問題上。舉以言之，分述如下。

（一）《家禮》係他人"僞竄"説

楊復云："《家禮》始成而失之，不及再加考訂。先生既没而書始出。"②《家禮》初成即爲僧童竊去，未得先生匡正，故而引致僞作之嫌。據楊士奇《跋文公家禮》及丘濬《文公家禮儀節》（以下簡稱《儀節》）所載，元末至正年間（1341—1370年），武林人應本（字中甫）作《家禮辨》③，首倡《家禮》非朱子手編，斷其出於門人附會。迄至清初，疑古辨僞風潮漸盛，白田王懋竑重申應氏之説，作《朱子年譜考異》《家禮考》《家禮後考》《家禮考誤》，更於《家禮考》開首以"《家禮》非朱子之書也"④爲確論，出陳例證數

---

① 《朱子全書·前言》，朱傑人、嚴佐之、劉永翔主編《朱子全書》第1册，上海古籍出版社、安徽教育出版社2010年版，第8頁。
② 楊復：《家禮附録》，《家禮》，《朱子全書》第7册，第947頁。
③ 武林應氏名諱，考自黄溍《應中甫墓誌銘》及楊士奇《東里續集》。《家禮辨》其文亡佚，丘濬於《儀節》中約略騰其大意。此外，學者湯勤福認爲《家禮》僞書説的"首創者"應追溯到元至元二十五年（1288年）的"陳櫟"。（見湯勤福《半甲集》下，上海三聯書店2010年版，第510頁）應氏爲肇端已是學界共識，湯氏之説姑且識之，可作另參。
④ 王懋竑：《白田雜著》卷2《家禮考》，影印文淵閣《四庫全書》本，第659册，上海古籍出版社2002年版，第662頁。

十則，引古禮及諸説相辯難。

王氏的疑竇從內容角度考察，突出强調《家禮》與《儀禮》《司馬氏書儀》（以下簡稱《書儀》）等舊典及朱子晚時學術論斷的不合之處，且《家禮》自身內容亦存在前後矛盾之處。從文獻記載角度考察，王氏關注點在於除李方子《紫陽年譜》載《家禮》成書於乾道六年（1170年）外，並没有其他關於《家禮》完成具體年月的確切表述；且除了《朱子文集》卷75載《家禮序》外，朱子的其他著述中從未提及《家禮》的編纂，基於此王氏將《家禮序》也視作僞竄之作。

王説厥後爲《四庫全書總目》采納，並於"家禮五卷附録一卷"條全盤承襲，云："是書之不出朱子，可灼然無疑。"① 由於《四庫總目》的官修權威性，經此裁斷，僞作説遂成定論。然近代沿用兹説者甚鮮，直至彭林《朱子作〈家禮〉説考辨》，他一反學界駁應詰王之風，試圖從"《家禮》内部考察，伸張王説，以期引起更深層之討論"②。其述論從《家禮》文本毫末處入手，呈列疑誤舉要十則，指出《家禮》虛擡宗法、喪服制度、儀節錯亂、昧於經義、前後不照、取捨失當等諸多錯謬③，從而讞决《家禮》之水準尚下於《書儀》，斷不能歸於晦庵名下。

（二）《家禮》係朱子"草就而未定"説

應、王之説一出，時賢訟奪即興。然"僞作説"由於鮮有後人提出進一步佐證，故清後逐步式微。相反，自丘濬《儀節》及夏炘《述朱質疑·跋家禮》分别對照應、王二説，按次摘録並提出相應的糾辨，肯定《家禮》爲朱子所撰這一事實後，今人錢穆、高明、上山春平、陳來、束景南、吾妻重二諸學者亦拳拳於《家禮》成書真

---

① 永瑢等：《四庫全書總目》，中華書局1965年版，第181頁。
② 彭林：《朱子作〈家禮〉説考辨》，《文史》第3輯，中華書局2012年版，第363頁。
③ 彭林：《朱子作〈家禮〉説考辨》，第370—382頁。

僞問題之證①，他們一方面依循先賢路徑，釐析過往論説中史料釋讀的正繆得失；另一方面廣泛搜羅考訂朱子親筆詩文書札，以及朱門高弟所述的序跋、語録、傳記，企圖勾稽《家禮》成書過程中朱子思想的流變；此外，還參酌現存版本系統，勘校文字異同，追溯《家禮》原貌，裁斷其被後人竄亂改易之處。

對於上述學人的論辯往還，此不贅言，僅就確認《家禮》是否爲朱子所作不可規避之兩點稍加闡明，一則宋刊本《纂圖集注文公家禮》卷首翻刻有朱子親筆《家禮序》一篇；二則朱子後嗣及門人於其生前便知《家禮》"草定"，佚而復出，經弟子取用刊行。

就結論而言，正如黄榦《朱子行狀》："所輯《家禮》，世多用之。然其後亦多損益，未暇更定。"② 及陳淳《代陳憲跋家禮》："惜其書既亡而復出，不出於先生無恙之前，而出於先生既没之後，不幸而不能垂爲一定之成儀以幸萬世，而反爲未成之缺典，至貽後世千古無窮之恨，甚可痛也！"③ 采照較妥帖的説法，《家禮》稿本確係朱子草定，然修整未訖便被付梓流布，故文本内容間有與朱子晚歲語論相牴牾之處。後世"不僅其弟子曾有臆補增改，且宋元以來被人竄亂移易"④。兹如現今通行的永樂十三年（1415年）敕修《性理大全》本《家禮》，其卷首所載28幅家禮圖便是原

---

① 近現代以來關於《家禮》真僞問題的著述和文論，肖永明、殷慧《朱熹禮學研究綜述》（《朱子學刊》第20輯，黄山書社2010年版，第38—48頁）、周鑫《〈朱子家禮〉研究回顧與展望》（《中國社會歷史評論》第12卷，天津古籍出版社2011年版，第432—446頁）及毛國民《〈朱子家禮〉真僞考的歷史回顧與探索》（《現代哲學》2018年第1期）中有較爲全面的彙總，可以參閱。

② 黄榦：《黄勉齋先生文集》卷8《朝奉大夫文華閣待制贈寶謨閣直學士通議大夫諡文朱先生行狀》，《叢書集成初編》第2410册，中華書局1985年版，第187頁。

③ 陳淳：《北溪大全集》卷14《代陳憲跋家禮》，影印文淵閣《四庫全書》本，第1168册，上海古籍出版社2002年版，第609頁。

④ 束景南：《朱熹〈家禮〉真僞考辨》，《朱熹佚文輯考》，江蘇古籍出版社1991年版，第684頁。

封蹈襲元黃瑞節所撰《朱子成書》①。此即學者語及《家禮》，不免是非相眩、議論多歧的根源。

綜而述之，由於至今無法覓得朱子《家禮》初稿底本，關鍵史料缺失，一味汲汲追尋《家禮》真偽之謎，終究未能定讞。筆者傾向於在研究《家禮》播遷朝鮮半島致使其社會意識形態儒家化的進程中，應將《家禮》看作朱熹學術體系中不可剝離的有機組成部分。②

二 《家禮》之撰述背景及歷程

"家禮"一詞最早出現於《周禮·春官·家宗人》："家宗人掌家祭祀之禮……掌家禮與其衣服、宮室、車旗之禁令。"表示貴族大夫采邑內所需遵循的法則，後用以通指私家常用之禮儀規範，"六朝時已有之，或曰書儀，或曰家禮，名目異耳"③。由於朱子《家禮》的駸駸始盛，此後獨擅朱子撰著之專名。本節主要以朱子編撰《家禮》之背景及其著作歷程爲着力點，考察如下。

（一）朱子編撰《家禮》之背景

1. 社會關係變遷，禮下庶人

唐末五代兵革不息，世道衰微，禮廢樂壞，"庶人服侯服，墙壁被文繡。公卿與皂隸同制，倡優下賤得爲后飾。昏冠喪祭、宮室器

---

① 誠如丘濬《儀節》中所述"文公《家禮》五卷而不聞有圖，今刻本載於卷首而不言作者"。卷首圖示爲何人贅入，直至日本學者吾妻重二的闡發和考訂才得以解惑："家禮圖"的編者即黃瑞節。具體可參考《性理大全の成立と朱子成書》（《名古屋大學中國哲學論集》2006 年第 5 號）及《朱熹〈家禮〉實證研究》（華東師範大學出版社 2012 年版，第 88—91 頁）。

② 與國內討論《家禮》真偽兩方相持不下的局面不同，朝鮮半島學者幾乎都篤信《家禮》出於朱熹手作，且不同身份等差的民衆將其儀節條目作爲行禮的圭臬，躬親踐行。因此本書在以朝鮮半島所存的《家禮》類禮經著述爲研究材料時，面對《家禮》是否爲朱熹所作的問題，采信朝鮮學人的觀點。

③ 章太炎：《國學概論》，江蘇人民出版社 2019 年版，第 172 頁。

用，家殊俗異，人自爲制，無復綱紀"①。門閥等級性的宗族制解體，家庭組織結構形態發生變化。隨着士族退出歷史舞臺，寒門庶族借科舉躋身政治權力的中心，貴賤等差觀念日趨淡漠，門第高下的界限逐漸消失。此外，宋代以來社會結構和政治格局發生重大改變，"庶人在數量上占人口的絕大多數，經濟上擔負着社會絕大部分的生產勞動。文化方面，也成爲重要的創造者；政治上，則是官府不能忽視的最廣大的社會基礎"②。庶人社會地位的提升，"迫切需要與其政治地位、經濟狀況相適應的禮學禮制來滿足其社會生活的需要"③。於是禮由以往貴族階層的文化特權，向社會下層轉移，完成了"禮下庶人"的平民化轉捩。其標誌是徽宗所頒《政和五禮新儀》，第一次在官方禮典中單列了針對庶民階層的禮儀條文。而司馬光《書儀》及朱子《家禮》等籍冊，也是在政府企圖通過緩驅以令、勸曉以文、使民徐而知禮的大背景下應運而生的。

2. 古禮難明，且不合時宜，私家禮範興起

《儀禮》等古禮文本最早記載了關於古代家庭的禮儀規範，在宋代禮樂復興運動的浪潮中，儒者提倡重新審視和挖掘古禮的精神內涵，以期來穩定社會人倫秩序，規範民衆道德行爲，對抗釋老以及民間信仰的浸染。然而古禮距宋已久，且其文義古奧、名物度數難詳、儀節煩瑣細碎，自神宗熙寧四年（1071年）依王安石的提議更定科舉科目廢置《儀禮》後④，研治古禮者更是寥若晨星。朱子也曾感歎道："禮廢久矣，士大夫幼而未嘗習於身，是以長而無以行於家。"⑤ 爲了使古制禮法在民間切實可行，依"從俗、從衆、從便"

---

① 宋徽宗：《政和五禮新儀·原序》，《政和五禮新儀》，影印文淵閣《四庫全書》本，第647冊，上海古籍出版社2002年版，第3頁。
② 楊志剛：《中國禮儀制度研究》，華東師範大學出版社2001年版，第203頁。
③ 惠吉興：《宋代禮學研究》，河北大學出版社2011年版，第28頁。
④ 陳邦瞻：《宋史紀事本末》卷38《學校科舉之制》，中華書局2018年版，第371頁。
⑤ 朱熹：《晦庵先生朱文公文集》卷83《跋三家禮範》，朱傑人、嚴佐之、劉永翔主編《朱子全書》第24冊，上海古籍出版社、安徽教育出版社2010年版，第3920頁。

的原則，因情循俗地對其進行删改變通是迫在眉睫的事情。另外，唐宋後禮書編纂"重心由公禮轉向到家禮"[1]，宋代公卿士大夫中的有識之士，洞悉朝廷禮文缺陋不行的現狀，繼承六朝以來的家禮制訂傳統，積極關注和修撰私家禮儀規範[2]，其著述主要有司馬光《書儀》及《溫公家範》、張載《橫渠張氏祭儀》、范祖禹《祭儀》、葉夢得《石林家訓》、袁采《袁氏世範》、高閌《送終禮》、陸九韶《陸氏家制》等。此中，司馬光《書儀》可謂"前期家禮、書儀長期醞釀發展後一次示範性的集成"[3]，除記載有關表奏、公文、書信格式外，還涉及"冠儀、婚儀、喪儀（含'祭'在內）"等內容。全書以《儀禮》爲本，芟蕪存要，與時俱變，第一次爲士民禮書設定了冠、婚、喪、祭四禮爲基礎的框架結構，亦爲後世家禮的格局及世俗化開了先河。但由於對庶民接受禮的知識水平，及實踐禮的經濟能力缺乏明晰的估量，在民衆中推行《書儀》時頻頻遭受冷遇。綜之，古禮的不合時宜，私家禮書的無所折衷、難以推用，均爲朱子《家禮》這一符合時代緊迫性和社會必要性的新禮書的編纂提出了要求。

（二）《家禮》之撰述歷程

朱熹措意於禮學，並留心搜集整理考訂諸家禮說，蓋緣起於紹興十三年（1143年）其父朱松病逝的早年人生經歷。他與弟子談及時曾說："某自十四歲而孤，十六而免喪。是時祭祀，只依家中舊禮，禮

---

[1] 張文昌：《唐宋禮書研究——從公禮到家禮》，轉引自趙克生《修書、刻圖與觀禮：明代地方社會的家禮傳播》，《中國史研究》2010年第1期。

[2] 彭林先生曾說："至遲從隋代起，就已有私家儀注出現。"（見彭林《中國禮學在古代朝鮮的播遷》，北京大學出版社2005年版，第101頁）入宋後，修撰私家儀注之風更熾，撰述的禮書煌煌可見，且形成了更爲完備、更具特色的禮學範式。兩宋私家制禮的簡況可參閱姚永輝《從"偏向經注"到"實用儀注"：〈司馬氏書儀〉與〈家禮〉之比較——兼論兩宋私修士庶儀典的演變》（《孔子研究》2014年第2期）一文。

[3] 呂振宇：《〈家禮〉源流編年輯考》，博士學位論文，華東師範大學，2013年，第2頁。

文雖未備，却甚齊整。先妣執祭事甚虔。及某年十七八，方考訂得諸家禮，禮文稍備。"①

後二十餘年，其母祝氏於乾道五年（1169年）九月辭世，同年《祭儀》稿成。朱子自紹興十七年（1147年）編《祭儀》初稿，經與張栻、呂祖謙、林用中、汪應辰等人的函商及反復修訂，在其母喪年《祭儀》終成。②《祭儀》分祭説、祭儀、祝詞三卷，體例上未分綱目，《祭儀》爲《家禮》之最早雛形，其内容亦被《家禮》所吸收，故陳淳稱其爲《家禮》的"最初本"③。

淳熙二年至三年（1175—1176年）間《家禮》草就④，然未及完稿，即在淳熙三年三月朱熹赴婺源省墓途中失竊於僧寺。關於《家禮》成書時間，朱門高足及後學者多認爲是乾道五年（1169年）或六年（1170年），該説濫觴於李方子《紫陽年譜》，李譜全帙雖早失，但其説尚留存於他人序跋及札記中，如楊復《家禮附録》引："李方子曰：乾道五年九月，先生丁母祝令人憂，居喪盡禮，參酌古今，因成喪葬祭禮，又推之於冠、昏，共爲一編，命曰《家禮》。"⑤ 真德秀《西山讀書記》："李方子爲《文公年譜》，今刻其要附此……（乾道）六年，先生居喪盡禮。既葬，日居墓側，旦望則歸奠几筵。蓋自

---

① 朱熹：《朱子語類》卷90《禮七》，朱傑人、嚴佐之、劉永翔主編《朱子全書》第17册，上海古籍出版社、安徽教育出版社2010年版，第3052頁。
② 《祭儀》成稿時間，據陳來先生《朱子〈家禮〉真僞考議》"《祭禮》小考"一節［《北京大學學報》（哲學社會科學版）1989年第3期］及其《朱子書信編年考證（增訂本）》（生活·讀書·新知三聯書店2007年版）考證，朱子《祭儀》完成於喪母之前。而束景南先生認爲《祭儀》完成於朱母去世同年（參束景南《朱熹年譜長編》卷上，華東師範大學出版社2001年版，第422頁）。本書采束先生之説，將陳先生所説作另論旁參，以俟後考。
③ 陳淳：《北溪大全集》卷14《代陳憲跋家禮》，影印文淵閣《四庫全書》本，第1168册，上海古籍出版社2002年版，第608頁。
④ 《家禮》草就於淳熙年間之説，參酌束景南先生《朱熹年譜長編》卷上"始作家禮"條（華東師範大學出版社2001年版，第543—545頁）。
⑤ 楊復：《家禮附録》，《家禮》，朱傑人、嚴佐之、劉永翔主編《朱子全書》第7册，上海古籍出版社2010年版，第947頁。

始死至祥禫，參酌古今，咸盡其變，因成喪葬祭禮，又推之於冠昏，共爲一編，命曰《家禮》。"① 李幼武《宋名臣言行録外集》中所録此段與真德秀《讀書記》全同②，而《言行録》是采"李方子撰行實"編成，故《讀書記》及《言行録》所載即李氏《紫陽年譜》原貌。筆者以爲，李果齋言乾道五年或六年，是朱子始作《家禮》的時間，而不是其完成時間。朱門後學方大琮、李性傳由於"對李方子的文字有誤讀，没有考慮到李氏所言的時間跨度問題"③，故謬記爲《家禮》成稿時間。後世編纂的朱子諸年譜，如明汪仲魯本、葉公回本、李默本，清洪璟本等，皆云"乾道六年《家禮》成"，其臆斷訛誤因同上述。

慶元六年（1200年）三月初九朱子卒於建陽縣考亭寓所，同年十一月歸葬於建陽西北唐石里（今福建省南平市黄坑鎮）大林谷九頂峰下，會葬者近千人，與葬士子將所録《家禮》副本攜來交給朱熹季子朱在，《家禮》終在遺失25年後始得歸璧。

三 《家禮》之特色及主要版本

（一）家禮之特色

《家禮》以司馬氏《書儀》爲藍本，化裁古禮，酌采衆家禮説④，在明人倫、守名分、崇愛敬的根本原則下，以"古禮減殺，從今世俗之禮"⑤ 爲指導思想，因事制禮、緣時設宜，對百姓之家

---

① 真德秀：《西山讀書記》卷31《朱子傳授》，影印文淵閣《四庫全書》本，第706册，上海古籍出版社2002年版，第120—122頁。

② 李幼武：《宋名臣言行録外集》卷12，影印文淵閣《四庫全書》本，第449册，上海古籍出版社2002年版，第774頁。

③ 陳國代：《文獻家朱熹：朱熹著述活動及其著作版本考察》，北京師範大學出版社2015年版，第127頁。

④ 釐清《家禮》内容上取自經傳及各家禮説處，可參閲盧仁淑《朱子家禮與韓國之禮學》一書（人民文學出版社2000年版，第22—30頁）。

⑤ 朱熹：《朱子語類》卷84《論修禮書》，朱傑人、嚴佐之、劉永翔主編《朱子全書》第17册，上海古籍出版社、安徽教育出版社2010年版，第2886頁。

日常生活中起居飲食、冠笄婚嫁、喪葬時祭等各項禮事活動所需的儀節、陳設、器用、服飾等都進行了翔實的規定。全書綱目明了、體例完備、文字簡潔、內容詳略適度，從而形成了一個格局完善的家族禮儀系統，"使覽之者得提其要，以及其詳，而不憚其難行之者。雖貧且賤，亦得以具其大節，略其繁文，而不失其本意也"①。

相較其他禮書，《家禮》於形式上的特色主要有：其一，就禮節形式安排而言，《家禮》除承襲《書儀》四禮的章節次第外，還首列"通禮"一章，冠於書首。含祠堂、深衣制度、司馬氏居家雜儀三類目項，此三者皆是民衆旦夕所用不可缺之禮。其中，"祠堂"原屬《書儀》"喪儀"章"影堂雜儀"條；"深衣制度"本列於"冠儀"章之末；"司馬氏居家雜儀"則對應"婚儀"中"居家雜儀"。其二，《家禮》全篇分正文及注文兩部分，正文關涉儀節程序的大要，使人對禮儀的主要環節及步驟一目瞭然。朱子補述及論說則悉置"注"内，這樣不僅使禮儀排布更趨緊湊、連貫，也便於人們參考和執行。《家禮》於内容上的特色主要在於：重視宗法制度，使其與祠堂、祭田緊密相連。王懋竑曾說："《家禮》重宗法，此程、張、司馬氏所未及。"② 就内涵而言，重視宗法思想是《家禮》的主要特徵。它"強調通過'敬宗收族'的方法來凝聚人心"③，具體表現在祠堂制度的創設。《家禮》將唐代品官所用"家廟"及《書儀》的"影堂"演化爲"祠堂"之制，置於通篇之首，使之成爲貫穿整個《家禮》體系的主綫，朱子的深意在於反映"報本反始之心，尊祖敬宗之意"④。此外，祠堂還將奉祀四世神主與提倡"宗子法"和

---

① 朱熹：《晦庵先生朱文公文集》卷83《跋三家禮範》，《朱子全書》第24冊，第3920頁。
② 王懋竑：《白田雜著》卷2《家禮考》，影印文淵閣《四庫全書》本，第659冊，上海古籍出版社2002年版，第663頁。
③ 趙振：《中國歷代家訓文獻敘錄》，齊魯書社2014年版，第86頁。
④ 朱熹：《家禮》卷1《通禮》，《中華再造善本·唐宋編·經部》，北京圖書館出版社2004年影印宋刻本。

置族產（祭田）結合起來。《家禮》規定"在家族祠堂初建之際，由家族成員從其田產中提取 1/20，作爲家族祭田"①，祭田由宗子直接管理，所獲穀物佃租作爲家族共同財產用於祭祀花銷，這樣"實際上是把祭祀權與控制族產結合了起來，這就使得宗子的權力進一步擴大，地位也更加牢固，有利於維護家族秩序，收合人心，增强宗族的凝聚力與血緣關係的認同感，確保了宗法制的順利實施"②。縱觀《家禮》，雖未見專門討論宗法的章節，但全篇都圍繞家族活動的中心場所"祠堂"展開，作爲維繫家族團結靈魂和紐帶作用的宗法制度的重要性不言而喻。

（二）《家禮》之主要版本

《家禮》所擬禮儀大多於古有徵且簡約易行，切近閭巷百姓的生活，故而自"唐石會葬"稿本復現以來，便屢經傳抄、刊刻，並間有對其校證、注釋、刪汰、補苴及改易之作。爲此，梳爬出一個較爲清晰的《家禮》版本流衍脈絡，是此後揭示《家禮》傳播朝鮮半島歷程之管鑰。現將《家禮》主要版本分述如次。

1. 五卷本：現存最早的《家禮》版本，爲上饒周復於淳祐五年（1245 年）所刊的《家禮》五卷加《附錄》一卷（以下簡稱"附錄本"），現藏於中國國家圖書館善本室（編號852），卷一至卷三爲配清影宋抄本。"附錄本"抽出原來分散在《家禮》正文各條下的楊復注，並對其進行取捨改易，集作《附錄》一卷，置於書末。卷首在黄榦的序文後，附有尺式、木主式等 5 幅禮圖，以及程頤、潘時舉的識語。該本清代曾著錄於黄丕烈《百宋一廛書錄》、汪士鍾《藝芸書舍宋元本書目》、楊紹和《楹書隅錄》③，"近代以後，傅增湘曾於天津鹽業銀行庫房內見過此本，並著錄於《藏園群書經眼錄》

---

① 李啓成：《外來規則與固有習慣：祭田法制的近代轉型》，北京大學出版社 2014 年版，第 39 頁。
② 高會霞：《理學與社會》，長春出版社 2011 年版，第 87 頁。
③ 王燕均：《〈家禮〉新題解》，《版本目錄學研究》第 2 輯，國家圖書館出版社 2010 年版，第 304 頁。

一書中"①。今《孔子文化大全》《中華再造善本》及《朱子著述宋刻集成》皆將原刻本影印出版。此外,"附録本"主要還有上海圖書館善本室藏盧文弨舊藏明刻本、《四庫全書》本、光緒六年(1880年)公善堂據宋版翻刻本等。

2. 十卷本：現存最早的《家禮》十卷本,是楊復附注、劉垓孫增注的《纂圖集注文公家禮》(以下簡稱"增注本")。中國國家圖書館善本室藏有此版足本(編號6699),別館所藏均爲殘本。此本瞿鏞《鐵琴銅劍樓藏書目録》及《續修四庫全書總目提要》均題爲宋刻②。它將原五卷本《家禮》"喪禮"卷析分爲五,"祭禮"卷析之爲二；書前有朱子親筆手書《家禮序》；大宗小宗圖、祠堂圖、深衣圖等諸多禮圖散見於各節中；楊氏附注、劉氏增注俱以陰文標注於《家禮》正文各條之下。今《中華再造善本》及《元明刻本朱子著述集成》將原刻本影印出版。此外,現存的十卷本主要還有著録於周中孚《鄭堂讀書記》的《纂圖集證文公家禮》,周氏考述"其屬元刊"③,殆元人就宋刊本《纂圖集注文公家禮》增入劉璋補注。該本的特點是最大程度地保留了三家注文的原貌,使檢者一覽即明。上海圖書館尚有一明刻版《纂圖集注文公家禮》,亦屬劉璋補注本(此本以下簡稱"補注本")。

3. 不分卷本(一卷本)：現存最早的一卷本《家禮》,是藏於"臺北故宫博物院"至正元年(1341年)日新書堂所刊黃瑞節《朱子成書》本(以下簡稱"成書本")。黃氏於其書中彙録了10種朱子學方面的相關著述,不分卷目,《家禮》位列第六。"成書本"與

---

① 徐德明：《朱熹著作版本源流考》,中國文聯出版社2000年版,第108頁。
② 國圖所藏《纂圖集注文公家禮》(編號6699)被《中國古籍善本書目》《藏園群書經眼録》《中華再造善本書總目提要(金元編)》及冀淑英、張國風等先生定爲元刊本,吾妻重二根據《刻誌石》一節"有宋"的字樣,加之元初《朱子成書》所收《家禮》引用了劉垓孫的注,裁定爲宋刊。吾妻重二氏論説充分,今從(參看吾妻重二《朱熹〈家禮〉實證研究》,華東師範大學出版社2012年版,第85頁)。
③ 周中孚：《鄭堂讀書記》卷6《經部三之四·禮類四》,上海書店出版社2009年版,第92—93頁。

"增注本"關係最爲密切,它將散見於"增注本"中的禮圖整理後統一置於卷首,並增補了 11 幅未有的禮圖①。除《家禮》正文及本注外,"成書本"內有楊復"附注"、劉垓孫"增注"(僅見 2 處)及黃瑞節自撰注解。中國國家圖書館藏的《朱子成書》亦是至正元年(1341 年)日新書堂刊本,惜僅剩零本,闕"喪禮治葬"至"祭禮墓祭"近一半的內容。《中華再造善本》中録有此殘本。此外,現存一卷本尚有景泰元年(1450 年)善敬堂《朱子成書》本。

4. 七卷本:中國國家圖書館善本室(編號 6700)藏有明刻本《文公先生家禮》七卷,此本原屬常熟瞿氏舊有,除五卷《家禮》正文外,書前增入"家禮圖"一卷,乃合宋刻散見之圖而成共 28 幅;書末將"通禮"中的"深衣制度"抽出,另爲《深衣考》一卷。除《深衣考》外,該本與明初《性理大全》所收《家禮》在主體內容、禮圖、注釋上全部相同。

通過對《家禮》的主要版本的簡述可知,其較爲明確的分卷系統有五卷、十卷、一卷、七卷諸類。明清後《家禮》版本日臻複雜,然大體不脱上述系統,祇是卷數分合、篇章刪改上的調整。需要突出説明的是,明永樂十三年(1415 年)敕修《性理大全》收纂《家禮》四卷②,兩年後《性理大全》與《四書五經大全》正式頒布天下,《家禮》由宋元以來私相傳授的禮撰升格爲體現國家主流意識形態的"官修"典制。《性理大全》在其成書後四年(1419 年)便傳

---

① 《朱子成書》本較"增注本"新添的禮圖有:家廟之圖、深衣冠履之圖、婚禮親迎之圖、衿鞶笄褘襁圖、斬衰杖屨圖、齊衰杖屨圖、喪祭器具之圖、喪轝圖、三父八母服制之圖、櫝韜藉式、槶式。

② 所謂《性理大全》係明胡廣等人奉成祖之命編纂,成書於永樂十三年(1415 年)。全書凡 70 卷,雜匯宋儒之説 120 家,集宋代理學著作與理學家言論之大成。《性理大全》中《家禮》居 18 至 21,它蹈襲了《朱子成書》本《家禮》的內容結構,其分卷如下:卷一家禮圖,卷二家禮序、通禮、冠禮、婚禮,卷三喪禮,卷四喪禮(始自"虞祭")、祭禮。

入朝鮮①，故半島流行的《家禮》類著述，皆屬《性理大全》本之翻刻。另外明成化十年（1474年）海南瓊山人丘濬作《家禮儀節》八卷，其以五卷本《家禮》爲考釋底本，於朱子本注外益以儀節、書式、祝文、考證、按語及明代俗禮等。《家禮儀節》刊行後，逐步取代《家禮》而廣行於世，並通過朝鮮使臣的購書渠道在16世紀初東傳至朝鮮半島，丘氏之説遂蔚然成風。此後，借助李朝政府的頒印及兩班貴族的踐履，《家禮》及其相關羽翼之作，以強勢的姿態在朝鮮社會滲透，從而開啓了禮學領域中國漢籍域外傳播的新局面。

第二節 《朱子家禮》朝鮮化溯程②

《家禮》在中國多被當作工具書，雖有名分上的"一尊"地位，却始終佇於多元化的評價體系中③。伴隨著朱子學遭逢"慶元黨禁"等政治桎梏，陽明心學、乾嘉漢學的思想衝擊，諸類意識形態的變動包含禮學思想的轉向，造成民衆對《家禮》的疑義甚至蔑棄。明中期以降，《家禮》的施用陷入困頓，難以貼近黎庶階層。入清後漢人薙髮易服，民間禮法崩壞，《家禮》提倡的冠、婚、喪、祭之制更是被《大清通禮》《大清會典》纂改的面目全非，"《家禮》一書，世多不行，學士亦往往不肯求觀，而坊間所看率皆俗本"④。

---

① 劉寶全：《明初〈性理大全〉的刊行及其在朝鮮的傳播》，《朝鮮·韓國歷史研究》第11輯，延邊大學出版社2011年版，第208頁。

② 本書所稱的"朝鮮"，即"朝鮮王朝"，又稱爲"李氏朝鮮"，簡稱"李朝"，指的是1392年李成桂廢王氏高麗恭讓王所建立的王朝1910年被日本吞併，李朝遂亡。下不出注。

③ 參閱楊志剛《明清時代〈朱子家禮〉的普及與傳播》中"《朱子家禮》'一尊'地位及在多元評價中的延續"一節（載臺灣高雄師範大學經學研究所《經學研究集刊》2010年第9期，第35—39頁）。

④ 賀瑞麟：《重刻朱子家禮原本書後》，光緒六年（1880年）西安省城重刊馬雜貨鋪藏板，第2頁。

不同於中國分散、間斷的禮學範式，向來作爲中國藩屬，素有"小中華"之譽的朝鮮，則"將中國經學的研究定義在相對單一、獨立、自成宗派的空間當中"①。由古朝鮮的原始多神崇拜，到統一新羅時期的佛儒並立，再到高麗末的辟佛揚儒乃至李朝的唯朱子獨尊，朝鮮半島最終完成了將移植自中國，以程朱理學爲代表新儒學本土化、庶民化的歷程。

一 《朱子家禮》東傳之初

公元918年，王建推翻弓裔政權建立高麗朝，接受國師道詵的建議，將王權與佛教的神權相結合，立佛教为国教，推行儒佛道並用、互为表裏的多元化治國方针，以道治身、以佛治心、以儒治世。單就儒學發展來說，以朱子學的傳入爲前後期的分水嶺，前期"約370多年的儒學是以漢唐儒學爲基本內容，後一百多年的儒學則以朱子學爲主，又稱性理學"②。具體析之，前期高麗儒學其學風專主辭章、訓詁，旨在獲得文論寫作技能與積累經史知識。執政者感興趣的"主要是詩歌禮樂之教、君臣父子之道，對於用中國禮制來移風易俗，則不以爲然"③。此間，在思想界佔支配地位的仍是佛教，"而儒教則恒常趨附佛教驥尾"④。然至高麗末葉，王朝版蕩，國政糜爛，北有蒙元武力脅迫及經濟壓榨，南有倭寇肆意侵襲殺掠。統治階級內部矛盾日趨激化，土地所有關係混亂，私田日增，造成了"父母凍餒而不能養，妻子離散而不能保，無告流亡，戶口一空"⑤

---

① 彭衛民：《〈家禮〉朝鮮化與朝鮮王朝的中華觀》，碩士學位論文，西南政法大學，2014年，第17頁。

② 李甦平：《韓國儒學史》，人民出版社2009年版，第86頁。

③ 彭林：《中國古禮與朝鮮半島的儒家化》，《中國文哲研究通訊》2001年第11卷第4期，第43頁。

④ [韓]玄相允：《朝鮮思想史》，轉引自[韓]盧仁淑《朱子家禮與韓國之禮學》，人民文學出版社2000年版，第103頁。

⑤ [韓]鄭麟趾：《高麗史》卷78《志》卷第32《食貨一》"田制"條，首爾大學奎章閣藏本。

的人倫慘劇。加之時日已久的佞佛之習，產生了衆多大莊園經濟豪寺，惡僧敗髡驕奢淫逸，佛教界流弊百出，以致斥佛之聲日漸高漲，"爲了挽救國家和民族危機，安定人民之生活，迫切需要有新的統治思想。朱子學正是適應這種需要而引進並普及的"①。

"經與禮，一遵朱子，無敢少差。"② 作爲朱子禮學落腳點之一的《家禮》，值此風雲際會之時，經由忠烈王（1275—1308 年）臣子集賢殿大學士安珦（1243—1306 年）之手，裹挾在朱子學東遷的浪潮中，傳入了動盪飄搖的朝鮮半島③。《家禮》所凸顯的冠、婚、喪、祭四禮之規範，要而不煩、明快簡易，展現了儒家禮儀的道德標準和價值觀，對於在全社會層面消除佛教積弊，匡救世道人心，推行儒家禮俗最爲便捷。故而自《家禮》傳入之初，即爲白頤正、權溥、禹倬、李齊賢、李穡等儒者所注目，且以身爲天下先，起而踐行之。圃隱鄭夢周遭父喪，依《家禮》所定的守孝制度，"廬墓三年，東國之俗爲之一變"④。此後他更是"令士庶仿《朱子家禮》，立家廟，奉先祀"⑤。鄭夢周可謂士林階級中將《家禮》之制付諸實踐的第一人，李朝成倪（1439—1504 年）曾高度評價他説："自三國高麗以來，專奉釋氏，家廟之制不明，士大夫皆不以禮祀先。自

---

① 朱七星：《朱子學在朝鮮的傳播與影響》，《朱子學新論——紀念朱熹誕辰 860 週年國際學術會議論文集（1930—1990）》，上海三聯書店 1990 年版，第 641 頁。
② ［韓］洪大容：《湛軒書外集》卷 7《燕記·孫蓉洲》，［韓］林基中編《燕行錄全集》第 49 册，東國大學校出版部 2001 年版，第 105 頁。
③ 《家禮》東傳至朝鮮半島的時間及關鍵人物，史書失載。多數韓國、日本及國内學者認爲是在高麗王朝末期，即 13 世紀末，通過遣元使臣安珦於燕京獲得並攜入朝鮮半島。另有學者張品瑞（《〈朱子家禮〉與朝鮮禮學的發展》，《中國社會科學院研究生院學報》2011 年第 1 期）及喻小紅、姜波等（《〈朱子家禮〉在韓國的傳播與影響》，《西南科技大學學報》2016 年第 1 期）認爲《家禮》在南宋寧宗嘉定十七年（高麗高宗十一年，即 1224 年），通過民間傳播渠道，由朱熹曾孫朱潛浮海東傳至朝鮮半島。筆者看來，在討論《家禮》朝鮮化過程問題時，《家禮》東傳時間及人物已不重要，可先存而不論。
④ 錢謙益：《列朝詩集小傳》下册，上海古籍出版社 1983 年版，第 800 頁。
⑤ ［韓］鄭麒趾：《高麗史》卷 117《列傳》卷第 30 "鄭夢周" 條，首爾大學奎章閣藏本。

圃隱文忠公倡明道學，嚴立祭祀之儀，然後家家立祠堂，始傳家舍於嫡嗣，始重嫡庶之分，無子者必取族子以爲嗣。國家大享用孟月，士大夫時享用四仲月，是有序也。"① 除鄭夢周外，同期儒者趙浚、文益漸、鄭習仁、尹龜生、全五倫等，皆將《家禮》儀文施用於治喪、祭祀諸活動。恭讓王二年（1390年）《家禮》正式爲王廷所接納，並以政府律令的形式強制推行。據載，高麗依《家禮》制定了大夫至庶人各階層立家廟和明祭禮的法令："判大夫以上祭三世，六品以上祭二世，七品以下至於庶人止祭父母，並立家廟……行禮儀式，一依《朱文公家禮》，隨宜損益。三年（1391年）六月己巳，命申行家廟之制。"② 雖然《家禮》中有關喪祭的禮儀已成法制，但正如《高麗圖經》所說："其實污僻澆薄，厖雜夷風，終未可革也。冠、婚、喪、祭，鮮克由禮。"③《家禮》的影響力尚未達至民間。

由上可窺知，高麗後期《家禮》的初步引入、認識和傳播，顯得零散且不成體系，此時的《家禮》僅在少數儒者或士大夫間仿行，其"未能推廣於天下，故按官職身份之等次區分，漸次推行"④。但作爲半島學術思想史上的重大轉變，《家禮》的東傳爲此後李氏朝鮮的完全儒家化提供了理論基礎，標志着一個新時代——"家禮學"時代的即將到來。

二 《朱子家禮》在李朝之受容與開展

通過高麗朝近百年的引進、傳播、理解，逮到朝鮮太祖李成桂（1392—1398年）以儒教立國，迄至最後一位君主純宗李坧

---

① ［韓］成俔：《慵齋叢話》卷8《大東野乘》，朝鮮古書刊行會1909年版，第639—640頁。
② ［韓］鄭麒趾：《高麗史》卷63《志》卷第17《禮五》"大夫士庶人祭禮"條，首爾大學奎章閣藏本。
③ 徐兢：《宣和奉使高麗圖經》卷22《雜俗一》，《叢書集成初編》第3238冊，中華書局1985年版，第75頁。
④ ［韓］鄭仁在：《朱子學在韓國的展開》，黃俊傑、林維傑編《東亞朱子學的同調與異趣》，臺灣大學出版中心2006年版，第317頁。

（1907—1910 年）爲政的 518 年間，《家禮》成爲李朝 27 位統治者革除流弊、構建王朝禮制儀軌、重整地方社會秩序、延續文化脈絡的理論武器及精神依托。

　　李朝之初"'崇儒排佛'政策在理論和制度上開始確立，佛教受到批判和壓抑"①。基此背景，新王朝將《家禮》視爲蕩滌佛教殘弊，建立儒家化鄉風民俗的樞要。鮮初至成宗（1470—1494 年）末，《家禮》和國俗交互參照融合，《經國大典》《國朝五禮儀》編成，標志着以六典爲代表的國家行政體系和以五禮爲代表的王室禮制正式確立。李朝統治階層爲推廣《家禮》，令國内各階層都熟悉其内容儀式，采取了以下幾種方式：首先，王庭率先遵照履行《家禮》法度，如太祖 1408 年薨，"治喪一依《朱子家禮》"②；世宗六年（1424 年）"王女虞祭，請依《文公家禮》，以魂魄返魂行三虞祭"③等。其次，政府還大力刊行《家禮》及相關禮書，如太宗三年（1403 年），"分賜《朱文公家禮》於各司，印《家禮》一百五十部於平壤府而頒之"④。又如成宗二年（1471 年），"又令諸道廣刊《小學》《三綱行實》等書，教民誦習"⑤。世宗大王創制朝鮮文字後，諺文版儒教倫理籍册進一步向全社會普及。再次，重視家廟奉祀之制。高麗末期，部分地區已設立有家廟，李朝延續和擴展了這一趨勢，並在此基礎上制定了相關的懲罰措施，"願自今刻日立廟，

---

①　［韓］柳承國：《韓國儒學與現代精神》，姜日天、朴光海譯，東方出版社 2008 年版，第 93 頁。
②　《太宗實錄》卷 15，《李朝實錄》第 3 册，日本學習院東洋文化研究所 1954 年版，第 239 頁。
③　《世宗實錄》卷 23，《李朝實錄》第 7 册，日本學習院東洋文化研究所 1956 年版，第 343 頁。
④　《太宗實錄》卷 6，《李朝實錄》第 2 册，日本學習院東洋文化研究所 1954 年版，第 342 頁。
⑤　［韓］弘文館編：《增補文獻備考》卷 84《禮考三十一》，朝鮮隆熙二年（1908 年）鉛印本。

敢有違令，尚循舊弊者，令憲司糾理"①。最後，爲了推廣《家禮》的傳習，太宗三年（1403年）將《家禮》作爲人才登用的考試科目。以上諸多舉措促使了時人在思想上對《家禮》的重視。總體來説，朝鮮的15世紀，是"國家鼓勵實行在高麗末期與性理學一起引進的《朱子家禮》的時期……是國家建立法和禮的同時開始實行家禮的時期"②。以兩班、士林爲代表的統治階層致力於《家禮》生活化，而民間信仰及舊式生活習俗的保留，使得《家禮》並未深入半島各個階層。

16世紀初中宗李懌（1506—1544年）之後的兩百年間，以退溪李滉爲宗的嶺南學派和以栗谷李珥爲宗的畿湖學派迭起，《家禮》在庶民生活中得以進一步推行，"邦國之遠，閭巷之僻，家無不有，人莫不講矣"③。其間，朝鮮碩學一本《家禮》之説，彙成了爲數可觀的考辨、通論、問答、禮説、祝辭等羽翼之作。誠如阿部吉雄所云："其（朝鮮朱子學者）禮論無非是與《家禮》相關的，時俗也大多依從《家禮》，這是史家所公認的。因此，《家禮》的注釋纂述之書可謂汗牛充棟。"④沙溪金長生《家禮輯覽》《喪禮備要》，尤庵宋時烈《尤庵先生問答》《尤庵先生禮説》，市南俞榮《家禮源流》，陶庵李縡《四禮便覽》，星湖李瀷《家禮疾書》，鏡湖李宜朝《家禮增解》，茶山丁若鏞《喪禮節要》《禮疑問答》等專著相繼問世。禮學大儒就《家禮》的記録及闡發，促進了"家禮學"研究的體系化及普世化，造就了卷帙宏富、異彩紛呈的禮經著述，朝鮮禮學"從行

---

① 《太祖實録》卷11，《李朝實録》第1册，日本學習院東洋文化研究所1953年版，第418頁。
② ［韓］高英津：《朝鮮時代的國法和家禮》，高明士編《東亞傳統家禮、教育與國法（二）：家内秩序與國法》，華東師範大學出版社2008年版，第304頁。
③ ［韓］辛夢參：《家禮輯解·序》，韓國慶星大學校韓國學研究所編《韓國禮學叢書》第25册，民族文化圖書出版社2008年版，第7頁。
④ ［日］阿部吉雄：《關於文公家禮》，服部先生古稀祝賀紀念論文集刊行會編《服部先生古稀祝賀紀念論文集》，富山房1936年版，第37頁。

禮層次轉至學問的層次"①，壬辰倭亂及丙子胡亂等家國危機亦未能使之中斷。

英祖（1725—1776年）之後，隨着《國朝續五禮儀》《國朝續五禮儀補》《國朝喪禮補編》等禮典不斷編修和補充，《家禮》淡化了対王權的約束力。然而《家禮》研究却漸趨大衆化，禮學的述論不再僅是部分性理大儒的特權，斯時的煌煌禮書大多未得刊印，憑靠寫本流傳閭里，一些禮書著者及書寫年亦無據可考。同時，禮籍的書寫方式也不再祇局限於《家禮》式"四禮"研究的範疇，還擴延到對古禮本源問題的探討。如夏時贊《八禮節要》、趙鎮球《儀禮九選》、張錫英《九禮笏記》、宋俊弼《六禮修略》等書，在冠、婚、喪、祭之外，尚關涉有鄉射、鄉飲酒、士相見、投壺等禮説。此外，除兩班貴族外的朝鮮中人或平民依賴自身經濟實力的提升，在鄉黨應酬及宗族關係中也開始重點關注並研究《家禮》所涉及的儀節、祝辭、禮器等具體事務，《家禮》深入社會底層，樵叟野老皆曉儀文禮式，其真正成爲朝鮮半島的"垂世大典"②。

要之，《家禮》朝鮮化過程中具有自身鮮明的特色：一則李朝整個政治體系和國家機構都建立在以《家禮》爲中軸的禮學基礎之上，於内聖外王的過程中，實現了"道統"與"政統"的結合，完成了禮學的法制化，"政教合一所産生的'禮學'，對於大一統的朝鮮封建王朝的迅速形成和發展起到了相當有效的作用。'禮'相當於當時人爲的'法'的作用"③。二則禮學研究始終處於相對穩定、封閉的發展狀態，即所謂一切皆由《家禮》而衍生。"《家禮》式之四禮研

---

① ［韓］裴相賢：《〈朱子家禮〉及其在韓國的實踐》，《漢學研究》第1集，中國和平出版社1996年版，第386頁。

② ［韓］李植：《澤堂先生別集》卷5《家禮剝解·序》，韓國民族文化推進會編《韓國文集叢刊》第88輯，景仁文化社1992年版，第337頁。

③ 張敏：《韓國思想史綱》，北京大學出版社2009年版，第16頁。

究風氣頗盛"①,且突出集中在以"慎終追遠"爲旨意的喪、祭二禮上。《家禮》類著述打破了以注釋及札録爲形式的初步研究,擴展至辨證、類聚、折衷爲主的方法論層面。三則《家禮》在與韓民族自身文化特色、儀禮制度衝突和融合的過程中,既達到了革除鄙陋、齊一朝鮮民俗的效果,又"吸收朝鮮半島固有文化傳統和生活習俗中的合理成分,使之與《家禮》的禮學原則對接"②。通過兩班官僚的實踐躬行及不同身份等差民衆間的篤信遵循,"家禮學"逐步趨向土著化、庶民化、大衆化,並深深融匯到國人的血脈和靈魂之中。

三 《韓國禮學叢書》所含朝鮮時代禮經考略

朝鮮時代禮學主要圍繞《家禮》展開,既有針對《家禮》文句的基礎性札録和注釋,又有依托其禮學精神並結合朝鮮半島國情及禮俗的高層次禮論。禮學研究成果洋洋大觀,而不見經傳者更是無法估量,即便朝鮮目録學大家李圭景在面對這些鬱鬱巨著時也歎息說:"此外禮説所漏,未嘗知詳有幾家,隨得隨録,以便考閱,兼作證辨也。"③加之禮書寫本和刻本存留、搜集、編纂難度較高,從而造成漢學界對朝鮮禮籍,特別是《家禮》類著述的通盤整理及全面統計仍處於模稜不清的境況中。而《韓國禮學叢書》(以下簡稱《叢書》)的出版則基本囊括了朝鮮諸儒及門人的禮俗成果,全面反映了朝鮮禮學研究的盛況,這是收録集成域外禮經漢籍工作中規模最大、網羅最豐富的一次。

《叢書》由韓國慶星大學校(Kyungsung University)韓國學研究所編輯整理,分爲正編(包括前編和續編)、補遺兩部分,正編凡122册,收録禮學家125人(其中10人未詳),禮書163種。補遺的

---

① [韓]盧仁淑:《朱子家禮與韓國之禮學》,人民文學出版社2000年版,第159頁。
② 彭林:《中國禮學在古代朝鮮的播遷》,北京大學出版社2005年版,第125頁。
③ [韓]李圭景:《家禮辨證説》,《五洲衍文長箋散稿·經史篇·經史雜類》,首爾東國文化社1959年版,第1051頁。

編纂尚未告罄，後續還會有邦國禮、鄉禮、學校禮等刊出，就目前所收目錄來看，已有16冊，禮學家21人（1人未詳），禮書22種。《叢書》收錄的文本以木刻本和寫本爲主，也有少量的石本、古活字、鉛活字、新活字、木活字、全史字及影印本。纂者將這批文獻重新影印裝訂，每冊前附有《發刊詞》《解題》及新編目錄。由於文獻傳遞的延後性，現可檢視的《叢書》主要爲正編部分120冊[①]，禮書共155種。《叢書》選錄的著作特點有二：首先，就其時段性來看，大致可分爲朝鮮王朝前中期（1475—1850年，約成宗至憲宗時期）、19世紀後（1850—1950年，約哲宗至純宗時期）兩個階段。前中期的著作在士庶間的影響力較大，而19世紀下半葉至20世紀前期這百年間的禮學著作，或散佚難觀，或作者未詳。其次，就其內容上來看，又可分爲以下幾點。

1. 禮書之中獨重《家禮》。以《家禮》爲綱目並與之密切相關的禮書著作佔較大比重——約40%，它們或直接冠有"家禮"二字，或以"四禮"爲名。如曹好益《家禮考證》、金長生《家禮輯覽》、安玏《家禮附贅》、柳慶輝《家禮輯說》、辛夢參《家禮輯解》、李衡祥《家禮便考》、李瀷《星湖先生家禮疾書》、金鍾厚《家禮集考》、李宜朝《家禮增解》、張福樞《家禮補疑》、金秉宗《聞韶家禮》、李恒福《四禮訓蒙》、李縡《四禮便覽》、魏道佋《四禮祝辭常變通解》、李震相《四禮輯要》等。

2. 《家禮》之中重喪、祭二禮，尤重喪禮。儒家倫理之中，特重"慎終追遠"，因而古來禮經都十分重視喪禮和祭禮。這種格局在《叢書》中也有體現。如李彥迪《奉先雜儀》、金誠一《喪禮考證》、金長生《喪禮備要》、李象靖《決訟場補》、丁若鏞《喪禮四箋》及《二禮鈔》、金恒穆《喪禮輯解》、朴建中《初終禮要覽》、禹德鄰《二禮演輯》、綏山《廣禮覽》等。其中《決訟場補》《二禮鈔》《廣禮覽》等書將冠、婚二禮的內容作爲附錄呈於書末，冠、婚與

[①] 參看附錄一：本書取用《韓國禮學叢書》表。

喪、祭孰輕孰重，自不待言。

3. 問答、禮説別具一格。"我東賢儒輩出，禮學大明，疑而有問，問而有解，又或有自爲著説，雖其詳略同異之不齊，而要皆爲參互援據之資"①，某些賢哲在治禮過程中，弟子或師友獻疑解惑，往復申辯探討，原本錯出於文集或雜著中，先生易簀後門人及後學重新抄録，裒輯而成專書。此類書有李滉《退溪先生喪祭禮問答》、鄭述《寒岡先生四禮問答彙類》、李惟樟《二先生禮説》、朴世采《南溪先生禮説》、朴胤源《近齋禮説》、丁若鏞《禮疑問答》等。

4. 韓國本土化的諺解、懸吐。《叢書》中雖然祇存申湜《家禮諺解》、白斗鏞《懸吐士小節》、南宮濬《懸吐詳注喪祭類抄》和金東縉《諺文喪禮》②四種，但它們的重要性不容小覷。諺解是用韓國自創的字母系統對漢字進行通俗的解釋；懸吐則是在漢文文句後加上朝鮮語符號，從而起到標識句讀及表明句子成分和詞性的作用。《懸吐士小節·序》："字法硬澀，淺見服識難以曉解，心齋白君斗鏞慨文獻之淆灕，廣裒我東書籍，校訛而鋟梓者幾汗牛之背。而又摭此書逐處懸諺而句節之。"③這類禮書的出現，一方面説明禮學傳入朝鮮後開始慢慢本土化，形成自己的文化特色；另一方面説明朱子《家禮》已經深入社會的各個階層，除了能夠熟練使用漢字的士儒大夫階層外，平常之家也在踐行《家禮》。

5. 《家禮》之外兼及古禮。《叢書》中雖然《家禮》系列佔絶對的數量，但仍有小部分典籍是對《周禮》《儀禮》《禮記》等古禮進行考證，或是讀這些禮書的紙頭札記。如金尚憲《讀禮隨鈔》專事《禮記》，許穆《禮經類纂》："本之以《禮記》，參之以《周

---

① [韓]朴聖源：《禮疑類輯·序》，《韓國禮學叢書》第 45 册，民族文化圖書出版社 2008 年版，第 19 頁。

② 《諺文喪禮》位列《叢書》正編第 122 册，筆者所見僅爲前 120 册，故暫存目待驗。

③ [韓]白斗鏞：《懸吐士小節·序》，《韓國禮學叢書》第 114 册，民族文化圖書出版社 2011 年版，第 481 頁。

禮》，會之以注疏，辨之以衆說。"① 趙鎮球《儀禮九選》、張錫英《儀禮集傳》則是專門對《儀禮》一門的注說，而朴世采《六禮疑輯》、夏時贊《八禮節要》、郭鍾錫《六禮笏記》、朴文鎬《四禮集儀》、宋俊弼《六禮修略》、宋在奎《禮笏》等都是在朱子《家禮》之外，另附鄉飲酒禮、鄉射禮、士相見禮、投壺禮、邦禮、學校禮等而成。

如前所揭，李朝歷史上與禮學研究相關的傳世著述，《叢書》大抵已納十之七八。其雖皆以《家禮》爲研究主軸，然各家又自有側重。總言之，有的重於疏通文字、判別句讀、詮解基本名詞。這類著作原本便是爲學力薄弱者減少閱讀障礙而作，抑或是普及《家禮》時的講稿；有的重於補苴器物、人員、文書格式，並闡釋名物度數、形制及位序等。在此過程中秉持著變通且貼合朝鮮風土的原則，避免了因器妨禮；有的重於申明禮義，以冠責成人，以婚正匹偶，以喪考慎終，以祭盡誠敬，從而最終達到律身正家、匡正陋俗的目的。

第三節 《叢書》特色"諸具"解題

曾子云"君子所貴乎道者三"，"籩豆"則爲有司之末事。然一如李秉遠《冠禮考定·跋》所說："器服名物之間，尚多有未盡通曉者，況可望究其禮而責其實乎？"② 禮學之難在於"名物度數"繁複瑣細，大義奧旨難明，加之《家禮》傳至朝鮮，方域有別、異名迭出、殊類科迥、文獻闕徵、物證難求等因素，多數物目早已不爲後世所熟諳。而酌於名物器數的精確把握，在朝鮮王朝篇帙浩穰的祖述《家禮》類禮說中，孕育產生了"諸具"這一獨一無二的文獻

---

① ［韓］許憲：《禮經類纂·跋》，《韓國禮學叢書》第 10 册，民族文化圖書出版社 2008 年版，第 357 頁。

② ［韓］李秉遠：《冠禮考定·跋》，《韓國禮學叢書》第 57 册，民族文化圖書出版社 2008 年版，第 103 頁。

記録形式。它將行禮所需修造預備的禮器、物具，輔助指引儀式實施的人員和禮節往來的文書格式，以全備且細微的面貌呈現了出來。文字表意不明處還配以圖繪，以圖彰其形，使"諸具"具象化，體現了強烈的視覺感和現場感。在禮式和實物殆已迷昧的今天，"諸具"文圖的保留對於研究、復原禮儀具有不可估量的價值。

一 "諸具"的定性

對於未曾在中國禮書中出現的"諸具"項，首先要明確其所指。然而如何給"諸具"下一個確切的定義是一件非常困難的事，單從語法結構來看，"諸具"作爲偏正短語，它與"諸位""諸人""諸事"相似，而後者因爲使用廣泛，早已被《漢語大詞典》收錄，有了約定俗成的意義。而"諸具"脱離上下文，我們就無從了解其指代的具體對象。如孫文臣《對祭星判》："既俎豆而式陳，冀珪璧而必薦。諸具已備，惟玉未陳。謂監祀而罔知，何糾事而斯當。"[1] 引文中"諸具"指俎豆、珪璧等祀神供祖所需陳列的祭品。再如，馮夢龍《甲申紀事》："發李、戈兩僞將，嚴刑追比。有炮烙、腦箍、夾棍諸具，血肉滿前，以資笑樂。"[2] "諸具"指代"炮烙、腦箍、夾棍"等殘酷刑具。

單審"具"字，在漢語語境中很容易理解爲"用具""器械"，進而"諸具"被詮釋爲"諸般用具、器械"。但在《叢書》中，"諸具"項下除了涵蓋儀節進程中使用到的用具、器械外，還常常包含舉行禮儀的處所、佐助人員、飲食車馬、服飾章采及動植物等。探尋其語源，《説文·廾部》："具，共置也。從廾，從貝省。"即準備、備辦之義，"具"僅僅表示動作的發出，並未指明具體的施用對象。因此從"具"的本義出發，將"諸具"解釋爲"諸般需要備辦

---

[1] 周紹良主編：《全唐文新編》第 2 部第 3 册，吉林文史出版社 2000 年版，第 4614 頁。

[2] 馮夢龍輯：《甲申紀事》卷 6《燕都日紀》，魏同賢主編《馮夢龍全集》，上海古籍出版社 1993 年版，第 369—370 頁。

的人、事、物"較爲妥帖，這也恰合了《叢書》中"諸具"項所涉的物類。

　　"諸具"在《叢書》中以固定的名稱出現，首推李縡《四禮便覽》："家禮諸具之見載於本注者，或欠詳備，故別爲蒐輯，且采世俗之所遵行者以附於每條之下。"① 據李縡所說，將行禮過程中的各個器具單獨列出是他的創舉。其實不然，早在金長生《喪禮備要》中"喪具"一項便已專列，"凡喪具略書容入之數，雖或不中亦不甚遠。且名目之難以文字爲解者，直用俗名，使倉猝易曉"②。禮儀進行所需的物品人員在《家禮》正文及注文中都有臚列，但專門提煉出來，歸納彙集，放在每條之前，在朝鮮確實是金長生的首創。③同時作爲韓國禮學一代宗師的沙溪金氏，爲了解決家禮於朝鮮民眾中踐行的現實問題，他因民之便、量民之力，對喪、祭二禮諸具熔舊鑄新，進行了合乎半島民眾實用的改造。並且不憚煩瑣，對諸具數目、式樣、結構、作用等都進行了詳明的闡釋。然而作爲"諸具"文化的發軔者，該書並非盡善盡美，一方面，對於"諸具"項的命名，金氏以各儀節名爲標識，定爲"×之具"或"×具"，如"初終之具""易服之具""襲具""奠具"等，諸具雖已成體例，然未有確名；另一方面，金氏獨取喪、祭二禮，冠、婚二禮並未涉獵，割裂了《家禮》文本的完整性。而後李縡《四禮便覽》在沿用金氏體例的基礎上，將諸具條目拓展到四禮當中，並移於儀節之後，每物目下剖析考訂越發精研，"諸具"最終從經文中分離並凝固成項。至此，我們在針對禮經中器具、人員進行考證時，統一采用李縡之定名，以"諸具"爲稱。

----

　　① ［韓］李縡：《四禮便覽·凡例》，《韓國禮學叢書》第40册，民族文化圖書出版社2008年版，第6頁。
　　② ［韓］金長生：《喪禮備要·凡例》，《韓國禮學叢書》第4册，民族文化圖書出版社2008年版，第528頁。
　　③ 追溯"諸具"類輯的本源，起於明儒丘濬《家禮儀節》所擬設"合用之人""合備之物"，見下文第一章第一節。

《叢書》中將"諸具"全部或部分摘出，一並置於儀節之前或之後進行考證的共有 37 種禮書。分別是《喪禮備要》《改葬備要》《疑禮通考》《四禮便覽》《禮疑類輯》《家禮增解》《九峰瞥見》《四禮類會》《喪禮四箋》《竹僑便覽》《士儀》《士儀節要》《二禮演輯》《喪禮便覽》《全禮類輯》《家禮補疑》《廣禮覽》《四禮輯要》《臨事便考》《四禮節略》《增補四禮便覽》《喪祭類抄》《四禮汰記》《四禮纂笏》《六禮修略》《四禮提要》《四禮要選》《四禮常變纂要》《常變輯略》《四禮撮要》《禮笏》《喪祭禮抄》《四禮要覽》《二禮便考》《二禮通考》《四禮儀》《補遺喪祭禮抄》。其他禮書雖未單列，然皆在行文中對需要辨考的具體事項，旁引曲證，參互諸說異同，給予了切要的詮釋。如《常變通考》中"勒帛非行縢""魂帛用同心結及雜制之非""瀝青無益"條。

　　"諸具"項被李朝學者關注，其研究逐漸隆盛的原因，可自兩方面觀之：一則爲斯時研究深入化、專門化的必然趨勢。隨着性理學的開展，體現《家禮》細枝末節的物用禮器、祝辭、書式、禮圖等，從經文中分離而自成體系，《家禮》研究邁入學術化的境界，名物諸具成爲群儒爭相探討的對象。再則由於世人實踐《家禮》的迫切需要。有宋一朝與朝鮮時代相較，天異時，地異勢，古今異制，若想使《家禮》成爲李朝民衆讀之易懂、據之可行的儀軌，禮器諸具聽熒不明，遑論行禮之順暢。禮書中"諸具"一目稽考的强勁勢頭，正是解禮、行禮的先提條件。

二　"諸具"研究的價值

　　張伯偉先生曾談及一門新學問的成立，需滿足若干條件：具備豐富的材料來源，能夠提出新的問題以及相應的新方法、新理論。①

---

① 具體參看張伯偉《域外漢籍研究——一個嶄新的學術領域》，《學習與探索》2006 年第 2 期。他在《新材料・新問題・新方法——域外漢籍研究三階段》（《史學理論研究》2016 年第 2 期）中，又重申"三新"作爲域外漢籍研究三階段的重要性，可一並參閱。

本書研究《家禮》在朝鮮傳播中產生的"諸具"項，使用的"新材料"——《韓國禮學叢書》並非傳統常見的域內經籍，而是數百年來不爲國内學界所知的域外文獻；同時"諸具"項並不見於中國的禮學論著，且不爲學術界所關注，是一個"新問題"。作爲"域外漢學"這一方興未艾的新學問的一個支脈，"諸具"研究具有以下三方面的價值。

首先，對於朝鮮時代《家禮》中"諸具"的疏證，填補了學術的空白。《家禮》自清以降少人問津，中國的禮器研究涉及《家禮》處更是少之又少，比之《周禮》《儀禮》《禮記》著述如山、學者如林的盛況不啻雲泥之别。歷代禮書中更無"諸具"一項，與之相關的名物考釋類辭書，如《中國古代名物大典》《三禮辭典》《中國古代器物大詞典》等，其編纂多致力於其得名由來、形制體貌，於具體的適用範圍、數量序列及改换調整等情况未曾涉及。而依托於《韓國禮學叢書》，通過對《家禮》中"諸具"的董理，對於出土文獻、文物互證，相關禮學、民俗辭書的編纂，以及儀節形式的再現均有十分重要的借鑒價值。

其次，從文化學角度對禮書中"諸具"的研究，是對"小學"尤其是文字、訓詁之學的一次傳統回歸。許嘉璐先生在《漢字闡釋與文化傳統》的序言中提出，訓詁學、文字學必須向文化學領域延伸。他指出在學術由綜合走向分析的過程中，是以"小學"脱離文化爲代價的，然而文化是傳統"小學"產生和發展的土壤，"小學"本身即爲文化的闡釋而產生。因此"'小學'觀照文化學，從文化學和廣泛的文化現象中吸收營養，同時文化學得到'小學'這一利器的幫助可以挖掘得更深，更接近真實，這種雙向的介入和靠攏，或者稱之爲交叉、渗透，是歷史的必然"[①]。"諸具"雖是開放在朝鮮禮書中的一朵奇葩，然追溯其源，又與中國禮學傳統關涉頗深。

---

① 黄德寬、常森：《漢字闡釋與文化傳統》，中國科學技術大學出版社1995年版，第1—2頁。

通過"諸具"疏證過程中訓詁、文字、音韻學的綜合運用,揭櫫同一部著作——《家禮》,在中朝兩種文化環境中不同的學術發展脈絡及學術旨趣:中國重闡釋,故《家禮》學多爲腳注之學;朝鮮重實踐,故將"諸具"單獨采摭。中國重傳承,故自宋至清皆秉《家禮》爲聖經不敢妄自改换;朝鮮重變通,"諸具"或承或易、或删或增,皆以朝鮮國俗爲準繩。中國《家禮》與國禮多相分離;朝鮮《家禮》與國禮融合交匯、互相制約等。

最後,朝鮮《家禮》中的"諸具",其文獻載體是漢字,當我們對其進行觀察和研究的視野超越"一鄉一國",將其作爲禮學整體研究乃至東亞漢字文化圈中的一部分,所得出的結論必定具有不同以往的意義,"域外漢籍的價值就不祇是中國典籍的域外延伸,不祇是本土文化在域外的局部性呈現,不祇是'吾國之舊籍'的補充增益。它們是漢文化之林的獨特品種,是作爲中國文化的對話者、比較者和批判者的'異域之眼'"[1]。因此,"取異族之故書與吾國之舊籍互相補正"[2],摒棄固有的以中國爲本體的單綫性研究方式,以"諸具"爲契機,回考中國《家禮》於版本、文字、禮圖、名物考證上的不足,做到"禮失而求諸野"。

另外,《叢書》"諸具"疏證也爲越南、日本等國的《家禮》研究提供了一個新的視角和參照。以此爲基點,描繪出《家禮》在整個東亞漢字文化圈中傳承和演變的脈絡。不同的地域和民族群體,對同一種文獻的解讀和實踐——對禮義的闡釋與生發、對禮儀的增益與減損,都自有其秉持的基準和變通的法則。惟有在"全視角"的高度,纔能從根本上把握"禮"的價值和本質。從構建這樣一個"全視角"的圖景出發,本書願成爲日本、越南等國《家禮》研究的引玉之磚。

---

[1] 張伯偉:《作爲方法的漢文化圈》,中華書局 2011 年版,第 7 頁。
[2] 陳寅恪:《王静安先生遺書・序》,《金明館叢稿二編》,上海古籍出版社 1980 年版,第 219 頁。

第一章

朝鮮特色化"諸具"形成始末

《家禮》謂"凡禮有本有文",本者存於心,文者著於物,無本則不立,無文則不行。朱子一再強調施禮之際"略浮文,務本實",故而在儒學管攝秩序下,《家禮》所宣導的"名分""愛敬"等禮義精神並未引起治禮者過多的爭執;反之,作爲"儀節、祝辭、禮具、禮式"等外殼形式的"文",卻是歷代議禮之家熱衷闡發與揚棄的對象。"禮不難行於朝,而難行於野。其行之難,非盡情之難,難於盡其文而已。"[①]《家禮》在朝鮮化的進程中,也伴隨着李朝諸儒對"文"的探究,產生了一衆補列器物、補足儀節、補述文意等《家禮》類輔助性禮書。

東賢所定、禮書單列的"諸具"撰述形式,究竟因何而生,歷來並無論斷。緣此種種,該章稽核勘比中朝兩國禮書論著,以丘濬《家禮儀節》、金長生《喪禮備要》(以下簡稱《備要》)、李縡《四禮便覽》(以下簡稱《便覽》)爲結點,泛其餘,推究朝鮮時代禮書中"諸具"這一名目產生、發展、定型的過程。此後,以《孔子文化大全》所收明內府刊《性理大全》本《家禮》爲底本[②],將其作

[①] [韓]李植:《澤堂先生集》卷9《諺解家禮·跋》,韓國民族文化推進會編《韓國文集叢刊》第88輯,景仁文化社1992年版,第158頁。

[②] 半島流行之《家禮》皆爲《性理大全》之翻刻。誠如吾妻重二先生所說,《孔子文化大全》影印本《性理大全》,爲今見各本中最善者(見吾妻重二《朱熹〈家禮〉實證研究》,第243頁),故本書選用此本作爲《家禮》"諸具"擇選研究之底本。

爲"諸具"采擷的對象，依儀節的先後次序，窮盡性地爬梳出《家禮》中所涵蓋的"諸具"條目，爲以下章節中朝鮮學人對《家禮》"諸具"的發明提供必要的參照。

第一節　肇端：丘濬《家禮儀節》

朱子作《家禮》，裁繁就簡，重在禮法之宣揚，禮器、物用方面於行文中則多有約略。雖易於常時素行講習，但若逢急遽凶變，對行禮所需物具則難以瞭然於目，着手備辦更是茫然無措。自楊復《家禮附注》出，有關《家禮》的注釋、節編本數百年來衍生未墜，諸如馮善《家禮集説》（以下簡稱《集説》）、湯鐸《家禮會通》（以下簡稱《會通》）、王源《家禮易覽》（以下簡稱《易覽》）、魏堂《家禮會成》（以下簡稱《會成》）等，其關注焦點多在禮文的補注損益，文本編輯體例上則未有創見，大多僅在朱子本注下添諸家禮論。

而丘濬（1421—1495年）於成化十年（1474年）所編八卷本《儀節》則另闢蹊徑，在節目編排上對《家禮》作了較大的調整。

1. 除大體沿用朱子正文外，丘氏對本注加以删修簡化，將其析爲四類，逐條綴於朱文之下。（1）指導行禮過程每個步驟當如何實施的"儀節"，共147條。① （2）祭祀神鬼或祖先並附於祝版上的

---

① 丘濬《儀節》在朝鮮流傳最廣，幾乎處在與《家禮》同等重要的地位。其常見的版本有《丘文莊公叢書》本、《叢書集成三編》本、《四庫全書存目叢書》本等，而《四庫全書存目叢書》本《儀節》乃影印北京大學圖書館藏正德十三年（1518年）常州府刻本，比較其序跋、行款、内容，與浙江圖書館所藏明正德十二年（1517年）應天府刻本及華東師範大學圖書館藏正德十二年（1517年）太平府刻本同屬一個系統，皆係覆刻成化十六年（1480年）余諒（字以貞，廣州府新會縣人，曾歷福建按察僉事）建本。正德三本於《儀節》現存諸版本中，屬較爲精審且方便利用的本子，本書中作爲研究底本的《儀節》，選自北京大學圖書館藏明正德十三年（1518年）常州府刻本，收入《四庫全書存目叢書·經部》第114册，下同。

"祝文"，共32條。《儀節》所輯"祝文"原散於《家禮》正文中，不另標目，丘濬將其彙類成項。（3）禮儀活動期間所需的文書範式——"書式"，共19條。"書式"一項，司馬光《書儀》已見，"居喪雜儀"後附有20則，"影堂雜儀"後附有6則。而《儀節》所列19則"書式"，便是在《書儀》"書式"的參照下，補入"名帖式""題主式""祭文式"等條形成的。（4）《家禮》本注中屬於規制説明部分的"餘注"，共6條，即"通禮餘注""冠禮餘注""昏禮餘注""喪禮餘注（2條）""家禮餘注"。

2. 《儀節》還博取《儀禮》《周禮》以下諸經及宋儒禮説，隨事添補，置於每卷末尾，名爲"考證"，共13條，即"通禮考證""婦人拜考證""深衣考證""宗法考證""冠禮考證""昏禮考證""喪禮考證（4條）""喪服考證""改葬考證""祭禮考證"。

3. 對於《家禮》各種增補版中均收録的"禮圖"，丘濬依照圖示的主題穿插附於各卷之末，不再獨立成卷，凡61幅，較《性理大全》本"家禮圖"增益30幅。① 上述6類皆《儀節》體例上之發明，爲後世禮書撰寫提供了嶄新的範式。

從内容屬性上來説，《儀節》較《家禮》亦進行了特色化的補苴。

1. 補述文意。因文句僻奥或時代變遷，造成《家禮》與明代習俗時制多有不符，於是丘濬在原本儀文下加諸"按語"，對器物、書式、法度等詳作闡發或代以當時通行之用。如《通禮》"正至朔望則參"儀節"主婦點茶"條，宋人"點茶"的飲式

---

① 《儀節》圖示61幅，是在《家禮》卷首28圖基礎上分合損益而成。《儀節》較《家禮》新增圖有：祠堂一間之圖、家衆敘立之圖、祠堂時節陳設之圖、義門鄭氏祠堂位次圖、五世並列之圖、祭四世之圖、新擬深衣圖、緇冠新圖、屈指量寸圖、伸指量寸法圖、棄子冠圖、醮塈圖、醮女圖、禮婦圖、靈座靈床之圖、幎目巾、握手帛、魂帛圖（束帛式、結帛式）、出嫁女爲本宗降服之圖、妾爲家長族服之圖、大轝新圖、新製遠行轝圖、功布、蘥翣、黻翣、雲翣、竹格新式、方相圖、發引圖、兩位並設之圖。

明時已不流行，故《儀節》雖存點茶舊文，却在按語中附"今人燒湯煎葉茶"。又如《冠禮》"再加帽子"條，丘氏據明人所戴式樣，考訂其形制爲"以緇紗或羅或段"所作的小帽，貴賤皆可通用。

2. 補足儀節。《家禮》乃芟削《書儀》且節略古禮而成，約有失之允當處，凡此，《儀節》皆據禮經與國制一一補正。共添設38條，以陰文"補"字別之。如采《禮記》而補"冠禮雜儀""昏禮雜儀""祭祀雜儀"，依《朱子大全》而補"祀土地"，從《大明集禮》而補"婿廟見""書遺言""改葬"等。

3. 補列器物及人員。《儀節》在内容上更委重於禮之用，其目的是讓世人行禮前通觀禮節梗概，以備操作。因此丘氏將原本夾雜在《家禮》中的合備之器物、合用之人采擷編次，列於冠、喪、祭禮程序節目之前。由於喪禮篇幅較長、儀節繁複，除錄有喪葬過程中多處通用的物具人員外，他還將"初終"至"治葬"各小節所需物品分別掇出歸類，共計"棺具""遷尸之具""沐浴之具"等12目。倘若質地特殊或需別加説明者，則略作闡發，如"襲具"中"握手帛"條，下注："用熟絹二幅，各長尺二寸，廣五寸，以裏手兩端，各有繫。"又如"含具"中"錢"條，下注："三文，有金珠亦可。"《儀節》中諸"具"的單獨提煉，方便行禮之家預先措辦，避免臨期倉促匱乏影響執用。丘氏對此亦有説明："況禮久廢，行者頗少，不人人能也。苟非先事備物致用，講明演習，則其臨時失誤也必多矣。今擬合用之器、合備之物、合用之人於後，使行禮之家，先期置辦，賃借免請，庶不至失誤。"[①] 兹將《儀節》中所列器物及人員具表如下（表1-1）。

---

① 丘濬：《家禮儀節》，《四庫全書存目叢書·經部》第114册，齊魯書社1997年版，第583頁。

表1—1　　　　　　　　《家禮儀節》所列器物及人員

篇目	輔助人員	預備之物
冠禮	合用之人：賓、贊、執事者、禮生	合用之物：帷帳、灰、櫛、頭繩、䰂、掠、網巾、簪、深衣、幅巾、履、大帶、帽子、儒巾、四方平定巾、盤領袍、直身、鞋、靴、襪、絛
喪禮	當用之人：贊者、祝、侍者、內御者、執事者、方相、木工、針工、漆工、石工	1. 棺具：板、油、漆、灰、瀝青、糯米、紙、麻穰、鐵釘、鐵環、大索、七星板；2. 遷尸之具：幃、尸床、床簀、枕、衾、桌子；3. 沐浴之具：幃、掘坎爲坌、盆、瓶、沐巾、浴巾、櫛、組；4. 襲具：襲床、草薦、席、褥、枕、幅巾、充耳、幎目帛、握手帛、深衣、明衣裳、大帶、布履、袍襖、汗衫、袴、布襪、勒帛、裹肚、衾、冒；5. 含具：錢、箱、米、碗、匙、盥盆；6. 斂具：綿布、衾、衿、床、席、褥、薦；7. 奠具：桌子、香爐、香盒、香匙、酒注、酒盞、碗、盤、楪、茶盞並托、罩巾、盥盆、帨巾、燭臺、脯、醢；8. 括髮免髽之具：麻繩、布頭䋲、裂布、竹簪；9. 服制之具：麻布、有子麻、枲麻、草屨、絰、竹杖、綿；10. 靈座魂帛銘旌之具：交椅、桌子、幃幕、衣架、帕、坐褥、衣服、櫛合、頮盆、帨巾、床帳、紅絹、竹竿、木趺、白絹、粉、箱；11. 治葬之具：炭、石灰、細沙、黃土、瀝青、石、淡酒、薄板、桐油；12. 送葬之具：明器、下帳、苞、筲、罌、翣、功布、喪車、竹格、木主箱、木主、方相戈盾冠服面具、靈車、玄、纁、布幕
		當用之物：燭、香、木、竹、石灰、炭、黃泥、盆、甕、刀、斧、鋤、鋸、畚、杵
祭禮	合用之人：禮生、祝、執事者	合用之器：椅、桌子、楪子、湯碗、爵、盞、酒注、酒尊、玄酒尊、受胙盤、饌盤、匙、筯、茶甌、茶瓶、牲盤、火爐、湯瓶、托盤、盥盆、帨巾、幕、香案、香鑪並匙、盒、燭臺、臺盤、茅沙、祝版
		合備之物：牲、醴、果、菜、醬、醋、麵、米粉、茶、柴、魚、脯、醢、鹽

　　由表1—1可揣知，將《家禮》中禮器、物具、輔禮之人等單獨擇出，是《儀節》的首創。但丘濬並非僅僅將《家禮》中述及的人、器、物單純繫連或排列，而是務求變通，采古禮、明制及國俗

之物補入，如是書所引冠禮之"網巾""儒巾""四方平定巾""盤領袍""直身"，喪禮之"翣""明衣裳""臬麻""坐褥""木趺""功布"。此外，爲了引導、保障家禮的準確實行，丘濬在《家禮》已有的襄助人員"祝""執事者"外，還主張設立"禮生"（或稱"相禮"），如禮書中"引贊""通贊""唱贊"之類人物，由儒生、塾師及親朋子弟中知禮者擔任，其職責是從旁指領禮儀的進行。"禮生"的設置源於官方禮制，其並非專職而是臨時聘請，性質上屬於禮儀實施的解釋者和指導者，即禮儀專家。"明人不以考禮、議禮爲勝，'執禮'纔是明代家禮傳播之鵠的"①，丘濬《儀節》通過對《家禮》知識的重構，於内容增補中另立的"器物人員"類禮項，正是明代"執禮風潮"最直觀而切實的體現②，使得"窮鄉淺學之士"易曉能行。

同時《儀節》的不足處亦察而可見，它首次單列行禮所需諸人物、器具項，故而尚未形成一定的規範和系統，内容上僅涉冠禮、喪禮（部分）、祭禮三章，通禮、婚禮及喪禮"治葬"之後的節目並未關注。且囿於《儀節》成書的側重點在於"儀節"而非"禮器"，無須於每物之下探幽攫微，給予細入絲方的考訂，因此器物陳設之次、服飾日用之分、文字名目之難解者，未能在各具體人物、器具條目下闡明，反而分散在"儀節""按語""餘注""考證"内。儘管《儀節》尚存在若干不足，然作爲一部在禮學諸多方面頗有創革，甚至可稱得上"發明"的著作，我們無法在所有環節上對其求全責備，對於其中尋求突破的篳路藍縷之功，則應給予高度的重視和肯定。正如嘉靖年間任刑部尚書的何鰲評價所説："善乎瓊山丘氏之《儀節》也，發所未發，備所未

---

① 趙克生：《明代地方社會禮教史叢論——以私修禮教書爲中心》，中國社會科學出版社 2011 年版，第 30 頁。
② ［日］小島毅：《明代禮學的特點》，張文朝譯，林慶彰、蔣秋華主編《明代經學國際研討會論文集》，1996 年版，第 406 頁。

備，而《家禮》爲之復明。"①《儀節》本身在當時、後世乃至域外的影響，也正印證了其價值。

通過"朝廷頒給、李朝政府求賜、使節於民間購貿、兩國文士互贈"的圖書交流渠道，大量明清漢籍傳入半島。② 據《中宗實錄》十三年（1518 年）十一月二十二日（戊午）條記載，慕齋金安國（1478—1543 年）作爲謝恩副使赴燕京，於書肆購有《論孟或問》《傳道粹言》《延平問答》《胡子知言》等，《儀節》亦在其中，"所謂《家禮儀節》者，皇朝大儒丘濬所删定也"③，是爲《儀節》在東國史料之始現。安國此行所獲乃李朝不得多見之書，其進獻呈上，以備國朝刊印及弘文館講習之用。在明代以《家禮》爲媒介的改編文本中，丘氏《儀節》在朝鮮流傳最廣、影響尤大，幾乎成爲近世與《家禮》並行的新經典。縱觀《叢書》所選 120 册 155 種禮書，除商討古禮、諺解懸吐禮籍的 15 種未徵引《儀節》内容外④，學者講説尊尚，莫先於此書。其中《家禮增解》《全禮類輯》《四禮常變纂要》三書更是依照《儀節》冠禮中"合用之人""合用之物"項來摘録冠禮所需的物器、服飾、人員。總之，《儀節》無疑是"諸具"一項創制的源頭，然而它對行禮諸"具"的記載又是疏簡省略的，因此，對諸"具"的增補、發揮顯得十分必要。沙溪金長生的《喪禮備要》，以喪禮爲本，從體例、

---

① 何鰲:《文公家禮會成・序》,《文公家禮會成》，上海圖書館藏嘉靖三十六年（1557 年）本。

② 明清漢籍流入朝鮮的途徑，可參看王鴻軍《明代漢籍流入朝鮮李朝及其影響》（碩士學位論文，内蒙古大學，2007 年，第 29—39 頁）以及季南《朝鮮王朝與明清書籍交流研究》（博士學位論文，延邊大學，2015 年，第 71—83 頁）。

③ 《中宗實録》卷 34，《李朝實録》第 21 册，日本學習院東洋文化研究所 1959 年版，第 357 頁。

④ 《韓國禮學叢書》中未引用《儀節》的 15 種禮書分别是:《喪禮考證》《家禮考證》《家禮諺解》《四禮訓蒙》《家禮源流續録》《癸巳往復書》《家禮源流本末》《六禮疑輯》《士小節》《喪禮外編》《滄海家範》《喪禮輯解》《曲禮幼肆》《懸吐士小節》《士小節之節》。

內容上完備了諸"具"的著錄與疏證,在"諸具"一項的正式成型之前,扮演了一個十分重要的過渡角色。

第二節 樞機:金長生《喪禮備要》

李朝初期,禮學研究聚焦在以"五禮"爲中心的王朝禮儀制度上。其標志是歷世宗、文宗、端宗、世祖、睿宗、成宗六朝修訂,最終完成於成宗五年(1475年)的《國朝五禮儀》(8卷8冊,另有《序例》5卷3冊),它將吉、嘉、賓、軍、凶五禮模式規範化,並涵蓋了儀式所用主要道具的定制及圖樣,其本質上屬於朝鮮不同社會階層踐禮的標準參考書。16世紀後,以沙溪金長生爲代表的禮學碩彦不斷湧現,以《家禮》爲內核,以"四禮"爲表現形式,關注生民之大節的禮學著述頓增。由於地理及政治的阻隔,中國與朝鮮的學術交流往往在時間上有一定的滯後性。有明一代《家禮》以詮解、札記、評選爲特點的著述形式在稍後的李朝都有各自的模仿與追隨者,如宋翼弼《家禮注說》、李珥《祭儀鈔》、李德弘《家禮注解》、柳成龍《喪禮考證》等。這些著作雖不乏吉光片羽式的真知灼見,但由於其學習、模仿對象本身體例上的缺陷,很難形成"規模效應"。且一味追隨,難免落於窠臼。

作爲東國禮學第一人的金長生(1548—1631年),集先師龜峰宋翼弼的禮學與栗谷李珥的性理學之長於一身。其於宣祖十六年(1583年)所著的《喪禮備要》[1],開啓了民間禮式朝鮮化的先河。

在內容選錄上,沙溪認爲以祭祀爲主的喪禮作爲報本之禮,相比養生的嘉禮更加具有醇化社會的價值,因此他以篇幅佔《家禮》之半、文字較爲難解的喪禮爲研究主軸,析爲上下兩卷。卷端載有116

---

[1] 作爲統計底本的《喪禮備要》,選自慶星大學校韓國學研究所編《韓國禮學叢書》第4冊,民族文化圖書出版社2008年版,下同。

幅禮圖，於性理大全本"家禮圖"基礎上增益69幅①。上卷迄至"奔喪"，下卷起於"治葬"，其間《家禮》正文頂格大字書之，朱子本注則以次一號大字承接，凡所援引古禮及前彦時賢諸説，皆以雙行小字標注。或有古今異宜及不合朝鮮時用者，則以沙溪"按"或"愚按"别之，對禮文加以考證、添補、删汰和移改，據統計凡144條之多。

在編纂體例上，《備要》基本仿效丘氏《儀節》，但對其進行了彈性的擇采與調適，舉述如下：《備要》從《儀節》所創類項中選用"輔助之人、預備之物、告祝狀書"三種，以朱子原文爲經、儀節爲緯，將其逐一列於各禮條前。首先，"告祝狀書"内容涵蓋訃告書、謝狀、吊祭文、門狀、榜子、慰人父母亡疏、祝文式、祔廟告辭等共計31條，其中9條源自司馬氏《書儀》，1條源自高閌《送終禮》，4條爲沙溪據國制所改易，此外直接轉引《儀節》處達17條之多。上述喪葬之時家用往來的告祝狀書，其格式文辭已擬定詳備，喪家祇需抄録填缺，以便應急之需。其次，《備要》撰作之旨趣在於可操作性，"欲使蒙學之士開卷瞭然，倉卒之間有所考據而無失"②。它以丘濬《儀節》所提煉彙類的行禮人員、施用器物爲根

---

① 《喪禮備要》較性理大全本《家禮》所增禮圖有：祠堂一間圖、祠堂龕室之圖、立祠堂於正寢東之圖、正至朔日俗節出主櫝前家衆敘立之圖、深衣續衽鉤邊圖、冠梁作輒圖、幅巾圖、平鋪作輒圖、斜縫向左綴帶圖、裹頭垂帶圖、疾病遷居正寢初終及復男女哭擗圖、棺蓋、棺下、棺全圖、七星板、銘旌圖、幎目圖、握手圖、充耳圖、伸指量寸法圖、屈指量寸法圖、結帛、束帛、遷尸沐浴襲奠爲位飯含卒襲設靈座親厚入哭圖、凳圖、趺圖、柩衣圖、玄冒黼殺、緇冒黼殺、倚廬圖、立銘旌設靈床及奠之圖、大功冠、小功冠、緦麻冠、喪服總圖、蓋頭、三殤降服之圖、出嫁女爲本宗降服圖、妾服圖、爲人後者爲本宗降服圖、吊者入靈座哭奠退吊主人圖、聞喪未得行爲位哭圖、四腳巾圖、掘北告后土氏之神之圖、誌石圖、築灰隔及内外蓋圖、罍圖、敲䦉圖、雲䦉圖、藏明器下帳苞筲罌誌石圖、四目爲方相、兩目爲魌頭、奉柩朝祖遂遷於廳事之圖、發引之圖、功布圖、豐碑古制之圖、五禮儀壙口長杠上去横杠下棺圖、五禮儀壙内椁上去横杠下棺圖、今井機上下各立柱用轆轤下棺圖、及墓下棺祠后土題木主之圖、成墳圖、碑前圖、碑後圖、反哭受吊圖、虞祭陳器設饌圖、祔祭於祠堂之圖、禫祭卜日於祠堂圖、時祭卜日圖、詳定尺樣圖。

② ［韓］金長生：《喪禮備要·序》，《韓國禮學叢書》第4册，民族文化圖書出版社2008年版，第524—525頁。

底，將兩者合一，並對其進行了細化的處理：（1）不再將人員單列，將其統一歸入物具類。《備要》摒棄了"合用之人"中禮儀的引導者"禮生"；保留了禮節的執行者與器物的制作者，並將其歸入物具內。如"木工、漆匠"納入"治棺之具"，新增"莎土匠"歸爲"穿壙之具"，新增"轝夫"列入"發引之具"等。（2）細化了行禮的節目及流程。《儀節》列舉喪禮所用"棺具"至"送葬之具"共12項，而《備要》將"斂具"析爲二：大斂之具、小斂之具。"奠具"析爲三：襲奠、小斂奠、大斂奠；"治葬之具"析爲三：開塋域祠后土之具、穿壙之具、窆葬之具；並添補"送終之具""易服之具""設冰之具""爲位之具"等26項。自"初終"起，直至"墓祭"止，喪、祭二禮所涉儀節凡44項①，各節目下又囊括若干具體的物具。（3）側重對喪具各條目進行全方位的闡釋。《儀節》於喪具條目下，大多未作説明，而《備要》則詳列各器物之名稱、材質、結構、度數、作用之類，如"治棺之具"中"衽"條，下注："即小腰，俗稱銀釘，用八，所以連合棺之上下縫者。其制用松木，長三寸或二寸八分，廣二寸六分，厚二寸二分或二寸……或用鐵釘，長五寸，二十箇，以加棺之上下及四角。"②（4）沙溪以朝鮮風俗與國制（《國朝五禮儀》）融通於《家禮》，對喪具進行了合宜的增删、改易及俗化，使之條理秩然，便於喪家照單預備。如"成

---

① 《備要》所列諸具項依儀節排列主要有：（1）初終：初終之具、易服之具、治棺之具、遷尸之具；（2）襲：沐浴之具、設冰之具、襲具、飯含之具、奠具、爲位之具、靈座之具、魂帛之具、銘旌之具；（3）小斂：小斂之具、環絰之具、奠具、括髮免髽之具、絰帶之具；（4）大斂：大斂之具、成殯之具、靈床之具、奠具；（5）成服：成服之具；（6）聞喪：奔喪之具；（7）治葬：開塋域祠后土之具、穿壙之具、窆葬之具；（8）啟殯：朝祖之具、發引之具；（9）及墓：祠土地之具、題主之具；（10）成墳：成墳之具；（11）虞祭：虞祭之具；（12）卒哭：卒哭之具；（13）祔：祔祭之具；（14）小祥：小祥之具；（15）大祥：大祥之具；（16）禫：禫祭之具；（17）吉祭：吉祭之具；（18）改葬：改葬之具；（19）參：參禮之具；（20）時祭：時祭之具；（21）忌日：忌日祭之具；（22）墓祭：墓祭之具。共計44項。

② ［韓］金長生：《喪禮備要》，《韓國禮學叢書》第4册，民族文化圖書出版社2008年版，第572—573頁。

殯之具”中“毛氊”條，冬日用以裹棺，並非民間慣常使用之物，故《備要》下注“無則用藁席”。又如“設冰之具”中有“床”，《備要》注“用俗箭平床”，即《國朝五禮儀序例》所列有足四圍有柵欄的“棧床”①，“箭平床”爲“棧床”之鄉名。再如“穿壙之具”中增設“金井機”，爲半島民衆治葬時安於地上穿其内爲壙者所用，沙溪注：“用木四條爲之。先度棺之長短廣狹與灰之多少，而裁斷於四角作枘，鑿合之爲機。”②《備要》於喪具條之編纂範式，以“治棺之具”爲例（見圖1—1）。

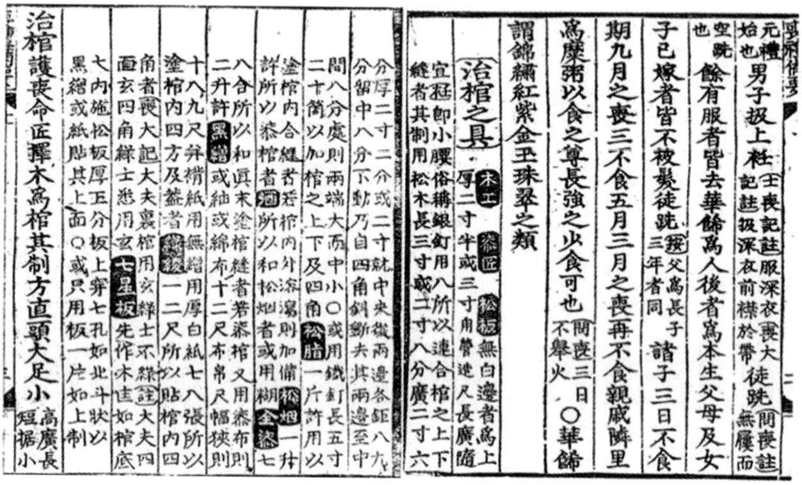
元禮始也男子扱上衽〔喪記註〕服深衣〔喪大記註〕扱深衣前襟於帶徒跣〔間喪註〕無屨而
空跣也餘有服者皆去華飾爲人後者爲本生父母及女
子已嫁者皆不被髮徒跣〔按〕父爲長子三年者同諸子三日不食
期九月之喪三不食五月三月之喪再不食親戚隣里
爲糜粥以食之尊長強之少食可也〔間喪〕三日不舉火○華飾
謂錦繡紅紫金玉珠翠之類
治棺之具〔木工〕〔漆匠〕〔松板〕無白邊者爲上厚二寸半或三寸用營造尺長廣隨
宜○衽即小腰俗稱銀釘用八所以連合棺之上下縫者其制用松木長三寸或二寸八分廣二寸六
分厚二寸二分或二寸就中央從兩邊各距八九分留中八分不動乃自四角斜斷去其兩邊至中
間八分處則兩端大而中小○或用鐵釘長五寸二十箇以加棺之上下及四角〔松脂〕一斤許用以
塗棺內合縫者若棺內外漆瀝則加備〔松烟〕一升許所以漆棺者〔油〕所以和松烟者或用糊〔全漆〕七
八合所以和眞末塗棺縫者若漆棺又用漆布則二升許〔黑綃〕或紬或綿布十二尺布帛尺幅狹則
十八九尺幷糯紙用無綃用厚白紙七八張所以塗棺內四方及蓋者〔綠綾〕一二尺所以貼棺內四
角者〔喪大記〕大夫裏棺用玄綠士不綠〔註〕大夫四面玄四角綠士悉用玄〔七星板〕先作木匡如棺底
之內施松板厚五分板上穿七孔如北斗狀以黑綃或紙貼其上面○或只用板一片如上制
治棺護喪命匠擇木爲棺其制方直頭大足小高廣長短据小

圖1—1　治棺之具（《喪禮備要》4/572—573）

斜綫前爲《叢書》的册數編號，具體編號見附録一：本書取用《韓國禮學叢書》表；斜綫後爲該書頁碼。下文同。

綜之，將《備要》與《儀節》兩相比裁，就“諸具”發展來説，《備要》雖采用《儀節》開創之類項，却對其作了由表及裏的增補推闡。

---

① ［韓］申叔舟等：《國朝五禮儀序例》卷5，日本早稻田大學藏本。

② ［韓］金長生：《喪禮備要》，《韓國禮學叢書》第4册，民族文化圖書出版社2008年版，第670—671頁。

它將喪葬之具依禮文節次編著，使《儀節》中器物人員或通禮合用或依各個節目分用的紊亂局面趨於合理，彌補了《儀節》"治葬"之後禮器物用的脱失。同時，《備要》以器物條目爲準繩，以朝鮮半島特定的"國俗"與實際情況爲出發點，旁通曲觸，補足了《儀節》注解簡略的缺漏，對其考證上可權衡處作了通變和調整。《備要》將物具類置於各禮節之首，定名爲"×之具"或"×具"，垂爲朝鮮禮書諸"具"類議論定制之一。《叢書》中鄭萬陽、鄭葵陽《改葬備要》，金禹澤《九峰瞽見》，禹德鄰《二禮演輯》，張福樞《家禮補疑》，尹羲培《四禮撮要》，姜夏馨《喪祭禮抄》，皆是對《備要》體例之依仿。

《備要》是沙溪將中國傳統禮制與朝鮮文化相融合的代表性著作，作爲韓國民間禮書撰述的嚆矢，它被後世盛譽爲"東方《家禮》"。其影響廣被，儒者趙寅永説："繼《家禮》而言禮者，在我東惟《喪禮備要》最切，今士大夫皆尊之。"[1] 然而由於《備要》在節文範圍上獨取喪禮，未能通行於吉凶，冠、婚二儀未暇顧及。直至李縡《四禮便覽》出，他承續《備要》思想的志趣，不僅彰顯了《家禮》朝鮮化的日益推進，亦暗示着"諸具"範疇在《儀節》《備要》學説基礎上慢慢發酵，歷經深入探究，並最終達到完善的學術性階段。

第三節　成熟：李縡《四禮便覽》

自沙溪禮學形成，以《備要》爲代表的實用生活禮，處於比《國朝五禮儀》更優先的地位。而後斯須百年間，禮學家或摘敘《家禮》節目，或參以俗尚補闕訂疑，禮書述作可謂博贍。然而其間多繁雜之私論而鮮見融會之明識，《備要》開創的實用禮儀的範式承繼者寡。直至朝鮮中後期肅宗朝（1675—1720年），一部摭前人之

---

[1] ［韓］趙寅永：《四禮便覽·跋》，《韓國禮學叢書》第40册，民族文化圖書出版社2008年版，第589頁。

失、糅五方異俗，利於黎庶昭行的書册——陶庵李縡《四禮便覽》纂成，朝鮮民間禮儀制度由此燦然大備。

四禮爲人道始終之大節，其名出自《家禮》，丁若鏞云："四禮者，私家之禮也，冠禮以成人，昏禮以合姓，喪禮以慎終，祭禮以追遠，此之謂四禮也。四禮之名，出自《朱子家禮》。"①《便覽》其例仿《備要》，於行禮程式上增冠、婚二儀以備四禮。就篇章排布而言，《便覽·凡例》中説："此編雖以《家禮》爲主而既名以《四禮便覽》，故通禮中'祠堂章'則移置於祭禮之首。'深衣制度'則略加删節，移置於冠禮諸具之中。'司馬氏居家雜儀'及喪禮之'居喪雜儀'，雖甚緊要而與應行儀節有異，'初祖''先祖'二祭，朱先生已不行，故兹並不録。"② 由此凡例可知，爲了與書題"四禮"相符，《便覽》將朱子拈自《書儀》的"祠堂"及"深衣制度"重新放回到原來章目；"居家雜儀"及"居喪雜儀"由於時異境遷且與俗制悖逆，李縡徑行删去不録，體現了實踐與實用禮學的精神。此外，八卷本《便覽》，冠、昏、祭各居其一，喪禮獨佔五卷，卷末附有禮圖（除卷七"改葬"外），凡 90 幅，較性理大全本"家禮圖"增益 58 幅③，其中有因俗用而特製的圖式，如"魂帛俗制圖"

---

① ［韓］丁若鏞：《與猶堂全書》第 1 集《雜纂集》卷 25《小學珠串》，韓國民族文化推進會編《韓國文集叢刊》第 281 輯，景仁文化社 2002 年版，第 547 頁。
② ［韓］李縡：《四禮便覽·凡例》，《韓國禮學叢書》第 40 册，民族文化圖書出版社 2008 年版，第 5—6 頁。作爲此節統計底本的《四禮便覽》即采用此版。
③ 《四禮便覽》較性理大全本《家禮》所增禮圖有：陳服序立迎賓三加受醮之圖、幅巾圖、四襆衫前圖、四襆衫後圖、筓禮之圖、壻家設位之圖、醮女之圖、見舅姑之圖、裌衣前圖、裌衣後圖、帶圖、卒襲爲位之圖、立銘旌設靈床倚屜之圖、幎目圖、充耳圖、握手圖、冒圖、魂帛圖（束帛、俗制）、銘旌圖、趺圖、椅圖、靈床圖、治棺圖、七星板圖、柩衣圖、凳圖、素錦褚圖、五服人相吊之圖、成服日奠吊之圖、三殤降服之圖、出嫁女爲本宗降服之圖、爲人後者爲本生降服之圖、妾服之圖、衰衣新制前圖、衰衣新制後圖、婦人冠圖、蓋頭圖、衣裳前後全圖、環絰圖、四腳巾圖、發引之圖、靈車圖、方相圖、喪轝圖、俗制小轝圖、翣䨿圖、雲翣圖、功布圖、輓詞圖、玄纁圖、轆轤圖、轆轤下棺之圖、金井上去橫杠下棺之圖、尺式圖、虞卒哭陳器設饌之圖、祔祭於祠堂之圖、時祭卜日之圖、時祭陳饌之圖。

"俗制小轝圖"等。

就著述體例而言，《便覽》正文及注釋的編排形式與《備要》近似，援引朱子原說及前賢論辯，以字號大小及單雙行別之，眉目清晰、條理不紊，俾閱者一目瞭然。李縡個人論見以"按"字凸顯，或調停諸說，或伸彼抑此，據統計達136條之多。此外，《便覽》直接延續了《備要》所立"×之具""告祝禮式"二類。沙溪的"×之具"以儀節之名標識，雖有項類却未有統一名稱。而《便覽》中"諸具"第一次作爲表示行禮器物、人員等禮項的定名出現在人們的視野當中。且《備要》諸"具"及告祝禮式皆置於各禮條前，而李縡將其統一移於各禮條後，並從喪、祭二禮擴展到四禮的範圍。加之，《備要》所擬31條"告祝禮式"多引自丘氏《儀節》，並無過多發明，而《便覽》不僅將書狀的位置固定，列在"諸具"條下，並對其作了大量精核的補充。其內容主要包括"告辭式""書式""皮封式""復書式""祝辭式""銘旌式""謝狀式""狀式""祭文式""門狀式""榜子式""志蓋式""志底式""墓表式"等，凡88條，茲34條爲李縡新補，如"告宗子書""祧主遷奉次長房後改題告辭式"等，先前禮書未見，屬李縡的創造。《便覽》"諸具"條撰寫體式，以"立銘旌"儀節爲例（見圖1—2）。

現擇"諸具"項細審之，《便覽》一書較《備要》的演進主要在以下兩端。

1. 愈析愈精。表現爲：（1）《備要》首次將丘濬《儀節》中禮儀的執行者納入諸"具"條，但僅是寥寥幾筆帶過。陶庵在不違《家禮》要義的基礎上，彰明了禮文中隱含的參禮、輔禮人員，並就特定禮用加以增添，使之纖鉅靡漏。如：除常見的"執事者""侍者""贊者""祝""御者""禮生"外，《便覽》還臚列"儐""媒氏""擔幣者""執雁者""役夫""擔夫""司書""司貨"等，並於"治葬"儀節中"開塋域祠后土諸具"下增設"董役者"，下注"如葬師之類"；"遷柩"儀節中"奉魂帛諸具"下增設"女僕"，下注"俗稱哭婢，二人或四人"。（2）《備要》所設儀節流程總計

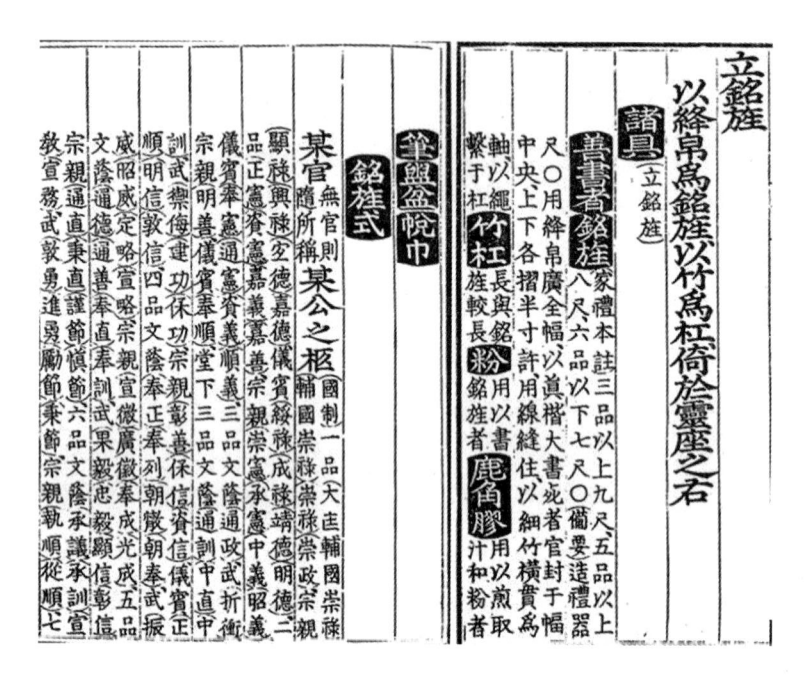

圖 1—2　立銘旌"諸具"（《四禮便覽》40/158—159）

44 項，《便覽》增至 213 項。如《備要》"初終"節共有"初終之具""易服之具""治棺之具""遷尸之具"4 則，而《便覽》擴展爲"遷居正寢""既絕""復""遷尸""楔齒綴足""護喪""易服""始死奠""治棺"9 則。

2. 對土俗民情的依從與匡正。李縡所處朝鮮中後期距沙溪《備要》纂成已久，國俗禮制因革變遷，即便是陶庵這樣的大儒也未能完全尊奉《家禮》而一式不改，故《便覽》對各禮具的闡釋多徇俗例並通以今事，難以文字爲解者直用俗名，對沙溪的疏通作了二次討論。兹舉例於下，以見便概。如"及墓"儀節"題主諸具"中"井間"條，爲半島民俗之特有，劃縱橫交錯的綫條於所題牌位之上，形成許多規則的井字形方格，即所謂"井間"，其作用是防止主上文字越界，使其整齊劃一。李縡注云："俗施於粉面，使行正字均者。用紙塗蠟爲之，或用色絲纏繞分井。"① 又如中國端午所食的"角黍"（粽子的別名），東俗不尚，因此《便覽》代之："以俗稱端午草搗爛，和作青餅。"② 再如"四時祭"中"滌器具饌諸具"有"清醬"條，《家禮》所用調味品爲醋、醢之屬，並無用醬之文，栗谷及沙溪始據古禮將醬料添入蔬菜脯醢之中，李縡在《便覽》中進一步闡發"今以清醬代醢一品，用之以爲宜"③。

綜上所述，李縡《便覽》據"繁化""從俗"的原則，遠紹濫觴於丘濬《儀節》的諸"具"編寫格式，近參沙溪《備要》對喪、祭二儀中諸"具"所作的朝鮮化改造，補入冠、婚二禮，以全"四禮"之名，並將行禮所用人物、器用單列，置於禮文節目之後，最終爲之定名"諸具"。《便覽》所釐析四禮散見的"諸具"項，本末巨細，無不畢陳。其書既出，遂爲朝鮮後期兩百年間禮學之懿範，黃泌秀在《重刊四禮便覽序》中說："自有陶庵先生《四禮便覽》一書，措之吉凶，條理不紊，煩簡得當，人易奉行，無敢異言，遂爲禮書法律，斷案一定。"④ 自《家禮》傳入半島以來，禮法、禮義要素向來是論禮之家一貫研訂的對象，而陶庵《便覽》的編撰，帶動了大批禮書以禮器"諸具"爲議題，對其補輯遺逸，使之樸實淺近，家喻户曉。《叢書》中對仿照《便覽》將"諸具"項置於各儀節之後，對其考覆書寫的著作主要有韓錫斅《竹僑便覽》、李明宇《臨事便考》、黃泌秀《增補四禮便覽》、宋俊弼《六禮修略》四部。

以上所舉丘濬、金長生、李縡三人，是禮器、物用、人員從"諸'具'"到"諸具"演進歷程中的關鍵人物。自丘濬《儀節》

---

① ［韓］李縡：《四禮便覽》，《韓國禮學叢書》第40册，民族文化圖書出版社2008年版，第340頁。
② ［韓］李縡：《四禮便覽》，《韓國禮學叢書》第40册，民族文化圖書出版社2008年版，第519頁。
③ ［韓］李縡：《四禮便覽》，《韓國禮學叢書》第40册，民族文化圖書出版社2008年版，第537頁。
④ ［韓］黃泌秀：《增補四禮便覽》，《韓國禮學叢書》第99册，民族文化圖書出版社2011年版，第4頁。

始，方有物具項的單列歸類，他參考明時俗制對器物進行增益、剡削或改換，爲此後論禮者提供了借鑒的範式。然該書諸具項之弊端在於，尚未該羅《家禮》全貌，通、冠、婚、喪、祭各禮皆有遺漏；諸具類分作兩部分，其一納入各禮合用合備中，其二納入諸小節獨用中，兩者界定不明，不便參酌；再者各物具下辨釋簡略，僅有條目而未實其詳。丘濬注釋的《家禮》在半島廣爲流行並成爲標準本，影響了大批鴻儒碩彥就其體例而發揮補苴，而沙溪《備要》便以《儀節》所建立的理論體系爲圭臬，從諸具分類、諸具考證、諸具圖例等方面建構了諸具研究的理論框架，《備要》行世之後，韓人喪葬禮俗即從其所定者而施用。但是沙溪對諸具體系的建構也不是盡善盡美的，冠、婚二儀的缺失，使《家禮》諸具未盡完備。而後陶庵李縡《便覽》以沙溪《備要》爲藍本，補其闕略，既充分吸納周秦以降中國禮制，又博稽衆説切合俗情，使諸具分析該貫《家禮》全篇，且極之蠶絲牛毛之細。是書鋟木刊印，半島民衆殆據之言禮、行禮，而不必因器物不合禮制而影響禮的進行，"諸具"名義之確立至此臻於至善。

第四節　《家禮》所涉"諸具"彙總

如前所示，韓國流行的《家禮》版本相當單一，基本上是《性理大全》所收《家禮》的翻刻，即大全本《家禮》，此結論已成中外學界的共識。而《叢書》中大量的禮學論著也是以大全本《家禮》爲底本或工作本。即便不少學者在研究過程中偶有涉及其他版本，如金長生曾參考南雕《家禮》[①]，柳長源《常變通考》録有"唐

[①] 南雕《家禮》見金長生《疑禮問解》（《韓國禮學叢書》第6册，民族文化圖書出版社2008年版，第398—399頁），丘濬《儀節》中也常引南雕《家禮》，該本即宋人鄭霖所刻，存留在明朝南京國子監中的《家禮》。

本《家禮》"[1]，以及李宜朝徵引的《性理大全補注》本《家禮》等[2]，但與大全本《家禮》在半島的普及程度相比，都顯得微不足道。

大全本《家禮》在朱子正文及注文下逐條附有四家注解，分別是楊復附注、劉垓孫增注、劉璋補注及黃瑞節按語。與中國本土僅重視朱子正文及注文的情況不同，韓國學者在研究、考證、注釋《家禮》時，將附注、增注、補注及按語看作《家禮》不可分割的一部分。因此，以下窮盡性地爬梳《家禮》涵蓋的"諸具"條目時，有必要將朱文及各家注統一考察采擷。本節以《孔子文化大全》所收明內府刊《性理大全》本《家禮》爲底本，依儀節的先後次序，將朱子正文及各家注釋中明確標列的"諸具"作統一的整理，爲下章朝鮮學人對《家禮》"諸具"的發明提供必要的參照。

一 通禮

（一）祠堂

（1）祠堂：祠堂、廚庫、兩櫃、周垣、外門；（2）爲四龕：龕、卓、簾、香卓、香爐、香盒；（3）祭器：牀、席、倚、卓、盥盆、火爐；（4）晨謁：深衣、香；（5）朔望參：新果、大盤、卓、茶、盞托、酒、盞盤、束茅、沙、香卓、酒瓶、酒注、盥盆、帨巾、盆臺、巾架、笏、香、茶筅、湯瓶、幞頭、公服、帶、靴、襴衫、皁衫、帽子、涼衫、深衣、假髻、大衣、長裙、冠子、背子；（6）俗

---

[1] 唐本《家禮》見柳暢源《常變通考》（《韓國禮學叢書》第54冊，民族文化圖書出版社2008年版，多處皆引），唐本中"附注""增注""補注"區分清楚，且並未引黃瑞節的按語。筆者並未在中國發現該本的流傳，典籍中也未見記載，應是從中國傳入李朝的《家禮》版本之一。

[2] 李宜朝《家禮增解》"引用禮書目錄"中將《性理大全補注》歸入中國書目下，記作"劉氏所纂"。《性理大全補注》於《叢書》中多見，曹好益《家禮考證》、李衡祥《家禮或問》、申近《疑禮類說》、柳疇睦《全禮類輯》等20多部書中皆有引用。《性理大全補注》是針對整個《性理大全》作補注，還是僅對《家禮》進行注疏，該書所謂作者"劉氏"究竟爲誰，這些問題至今未能解惑，待後來學者考之。

節：角黍、大盤、蔬菜、果；(7) 有事告：茶、酒、果、祝、祝板；(8) 追贈改題：香卓、淨水、粉盞、粉、刷子、硯、墨、筆

(二) 深衣制度

白細布、衣、裳、圓袂、方領、曲裾、黑緣、大帶、緇冠、幅巾、黑履

二　冠禮

(一) 冠

(1) 告祠堂：祝版（餘下見祠堂章"有事告"條）；(2) 戒賓：賓、深衣、茶、牋紙；(3) 宿賓：牋紙；(4) 陳設：盥盆、帨巾、帟幕、堊；(5) 陳冠服：公服、帶、笏、襴衫、靴、皂衫、深衣、大帶、革帶、履、鞋、櫛、䰂、掠、卓子、酒注、盞盤、幞頭、帽子、緇冠、笄、幅巾、盤、帕、執事者、席；(6) 序立：儐、四袴衫、勒帛、采屨；(7) 乃醮：酒、盞、席；(8) 禮賓：酒、幣

(二) 笄

(1) 戒賓、宿賓：牋紙；(2) 陳設：席。（餘下如冠禮）；(3) 陳服：背子、冠、笄；(4) 序立：衫子；(5) 乃醮：如冠禮；(6) 禮賓：如冠禮

三　昏禮

(一) 納采

(1) 具書：牋紙；(2) 告祠堂：祝版；(3) 使者如女氏：使者、盛服、茶、從者；(4) 奉書告祠堂：祝版；(5) 復書授使者：牋紙、酒、饌、幣

(二) 納幣

(1) 納幣：色繒、釵、釧、羊、酒、果實；(2) 具書如女氏：使者、從者、牋紙、幣

(三) 親迎

(1) 陳婿室：氈、褥、帳、幔、帷、幙、衣服、篋、笥；(2) 婿

家設位：倚、卓子、蔬、果、盤盞、匕筯、酒壺、合巹、盥盆、勺、酒注、盞盤；（3）婿盛服：命服、墨車、雁；（4）主人告祠堂：祝版；（5）醮子：卓子、酒注、盞盤、盛服、席、酒；（6）婿出乘馬：燭；（7）女家告祠堂：祝版；（8）醮女：姆、席、酒、冠、帔、裙、衫；（9）奠雁：雁；（10）奉女登車：姆、轎；（11）婿婦交拜飲食：席、盥盆、帨巾、從者、酒、饌

（四）婦見舅姑

（1）見舅姑：卓子、贄、幣；（2）冢婦饋舅姑：盛饌、酒壺、蔬、果、卓子、盥盆、帨巾

（五）婿見婦之父母

（1）婿見：幣；（2）禮婿：酒、饌

四 喪禮

（一）初終

（1）既絶乃哭：新綿；（2）復：侍者、上服；（3）護喪：護喪、司書、司貨；（4）治棺：木、灰漆、瀝青、秫米灰、七星板、釘、大鐵環、大索

（二）沐浴 襲 奠 爲位 飯含 靈座

（1）遷尸掘坎：執事者、幛、床、簀、席、枕、衾、坎；（2）陳襲衣：卓子、幅巾、充耳、幎目、握手、深衣、大帶、履、袍襖、汗衫、袴、襪、勒帛、裹肚、冒、掩；（3）沐浴飯含之具：卓子、錢、小箱、米、匙、新水、盆、櫛、沐巾、浴巾、湯、帷、幎巾；（4）設奠：卓子、脯、醢、盥盆、帨巾、盞、酒、罩巾；（5）爲位哭：槀、席、薦、幛

（三）靈座 魂帛 銘旌

（1）置靈座：椸、帕、倚、卓、魂帛、香爐、香盒、盞、酒注、酒、果、櫛、遺衣服；（2）立銘旌：銘旌、竹杠、趺

（四）小斂

（1）陳小斂：卓子、衾、絞、散衣、上衣、絹、床、薦、席、

褥；（2）設奠：卓子、饌、盞、注、酒、香、罩巾、盥盆、帨巾、潔滌盆、新拭巾；（3）括髮免髽：麻繩、頭䋣、免、簪

（五）大斂

（1）陳大斂：卓子、衾、絞；（2）納棺：役者、床、凳、衣、釘、柩衣、柎；（3）設靈床：床、帳、薦、席、屏、枕、衣、被；（4）喪次：樸陋之室、苴、塊、別室

（六）成服

（1）成服：布、麻、冠、衣、裳、首絰、腰絰、絞帶、杖、屨、大袖、長裙、蓋頭、背子、釵、針、綫；（2）出入：樸馬、布鞍、素轎、布簾、墨縗

（七）朝夕哭奠 上食

（1）朝奠：侍者、盥盆、櫛、蔬、果、脯、醢、祝、香、酒、饌、茶、罩巾；（2）朔日：肉、魚、麪、米食、羹、飯；（3）薦新：五穀、百果

（八）吊 奠 賻

（1）吊：素服、幞頭、衫、帶；（2）奠：香、茶、燭、酒、果；（3）賻：錢、帛

（九）聞喪 奔喪

（1）易服：四腳巾、白布衫、繩帶、麻屨；（2）未得行爲位：椅子；（3）開塋域祠后土：執事者、標、祝、盞、酒注、酒、果、脯、醢、盥盆、帨巾、素服；（4）作灰隔：炭末、石灰、細沙、黄土、薄板、瀝青、石灰；（5）刻志石：石；（6）葬具：明器、下帳、苞、筲、甖、大轝、翣；（7）作主：主材、粉、櫝

（十）遷柩 朝祖 奠 賻 陳器 祖奠

（1）遷柩：饌、祝、酒；（2）奉柩朝祖：役者、祝、箱、魂帛、執事者、倚、卓、銘旌、蓋頭、席、輁軸；（3）遷於廳事：執事者、帷、役者、祝、魂帛、席、薦、席；（4）陳器：方相、明器、下帳、苞、筲、甖、舁床、銘旌、靈車、洪波、香火、大轝、翣；

（5）設祖奠：饌、祝、酒

（十一）遣奠

（1）遷柩就轝：轝夫、大轝、執事者、祝、役夫、扃、楔、索、帷、功布、侇衾；（2）設遣奠：饌、脯、執事者、苞、舁床；（3）奉魂帛升車：箱、主、蓋頭

（十二）發引

（1）柩行：方相（餘下如陳器條）；（2）哭步從：白幕、車、馬；（3）親賓奠：幄

（十三）及墓 下棺 祠后土 題木主 成墳

（1）設靈幄：幄、倚、卓；（2）設奠：酒、果、脯、醢；（3）乃窆：木杠、索、環、細布、柩衣、銘旌；（4）主人贈：玄、纁；（5）加灰隔內外蓋：薄板、油灰、瀝青、外蓋；（6）實灰：三物、炭末、酒；（7）祠后土：祝版；（8）藏明器：明器、下帳、苞、筲、甖、版；（9）下誌石：磚、石；（10）題主：執事者、卓子、硯、筆、墨、盥盆、帨巾、祝、善書者、粉、魂帛、箱、香、祝版；（11）奉主升車：祝、主、魂帛箱；（12）成墳：墳、小石碑、石獸

（十四）反哭

奉神主置靈座：祝、執事者、神主、櫝、魂帛箱

（十五）虞祭

（1）陳器具饌：盥盆、帨巾、酒瓶、酒架、卓子、酒注、盤盞、火爐、湯瓶、祝版、蔬、果、匕筯、醋楪、酒、香案、香爐、茅、沙、饌、茶；（2）埋魂帛：祝、魂帛、執事者、屏

（十六）卒哭

（1）陳器具饌：玄酒瓶、酒瓶、井花水、玄酒、魚、肉、盥盆、帨巾、麨、米食、羹、飯、祝版；（2）既虞卒哭：水飲、席、枕木

（十七）祔

陳器具饌：酒瓶、玄酒瓶、火爐、湯瓶、菜、果、酒、饌、祝

版、祝、執事者、桌子

(十八) 小祥

設次陳練服：丈夫次、婦人次、練服、冠、婦人服、吉服

(十九) 大祥

(1) 設次陳禫服：垂腳鰺紗幞頭、鰺布衫、布裹角帶、婦人冠、假髻、衣、履；(2) 告遷於祠堂：酒、果、祝版、祝；(3) 埋於墓側：杖、屏、遷主、酒、肉

(二十) 禫

卜日：卓子、香爐、香合、环珓、盤、香

五 祭禮

(一) 四時祭

(1) 卜日：盛服、卓子、香爐、香合、环珓、盤、笏、香、祝、執事者；(2) 設位陳器：深衣、執事、倚、卓、香案、香爐、香合、茅、沙、酒架、酒注、酹酒盞、盤、拭巾、受胙盤、匕、巾、茶合、茶筅、差盞托、鹽楪、醋瓶、火爐、湯瓶、香匙、火筯、祝版、盥盆、帨巾、匙筯、玄酒、酒、大床、紙榜；(3) 省牲滌器具饌：深衣、牲、背子、果、蔬菜、脯、醢、肉、魚、饅頭、糕、羹、飯、炙肝、炙肉、茶；(4) 奉主：笏、香、笥、盛服

(二) 初祖

(1) 設位：深衣、執事者、屏風、食床；(2) 陳器：火爐、茅、茅盤、背子、執事者、果楪、盤、杆、小盤、盞盤、匙筯、脂盤、酒注、酹酒盞盤、受胙盤、蒲薦、草席、褥、屏風、食床；(3) 具饌：毛血、首心、肝肺、脂雜以蒿、前足、脊、脅、後足、飯、羹、蔬、果、切肝、切肉、炙

(三) 先祖

(1) 設位陳器：蔬果楪、大盤、小盤、匙筯、盞、饌床；(2) 具饌：毛血、首心、肝肺、脂蒿、切肝、切肉、前足、後足、

脅、脊、炙

（四）禰

（1）設位陳器：香案（餘下同時祭）；（2）具饌：蔬、果、酒、饌（餘並同時祭之儀）

（五）忌日

（1）具饌：蔬、果、酒、饌（餘下如祭禰）；（2）變服：黲紗幞頭、黲布衫、布裹角帶、黲紗衫、皂紗衫、特髻、白大衣、淡黃帔

（六）墓祭

（1）具饌：魚、肉、米食、麪食、大盤；（2）灑掃：深衣、執事者、刀斧；（3）布席陳饌、新潔席、饌；（4）祭后土：席、盞盤、匙筯、饌

　　分屬"三時兩地"的丘濬、金長生、李縡三人，接力式地完成了從《家禮》的"諸'具'"到《四禮便覽》的"諸具"的演進。引導這一"接力"一以貫之的核心主綫是禮的"儀式"化。先有"禮"後有"儀"，"稱情立文"是禮義成爲禮儀所必須遵循的原則性條件。然而在大多數情況下，行禮者面對禮文時，對立禮者的禮義往往"知其然而不知其所以然"。禮傳播得越廣，這種情況就越顯著。而對於立禮之人而言，"形式即内容"，用符合禮義的禮儀來儉束"闇於成事"的黎庶，就是禮教的意義所在。因此，將行禮所需的禮器、物用一絲不苟地彙列、考證，是《家禮》儀式化的有力佐證。

　　另外，誕生於宋朝的《家禮》在數百年後的異域傳播，從傳播規律上來説，相對於中國這一誕生地，朝鮮雖然有"俗化""本地化"的權宜之法，但在對待文本的態度上，有更爲明顯的"原旨主義"需求。對於中國人來説，尤其是距離宋朝時間不遠的中國人，"麻冕，禮也，今也純。儉，吾從衆"之類的變通無傷大雅，但對於

外國人而言，深怕在禮儀上不嚴謹從而造成禮義的缺失。因此，在對具體禮器、物用的備辦方面，朝鮮人往往有比中國人更迫切的"精確"需求。這也解釋了《家禮》本身在中國作爲一個"删繁就簡"的文本，何以在朝鮮越來越"繁化"。

綜而言之，朱子《家禮》在中國産生，却成爲海東之國禮學文獻研究之大宗。並且通過翻刻、補訂、改編、詮解等方式在研究方向上不斷開枝散葉。正是在這樣的背景下，即使是在中國《家禮》研究中都不甚突出的"諸具"，也能夠成爲鄰國禮器名物研究的嶄新突破口，爲域外漢籍文獻的研究提供了一個新的典範。

第二章

朝鮮時代"通禮"所涉"諸具"疏證

　　上文扼要介紹了有關《家禮》真僞、創作動機、内容特色等文本資料，及其移植至東土並逐漸成爲具有半島特色新文化的嬗變過程，繼而探究了促成本書研究鵠的"諸具"形成的關鍵性著述，至以開啟了此章"諸具"疏證之門扉，説明其考察有依有據、有本有源，絶非空穴來風、向壁虛構。

　　本章所論，限止於《家禮》"通禮"一節。通禮分爲"祠堂""深衣制度""司馬氏居家雜儀"三部分，其中"深衣"本指衣與裳相連、前後深邃不露體的漢族傳統服飾，自《禮記·深衣》篇始，鄭玄、孔穎達、司馬光、朱熹、黄宗羲乃至清代江永，都對"深衣制度"中的結構内涵進行了探討。與中國僅停留在書面論斷的局面不同，朝鮮半島於高麗時代末使用深衣，李氏王朝時期深衣作爲儒者身份的標誌得到普及，直到如今韓國千元紙幣上李滉像仍是頭著幅巾、身穿深衣的模樣。而《叢書》中幾乎每部論著皆對深衣的製作及踐行進行了闡發，其涉獵内容過於繁雜，此章特略去諸先生對"深衣制度"的評駁，其是非交馳處以待後來疏解。此外，"司馬氏居家雜儀"主要闡述家庭成員的日常行爲規範，並未涉及具體的行禮程序，故此章亦闕而不録。"祠堂"下有"諸具"分佈的節目有六則：立祠堂，爲四龕，具祭器，朔望參，俗節，有事告。各節中以朝鮮學者所提煉的"諸具"爲詞頭，如與"諸具"相關，但非個案所能考辨的，以"專題"形式出列。具體疏證如下。

第一節　通禮"諸具"疏證

1. 君子將營宮室，立祠堂於正寢之東。（簡稱"立祠堂"）
【祠堂】
《家禮》朱子本注："祠堂之制三間，外爲中門，中門外爲兩階，皆三級。東曰阼階，西曰西階，階下隨地廣狹以屋覆之，令可容家衆敘立。又爲遺書、衣物、祭器庫及神廚於其東。繚以周垣，別爲外門，常加扃閉。若家貧地狹，則止爲一間，不立廚庫，而東西壁下置立兩櫃，西藏遺書、衣物、東藏祭器亦可。正寢謂前堂也。地狹，則於廳事之東亦可……凡屋之制，不問何向背，但以前爲南，後爲北，左爲東，右爲西。"《劉氏增注》："嘗欲立一家廟，小五架屋，以後架作一長龕堂，以板隔截作四龕堂，堂置位牌。堂外用簾子。"

《叢書》：（1）《退溪先生喪祭禮問答》："古人謂正寢爲前堂，蓋古之正寢皆在人家正南，故祠廟皆在其東而無所礙。今人正寢或東或西，其在西者，祠堂難立於其東矣。弊門繼曾祖小宗家在安東，西寢而東祠，勢甚不便，近年方移置西軒之後，蓋隨地勢不得不爾耳。"（1/126—127①）又，"鄭道可問：'祠堂之制欲依《文公家禮》，而《家禮》所載圖目自今觀之似有未解，不知正寢是今之中堂，廳事是今之外廳否？曰架曰龕，其制如何？'退溪答曰：'祠堂圖多與本文不相應，未詳何意。但正寢與廳事非係祠堂之制。正寢，

---

① 斜綫前爲《叢書》的冊數編號，具體編號見文末附錄一：本書取用《韓國禮學叢書》目錄；斜綫後爲該書頁碼。

今之東西軒待賓客之處，然古人正寢皆在前而不在東西，故曰正寢前堂也。廳事如今大門內小廳，所謂斜廊者耳。柱上加梁楣曰架。'"（1/314）

（2）《家禮考證》："今按，《少牢疏》云：'大夫士廟室，皆兩下五架。正中曰棟，棟之南兩架，北亦兩架。棟南一架名曰楣，前承簷，以前名庪。棟北一架爲室。南壁而開戶，是一架之開廣爲室也。'今按，朱子家廟五架之制即桁也，即此兩下五架之制。而棟北一架通作室，以板隔截，分作四室，每室置一代位牌，室外以簾垂之也。"（4/16）又，"按，堂即正寢也，寢即燕寢也。必於東者，《周禮·匠人》：'左祖右社。'鄭康成曰：'宗廟是陽故在左，社稷是陰故在右。'鄭鍔曰：'左所以本仁，右所以明義。'易氏曰：'左者，人道之所親，故立祖廟於左。右者，地道之所尊，故立社稷於右。'《禮記》：'右社稷而左宗廟。'王氏曰：'右陰也，地道之所尊也。左陽也，人道之所鄉。位宗廟於人道之所鄉，亦不死其親之意。'"（4/19—20）

（3）《南溪先生禮說》："問：'祠堂必須三間或一間者何義？抑從陽數耶（梁處濟）？'答：'似然'"（21/33）

（4）《家禮便考》："《東史纂要》：'高麗成宗始立宗廟。'……〇國初趙浚疏曰：'吾東方家廟之法久而廢弛，今也國都至於郡縣，凡有家者必立神祀，謂之衛護，是家廟之遺法也。願自今一用《朱子家禮》，大夫已上祭三世，六品已上二世，七品已下至於庶人只祭其父母。擇淨室一間，各爲一龕以藏其神主，以西爲上，朔望必奠，出入必告，食新必薦，忌日必祭。'〇李濟臣《侯鯖瑣錄》[①]：'麗末圃隱鄭文忠公家廟之後，我朝士族無不效。國初家廟猶未成，自經己卯，諸賢申正世道，而爲士大夫者無不立廟。'……〇愚伏曰：'前堂後寢是廟制，今祠堂之制自與古廟異，故位置排設多不同，不

[①] ［韓］李濟臣（1536—1583 年）所著應爲《清江先生鯸鯖瑣語》，《家禮便考》引用書名與北宋趙令畤（1051—1134 年）《侯鯖錄》相混，特此糾正。

可比較而論之。'"（26/66—67）

（5）《家禮或問》："家廟、祠堂何爲而異名歟？《荒史·疏仡記》：'黃帝葬上郡陽周之橋山，其臣左微思感，取衣冠、几杖而廟祀之，率諸侯群臣歲時朝焉，家廟始於此。'①……《古今注》曰：'廟者，貌也。所以仿佛先人之容貌。'芝山曰：'廟制經無明文，但室有東西廂曰廟，無曰寢，《爾雅》也。前廟後寢，鄭玄說也。兩下五架，見於賈公彥之疏。'……朱子以孫氏爲是，且曰：'廟皆南向，各有門、堂、室、寢，而墻宇四周焉。'又曰：'古所謂廟，其體甚大，皆具門、堂、室、寢，非如今人但以一室爲之。'又曰：'古者各有始祖廟以藏祧主，如適士二廟，各有門、堂、寢，各三間，是爲十八間屋。今士人如何要行得？'稼亭曰：'廟祠之制古矣，自漢以下，有以廟貌而易其神主者，有以薦福而廢其常祀者，家廟之外又有祠堂。'《字彙》曰：'祠，廟也。堂，殿也，又正寢也。'合觀則所爲廟指影也，蓋廟制如此，而財力不逮，人所難行，故朱子特以祠堂名之，而或三間或一間，亦所以從簡也。"（29/14—15）

（6）《禮書劄記》："《喪祭問答》：'廳事，小廳，所謂斜廊。'《輯覽》祠堂圖說：'正寢猶古燕寢，廳事猶古正寢。'《經禮》②：'廳事如今之外舍廊也。'按，有房室曰正寢，無房室曰廳事。"（36/241—242）又，"按，五架之中樑曰棟，棟之前樑曰前楣，前楣之前樑曰前庋。棟之後樑曰後楣，後楣之後樑曰後庋，合爲五樑也。"（36/244）

（7）《四禮便覽》："諸具（祠堂）：祠堂，五架屋三間。內鋪甓，或作板樓，用席鋪陳。中間前庋下爲門，爲之中門。俗於每間前庋下立四扇門，使之開闔，謂之分閤。門外爲兩階，在東楹之東曰阼階，在西楹之西曰西階，階皆三級。"（40/501）

---

① 該段引自南宋羅泌所撰《路史》卷14《疏仡紀·皇帝紀》，並非《家禮或問》所載《荒史》，且《路史》原文與朝鮮所引亦有出入，今轉引如下"八月既望，鼎成，死焉，葬上郡陽周之橋山。其臣左徹感思，取衣冠、几杖而廟像之，率諸侯而朝焉"。

② 《經禮》指《經禮問答》，尤庵宋時烈所著，下文同此。

(8)《星湖先生家禮疾書》:"必三間、一間者,家衆皴立於階下,門須當中,然後行事便也。若二間,則楹柱當中門,隨而在側不成廟制矣。若一間則須用許長架材。"(41/10—11)

(9)《家禮彙通》:"退溪答李剛而書曰:'影堂,自家廟之制廢。士大夫祭先之室謂之影堂,蓋奉安畫像於此而祭之,故稱影堂,影堂即祠堂也。祠堂之名始於《文公家禮》,前此稱影堂。'"(61/27)

(10)《九峰瞽見》:"按,《家禮》家廟之圖乃《儀禮》三廟之制也,《備要》祠堂全圖乃《家禮》祠堂之制也。"(65/272)又,"宋説(宋能相):'祠堂簷前當別立四柱六柱,橫設偏屋三架以承榱題,此圖未有之,闕也。'謹按,《家禮》家廟圖本注有'以屋覆之'之文而不見於圖,則其制不可得以詳也。今此四柱六柱,橫設偏屋云者,見於何書也?朱子曰:'堂之屋南北五架。'賈氏曰:'中脊爲棟,棟南兩架,棟北兩架。'祠堂之制必依古屋,而以宋説之偏屋三架以承榱題,則其制決非古屋之制也。蓋《備要》祠堂圖依《家禮》家廟圖圖之而已者也,今此倡出臆斷之説,以偏屋之橫設謂之以此圖之闕,其可乎?"(65/501—502)

(11)《喪禮輯解》:"何氏曰:'今人影祭,或一髭一髮不相似,則所祭已是別人,大不便,改影堂爲祠堂。'○何氏名士信[①]。"(70/536)

(12)《竹僑便覽》:"敦按,今人家地狹則不得已立右者,雖非禮意,然但非正寢之下,則或似無妨而亦無害於義理。古人亦有行之者耳。……○三間祠堂之制,非不全且美矣。而其營立保護,非卿相世禄家,自有所不堪者矣。只立一間,世世完緻陪護,則固自無憾矣。"(76/38)

(13)《士儀》:"祠堂之制同堂異室。爲五架屋,代各一間。覆蓋以瓦,無力則以茅。(《左氏傳》:'清廟茅屋,昭其儉也。'○按,

---

① 何士信爲南宋福建人,生平不詳,著有《小學集成》十卷、《圖説》一卷。

天子之廟尚以茅飾，則諸侯以下可以推知矣。）內鋪瓴甓，或架以板木（今云廳板，世俗通用）。每間近北一架爲龕，前二架下每間各設兩扇門。門外爲東西兩階，東曰阼階，西曰西階，皆三級。（按，門外即廟門外也，乃第一架之內也，俗所云退間也，家禮所云中門外也。廟爲三間，門在三間之中間者曰中門。）階下爲屋，令容家衆序立。"（81/186—187）

（14）《廣禮覽》："祠堂之制三間，前爲中間，中間外爲東西兩階，三級，東曰阼階，西曰西階。繚以周垣，別爲外門。不問何向，但以前爲南。……若一間祠堂，難容一行，則高祖位居中，南向；曾祖坐東，西向；祖坐西，東向。"（94/527）

（15）《四禮提要》："祠堂之制三間。內鋪甓，或作板樓，用席鋪陳。外爲中門，中門外爲兩階，皆立級。東曰阼階，西曰西階。……若家貧地狹，則止立一門①，不立廚庫。……（按，祠堂三間，左一間奉影幀，似合朱子'二主帝相從則精神不分'之語矣。尹謇齋《直瑣綴錄》云：'先世遺像，歲時忌日懸揭，子孫於一睹之項，儼然若見，或有感慕奮勵者，此言甚有理也。'）"（109/528—529）

按：祠堂從建築整體上來說，包括神主所在的龕堂、家衆敘立屋、祭器庫、神廚幾個部分。周圍以墻圍繞，以外門管制人員的進出。而該條所闡釋的"祠堂"專指神主所在的龕堂，特此說明。以上摘錄《叢書》中朝鮮禮學家對"祠堂"的考證，集中在下列四個方面。第一，祠堂得名的緣由。《家禮或問》《家禮彙通》及《喪禮輯解》中皆有論及。《家禮彙通》引退溪李滉的考證，祠堂繼承家廟、影堂而來，影堂爲供奉祖先畫像的地方。影堂即祠堂，但祠堂之名始於《家禮》。《喪禮輯解》引南宋何士信所說，影堂中所奉祖先畫像並非其人的完全描摹，若有一絲一毫的不似，所祭者已是別

---

① 《四禮提要》中"若家貧地下，則止立一門"中"門"爲誤字，作"間"爲確。

人，因此改影堂爲祠堂。《家禮或問》據《爾雅》《古今注》及朱子說等解釋，家廟的建立可追溯到黃帝時期，家廟的建築形態較大，包括門、堂、室、寢幾部分，非一間或三間所能涵蓋。朱子考慮到人皆能行，特以祠堂名之，爲一間或三間。

第二，祠堂的位置及祠堂東立的禮義。《家禮》正文大字曰："先立祠堂於正寢之東。"朱子本注："正寢，謂前堂也。地狹則於廳事之東亦可。"首先，朝鮮禮學者多惑於"正寢"與"廳事"的區別，故進行了細緻的分析，並依士人庭院具體格局及地勢對祠堂位置進行了調整。如《退溪先生喪祭禮問答》中提及正寢即朝鮮的東西軒，是接待賓客的地方。古人正寢在人家正南，祠堂在其東無礙，但朝鮮士人家正寢因地勢的限制，有的在西邊有的在東邊，那麼祠堂的位置便難以確定。李退溪家在安東，正寢西而祠堂東，但由於地勢不得不移於西軒的後面，這與《家禮》中祠堂的位置不符。《竹僑便覽》中韓錫斅亦談及今人由於地方狹窄，將祠堂立於正寢之西。另外，《退溪先生喪祭禮問答》中李退溪解釋廳事是大門内的小廳，即斜廊。其次，對於祠堂立於正寢之東在禮義上的解釋，《家禮考證》引中國鄭玄、鄭鍔、易氏、王安石的論說，左爲陽氣所在，"不死其親"即視親人爲靈魂不滅的個體，立宗廟來祭獻之，因此宗廟應營造在象徵"陽"的東方。該說法亦得到了明齋尹拯的肯定。

第三，祠堂的形制。朱子本注："祠堂之制三間。……若家貧地狹，則止立一間。"劉氏增注："嘗欲立一家廟，小五架屋。"首先，朝鮮禮學家多集中在"五架"建構方式的闡釋上，《退溪先生喪祭禮問答》中李退溪說，房屋柱子上所加的橫梁爲架。《家禮考證》中引《儀禮·少牢饋食禮》賈公彥疏，廟室五架，自南邊前簷至北壁，五架名分別爲前庋、前楣、棟、後楣、後庋。《禮書剳記》亦承《家禮考證》"五架"的釋義。其次，部分學者疑惑祠堂爲何以三間或一間爲定。《南溪先生禮說》中朴世采答梁處濟，一或三皆是陽數，祠堂一或三間與上文祠堂立東的原因相同。而《星湖先生家禮疾說》中李瀷先生說，祠堂一間或三間，則中門可位於祠堂南壁當

中。若兩間，則中門祇能與楹柱相對，與家衆敘立、進出的位置相礙。另外《竹僑便覽》中韓錫斅從經濟實用的角度對一間或三間提出了自己的看法，他認爲三間祠堂是"全且美"的，但並非一般人家所能承受。而盡心營置一間，大多數人家都能做到世世守護。最後，《四禮便覽》《士儀》及《四禮提要》三書則全面介紹了祠堂的構造、建築裝飾材料等。據他們描述祠堂爲五架三間的結構，每間前庋下皆設有門。屋頂鋪有瓦片，經濟實力不允許的下層人民則以葦桿或稻草代替。祠堂內地面鋪以磚或木板，其上再布以席。三書中所謂的"板樓""廳板"，是朝鮮半島傳統的房屋布局特色之一，今天稱作"抹樓"（마루），意爲用木板鋪的井字形或長條形地面，其作用是利於排散房屋底部的熱量及濕氣。它是與四季溫差較大、濕度和溫度變化明顯的韓國氣候相適應的地板形態。

第四，東國士族立祠堂的歷史。《家禮便考》引《東史纂要》及《侯鯖瑣語》的記載，朝鮮半島立宗廟始於高麗成宗（960—997年）時期，恭讓王元年（1389年）趙浚上書時務，要求將《朱子家禮》所創製的祠堂制度定爲高麗的律法。在社會實踐方面，麗末圃隱鄭夢周仿《家禮》立祠作主，此後士族效法者衆多。朝鮮王朝時期，經歷己卯年（1519年）的黨派紛爭，朱子學說成爲政治教化的基礎，士大夫幾乎家家立祠祭祀。

朝鮮禮學家對祠堂得名、方位、形制、半島立祠情況的介紹，大體已趨完善，但仍有部分未辨析清楚或不足之處需要說明。第一，家廟、影堂、祠堂三者的區別及界定不清。李朝學者過多傾向對正寢與廳事的闡釋，然而它們並不屬於祠堂的一部分，僅是確定祠堂位置的參照物。退溪說"廳事如今大門內小廳"較爲貼切，然其後所接"所謂斜廊者耳"則訛誤。丁若鏞《雅言覺非》中已作糾正："斜廊者，堂側之橫廡也。東人誤釋，今以外舍聽事之室謂之斜廊。（古俗內舍宏大，外舍低小，無異廊廡，故冒中國斜廊之名。今俗外舍益宏大，斜廊之名尤不合矣。)"① 第二，對於"三間五架"式的祠堂形制，學者僅從名物訓詁的角度解釋何爲"五架"，而"三間五架"的建築構造概念並不明確。鑒於上述種種，下特對"祠堂"作以下補充。首先是家廟、影堂、祠堂的區別。《禮記·曲禮》記載："君子將營宮室，家廟爲先，廐庫爲次，房舍爲後。"在禮制社會中，祠堂的重要性遠遠凌駕於房舍、家宅及庫房之上。由於長期以來人們普遍認爲人死後靈魂不滅，且受傳統孝道提倡"事死如事生"精神的影響，導致建立一個人與神間溝通的特殊場所成爲必要。家廟、影堂、祠堂三者，名稱迥異則實際功用相同，它是祭祀祖考、追先懷遠、求神祈福且商議宗族内部重要事務的集會地。然而三者作爲一種紀念性建築本身又是發展變化的，其變化主要表現在設立位置、建築規格、適用對象上。《唐律疏議》："廟者，貌也。刻木爲主，敬象尊容，置之宮室，以時祭享，故曰宗廟。"② 廟是先祖形貌之所在，天子與諸侯之廟一般稱爲太廟或宗廟，而大夫、士及官宦貴族的廟則習慣上稱爲家廟。庶人無廟，在家中正寢的堂上祭祖。家廟早在周朝出現，多建於墓所，此後逐漸於墓地分開，成爲獨立的建築體。家廟數量等級森嚴，《穀梁傳·僖公十五年》："天子七廟，諸侯五，大夫三，士二。"且爲一世一廟制。東漢以後家廟改爲同堂異室的結構，即建家廟一座，前爲堂後爲室，内設多室，每室供奉一位先祖。"自北宋末年乃至南宋時期，賜建家廟的殊榮又爲權奸、勢要所獨佔。因此，普通官員的尊祖敬宗的情節很難得到伸張，於是自唐代後期在下層官僚和士人之家逐漸產生了以影堂祭祀祖考的方式。"③ 也就是說，唐末五代社會動盪、禮樂崩壞，家廟制度難以爲繼，作爲家廟替代物的影堂應時而生。影堂設立的特徵是，不

---

① [韓] 丁若鏞：《與猶堂全書》第1集《雜纂集》卷24《雅言覺非》卷3，韓國民族文化推進會編《韓國文集叢刊》第281輯，景仁文化社2002年版，第528頁。
② 長孫無忌等：《唐律疏議》卷1"謀毀宗廟、山陵及宮闕"條，中華書局1983年版，第7頁。
③ 趙旭：《唐宋時期私家祖考祭祀禮制考論》，《中國史研究》2008年第3期。

受身份限制，不分等級貴賤，人人都可在自家正寢的堂上置神主或懸掛祖先寫真、立塑像進行獻祭。在司馬光《書儀》的大力倡導下，影堂祭祀方式得到民衆普遍的認同。然而影堂制度並非盡善盡美，如程頤先生説："大凡影不可用祭，若用影祭，須無一毫差方可，若多一莖須，便是别人。"①而《家禮》提出的"祠堂"一詞，漢代已有，西漢張湯之子張安世去世後，宣帝"賜塋杜東，將作穿復土，起冢祠堂"②。《家禮》沿用該詞，但賦予了它新的内容。《家禮》規定祠堂建在住宅院内，正寢的東邊。建築規格是三間五架，或一間五架。祠堂改變了家廟、影堂前堂後室的房屋結構，有堂而無室，祭四代神主於一堂。

就"三間五架"或"一間五架"的祠堂建築結構來説，先需清楚"間"和"架"的具體所指。"傳統大木結構的規模構成，由面闊上的'間'和進深上的'架'組成。作爲規模表記方式，'間''架'分别成爲面闊與進深上的兩向模量單位。其'間'指面闊上的兩柱爲間，'架'指進深上樑或椽之架構。"③也就是説，"間"並不表示棟或座，而是指建築正面兩柱間的距離，進而用來指建築的横寬。而"架"本指檩木，由於檩木的間距有固定的限制，因此"架"又用來指稱屋子的進深。"間"和"架"是自古以來表示建築規模和面積大小的數量單位。祠堂的"間"采取奇數，除却奇數表陽的禮義考慮外，更多與中國建築構圖上講究對稱的原則相關。以"三間"爲例，指祠堂正面横寬爲四柱三個開間，大門（即正門）位於房屋的中心綫上，若采用偶數的間，那麽大門則正好與柱子相對。"間"與"架"兩者中，歷代對"間"的限制與規定遠大於"架"，因此在"間"數一定的條件下，增添架數擴大進

---

① 程顥、程頤：《河南程氏遺書》卷22上，《二程集》，中華書局2004年版，第286頁。
② 班固：《漢書》卷59《張湯傳》，中華書局1962年版，第2653頁。
③ 張十慶：《古代建築間架表記的形式與意義》，《張十慶東亞建築技術史文集》，遼寧美術出版社2013年版，第413頁。

深，成爲增加房屋面積的有效方法。《家禮》中祠堂"三間五架"，是唐宋以後中小型建築普遍采用的結構形式。如唐《營繕令》："六品、七品已下，堂舍不得過三間五架，門屋不得過一間兩架……又庶人所造堂舍，不得過三間四架，門屋一間兩架，仍不得輒施裝飾。"① 宋《册府元龜》："庶人所造堂舍，不得過三間四架，門屋不得過一間兩架。"② 明洪武二十六年（1393年）頒布的建築定制："庶民廬舍不過三間五架，不許用斗拱飾彩色。"③《家禮》作爲士庶通禮，其祠堂的形制除了適宜的空間使用考慮外，更多是等級制度的反映。

此外還需指出的是，正如丘濬《儀節》所說，《家禮》卷首"家廟圖"（見圖2—1）與朱子《家禮》所制定的"祠堂"制度不符，非朱子自作。此點也已得到朝鮮學者的肯定。吾妻重二也認爲，"家廟圖"的製作者是根據朱熹對古代家廟製作的推斷及構想——"古命士得立家廟。家廟之制，内立寢廟，中立正廟，外立門，四面牆圍之"及"如適士二廟，各有門、堂、寢，各三間，是十八間屋"輕率地繪製而成。④ "家廟圖"模仿住宅前堂後寢的形式，外門以内自南向北依次爲堂（也稱正廟、享堂）、寢（也稱寢廟、寢堂）。堂在規模上大於寢，是整個祭祀儀式的中心，而寢則爲安奉祖先神主的地方。"家廟圖"自《朱子成書》始，在明代官方禮典，如《大明集禮》《性理大全》《大明會典》中均有保留，成爲了《家禮》的一部分。而中國史志記載及現存建築中，如"家廟圖"前堂後寢，或如《家禮》"一堂無寢"兩種式樣的祠堂皆有存在。如

---

① 王溥：《唐會要》卷31《輿服上》，中華書局1955年版，第575頁。
② 王欽若等：《册府元龜》卷61《帝王部·立制度二》，中華書局1960年版，第680頁。
③ 張廷玉等：《明史》卷68《志第四十四·輿服四》，中華書局1974年版，第1675頁。
④ [日] 吾妻重二：《朱熹〈家禮〉實證研究》，華東師範大學出版社2012年版，第144頁。

《溪南吳氏祠堂記》："遂度土程材，乃議祠事。前堂後寢，繚以周垣，籩豆、裳衣各得其所。"① 有"中華第一祠"美稱的"貞靖羅東舒祠"，以及黟縣萬村韓氏祠堂等皆爲前廳後寢式。而徽州泰塘程氏宗祠、黟縣屏山舒氏祠堂則完全按照《家禮》祠堂制度爲藍本建造而成。② 與中國祠堂多樣化建築形式不同，《叢書》所見祠堂圖雖俯拾即是，但都是模仿《家禮》本注"立祠堂於正寢之東"（圖2—2）、"祠堂三間"（圖2—3）、"祠堂一間"（圖2—4）的制度而設立的。

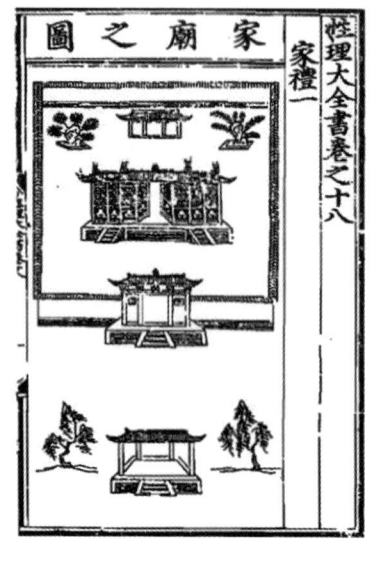

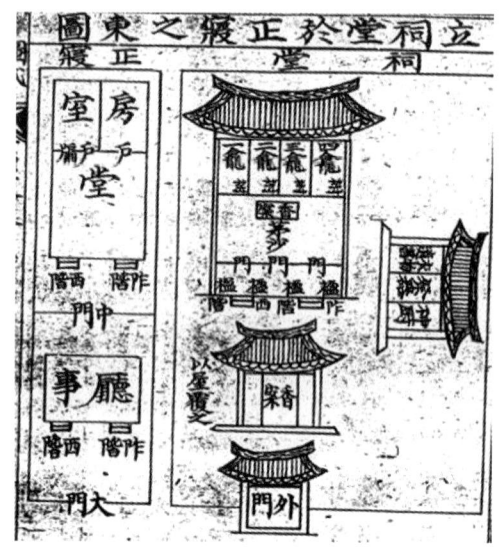

圖2—1　家廟圖　　　　　　圖2—2　立祠堂於正寢之東圖
　　　　　　　　　　　　　　　　　（《四禮修略》108/39）

---

① 汪道昆：《太函集》卷71《溪南吳氏祠堂記》，黃山書社2004年版，第1462頁。

② 現存祠堂例證，主要引自潘谷西主編《中國古代建築史》第4卷《元明建築》"祠堂"一節（中國建築工業出版社2009年版，第165—176頁），該節撰寫者爲丁宏偉。

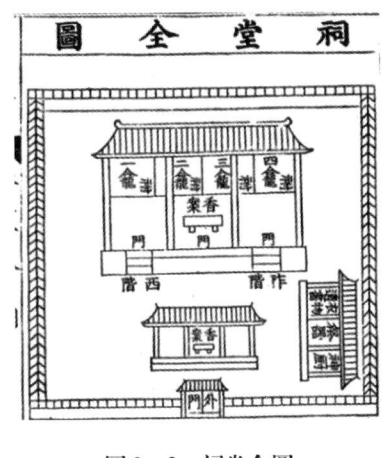

第二章　朝鮮時代"通禮"所涉"諸具"疏證　　67

圖 2—3　祠堂全圖
(《四禮便覽》40/585)

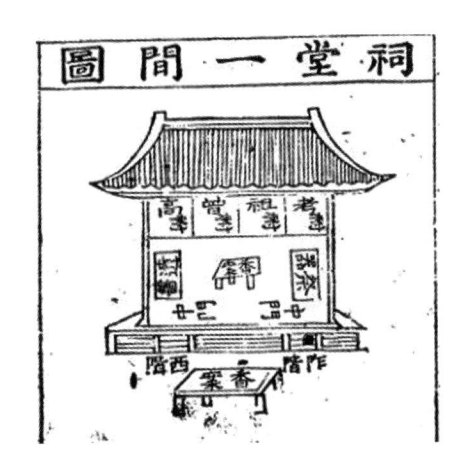

圖 2—4　祠堂一間圖
(《喪禮備要》4/529)

【敘立屋】

《家禮》朱子本注："東曰阼階，西曰西階，階下隨地廣狹，以屋覆之，令可容家眾敘立。"

《叢書》：(1)《家禮輯覽圖說》："按，本注'階下隨地廣狹，以屋覆之'，其制不可得以詳也。姑以本注推之，其以屋覆之者，乃家眾序立之際欲蔽雨暘也，然則其制當與祠堂前簷相接，今陵寢丁字閣亦其制也。其下四龕，注'兩階之間又設香卓'，然則香卓豈可設於雨暘之下乎？"(5/517)

(2)《南溪先生禮說》："問：'本文階下以屋覆之，而圖無其制，何歟？若準本文，則當於階下別立二三間，制甚不便，如何？古人有行之者歟（柳貴三）？'答：'階下覆屋之制今見《輯覽》，但因丁字閣法而爲之，恐非是，愚意此制若如今關王廟前簷則得之。'"(21/19) 又，"問：'祠堂庭中立屋子，《家禮》及《備要》圖式無之，未知其制如何。家眾分東西序立，則東西各立屋耶？抑以一屋兼覆之耶（鄭尚樸辛未）？'答：'此段《家禮輯覽》立屋於庭中，如今國陵丁字閣之制，既涉於僭，又不足以並覆東西兩庭，恐非是。愚意如今關王廟之制，前簷外連作一二間，無中絶之狀者，乃所謂以屋覆之者也。如何如何？一間之法，爲此非全書，只是行禮節度，故闕之耳。'"（21/33）又，"問：'《家禮》祠堂章注以屋覆之，意未詳（申漢立癸酉）。'答：'以屋覆之，蓋慮或有風雨時家衆不得敘立如常也，其制當承前簷爲橫廊，然量家衆多少而爲之耳。'"（21/34）

（3）《禮書劄記》："《經禮》①：'見申義慶家禮圖，祠堂南簷下接作縱屋，似丁字閣，僭不敢爲。曾見德興大院君廟，廟庭南畔，別屋橫作，疑此得家禮之意。'南溪：'《輯覽》立屋庭中如丁字閣，既涉於僭，又不並覆東西兩庭，恐非是。愚意如今關王廟之制，前簷外連一二間，如何？'"（36/240）

（4）《四禮便覽》："諸具（祠堂）：序立屋，《家禮》本注：'祠堂階下，隨地廣狹，以屋覆之，令可容家衆序立。'○按，沙溪曰：'其制當與祠堂前簷相接，今陵寢丁字閣亦其制也。四龕下注：香卓設於兩階之間。然則香卓豈可設於雨暘之下乎？'沙溪說雖如此，然丁閣之制，不獨有嫌於僭，以本注推之，亦似未然。既爲家衆序立而作，則當用家衆之位矣。爲子孫者或至數十百人之多，將何以分內外，位於丁閣縱屋之下乎？本注不曰隨地長短而曰隨地廣狹，則其爲橫屋明矣。尤庵亦以橫屋爲是。若慮兩階間香卓之設於雨暘之下，則置香卓於橫屋中間，亦自爲兩階間，何必當階，然後爲兩階間也。禮書言兩楹間者，亦多不與楹相當，而直以東西之間言之者矣。"（40/502）

（5）《九峰瞥見》："辨宋能相論《喪禮備要》說：宋說沙溪先生於《輯覽圖》作一架縱屋以接於堂之中間，乃曰'敘立之際欲蔽

---

① 《禮書劄記》所引"《經禮》"，即宋時烈所著《經禮問答》。此段宋時烈禮論，亦見《宋子大全》卷83《書·答朴玉子》："閣前新構。可謂宜矣。須考家禮以屋覆階之文而爲其制可矣。然嘗見申公義慶家禮圖。則祠堂南簷下。接作縱屋。此則一似陵寢丁字閣。僭不敢爲矣。曾見孫兒外家德興大院廟。則廟庭南畔。別作橫屋。疑此得家禮之意矣。"（見韓國民族文化推進會編《韓國文集叢刊》第111輯，景仁文化社1993年版，第52頁）

雨陽也，今陵寢丁字閣亦其制'，恐非朱子本意。夫主人位於東階下，衆兄弟雁行而東。主婦位於西階下，衆娣姒雁行而西。未知一架之屋能覆於二階之外乎？惡在其隨地廣狹也？僭意別立四柱若六柱，橫設偏屋，聯於堂霤爲三間可也（第四卷正目第一條）。○又說，《輯覽》'祠堂圖階下以屋覆之者，乃家中敘立之際欲蔽雨暘也。然則其制當與祠堂前簷相接，今陵寢丁字閣亦其制也'，恐非朱子本意也。禮，阼階設於東序之南，賓階設於西序之南，主人之位於東階下，而衆丈夫立其右。主婦位於西階下，而衆婦女立其左。若如此圖，兩階皆當設於一處耶？男女皆磨肩而立，且或不足，爲雨陽所侵耶？惡在其隨地廣狹令容衆敘耶？朱子之意決不如此，先生偶失平易處可歎（第四卷隨劄二十二條）。謹按，家禮'以屋覆之'之屋，恐是祠堂簷外三架縱屋，決非簷頭加簷之屋也。故《輯覽圖》圖之，以三架之屋縱接於堂之中間，而其制則中脊之架爲棟，棟右一架，棟左一架，是爲三架也。今以縱屋爲一架云者，有何所據耶？以序立論之，《家禮本注》及《輯覽圖》序立處俱在兩階間香案前，而縱屋中脊爲內外序立之界限也。主人北面於阼階下香案東，而有諸父諸兄，則特位於主人之右少前，重行西上。諸子、諸孫、外執事，直在主人後，重行西上。主婦北面於西階下香案西，而主人有母則特位於主婦之前。諸母姑嫂姊特位於主婦之左少前，重行東上。諸子婦、諸孫婦、內執事，直在主婦後，重行東上。則必不屬內外男女之列，而縱屋兩簷之間足可以蔽雨陽而容家衆也。若如宋說之偏屋，則重行序立之際屋必橫有餘而縱不足也，豈能盡覆其重行之雨陽乎？且雁行云者，觀於《家禮》祠堂圖下子孫序立圖而言耶？若如此圖，則諸兄一行，主人又一行，諸弟又一行，主人兄弟中豈有三行之異乎？是故丘瓊山論《家禮》圖，曰：'圖爲後人贅入。'《輯覽》論圖之不合於本文者十四條，而序立圖居其首，則《輯覽》之序立依本文圖以重行者也。今不察其重行之義，謬信雁行之圖，以雨暘所侵、兩階一處、男女磨肩等說，欺弄筆舌，譏侮不已，甚可悖也。"（65/502—506）

(6)《禮疑問答類編》:"'一間之祠,無家衆叙立處否?''一間已是傷貧者不得已之制,則又安能更造一屋容衆多之家屬耶?但備油單之屬,以慮雨潦而已。香案則不得已,置之於兩階上之間而近南端(答崔子極)。'"(100/34)

按:"叙立屋"又作"序立屋",是朝鮮學者根據《家禮》本注"階下隨地廣狹以屋覆之,令可容家衆叙立"提煉而來,在《四禮便覽》書中位列"祠堂諸具"之下。就《叢書》所收祠堂圖來看,《喪禮備要》《疑禮通考》《士儀》《家禮補疑》等書圖式中,東西兩階下空地上並未見"以屋覆之"的設施。且如上文郭鍾錫《禮疑問答類編》答崔子極所說,本就因家貧而建祠堂一間,哪還有餘力另造一屋來容納參禮的家屬。由此可知,"叙立屋"並不是祠堂必不可少的附屬建築。而對於經濟寬裕、族人衆多的大族來說,於三間祠堂外建造何種形制的"叙立屋"則成爲討論的關鍵。

第一,金長生《家禮輯覽圖說》中提出的"丁字閣"式(見圖2—5中"序立處")。沙溪認爲對於叙立屋,朱子僅在文中一筆帶過,其規模、構造皆不清楚。未免東西兩階間設立的香案及行禮時序次排列的家衆遭受日曬雨淋,叙立屋應仿照"丁字閣"的形制來建造。何爲丁字閣?丁字閣是面闊三間的單層建築,中間一間向前凸出,進深一至二架,其平面呈現"丁"字形。閣內設有神主及供品,閣外東西兩側設有臺階,祭祀時以便人員東進、西出。丁字閣位於陵域內的中軸線上,與紅箭門、神道碑、魂游石、長明燈、墓冢等同屬王陵的基本配置。朝鮮時代規定,僅國王、王妃及國王直系宗親所在的陵園纔能設丁字閣(見圖2—6)。朝鮮英宗朝編著的《國朝喪禮補編·圖說》便對營造丁字閣的規模、形制作了嚴格的規定(見圖2—7):"閣三間,南北廣二尺六寸,東西長三十五尺七寸,正中一間十三尺二寸,左右二間各十一尺二寸五分。正殿(墓所稱正室)之南當中,連建二間,形如丁字,並施丹雘。"① 由此可

---

① [韓]洪啟禧等:《國朝喪禮補編·圖說》,首爾大學奎章閣藏本。

推知，沙溪提出的"丁字閣"式敘立屋，即以祠堂三間作爲主體，將正中一間進深加長，使其覆蓋家衆站立的空間，敘立屋與祠堂是緊密連接的整體。此外，《九峰瞥見》中金禹澤對沙溪所創敘立屋在肯定之餘，還進行了詳細的解釋，他認爲敘立屋是在祠堂前檐下接三架縱屋，以中脊之架爲棟，並將中脊作爲男女序立的界限。

第二，朴世采《南溪先生禮説》中提出的"關王廟"式。朴氏首先對沙溪仿丁字閣制的敘立屋提出了否定，他認爲丁字閣法既是對王陵建築的僭越，又不足以覆蓋東、西兩庭。而正確形制的敘立屋應如關王廟之制，即承接祠堂的前檐作橫廊狀，敘立屋的後檐連於祠堂的前檐，通爲一屋，進深爲一至二架。朴氏所提倡的敘立屋與祠堂亦是合二爲一的。此外，《九峰瞥見》中引有"宋能相論《喪禮備要》説"，宋氏認爲在祠堂前橫設一偏屋，進深三架，以當衆人敘立之處。宋能相、朴世采提倡的敘立屋實質上是相同的，其性質皆是祠堂檐頭加檐之屋。

第三，宋時烈《經禮問答》、李縡《四禮便覽》中提出的"橫屋式"（見2—3"祠堂全圖"中所示敘立屋）。宋、李兩人之所以否定沙溪提出的丁字閣式，除其僭越禮法的考慮外，更重要的原因是，敘立屋是爲容納家衆而建，《家禮》"正、至、朔、望則參"下注文有標示出衆人的位次順序，男、女分列，且諸父、諸兄、子孫、外執事、諸母姑、嫂姊等重行站立，縱形的丁字閣根本無法容納外展延伸排列的衆人。另外，《家禮》本注中提倡根據地方的廣闊或狹窄來決定敘立屋的大小，從側面可以認識到敘立屋是橫屋而非縱屋。綜之，"橫屋式"敘立屋與祠堂不相連，是獨立的建築，它位於祠堂南畔庭中的空地上，面闊三間，香案置於敘立屋中。《叢書》中除《四禮便覽》外，《家禮增解》（58/249）、《全禮類輯》（90/627）、《六禮修略》（108/39）等書的"祠堂圖"中描繪的敘立屋與《四禮便覽》大體相同，皆爲獨立橫屋式。

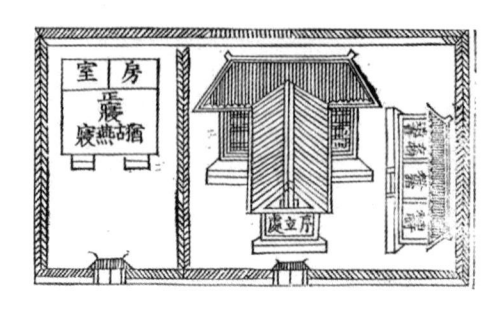

圖2—5　祠堂全圖（《家禮輯覽圖說》5/517）

圖2—6　穆陵丁字閣

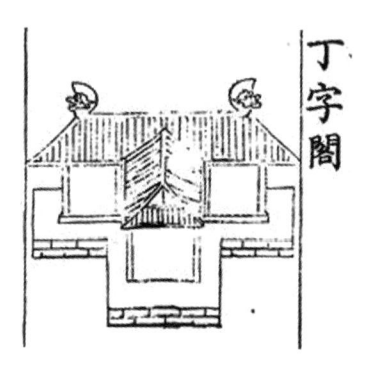

圖2—7　丁字閣圖
（《國朝喪禮補編·圖說》）

　　通過對上述敘立屋形制的辨疑，我們可以知道：從作用上來考察，敘立屋並非祭祀之所，而是爲了家族衆人站立時避雨遮陽而建。正如《朝鮮太宗實錄》所說："（河）崙又言'《朱文公家禮》有階下以屋覆之之文，宜作庇雨之所。'上然之。禮曹啟：'謹稽古文，《家禮》祠堂注云，階下以屋覆之，令可容家衆。'上曰：'此乃家衆序立之地，非拜位也，更詳定以聞。'"① 從《家禮》注文上考察，敘立屋的位置在阼階、西階下的空地上。"以屋覆之"，覆，蓋也，即在兩階之下另立一屋，屋檐與祠堂前檐毫不相連。龜川先生李世

―――――――――
①　《太宗實錄》卷19，《李朝實錄》第3冊，日本學習院東洋文化研究所1954年版，第623頁。

弼在剖析朴世采關王廟式敘立屋不合理的時候，也指出："然考之家禮注說，則曰祠堂之制三間，外爲中門……階下隨地廣狹，以屋覆之，令可容家衆敘立。以此見之，何嘗有屋簷連於堂簷之意耶？兩簷果若相連如關王廟之制，則注之爲說，不容止此，必曰兩簷，必曰相連。其注說既不如此，則堂制之不如此。蓋可知也。"[①] 在朝鮮學者對敘立屋形制的探討中，宋時烈、李縡所提倡的獨體橫屋式的敘立屋是較爲合理的。中國的民間祠堂建築中，有與朝鮮敘立屋相似作用的存在，即"中亭式"祠堂[②]。在浙江蘭溪諸葛村、西姜村、建德市新葉村、李村等村落的大宗祠裏，"中亭"是四面開廠的大亭子，它與四周廊廡都不相連，是容納家衆敘立的地方，中亭北面爲祭祀的龕堂所在。朝鮮敘立屋及中國中亭式祠堂，是不同國家不同時代祠堂形式的相同反映，兩者可以參互稽考。

【廚庫】（或【兩櫃】）

《家禮》朱子本注："又爲遺書、衣物、祭器庫及神廚於其東。繚以周垣，別爲外門，常加扃閉。若家貧地狹，則止立一間，不立廚庫，而東西壁下置立兩櫃，西藏遺書、衣物，東藏祭器亦可。"

《叢書》：(1)《家禮輯覽》："按，《開元禮》有'疾病遺言則書'之文，即是遺書。衣，《周禮·春官》：'遺衣服藏焉。若將祭祀。則各以其服授尸。'注：'遺衣服，大斂之餘也。尸當服卒者之上服，以象生時。'疏：'按《士喪禮》云小斂十九稱，不必盡用。則小斂亦有餘衣，必知據大斂之餘者，小斂後更用之，大斂餘乃留之。'《中庸》注：'裳衣，先祖遺衣服。祭則設之，以授尸也。'《語類》：'古者先王衣服藏之廟中，臨祭時出以衣尸，如后稷之衣，

[①] [韓] 李世弼：《龜川先生遺稿》卷8《禮說·通禮·祠堂·與金士直》，韓國民族文化推進會編《韓國文集叢刊續》第45輯，景仁文化社2007年版，第149頁。

[②] 具體參看張力智《蘭溪祠堂形制的學術（儒學）源流》一文第四小節"兩種祠堂形制在蘭溪的融合——'中亭式'祠堂"（清華大學建築學院主編《建築史》第34輯，清華大學出版社2014年版，第74—86頁）。

到周時恐已不在，亦不可曉。'……櫃，《韻會》側史切，匣也。"(5/26)

（2）《南溪先生禮説》："問：'置立兩櫃，西藏遺書、衣物，東藏祭器云云。庫則一也，而櫃則有東西之異者，何也？抑有輕重而分別東西歟？不容於一櫃，故偶置東西而無所取義耶（吳遂昌）？'答：'不容一櫃故也，西重東輕。'"(21/37)

（3）《家禮便考》："《字彙》：'廚，烹飪之所。'○同春問：'《家禮》祠堂章所謂衣物即遺衣服耶？父母遺衣服固不忍他用，而其數頗多，則似不可盡存，如何？其謂神廚，即備祭物之所耶？'愚伏答曰：'遺衣服祭則設之，或以衣尸，乃是古禮，而今則無之。藏之祠堂似無所用，不如依禮文稱數，多用於大小斂，得之矣。衣物，衣服及他服用，如顧命所陳之類。神廚即具祭饌之所。'又問：'父母遺衣服不能盡用於大小斂，而今不用尸，則亦不可以衣尸，藏之祠堂，果無所用。而既不可他用，則依漢廟之禮，藏之祠堂而時時設之，亦如何？神廚乃備祭物之所，而在祠堂垣內，殊非君子遠庖廚之義，如何？沙溪答謂：漢之原廟藏遺衣服月出遊之義，未知是否，不須援而爲效。祠堂非殺牲之所，只臨祭時炊煖羹炙而已，與遠庖廚之義自不同云云。此説何如？'愚伏曰：'沙溪答皆是。'又問：'遺衣服藏之祠堂，果似無用，而處之亦甚難便。竊以意度之，或瀚濯，以爲子孫衣服，亦無不可。至於冠帶諸物，比於杯棬書册，尤不能接目，而存之難處，焚之墓所似可。而古無此禮，不可創始此説，何如？'愚伏又答曰：'禮所不言，何敢折衷。'"(26/68—69)

（4）《四禮便覽》："諸具（祠堂）：廚庫，縱立三間於序立屋之東，西向。其北一間藏遺書、衣物，中一間藏祭器，南一間爲神廚，以備作祭需或臨祭更爨之處。大櫃，二。若立一間祠，不得立廚庫，則於祠堂內東西壁下各置一櫃，西藏遺書、衣物，東藏祭器。"(40/502—503)

（5）《式禮會統》："神廚。人家或有祠堂、左右附舍，而此亦非家家所有，無祔（附）舍則當於家淨僻處熟設，俾免不潔可也。"（82/514）又，"遺書非家家所有，遺衣非人人所藏，余家以官教文稿代遺書、遺衣。而祭器又難藏於祠堂，故以祭時所用屏席藏之矣。"（82/517）

按："廚庫"爲神廚和遺書、衣物、祭器庫的合稱，位列《四禮便覽》及《全禮類輯》中"祠堂諸具"下。"廚庫"是祠堂所屬的單體建築之一，同大門、龕堂、敘立屋一樣，爲祠堂的輔助用房。朝鮮學者在對"廚庫"進行闡釋時，祇有《四禮便覽》稍稍涉及廚庫的形制，及遺書、衣物、祭器、神廚的位次安排。旁書皆側重於介紹神廚的作用，遺書、遺衣的概念等，以《家禮輯覽》《家禮便考》爲代表。簡言之，所謂遺書，依《開元禮》所釋，即死者臨終時留下的書信遺囑。所謂遺衣，主要指先祖喪禮襲斂之後餘下的衣服，用於古禮祭祀時"尸"（代死者受祭的人）的穿戴。《家禮》已無"尸"的存在，因此遺衣藏於祠堂以備所需。另外，《式禮會統》中洪養默特別指出，遺書、遺衣並非家家都有，可以用先祖留下的教條、家訓及文稿替代。所謂祭器，指祭祀時陳設或使用的各種器物，如桌、椅、香爐、酒注、盞盤等，祭器不得另作他用，不用時貯存在庫房之中。所謂神廚，即準備祭饌的地方，祠堂中不能殺牲，因此神廚多用於羹炙食飲的加工。

作爲收藏祖先遺物及祭祀器用的地方，廚庫的規制《家禮》並未提及，而卷首"祠堂之圖"由北向南，依次標有神廚、祭器庫、遺書衣物的位置，這與《叢書》所見禮圖順序不同。考察朝鮮學者所立廚庫形制及陳列順序的源頭，應來自於丘濬《儀節》。《儀節》"祠堂三間之圖"中廚庫位於祠堂東，坐東朝西，縱屋三間，最北間藏遺書、衣物，中間藏祭器，南一間爲神廚。檢視《四禮便覽》及《喪禮備要》（4/529）、《家禮源流》（11/44）、《家禮輯解》（25/709）、《家禮增解》（58/249）、《全禮類輯》（90/627）等書廚庫圖皆與《儀節》圖例相同。對於祇建一間祠堂的人家，神廚則略去不立，擇一潔淨的處所搭建臨時的棚子，用於飲食羹饌等祭品的準備。

作爲附屬建築的廚庫則被兩個大櫃替代，《韻會》釋櫃爲匣，多爲木製或鐵製，用來盛放衣物、書籍等器具。兩櫃分別置於祠堂東、西壁下，東櫃藏祭器，西櫃藏遺書、衣物。《南溪先生禮說》中朴世采答吳遂昌，遺書、衣物和祭器分開放置，並不是由於禮義上的區別，而是根據器物的輕重，書册及衣服等較輕的放置西邊，桌、椅、酒器之類的重物放於東邊。

2. 爲四龕以奉先世神主。（簡稱"爲四龕"）

【龕】

《家禮》朱子本注："祠堂之內，以近北一架爲四龕，每龕內置一卓……龕外各垂小簾，簾外設香卓於堂中，置香爐、香盒於其上。"劉氏增注："（朱子曰）嘗欲立一家廟，小五架屋，以後架作一長龕堂，以板隔截作四龕堂，堂置位牌。堂外用簾子。小小祭祀時亦可只就其處，大祭祀則請出，或堂或廳上皆可。"

《叢書》：（1）《奉先雜儀》："按，程子言'高祖有服，不祭甚非'，《文公家禮》祭及高祖，蓋本於程氏之禮也。然禮，大夫三廟、士二廟，無祭及高祖之文，故朱子亦以祭高祖爲僭。且今國朝禮典，六品以上祭三代，不可違也。竊意高祖雖無廟，亦不可專廢。其祭春秋俗節，率其子孫詣墓祭之，庶無違禮意而亦不至忘本也。"（1/19）

（2）《退溪先生喪祭禮問答》："士大夫祭三代乃時王之制，固當遵守。而其祭四代，亦大賢義起之禮，非有所不可行者，今世孝敬好禮之家往往謹而行之，國家之所不禁也，豈不美哉？"（1/61）又，"《家禮》雖有四代之祭，今《五禮儀》只祭曾祖以下，當遵用時王之制也。其間或有好古尚禮之家，依《家禮》祭及高禮①，則必有高祖當入之龕矣。"（1/347）又，"愚意祭四代則作四龕，祭三代則作三龕爲宜。"（1/381）

---

① "祭及高禮"中"禮"爲訛字，應作"祖"，下文承接"必有高祖當入龕"可以爲證。

(3)《家禮考證》:"龕,按《韻書》及他訓義,皆曰塔下室也。又見《法華經》'佛以右指開寶塔户',又禪書有'塔户自開'之説,蓋塔下有室亦有户,有時開閉也。杜子美詩曰:'長者自布衾①,禪龕只晏如。'蘇子瞻詩又曰:'只有彌勒爲同龕。'僧之居室亦以名龕也。然羅先生有'獨寐龕',朱子亦有'寒龕獨寢人'之句,是世俗亦通以名室矣。疑其制狹小,其狀類龕者,以名之耳。勿軒熊氏賦滄州精舍,有'小神龕'之句。王介甫詩亦曰'終日對書龕',謂藏書之庋閣,以板爲之。"(4/16)

(4)《家禮輯覽》:"頤庵曰:'時祭則拘於國法,止於曾祖,而高祖則只行墓祭、忌祭,五代祖則只行墓祭於寒食、秋夕,六代祖之墓祭則只行於寒食。'……○按,栗谷《擊蒙要訣》亦從國制只祭三代,然《家禮》既以四代定爲中制,故好禮之家多從《家禮》。"(5/52—53)

(5)《疑禮問解》:"問:'今世士大夫家或祭四代,或祭三代,何之爲得(宋浚吉)?''祭三代乃時王之制,然高祖當祭,不但程朱有明訓,我東先賢如退溪、栗谷諸先生皆祭高祖云。'"(6/571)

(6)《明齋先生疑禮問答》:"四龕奉主。問:'國典六品以上祭三代,祭三代之文既爲栗谷之所取,從國典、從先賢無不可者,今俗遠引《家禮》祭高祖之文,徑情自行,甚不當,如何(南主簿鶴鳴)?'答:'《家禮》爲後世通行之禮,故雖有國典,而今世士大夫祭及高祖,皆從《家禮》,恐不當以遠引《家禮》徑情自行等語,斥之如是也。'"(16/51—52)

(7)《南溪先生禮説》:"問:'《要訣》祭三代,只是時王之制。然程朱以爲高祖有服,不可不祭,我國諸賢亦皆祭四代。而栗谷先生於《要訣》改從時王之制,何也(崔瑞吉)?'答:'祭三代,古今通行之禮。栗谷之反從時制,不可非也。但《大明會典》及我

---

① 杜甫詩中"長者自布衾"中"衾"應是"金"的誤字。布地金、布金、地布金等詞典源相同,暗指舍衛城須達長者祇園布金的典故。

國《五禮儀》皆許士大夫以從《文公家禮》，是亦不以祭四代爲罪也。然則從程朱祭高祖，恐不至未安。'"（21/38—39）又，"答：'龕，我國公私所用，皆爲壁藏之制。壁藏外別置卓子以祭之，故祔位及祭物皆難用如示意固也。近世湖中諸公考據，以爲當就近北一架三間內，不爲壁藏，只以木板隔作四龕，而上則以板覆之，下則不用板。又就各龕中置卓，設主及饌而行之云，此說恐是。'"（21/40）又，"答尹子仁（拯）書：祠堂龕室之制，殊無明文。若如俗制，以長板橫著壁前而分爲四龕，用簾垂之。則其中甚窄，似難容置小床，既坐主櫝而復設俗節等饌，則其執事者立於龕外卑處，無以仰手而開閉主櫝矣。或言當只以室中近北一架，分爲四截，外用簾垂而不加長板，更置小床於龕內地上，如今人家安主於床，仍設饌物之規云。未知兄家及諸丈許，有能以古制立祠堂者耶？其尺度曲折果如何？切冀詳示。"（21/45—46）

（8）《四禮便覽》："諸具（四龕）：龕，祠堂內近北一架，四分而以板隔之。"（40/504）

（9）《星湖禮式》："今我國時制既許立宗，則有始祖廟矣。其曰六品以上三世者，許用大夫之禮也。其七品以下，宜用上士、中士、下士之制。而至於無官，則無廟矣。今士庶家無論有官無官咸及四世，違於古禮，悖於今制，而妄遵宋法①，甚無意義。況諸侯卿大夫準天子之上中士，以諸侯之士庶僭用天子大夫之禮，是豈家禮之本旨乎？雖合於《家禮》之文，而獨不乖於朱子從時之意乎？其不可也決矣。余定爲家法，斷從三世之制，使子孫不敢違。此捨《家禮》之文，而從《家禮》之意也。"（41/440）

（10）《疑禮類輯》："尤庵曰：'廟祭世數，蓋栗谷以四代爲是，而時王之制不敢違，故著於《要訣》者，以三代爲定也。正如朱子

---

① 丁若鏞在《喪儀節要·祭禮考定》中引李瀷禮説，此句作"只遵宋法"（見丁若鏞《與猶堂全書》第3集《禮集》卷22《喪儀節要》卷2，韓國民族文化推進會編《韓國文集叢刊》第284輯，景仁文化社2002年版，第476頁），從上下文意考察，作"只"更爲恰當。

以父在服母期爲是，其見於《語類》者甚詳，而及纂《家禮》則乃因國朝三年之制，此豈非夫子從周之義也（趙鳴世）．'"（48/98）又，"尤庵曰：'大抵祠堂三間，以北架分作四龕，則東西不患不長，南北亦不下三尺（布尺）矣。其中置一大卓，而安正位於卓上北端，祔位於東西端，則東西各二，而亦無難容之慮矣。又於正祔位前卓上空處各設二盞、一果盤，節祀各設二盞、食三器（時食一器、蔬一器、果一器），則何患其狹小乎？今人例安神主於椅子，而別設卓子，故難容於龕內矣（答金壽增）．'……尤庵曰：'龕室雖未備，以屛簇隔截，則便成龕室（答李碩堅）．'"（48/110—111）

（11）《家禮增解》："本朝大典文武官六品以上祭三代，七品以下祭二代，庶人則只祭考妣……〇尤庵曰：'祭三代國制也，祭四代《家禮》也。弊宗在京者從《家禮》，在鄉者從國制矣，數十年前同春立議，皆從《家禮》．'"（58/182—183）

（12）《九峯瞽見》："朱子祭四代（只祭本位，今並設）。《奉先雜儀》減一代。《擊蒙要訣》從國制祭三代。《喪禮備要》從《家禮》祭四代。《五禮儀》大夫祭三代，士祭二代，庶人祭考妣。"（65/259）

（13）《二禮鈔》："鏞案，我邦禮制多遵溫公《書儀》、朱子《家禮》、丘氏《儀節》，然是三賢，皆天子之臣也。或身爲上相，或追封國公，其位秩皆古諸侯也，故其著之禮而傳之家者，多用侯禮。我邦之人，忘其本分，動欲摸擬，則犯於僭者多矣，宜謹守國典。"（69/566）又，"鏞案，東儒唯沙溪（金文元公長生）最爲知禮，而特從四世之制。此所以舉世遵用也。然沙溪之禮，蓋從《家禮》，《家禮》出於《書儀》。《書儀》者，溫國公司馬光之作。彼固天子之上相，得用上公之禮者也。藩邦之士、庶人，其敢倚是乎？今遵聖經、賢傳、國制、師說，凡仕宦之族宜於家廟得奉三世之主（父、祖、曾），毋得踰越。"（69/567）

（14）《士儀》："又按，國制只祭三代，從古禮也。然程子曰'高祖有服之親，不可不祭'，《家禮》亦祭及高祖，故世多從之。

而朱子亦以祭四代爲涉僭分，然則《家禮》爲未定之書而然耶？（《書儀》只祭三代。○高麗廟制，六品以上祭三世，七品以下祭二世，庶人考妣。國制因之，宗子秩卑，支子秩高，則代數從支子。）"（81/191—192）

（15）《竹僑便覽》："龕室者，神主奉安室也。代各各設，故爲四龕，蓋四代奉祀廟也。"（76/42）

（16）《梅山先生禮說》："龕制。龕室，佛書塔下室，《家禮》借其名爲奉神主之所也。《語類》云：'欲立五架，以後一架作長龕，以板隔作四。'五架即吾東所謂五梁歟？《家禮》每龕內置一卓，龕中常用卓安主，至祭正寢則安主以椅（俗云交椅），別以桌（俗云祭床）設饌也。南溪所云'下不用板者，以置卓於龕中'故歟？尤翁所云'非別有卓子者，以龕內下板成卓，北端安主，餘地設酒果，如《備要》圖也'。今世龕室狹窄，僅容神主，故設卓子龕外，用設時節、朔望之薦，是爲俗制，而奉主薦獻之同卓，恐不成體貌，當以後出者爲正也。今俗龕前或簾或窗，俱無不可，而不宜並設也。龕制亦當隨地制宜，恐不必局定耳（答任憲晦）。"（77/154—155）

（17）《式禮會統》："余家本非大宗，至都正府君始祭四代，從《家禮》及程朱之制也。丁丑命不祧忠正公祠版，自牧使府君奉五世祀矣。"（82/515）

（18）《全齋先生禮說》："設板木之長，安四龕於其上。祠堂以近北一架爲龕，禮也。壁藏之制，俗也。苟非貧無以爲禮者，則何必用壁藏爲也。略依四龕之制，設一板木之長者，安四龕於其上，則雖不各作四桌亦可，恐無衆桌難辨之弊（答田愚）。"（86/68）

（19）《禮疑續輯》："祭三代。黎湖曰：'大夫之三廟，即自天子七廟以下降殺以兩之制也。既爲三廟，則其只祭曾祖而不及高祖，固也。而朱子嘗引干祫及其高祖之文，以爲立三廟祭及高祖之證，不但伊川無貴賤皆祭高祖之說爲然也。然則雖只立三廟，亦當祭高祖。況後世不能如古禮，代各立廟，而只爲同堂異室之制，則何可不並祭高祖乎？程朱以來，至於今日，不得依時王之制者，直由於此。朱子雖有爲僭之說，恐爲一說也。一行西上，雖非昭穆之制，而漢唐以來，無論天子與士大夫皆用此制，則雖欲反古，何可得也（答竹庵）。'竹庵曰：'祭高祖本非大夫士之禮，國典大夫、士只祭三代，實合古意（《類輯續編》）。'杞園答竹庵曰：'祭及高祖出於大賢（程子）義起，自朱子以下諸賢皆遵行無異議，則誠可謂萬世定法也（《類輯續編》）。'"（94/56）

（20）《喪祭類抄》："諸具類·祠堂。龕，四世，世數未滿，則虛其西。"（99/496）

（21）《六禮修略》："祠堂諸具：龕，四，近北一架，四分而以板隔之。"（108/668）

按：依《家禮》所示，祠堂爲三間五架屋，將屋內最北一架（即後庋）闢作四龕。《家禮》龕室之制較爲簡易，高、曾、祖、考四代神主各爲一龕，以西爲上。龕中放桌，桌北端安櫝，南端空處設酒果，櫝中藏神主，四龕之外分別垂有簾子。而對於龕室的討論，朝鮮學者主要從以下兩方面進行。

首先，祠堂是以三龕還是四龕爲定制。宋之前，庶人祭祀祇涉考、祖二代；自宋以來，庶人可祭三代，但不及高祖。禮學宗師程頤提出取締祭禮的貴賤之分，同時放鬆民間祭祀的代數限制，他首倡庶人可祭四世高祖。朱子承繼程子之說，並在《家禮》中明確設立四龕。《叢書》收錄的禮書中，將程朱所定祭法奉爲圭臬，以四龕爲準則的學人有：沙溪金長生、明齋尹拯、同春宋浚吉、黎湖朴弼周、杞園魚有鳳、弄丸齋南道振、陶庵李縡、伯晦洪養默、全齋任憲晦以及韓錫斅等。與上述祭四代的主張不同，在李彥迪《奉先雜儀》、栗谷《擊蒙要訣》、李瀷《星湖禮式》、丁若鏞《二禮鈔》以及頤庵宋寅、竹庵尹能觀的著述或禮說中，他們認爲四龕祭祖雖然符合《家禮》文意，却與朱子所倡導的禮從時、禮循俗的主旨相違背。應該遵用李朝國法，以《國朝五禮儀》和《經國大典》所定的三龕祭祀爲踐行依據①。在界限分明的祭四世或祭三世的立場外，退溪李滉、尤庵宋時烈、南溪朴世采三先生提出，祭三代則作三龕，祭四代則作四龕，三龕與四龕兩行而不相悖，國典亦不以《家禮》爲罪。各家所選，應"於己度義，量力而行"。以宋時烈宗族爲例，在京的族人從《家禮》，在鄉的族人則從國制。由此可以看出，《家禮》與國法在社會運行機制上，是互相支持、互相補充的。但是由於受衆的群體差異性，兩者又是各有主導的，士林階層多貫徹《家禮》教條，而鄉村及地方貴族則遵從國法的支配。

其次，"龕"的名稱意義及規格形制。從字義上説，《家禮考證》列有"龕"字四則義項。其一，韻書、字書及佛經所釋"塔下室"，即放在塔下用以安置舍利或佛像的容器。其二，僧人的居室，亦以名龕也。其三，世俗將人居狹小而類似龕狀的室稱爲龕。其四，指以板搭建，用以藏書的庋閣。綜述之，龕主要指供佛及僧安身的窾穴，《家禮》借其名爲客櫝之所。朝鮮禮書對於"龕"形制的描述分爲"隔板式"及"壁藏式"兩種。隔板式見於《喪禮備要》"祠堂龕室之圖"（圖2—8），主要爲畿湖學派金長生及宋時烈所提倡，即祠堂近北一架，上覆以木板，下則不用，其間以板四分，作四室狀。室內放置祭桌，室外編竹成簾，可垂可捲。"壁藏式"爲朝鮮俗制，不知創於何人何時，施用範圍較廣。據《南溪先生禮説》及《全齋先生禮説》，其制用一長板橫架在祠堂北面墻壁上，中間隔截爲四部分。龕室甚小，僅能容櫝，祭桌及酒饌置於龕外。《叢書》之外，李世龜《養窩集》還給出了"壁藏式"的另一種形制："蓋龕室之制，以五架屋，近北一架，板隔爲四，其龕甚大。今人鑿壁爲龕，如居室壁藏之形，失其制矣。"② 這種"壁藏式"顯然更"名

---

① 《國朝五禮儀》及《經國大典》規定"三品官以上祭四代，四品到六品官祭三代，七品以下至士人祭二代，庶人只祭父母"。當時各家祭祖主要依靠該家身份的高低。而《叢書》中的學者，多采用士大夫的規格祭三代。

② ［韓］李世龜：《養窩集》册7《家禮·答李太素問》，韓國民族文化推進會編《韓國文集叢刊續》第48輯，景仁文化社2007年版，第244頁。

如其制"。筆者以爲，兩種"壁藏式"對《家禮》龕制的改變有着不同的歷史背景。關於前一種，全齋先生所謂"苟非貧無以爲禮者，則何必用壁藏爲也"，即解釋了一切。至於李世龜所述的樣式，極有可能是受佛龕影響而產生的。我們知道，李朝建國之初深受佛教影響，《家禮》推行過程中，並非所有人都能夠充分理解朱子的禮儀禮義，宏觀方面大體遵從，而在無關宏旨的部分，則可能以固有的經驗或慣常的做法，對《家禮》中部分內容進行有意或無意的修改，《養窩集》所載壁藏之龕即是鮮明的例證。

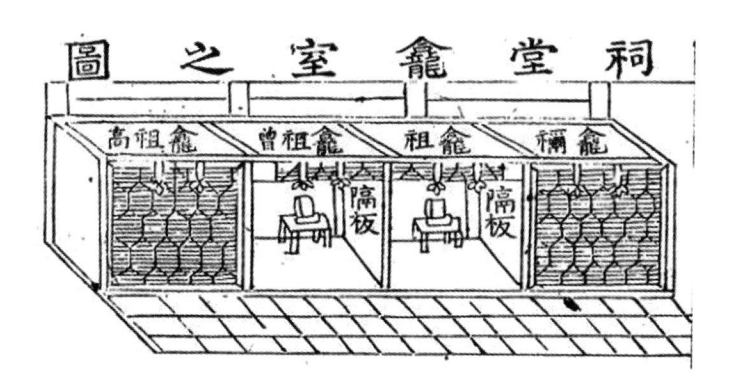

圖2—8　祠堂龕室之圖（《喪禮備要》4/530）

據上，"龕"爲容納神主的處所，李朝龕數或三或四。其制或爲"隔板式"或爲"壁藏式"，兩者俱無不可，但不宜並設。"龕"的大小當隨地制宜，不必局定。

【簾】

《家禮》朱子本注："龕外各垂小簾。"

《叢書》：(1)《家禮輯解》："簾（即龕室前之簾也。○晉《東宮舊事》簾箔以青布緣）。"（25/56）

(2)《家禮便考》："厥明，夙興，開門軸簾。（《諺解》：'軸，捲也，謂捲其龕前小簾而鉤。'）"（26/131）

(3)《四禮便覽》:"諸具(四龕):簾,四,用以垂於龕前者。"(40/504)

(4)《士儀》:"龕外各垂小簾(今俗龕外垂小帷,門外垂大簾者多)。"(81/190)

(5)《六禮修略》:"祠堂諸具:簾四(用以垂於龕前者)。"(108/668)

按:簾,以竹、蒲、葦等編織而成,又稱"簾箔",置於堂前以隔風日且通明。《禮記》鄭玄注"天子外屏,諸侯內屏,大夫以簾,士以幃。"《釋名·釋床帳》:"簾,廉也。自障蔽爲廉恥也。"可以布帛及繩帶作簾頭,或是在簾上方裝一木軸,方便捲簾之用。祠堂龕室爲幽閉之處,除祭祀儀式外不加開放。祠堂內最後一架作四龕室,故室外垂四小簾隔絕內外。許傳《士儀》説在朝鮮民俗中多在龕外垂帷,即布帛作的小簾。"帷"或"簾"材質不同,其作用相同,可視自家情況而定。

【桌】

《家禮》朱子本注:"每龕內置一卓。"又,"龕外各垂小簾,簾外設香卓於堂中,置香爐、香盒於其上。兩階之間又設香卓,亦如之。"

《叢書》:(1)《家禮考證》:"卓,一作棹,伊川先生指前食棹問康節是也。"(4/36)

(2)《南溪先生禮説》:"答白采叔(以受)書(己酉)。私家用色床,以鄙拙聞見京中大夫間比比有之,蓋祭是吉禮,用色無妨。至於官家赤黑之辨,想有其義,第未深考耳。○作書後考《五禮儀》'桌'條云'朱漆饌桌,俗祭用之。'以此觀之,官家當以黑漆爲正,而朱者次之。"(23/226—227)

(3)《四禮便覽》:"諸具(四龕):大卓,四。用以置各龕內,其北端以奉神主,東西端以奉祔主,南端容設饌。"(40/504)又,"諸具(祭器):大卓,即祭床,隨位各具。"(40/507)

（4）《星湖先生家禮疾書》："龕之大小僅容一卓，不設倚。神主皆置於卓上，如席地而坐也。蓋用倚子，盛禮也。推之以事生之事，室中非用倚之所也。至參禮，則果用大盤，而茶酒但置於櫝前卓上，蓋卓比之坐床，盤比之食案。"（41/13）

（5）《家禮集考》："《韓魏公祭式》床倚代設席，見祭禮時祭。程子曰：'不席地而椅卓，不手飯而匙箸，此聖人必隨時矣。'凡此言几席唯於祭，而此書廟中常用卓安主，至祭正寢則安主以椅，別以卓設饌矣。今俗在廟已如此，而椅卓之下與椅上皆有席，然席宜單也。"（52/21）

（6）《近齋禮説》："香床設二，一為行祭時焚香，一為晨謁時焚香，何疑（答洪直弼）。"（57/573）

（7）《禮疑問答》："問：'交椅、桌子，高當幾許？'答：'中國之人，事死如生。殷周之時生者席地，故祭亦席地。唐宋之時生者坐椅，故祭亦設卓。其義均也。我邦之人，生而席地，猶用殷周之俗。死而坐椅，必遵唐宋之禮。有識之笑久矣。然生人飲食，既用槃椺，其祭也，亦不可以錯地。今擬卓子之高，只崇二尺（用周尺），斷不可增高一寸也。交椅之高，通崇三尺（用周尺），使二尺與卓平。則神主之趺，出於卓面矣。'"（69/487—488）

（8）《二禮鈔》："床桌不宜太高，但用三尺之崇可也。中國人生皆坐椅，所以高桌祭之亦然。我邦生則席地，死乃坐椅，既非古禮，又非象生，甚無義也。"（69/607）

（9）《士儀》："簾外設卓（俗云祭床，所以陳饌）。"（81/190）又，"桌子，俗云祭床，所以陳饌。〇漆同上。〇《家禮注》：'食床以版為面，長五尺，闊三尺餘，四圍以板，高一尺二寸，二寸之下乃施板，面皆黑漆。'〇按，宋時椅子不高，而神主就座亦卑，故床高不似今所用。而今則椅子恰為（禮器尺）五尺餘矣，床亦當參酌而高之。"（81/199）

（10）《全禮類輯》："祭床。南溪曰：'祭是吉禮，用色床無妨。黑漆為正，而朱者次之。'"（90/429）

（11）《喪祭類抄》："諸具類・祠堂。大桌，即祭床，座面紙具。"（99/496）

（12）《六禮修略》："祠堂諸具：坐桌，四。用以置各龕内以奉神主，各有坐褥……大桌，四。即祭床，考妣共一卓……香案，二。"（108/668—669）

（13）《家禮酌通》："按，此書廟中止用一卓，而正位安於北端，祔位安於東端。設饌則無論考妣正祔，只用一分，而設於南端，唯茶酒逐位各設焉。至祭正寢，則別用椅子以安主，設饌於卓子，祔位則各用椅桌，而饌隨而異矣。今俗於廟中已用椅子安主，則祔位亦當同。然卓子則並正祔只設一而已矣。但龕子既設上下板，則量其龕内高低，椅桌皆須低其足耳。"（114/9）

（14）《二禮通考》："桌子（即祭床也，無則並用小盤）。"（119/318）

按："桌"，《叢書》中多作"卓"。考察兩字間的關係，"桌"應是"卓"的後起俗字①。清人葉廷琯《吹網錄》説："考'卓'即'桌'字，俗以几案爲桌。當以'卓'爲正。宋初猶未誤。"② 宋元文獻中"桌子"通常作"卓子"，"椅桌"作"倚卓"，"桌"字自明以降才逐漸通行起來。在文字演變過程中，"桌"的產生原因，一方面是由於宋以後越來越多的桌子以木材爲製作原料，爲了凸顯其意義歸屬，"卓"從"木"爲定；另一方面，由本義爲"高"的"卓"，演化爲我們今天所熟知的表桌椅的"桌"，體現了居室中家具在高度上的新興變化。古人席地而坐，家具多爲矮腳的几案。魏晉隋唐時期，異域胡人的起居習慣傳入中原，垂足高坐日漸流行，家具的形制亦趨向高度化。宋元之際，人們結束了"席坐"及"坐榻"的生活方式，桌椅、衣架、櫥櫃等高型家具得以普及。與中國家具的形制變化不同，朝鮮半島居民保留了中國秦漢時期席地而坐

---

① 曹好益《家禮考證》中所引"棹"亦爲"卓"的俗體之一。
② 葉廷琯：《吹網錄》卷3《明道二年貢硯銘》，清同治八年（1869年）刻本。

的習慣，家具則爲與之相匹配的低矮式。其原因與半島民衆獨特的居住形式"温突"（即温炕）相關。"温突"實質上是一種傳統的地面取暖方式，大概是從高句麗底層人民的建築中發展而來。"煙火由一洞內循環排出……炕面離地面約爲30—40釐米。"① 室內地面較高，其家具自然不能過高。"由於温突的普遍采用，進一步強化和鞏固了朝鮮半島人們的坐式生活方式，連帶影響了空間概念、建築高度、家具製造等……由於温突采用的地板輻射取暖方式，床、桌子等家具就不再使用了。"②

《家禮》"爲四龕以奉先世神主"條中，所需大桌四，上置四代神主；另需香桌（又稱香案）二，一在堂中，以備大小祭祀之用，一在兩階之間，晨謁及出入告時所用。從"桌"的定義來看，《漢語大字典》釋爲"几案，桌子"，又如"我們將足與承面呈垂直關係，且足位於承面四角的承具稱之爲桌"。③ "桌"根據外部特徵及作用，有高桌、低桌、長桌、方桌、書桌、酒桌、琴桌等分別，《家禮》中"香桌"即爲陳設香爐、香盒，用以焚香的小桌。從概念角度出發，《叢書》中各家禮說與"桌"的定義並不矛盾。

然而，李朝"桌"制在大小及名稱上則與中國的"桌"存在顯著的區別。以《叢書》爲材料來源考察，《四禮便覽》《士儀》《喪祭類抄》《六禮修略》將桌子闡釋爲用以陳饌的"祭床"。朝鮮學者李田秀《入瀋記》中記載："華人日用不可闕者，曰椅、曰凳、曰桌……桌制有二：其一恰似我國祭床，放之炕下而上置書册、古玩之類，或環放椅子而吃飯、寫字；其一亦如祭床而短小，置之炕上，

---

① 鐵木爾・達瓦買提主編：《中國少數民族文化大辭典・東北、內蒙古地區卷》，民族出版社1997年版，第405頁。
② 李東華：《朝鮮半島古代建築文化》，東南大學出版社2011年版，第217頁。
③ 邵曉峰：《中國宋代家具——研究與圖像集成》，東南大學出版社2010年版，第48頁。

凡飲食、題寫、憑依、看書皆借於此。而三物皆著龍丹色矣。"① 由此可知，祭祀所用的"桌"在韓國多被稱作"祭床"。朝鮮"床"的概念範疇中包含"桌"（見下文"床"的疏證條），根據使用對象及作用的不同，皆以"床"代稱"桌"。如放置香爐、香盒的"香桌"，《近齋禮說》載作"香床"；盛放食物饌品的"饌桌"（即食桌）被稱爲"饌床"（食床）；婚禮同牢而食時的桌被稱爲"牢床"諸如此類。《家禮》祠堂供奉時神主所居或酒果所在的桌被稱爲"祭床"，亦是此因。

此外，從高度上來說，宋元以來中國桌子高度多在 70 釐米以上②。《叢書》中，《二禮鈔》"但用三尺之崇"，若以周尺來計，約爲 61 釐米③；《禮疑問答》"只崇二尺（用周尺）"，約爲 41 釐米。今以現存朝鮮時代祭床實物來看，桌高多在 35 釐米以上。④ 從漆色上說，《南溪先生禮說》《士儀》《全禮類輯》中認爲祭床以黑、紅兩色爲主。官家所用多爲黑漆，世人私家所用多爲紅漆。因此黑漆爲準，紅漆爲次。《景慕宮儀軌》："饌桌黑漆，易於搬動。"⑤ 亦可作爲祭床顏色的旁證。最後，借由《家禮輯覽圖說》中"桌"圖（圖 2—9）大略可知朝鮮桌制的全貌。

---

① 張傑：《韓國史料三種與盛京滿族研究》，遼寧民族出版社 2009 年版，第 282 頁。

② 筆者據劉景峰《中國古典家具收藏與鑒賞全書》（天津古籍出版社 2005 年版）、邵曉峰《中國宋代家具——研究與圖像集成》（東南大學出版社 2010 年版）以及王世襄編著、袁荃猷製圖《明式家具研究》（生活・讀書・新知三聯書店 2010 年版）等書所載現存宋、元、明時代桌子圖可以看出，一般來說桌子的高度在 70 釐米左右。

③ 見本書附錄二：中國、李氏朝鮮尺度表，下文中尺制的折合，皆參看此表。

④ 今以"e 博物館（http://www.emuseum.go.kr/）"所收現存朝鮮時期的"제상（祭床）"，作爲李朝桌子高度的統計來源。

⑤ 《景慕宮儀軌》卷 1《圖說・祭器圖說・卓》，首爾大學奎章閣藏本。

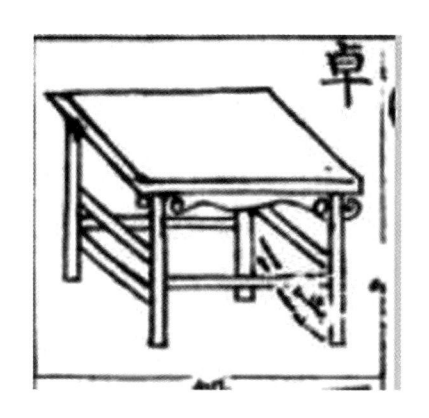

第二章　朝鮮時代"通禮"所涉"諸具"疏證　89

圖 2—9　桌圖（《家禮輯覽圖說》5/526）

【座面紙】

《叢書》：（1）《四禮便覽》："諸具（四龕）：座面紙，俗用油紙，隨桌各具。"（40/504）

（2）《士儀》："桌面紙，俗稱藉面紙。"（80/345）又，"藉面紙，鋪於桌面以承饌器，即厚紙加油者。"（81/199）

（3）《式禮會統》："展油紙。油紙（俗稱佐面紙）隨床廣狹而展之。"（82/571）

（4）《喪禮便覽》："祭床（素油紙具）。"（84/11）又，"祭床（油紙具）。"（84/78）

（5）《四禮輯要》："廟內諸具：椅（具坐褥）、大卓（具面紙）、拭巾、席、箒（箕並）、香案（具爐盒）。"（95/140）

（6）《四禮節略》："虞祭具（椅、桌、座面紙、香床、香爐、香盒）。"（97/249）

（7）《喪祭類抄》："諸具類·祠堂。大桌，即祭床，座面紙具。"（99/496）

（8）《四禮集儀》："龕前各置一桌，鋪座面紙，具拭巾及燭臺一雙（《便覽》），卓前各置茅盤。"（101/473）

（9）《四禮要覽》："大卓（座面紙具，用以設奠饌者）。"（117/173）

(10)《二禮通考》:"忌祭之具:祭床(一雙,用漆)、坐面油紙(二張)。"(119/591)

按:"座面紙"於《家禮》未見,應是李朝學者根據行禮需要新添加的用具,《叢書》中首見於李縡《四禮便覽》。"座面紙"即"坐面紙""桌面紙",俗稱"藉面紙""佐面紙"。"藉""佐"表以物襯墊之意,而"座""坐""桌"則標明了面紙所置放的位置。座面紙一般與桌(即祭床)相配套,用來鋪在桌面上以承饌器,其大小隨桌面的廣狹而相應調整。座面紙的原材料爲油紙,即將厚紙塗上亞麻籽油、桐油等乾性油,通過滲透和乾燥增加紙張的強度,使其具有防水性能。座面紙並非行禮所必需,乃是民間俗用。

【香爐】

《家禮》朱子本注:"置香爐、香盒於其(即香桌)上。"

《叢書》:(1)《四禮便覽》"諸具(四龕):香爐,二。香盒,二。"(40/504)

(2)《家禮集考》:"按,《喪禮備要》靈座圖,爐西盒東,蓋爐尊也。"(52/29)

(3)《九峰瞽見》:"簾外設香卓於堂中,置香爐、香盒(爐西盒東)於其上。"(65/280)

(4)《四禮類會》:"設香案於堂中,置香爐香盒於其上。(《要訣》:'爐西盒東。')"(66/285)

(5)《喪禮輯解》:"設香案於卓前,置爐、盒(爐東盒西)。"(70/480)

(6)《喪祭儀輯錄》:"設香案於唐中,至香爐、香合於其上。(《要訣》:'爐西合東。'《儀節》:'置燭臺。')"(79/609)

(7)《士儀》:"卓下設香案,置香爐、香盒於其上(盒東爐西)。"(81/190) 又,"星湖曰:'籩豆用竹木,易以染污。或用髹漆,終欠淨潔。後世白瓷實合敬事。'又曰:'磁器古無,而今有潔

淨，又愈於髹器。'"（81/201）

（8）《式禮會統》："安爐盒。左爐右盒，具香。"（82/572）

（9）《廣禮覽》："素倚○素卓○素香案○磁香爐、香盒○素木燭臺。"（94/340）

（10）《四禮集儀》："設香案於卓前，設香爐、香盒，常具香於盒，炷火於爐，爐西盒東。"（101/148）

（11）《四禮儀》："陳器：設香案於堂中。○置香爐香盒於其上（爐西盒東）。"（112/214）

（12）《二禮通考》："香爐，一，用鍮。香盒，一，用鍮。"（119/591）

按：香爐是焚香所用的器具，其大小不一、形態各異，用途也各不相同。根據製作材質，香爐又有陶瓷製、金屬製、石製、木製等區別。"最早的香具是陶具，其實物當屬遼西牛河梁紅山文化晚期遺址出土的'之字紋陶熏爐爐蓋'。"① 西漢中期，南海地區的龍腦、蘇合等香料傳入中土，與之相匹配的熏香器具也隨之變化，於是出現了巧奪天工的博山爐。由於博山爐鮮明的外觀特色及深遠的影響，故而常被認爲是香爐的鼻祖。南宋趙希鵠《洞天清錄·古鐘鼎彝器辨·香爐》："古以蕭艾達神明而不焚香，故無香爐。今所謂香爐，皆以古人宗廟祭器爲之……惟博山爐，乃漢太子宮所用者，香爐之制始於此。"②

半島香爐起源於何時，尚未有定論。從質料上來説，朝鮮三國至統一新羅時期，主要盛行陶製香爐。高麗時期主要采用青瓷及青銅香爐。在儒教盛行的李氏朝鮮，白瓷和鍮製（即黃銅，銅和錫按照4∶1的比例製作）香爐作爲祭器被廣泛使用。從香爐的構造上來説，它由三部分組成：蓋部、身部、座部。隨着時代的發展，爐蓋

---

① 林文程主編：《香門》，光明日報出版社2015年版，第112頁。
② 趙希鵠等：《洞天清錄（外二種）》，浙江人民美術出版社2016年版，第29頁。

逐漸消失。例如，高麗王朝起，作爲朝鮮香爐基本形態的青銅製高足杯形香爐便是無蓋式（見圖2—10）。除蓋部外，香爐其餘部分也出現了細微的變化。高麗前期香爐造型以曲綫爲主，爐膛呈橢圓形。香爐的高度和直徑相近，體現了均衡的美觀。高麗後期至朝鮮時代，爐身采取直立的圓柱形，臺部變短，直徑變長，視覺上穩定性變弱。香爐在用途上可以分爲三類：作爲佛門法物禮佛用，文人雅士品香、熏衣、擺設用，祭祀、祭祖等儀式用。

《叢書》中所涉香爐作爲儀式用器，與香盒常配套出現。"爲四龕以奉先世神主"條中，需要香爐兩個，分別置於堂中及兩階間的香案上。對於香爐、香盒的擺放位置，《擊蒙要訣》《喪禮備要》《九峰瞽見》《士儀》《式禮會統》《四禮集儀》《四禮儀》皆作"爐西盒東"。除《叢書》所收書目外，林真怤《時祭儀》以及柳重教《柯下散筆》同爲"爐西盒東"①。金長生釋其原因爲："蓋爐尊也。"祠堂以西爲上，高祖至考皆由西向東排列。香爐作爲焚香降神之用，其作用大於盛放香料的香盒，故將其放在香案上西邊的位置。由上可知，金恒穆《喪禮輯解》所載"爐東盒西"應誤，兩者位置擺放相反。《廣禮覽》及《二禮通考》分別指出了香爐的材質，或磁（即瓷）或鍮。而《士儀》引星湖李瀷所說，祭祀之器用竹木或髹漆，不如白瓷潔淨，因此祭器多以瓷器爲上。以上種種，恰與李朝香爐流行的製作材料相符。此外，《景慕宫儀軌·祭器圖說》（見圖2—11）、《家禮輯覽圖說·祭器圖》（見圖2—12）有收"香爐"圖示，可作形制上的參考。

---

① 林真怤云："設香案於堂中，置香爐、香合於其上（爐西合東）。"（見《林谷先生文集》卷8《禮略·時祭儀》，韓國民族文化推進會編《韓國文集叢刊續》第22輯，景仁文化社2006年版，第279頁）柳重教云："設香案於堂中（爐西合東）。"（見《省齋先生文集》卷46《柯下散筆》，韓國民族文化推進會編《韓國文集叢刊》第324輯，景仁文化社2004年版，第465頁）

第二章　朝鮮時代"通禮"所涉"諸具"疏證　　93

圖 2—10　嵌銀青銅香爐
（高麗王朝，大英博物館藏）

圖 2—11　香爐蓋具圖
（《景慕宮儀軌·祭器圖説》）

圖 2—12　香爐圖
（《家禮輯覽圖説》5/526）

【香盒】

《家禮》朱子本注："置香爐、香盒於其（即香桌）上。"

《叢書》：（1）《寒岡先生四禮問答彙類》："《五禮儀》圖，從享各位，不用香爐、香榼。列邑則於各位皆用之，亦有所據而然

耶？"（2/258）

（2）《家禮輯覽圖説》："合（香合、茶合、大合制同）。"（5/526）

（3）《四禮便覽》："諸具（四龕）：香爐，二。香盒，二。"（40/504）

（4）《家禮增解》："設香爐、合（按，謂香盒）。"（59/87）

（5）《九峰瞽見》："按，灑掃祭廳，洗拭倚卓、香案、香爐，作香屑置香合。"（65/83）

（6）《四禮類會》："設香案於堂中，置香爐、香盒於其上。（《要訣》：'爐西盒東。'）"（66/285）

（7）《喪禮輯解》："設香案於卓前，置爐、盒（爐東盒西）。"（70/480）

（8）《士儀》："星湖曰：'籩豆用竹木，易以染污。或用髹漆，終欠淨潔。後世白瓷實合故事。'又曰：'磁器古無，而今有潔淨，又愈於髹器。'"（81/201）

（9）《廣禮覽》："素倚〇素卓〇素香案〇磁香爐、香盒〇素木燭臺……"（94/340）

（10）《喪祭類抄》："諸具類·祠堂。香案、香爐（火匕、火筯具）、香盒（香具）。"（99/496）

（11）《四禮集儀》："設香案於卓前，設香爐、香盒，常具香於盒，炷火於爐，爐西盒東。"（101/148）

（12）《喪祭禮抄》："卓子、香爐、香盒（香具）、酒（盞盤）。"（116/544）

（13）《二禮通考》："香爐，一，用鍮。香盒，一，用鍮。紫檀香，細切。燭臺，一雙，用鍮，具鍮剪刀。"（119/591）

按：香盒，古籍常作"香合"，《叢書》中"合""盒"並見。《廣韻·入聲》："盒，侯閤切，盤覆也。"《字彙·皿部》："盒，胡閣切，音合，盤覆也，俗作器名。""盒"應爲"合"的後起分化字。此外，《寒岡先生四禮問答彙類》中"榼"泛指盒一類的器物，

"香槛"也即"香盒"。

"香盒"是指用來盛放香料的容器,由底和蓋兩部分組成(見圖2—13)。將樹脂香料及合衆香而成的香片、香餅、香丸、香屑放置在香盒中以待使用,其目的一是便於保存,二是可作居家裝飾之用。香盒的質地有金屬、雕漆、陶瓷、玉石等區別,其形態較爲常見的是扁圓形及方形,大小體積則没有固定的約束。高麗時期多以青銅及青瓷製成,翡色純青瓷香盒或以黑白兩色爲鑲嵌圖紋的"鑲嵌青瓷"香盒更是别具一格。在朝鮮時代,以白瓷爲主的小型香盒較爲流行。《叢書》對於香盒未作過多描繪,如上文"香爐"下所釋,香盒與香爐配套使用,共同放置在香桌上,香盒位於香爐之東。《家禮輯覽圖説》中有"香盒"圖(見圖2—14),金長生注:"合(香合、茶合、大合制同)。"可知"香盒"亦爲此形。

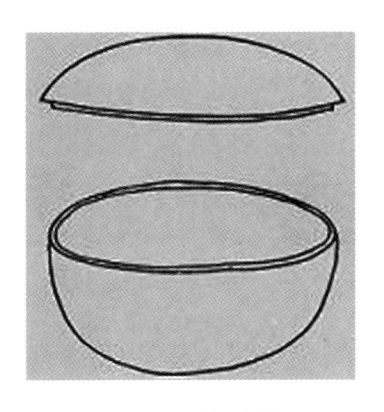

圖2—13 香盒蓋具圖
(《景慕宫儀軌·祭器圖説》)

圖2—14 香盒圖
(《家禮輯覽圖説》5/526)

【香】

《叢書》:(1)《家禮考證》:"張子曰:'祭用香、茶,非古也。香必燔柴之意,茶用生人意事之。'朱子曰:'《温公書儀》以香代爇蕭。温公降神一節,似僭禮,大夫無灌獻,亦無爇蕭。灌獻、爇蕭乃天子諸侯禮。爇蕭欲以通陽氣,今太廟亦用之。或以爲焚香可當蒸蕭。然焚香乃道家以此物氣味香而供養神明，非蒸蕭之比也。'丘氏曰：'古無今世之香，漢以前止是焚蘭、芷、蕭、茇之類，後百越入中國始有之。雖非古禮，然通用已久，鬼神亦安之矣。'"（4/21—22）

（2）《家禮附贅》："香匙，香必細末，使易焚，所以用匙也。"（8/595）

（3）《南溪先生禮說》："問：'時祭條陳器注，所謂香匙、香筯者何物（梁處濟）？'答：'似皆用香之物，蓋以所焚之香有二制，故也。'"（23/177）

（4）《家禮便考》："《東國通鑑》新羅法興王時，梁遣使賜王香，君臣不知所用，墨胡子曰'焚此則香氣芬郁，可以致誠於神聖'，東國用香始此。"（26/141）

（5）《家禮或問》："焚香何義？且自何創用？而形與名甚多，何者真歟？……我東檀君生於太白山檀木下云，則自古有之，即今無處無之，東北尤多，公私祭祀通用紫檀……若以我東言之，新羅法興王十五年，即梁大通二年也，初用香於佛法。先是訥祇王時，沙門墨胡子自高句麗至一善郡，郡人毛禮作窟室居之。梁遣使賜王香，君臣弗知所用與名。胡子曰'焚此則香氣芬郁，可以致誠於神聖。所謂神聖未有過於三寶，一曰佛陀，二曰達摩，三曰僧伽。若燒此發願，則必有靈異。'時王女病革，胡子焚香祝禱，病尋愈，新羅佛法始此。"（29/217—219）

（6）《星湖先生家禮疾書》："茶合，所以盛茶末，見參禮條。湯瓶，茶湯之瓶也。香必細挫爲屑使易焚，如蕭蘭之屬，故用匙。"（41/361）

（7）《疑禮類說》："焚香用屑爲是。申生義慶曰：'按，《家禮》祠堂章注，凡月朔則執事者於影堂裝香、具茶酒。則載物於車曰裝車，載香屑於香爐中曰裝香。又發引時祝奉魂帛升車焚香，則用香屑焚火，行遠不滅從可知矣。又凡祭陳器，設香匙、火筯，則用其匙把取香屑載於香爐中而焚火明矣。然則國俗用香辦細析，焚

之旋滅，據《儀禮》及《五禮儀》，所謂三上香者疑即此也。今當以焚香用屑爲是。'"（41/553—554）

（8）《家禮集考》："按，香匙以香用屑故。"（53/465）

（9）《九峰瞽見》："按，灑掃祭廳，洗拭倚卓、香案、香爐，作香屑置香合。"（65/83）

（10）《士儀》："香案、香爐、香盒、香匙（宋時香必作屑故用匙，東俗細切不用匙）。"（81/199—200）

（11）《禮疑續輯》："柳氏曰：'古之祭者，不知神之所在，故《郊特牲》灌用鬱鬯，臭陰達乎淵泉，求神於陰也。蕭光合黍稷，臭陽達乎墻屋，求神於陽也。士禮今無鬱鬯，蕭光則代以酌茅而達諸陰，焚香而達諸陽，是孝子上下求神之義。然用香自梁天監初，則是出自佛家法，故朱子曰《書儀》以香代蕭，楊子直不用云。《困學紀聞》亦有所論矣（《學禮識小》）。'王應麟《困學紀聞》曰：'取蕭祭脂曰，其香始升，爲酒爲醴。與有飶其香古，所謂者如此。韋彤《五禮精義》云，祭祀用香，古今無文。《隋志》：梁天監初，何佟之議，鬱鬯蕭光，所以達神，與今用香，其義一也。考之無據，故《開元禮》不用。'"（93/233）

（12）《家禮酌通》："按，湯瓶，以不用茶亦當去之。香匙，今用木香，則亦不須也。"（114/433）

（13）《二禮通考》："香爐，一，用鍮。香盒，一，用鍮。紫檀香，細切。燭臺，一雙，用鍮，具鍮剪刀。"（119/591）

按："香"，這裏指香料的通稱。多以含有芳香氣味的草木植物或動物分泌物爲原料製成，焚之以清心怡情、祛除惡臭、敬神禮佛等。香料種類繁多，如安息香、沉香、龍涎香、龍腦香、伽南香、蘇合香、麝香、檀香等。其外部形狀亦有香屑、香塊（即片香、瓣香）、香丸、香餅、盤香、綫香等區別。而《叢書》中各家所議，主要涉及"香"的三個方面。

其一，爲中國焚香的歷史，以《家禮考證》《家禮或問》《禮疑續輯》爲代表。三書中述及中國焚香的歷史十分久遠，秦漢以前將帶有特殊氣味的植物直接燃燒，香料未經後天加工，且僅有蘭草、蕙草、蒿類、香茅、椒樹、桂樹等少數幾種本土植物，還不是後世所謂真正意義上的香料。西漢武帝之後，隨着疆域的開拓以及絲綢之路的開通，使得廣東、廣西、海南等地以及西域安息、大食、天竺等國特產的沉香、檀香、龍腦香、迷迭香等樹脂類香料傳入中土，香爐、香盒、香匙等香具也應運而生。魏晉時期，佛、道二教大力發展，信徒衆多，焚香成爲必要的宗教儀式。而服膺禮學的儒士則將焚香看作域外方術，並未在祭祀等儀式中采用。直至南朝梁武帝時期，武帝采納何佟的建議，以焚香來代替燎、獻等祭儀。此後從宫廷至民間，公私祭享中大量采用焚香的形式，這也是《書儀》《家禮》四禮中焚香儀式的源頭。

其二，朝鮮半島用香的發端。據《家禮便考》及《家禮或問》考證，朝鮮半島自身便産檀木，東北部尤多，古朝鮮的開國君主王儉便是生於太白山的檀樹之下。半島的香料使用與佛教亦有着密切的聯繫，焚香用於禮佛，一説始於新羅訥祇王（417—458年），時值中國南朝宋的前段。對於中原賜予的香料，君臣不知其名、其用，由高句麗來新羅一善郡的僧侣墨胡子借着闡釋"香"的功用，來傳達佛教的義理。他又通過焚香祝禱，爲王女治好了病，進而促使了香料在佛教上的使用。該説法史料來源爲《三國史記》《海東高僧傳》《三國遺事》[①]，丁若鏞《大東禪教考》中亦證實訥祇王時期即劉宋朝。另一説中關於墨胡子借香傳道、醫治王女的史事與《三國史記》基本相同，但中原賜香、墨胡子解釋香名及用途的事件，却推遲至新羅法興王（514—540年）時，即中國蕭梁時期。《叢書》中《家禮便考》《家禮或問》即采用第二種説法。

其三，李朝常用香品的形態。由《叢書》來看，《家禮附贅》

---

① 墨胡子由高句麗至新羅的時間説法不一，今可參考《韓國佛教史概説》一書"新羅佛教"節（［韓］金煐泰：《韓國佛教史概説》，柳雪峰譯，社會科學文獻出版社1993年版，第21—22頁）。

《星湖先生家禮疾書》《疑禮類說》《家禮集考》《九峰瞽見》記載焚香的香料是粉末狀，即香屑，其目的是爲了易於焚燒。粉末狀的香料，需要用香匙來盛取，並將其置於香爐中。而《禮疑類說》《士儀》《家禮酌通》及《二禮通考》指出李朝國俗常用瓣狀或不規則的塊狀香，將香木的心材細切，然後以香箸夾取放入香爐。正如《南溪先生禮說》朴世采所說，香匙或香箸的選擇，與所焚之香的形態直接相關。對於香料的選擇並無明確的限制，可因情循俗而定。

3. 具祭器。

【床】

《家禮》朱子本注："床席、倚桌、盥盆、火爐酒食之器，隨其合用之數，皆貯於庫中而封鎖之，不得他用。"

《叢書》：(1)《家禮考證》："按，《禮記·內則》：'父母舅姑將坐，少者執床與坐。'陸氏曰：'床，《說文》云安身之坐者，至於恭坐則席。蓋尊者坐床，故餘皆席地而坐耳。'"(4/172)

(2)《南溪先生禮說》："問：'食床不用四足，而四圍以板，施之如棋局之制耶（成文憲）？'答：'然。'"(23/230)

(3)《家禮輯解》："牀，服虔《通俗文》：'八尺曰牀。'"(25/52)

(4)《四禮便覽》："諸具（祭器）：大牀，即中排床。"(40/507) 又，"大床，用以先排祭饌者，又置徹炙器於其上。"(40/535)

(5)《星湖先生家禮疾書》："床，大床也。時祭條云：'設陳饌大床於東'，其不可貯者，謂可以貯於庫而不可貯於櫃也。如大床、倚卓、盆爐之屬是也。若列於外門之內，則亦將有風雨之庇，首章所謂屋覆家中歛立者是也。"(41/19)

(6)《喪禮便覽》："木床，一，所以陳饌者，油紙三張。"(84/106)

(7)《家禮補疑》："大牀，一，所以陳饌者。"(91/629)

(8)《四禮纂笏》："大床，一，並架，所以陳饌者。"(107/144)

按："床"，《叢書》多作"牀"。考兩字關係，"牀"爲本字，《說文·木部》："牀，安身之坐者，從木、爿聲。"《玉篇》《干祿字書》《廣韻》《字彙》《正字通》等字書中收錄了"牀"的俗體"床"。今兩字正、俗地位改變，故本書以"床"爲定。《叢書》中禮學家對於"床"的釋義主要涵蓋三個義項：

其一爲坐具，見《家禮考證》。中國的床起源很早，據考古實物最早的床是河南信陽出土的戰國彩漆木床。六朝之前，用於安坐是床的主要功能。

其二爲臥具，見《家禮輯解》引漢服虔的《通俗文》"八尺曰床"，以漢代尺度考量約184釐米。早期床坐臥兼用，"唐代後始降而爲專供睡眠用的臥具"①。即唐以後床的形制變大、床面高度增加，床身四面有柱或架並多加雕飾，床成爲臥具的專稱。

其三爲放置物品的几案，《家禮輯覽圖說·祭器圖》中金長生所示的"床"即爲此形（圖2—15）。這個義項是《叢書》中普遍采用的，應與現代床的概念區分開來。《家禮》通禮中"具祭器"節所臚列的"床"，用於祭禮"四時祭"節下"又設陳饌大床於其（盥盆、帨巾）東"條，因此李朝學者將"床"釋爲"饌床（即食床）"。《四禮便覽》所謂"排床"，即排列饌品的床，和"饌床"意同。"饌床"的形制視所需承放饌品的多少而定，總體來說較上文所見放神主及酒果的"祭床"大，故又稱"大床"。饌床平時存放於祠堂東側的祭器庫中，若因體積過大不便存放，應同《星湖先生家禮疾書》所說，放置於門外，即上文所述"敘立屋"內，可避風雨侵襲。在半島文化中，將擁有寬廣平面，具有置物功能的承具統稱爲"床"。"床"既可用來承人，也可用來承物。因此，"床"的範疇涵蓋較寬，不僅包括我們現在認爲的坐具、臥具，如"交床"（即椅子）、"平床"（即寢床）、"襲床"（喪禮"襲"所用寢床）；還包括"桌""几""案"的概念，如"高足床"即高腿的桌子，

---

① 華夫主編：《中國古代名物大典》下，濟南出版社1993年版，第8頁。

表書案的"册床"，表放經書桌子的"經床"，表香桌意義的"香床"，桌面爲圓盤形或方形用作小型飯桌的"盤床"等。朝鮮半島"床"並没有發展爲用於休息躺卧器物的專稱，是與它席地坐卧，獨特的"温突"文化息息相關的。

圖2—15　床圖（《家禮輯覽圖説》5/526）

【席】

《家禮》朱子本注："床席、倚桌、盥盆、火爐酒食之器，隨其合用之數，皆貯於庫中而封鎖之，不得他用。"

《叢書》：（1）《退溪先生喪祭禮問答》："'祭席欲用蒲席，何如？''用莞席有何礙乎？'"（1/325）

（2）《家禮輯解》："席，《字會》：'莞蒲曰席。'"（25/52）

（3）《四禮便覽》："諸具（陳設）：席，用以爲鋪陳。又爲賓席及笫席、醮席者。"（40/56）又，"諸具（陳堲室）：氈，即地衣、登每之類，用以鋪陳者。褥，二，即寢褥。席，二，即寢席。"（40/88）又，"諸具（堲家設位）：席，即地衣。椅二，即坐交椅，俗用方席。交拜席，設於卓南。"（40/89）又，"諸具（四龕）：席即地衣，用以鋪於堂内者。"（40/504）又，"諸具（祭器）：席，即地衣，又有主人、主婦拜席。"（40/508）

（4）《家禮集考》："按，《祭統》曰：'鋪筵設同几，爲依神也。'疏:'生時形體異,故夫婦別几。死則魂氣同歸,故夫婦共几。'《禮器》:'天子之席五重。'疏曰:'大夫、士祭止一席。'又《禮器》曰:'鬼神之祭單席。'疏:'神道異人,不假重溫。'《韓魏公祭式》床倚代設席,見祭禮時祭。程子曰:'不席地而椅卓,不手飯而匙箸,此聖人必隨時矣。'凡此,言几席唯於祭,而此書廟中常用卓安主,至祭正寢則安主以椅,別以卓設饌矣。今俗在廟已如此,而椅卓之下與椅上皆有席,然席宜單也。"(52/21)

(5)《二禮輯略》:"席,莞蒲,無純。"(62/548)

(6)《士儀》:"陳設之具:席,俗云地衣,或云鋪陳。又有賓席、冠席、醮席,俗云方席者也。冠席醮席無純。"(80/211) 又,"女氏昏具:席,俗云地衣、鋪陳。單席、方席之類。"(80/241) 又,"具祭器:單席,《禮器》:'鬼神之祭單席。'○又有主人以下諸位之席。"(81/201)

(7)《式禮會統》:"鋪筵席。設大席(俗稱地衣),次設二張付席(俗稱面席),次設一張席(俗稱單席)。"(82/571)

(8)《家禮補疑》:"陳設之具:大席,二,一所以鋪廳事者,一所以鋪庭中者。小席,二,所以設賓主位者。"(91/245)

(9)《四禮輯要》:"廟外諸具:椅、大卓、拭巾、香案、燭臺(二)、帘幕、屏、席(地衣、拜席)。"(95/141)

(10)《四禮節略》:"三加具:冠、巾……地衣、方席、單席。"(97/203)

(11)《六禮修略》:"祠堂諸具:席,即地衣,用以鋪堂內者。又有主人、主婦拜席。"(108/668)

(12)《廣禮覽》:"設靈座:素地衣,面、單席,方席。"(94/340)

(13)《二禮通考》:"忌祭之具:方席(一,用蒲,有紋,緣以紫紬)……地衣(二浮,用蒲,緣以青本)、面席(一立二張付,用蒲,有紋,緣以紫紬)、單席(一立一張付,用蒲,有紋,緣以紫紬)。"(119/591)

按：在椅、凳發明之前，"席"作爲原始家具，經歷了漫長的歷史，古人坐席的習慣一直延續到魏晉，乃至隋唐時期。席是人們坐、臥時的鋪墊物，多爲長方形、正方形、長條形等，可供一人使用也可多人同用，因此大小不一。席的製作材料主要有草、竹、棉、動物皮毛四大類。不同質料的席有著不同的名稱，如：以蒲草或莞草編成的稱爲"席"，以稻草、麥秸編成的稱"薦"，以竹篾或蘆葦編成的稱"簟"。而以棉、動物皮毛做成的席，有毯、氈、褥等幾種。此後，凡是鋪墊所用物皆以"席"稱。古人設席，常不止一層，席與筵每每一同使用，渾言之筵即是席。析言之兩者又存在多種區別：位置不同，筵在坐墊最底層，席在筵上；厚度不同，《急就篇》注"重曰筵，單曰席"，筵比席厚；大小不同，"《儀禮·公食大夫禮·記》：'司宮具几，與蒲筵常，緇布純；加萑席尋，玄帛純。'鄭玄注：'丈六尺曰常，半常曰尋。純，緣也。'則筵長一丈六尺，席長八尺。筵長於席。"[1] 綜之，鋪在下面的大席通常稱爲筵，筵上的小席才稱爲席。

《叢書》中禮學家對"席"的考證，包含"筵"和"席"兩個概念。其一，如《四禮便覽》《士儀》《式禮會統》《家禮補疑》《六禮修略》中所釋，席在半島李朝俗稱"地衣"或"鋪陳"，其作用是鋪於堂室、廳事、庭中等地。此處"席"，即大席，實質上指"筵"。廳堂中地面上需要先鋪上質地較粗的大席，地衣、鋪陳都是其根據作用特點的命名。地衣相當於如今的地毯。其二，地衣之上，根據不同的需要可另設小席，小席無常數，以參禮的人員數目爲定。由於材質、使用場所、形狀厚薄的不同，小席又有不同的稱呼。如根據席的質料，《退溪先生喪祭禮問答》載有"蒲席""莞席"；根據席的使用人員身份及場所，《四禮便覽》《家禮集考》《士儀》《六禮修略》載有"賓席""祭席""醮席""寢席""拜席""冠席"；根據席的形態，《四禮便覽》《士儀》《式禮會統》《四禮節略》《廣

---

[1] 錢玄、錢興奇：《三禮辭典》，鳳凰出版社2014年版，第935頁。

禮覽》《二禮通考》載有"方席"（即正方的小席）、"單席"（即單層的小席）、"面席"（即兩席疊加編織一起）①，這些小席相當於如今的坐墊。另外，還需特別說明的是，如材料所載，"神道異人，不假多重自溫，故單席。"祭祀所用的席通常爲單席，由於鬼神之道與人道不同，因此不需要設置多重席子。

【椅】

《家禮》朱子本注："床席、倚桌、盥盆、火爐酒食之器，隨其合用之數，皆貯於庫中而封鎖之，不得他用。"

《叢書》：（1）《家禮考證》："倚，一作椅，俗呼坐凳。"（4/36）

（2）《家禮輯解》："倚卓，倚一作椅，俗呼坐凳。"（25/52）

（3）《四禮便覽》："諸具（祭器）：椅，俗稱交椅，隨位各具。"（40/507）又，"諸具（置靈座）：椅，坐褥具，用以安魂帛箱者。"（40/157）

（4）《家禮增解》："結白絹爲魂帛，置倚上。（《儀節》：'倚上置坐褥，褥上置遺衣，遺衣上置魂帛，倚前設桌子。'）"（59/86）

（5）《喪儀節要》："親者設椅桌于室中，乃置銘重。交椅一，其崇三尺。奠桌一，其崇三尺。香案一，其崇二尺（皆以指尺計）。"（69/364）

（6）《禮疑問答》："問：'交椅、桌子，高當幾許？'答：'中國之人，事死如生。殷周之時生者席地，故祭亦席地。唐宋之時生者坐椅，故祭亦設卓。其義均也。我邦之人，生而席地，猶用殷周之俗。死而坐椅，必遵唐宋之禮。有識之笑久矣。然生人飲食，既

---

① 見丁若鏞《牧民心書》："面席之記，八九行也（二席相連者，謂之面席）。單席之記，八九行也（不連者，謂之單席）。方席之記，十二行也（小席正方者，曰方席）。"（［韓］丁若鏞：《與猶堂全書》第 5 集《政法集》卷 18《牧民心書》卷 3，韓國民族文化推進會編《韓國文集叢刊》第 285 輯，景仁文化社 2002 年版，第 344 頁）

用棐桊，其祭也，亦不可以錯地。今擬卓子之高，只崇二尺（用周尺），斷不可增高一寸也。交椅之高，通崇三尺（用周尺），使二尺與卓平。則神主之趺，出於卓面矣。'"（69/487—488）

（7）《士儀》："靈座之具：屛帳、席、椅子（交椅）、卓子（俗稱祭床）。"（80/345）又，"具祭器：椅子，俗云交椅，所以奉主，以木爲之，黑漆爲上，朱色次之……○按，宋時椅子不高而神主就座亦卑，故床高不似今所用，而今則椅子恰爲（禮器尺）五尺餘矣，床亦當參酌而高之。"（81/199）

（8）《式禮會統》："拭倚桌。交倚、祭床拂拭淨潔，若或粘累，則以巾沾水洗之。"（82/571）

（9）《二禮演輯》："設靈座：椅子（俗名交倚）、祭床……"（83/99）

（10）《喪禮便覽》靈座具："交椅（素）、座褥（白紬）、遺衣（即復衣置倚褥上）、祭床（素油紙具）、香床（素）……"（84/11）

（11）《廣禮覽》："設靈座：素倚、素卓、素香案。"（94/340）

（12）《喪祭類抄》："諸具類・祠堂。椅，俗稱交椅，坐褥具。"（99/496）

（13）《六禮修略》："祠堂諸具：椅，四，俗稱交椅，考妣共一椅。"（108/669）

（14）《四禮要選》："喪禮時具・靈座：椅（安魂魄箱）。"（111/566）

（15）《四禮要覽》："靈座之具：椅（坐褥具，用以安魂帛箱者）。"（117/173）

（16）《二禮通考》："乃治靈座具：倚子（即交椅，無則成服前代用小盤）。"（119/318）

按：椅，大全本《家禮》多作"倚"，只有喪禮"聞喪"章"若未得行則爲位不奠"節下，朱子本注作"椅"。而《叢書》中，"倚""椅"兩字並見。考"倚""椅"的關係，表"椅子"的

"椅"乃是後世的借字，其本字應爲"倚"。《説文·人部》："倚，依也，從人奇聲。"後來人們把可倚靠的坐具稱爲"倚子"便是源於"倚"的動詞義。而"椅"本爲植物名，《説文·木部》："椅，梓也，從木奇聲。"北宋黄朝英《靖康緗素雜記·倚卓》："今人用倚卓字，多從木旁，殊無義理。字書從木從奇乃椅字，于宜切，《詩》曰'其桐其椅'是也；從木從卓乃棹字，直教切，所謂'棹船爲郎'是也。倚卓之字，雖不經見，以鄙意測之，蓋人所倚者爲倚，卓之在前爲卓。"① "爲了與動詞義區別，人們遂以當時已不復使用的表木名之'椅'來記録。"② 同時從"木"的"椅"也更能體現出它木質家具的特徵。宋以前這種有靠背可憑依的坐具多叫作"倚""倚子"，宋以後，"椅"的本義漸隱，"倚"逐步演化爲今天我們所熟知的"椅"。明初宋濂、樂韶鳳等編《洪武正韻》，將"椅"收入上聲紙韻中，並云："俗呼坐凳爲椅子。""椅"字正式被官修韻書收録爲正字。故本文也以今天約定俗成的"椅""椅子"爲定。

　　"椅"的起源可追溯至東漢時傳入中土的"胡床"，床面由藤繩編織而成，前後兩足交叉，可摺疊，便於攜帶，類似於今天的馬扎。隋文帝楊堅爲避諱讖，更名爲"交床"；宋時添置靠背及扶手，改稱"交椅"。交椅根據靠背造型的不同，又分爲直後背交椅與圓後背交椅（見圖 2—16）。隨着高型坐具的普及，椅子的式樣也繁多了起來，出現了祇有靠背、没有扶手、椅足與座面垂直的"靠背椅"，既有靠背、又有扶手、椅足與座面垂直的"扶手椅"，靠背和扶手形成圓弧形整體、椅足不交叉的"圈椅"等多種形制。除交椅外，從椅足造型上考量，上述幾種皆爲直腿椅。

---

① 黄朝英：《靖康緗素雜記》卷3，中華書局1985年版，第19頁。
② 董志翹：《説"椅""椅子"》，《語文建設》1999年第3期。

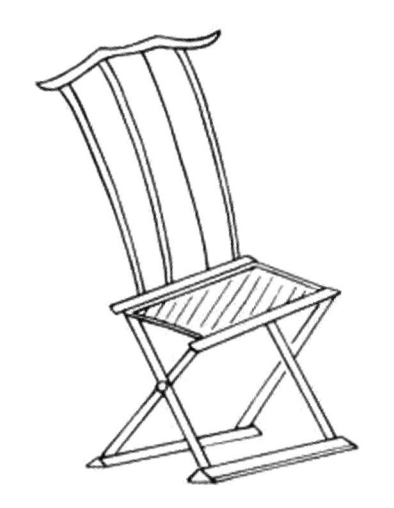

圖 2—16　中國交椅（1. 直後背交椅，明《三才圖會·器用》；
　　　　 2. 圓後背交椅，上海博物館藏明代交椅）

　　作爲垂足而坐的常見坐具，《家禮》中椅子施用於冠、婚、喪、祭四禮。而與中國高坐的習慣不同，半島人民日常坐席，椅子多爲祭禮出主時放置神主，以及喪禮中設靈座放魂帛之用。以《叢書》爲考察對象，椅在李朝俗稱坐凳或交椅。《家禮考證》《家禮輯解》中的別名"坐凳"應是采自《洪武正韻》之説。至於另一俗名"交椅"，作爲物具單列，首見於《儀節》喪禮"靈座、魂帛、銘旌之具"中。然而，朝鮮學者所謂"交椅"則與中國上文所述椅腿交叉支撐椅身的"交椅"所指不同。他們所謂的"交椅"，指稱範圍擴大，主要包括以下兩種：其一，腿部交錯的摺叠式椅子（見圖 2—17）。此種形制的椅子是正一品至正三品堂上官[①]朝議時的坐具，常人不可僭越。如《朝鮮太宗實録》記載"臣等伏見朝廷之制，堂上

---

① "堂上官"即在朝鮮時代朝議的時候，可以坐在朝堂交椅上的官員。俞成雲《韓國文化通論》載："朝鮮朝的官職分爲正從九品，由一品到從九品，共計十八品。其中，正三品分正三品堂上和正三品堂下，正一品至正三品堂上，稱堂上官；正三品堂下到正七品，稱爲堂下官或參上官，正七品以下爲參下官。"（南京大學出版社 2015 年版，第 137 頁）

官得坐交倚，諸郎不得升堂接坐……今諸郎堂上同坐交倚署事，既失上國之制，又非前朝之舊……且交倚之制，尊於交床，自今各衙門本品無交床者，不得坐交倚，許坐繩床"①。其二，足部未呈交叉狀且不可折疊的椅子，如《四禮便覽》（見圖2—18—1）《國朝喪禮補編·圖說》（見圖2—18—2）中所載圖樣。此種"交椅"就造型結構而言，與我國"玫瑰椅"相似。所謂"玫瑰椅"即"扶手椅"中特殊的一類，它的椅背和扶手通常低於其他各式椅子，且彼此高度相差無幾②，玫瑰椅的靠背、扶手、椅座兩兩均爲垂直相交，玫瑰椅是明時期最爲流行的椅子樣式。李朝交椅與中國玫瑰椅的細微不同處在於，李朝"交椅"腿部細長，椅腿之間的掌子爲木板狀。這種不可折疊的直腿形"交椅"，一般不爲坐具，而是《家禮》中放置神主或魂帛的承載物。

《叢書》中所討論的"交椅"，就是指上文第二種形制，即作爲承具的椅子。除名稱、結構外，《士儀》《喪禮便覽》《廣禮覽》三書還談及椅子外觀、顏色，應以黑漆爲上，朱漆次之；《禮記·檀弓》曾云："奠以素器，以生者有哀素之心。"因此，喪祭禮中，椅子多采用沒有紋飾的素椅。至於高度，《喪儀節要》例舉爲"指尺三尺"，即約58釐米；《禮疑問答》中"交椅之高，通崇三尺（用周尺）"，即61釐米左右；《士儀》例舉爲"造禮器尺五尺"，即143釐米左右。椅子通常與祭床相配使用，故其高度應視祭床而定。總之，對於高度、漆色的概括，《國朝喪禮補編·圖說》中"靈座交椅"條較爲明確："交椅用楸木，長二尺（用營造尺，下並同），高前三尺、後四尺，廣尺七寸。三面設虛兒，後面另刻風牡丹，設兩層精板，唐朱漆（成殯後倭朱漆。○小喪黑漆，成殯後黑真漆。○返虞後神座、交椅制同）。"③另外，李朝交椅現存實物非常豐富

---

① 《太宗實錄》卷7，《李朝實錄》第2冊，日本學習院東洋文化研究所1959年版，第357頁。
② 宋代玫瑰椅靠背與扶手齊平，明代之後椅背略高於扶手。
③ ［韓］洪啟禧等：《國朝喪禮補編·圖說》，首爾大學奎章閣藏本。

（如圖 2—18—3）①，就其式樣來説，多數與《四禮便覽》相同。顔色以黑、紅兩色爲主，高度約在 60 至 145 釐米之間。綜述之，朝鮮禮書及古籍文獻中，常將椅子稱作"交椅"，該"交椅"與中國"交椅"同名而異形。

圖 2—17 李朝可折疊式交椅
[1.《（壬辰）進宴儀軌・器用圖・龍交椅》；2.《家禮輯覽圖説》5/526]

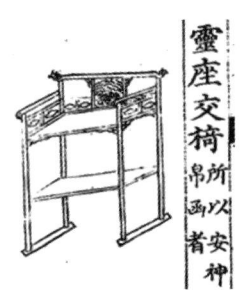

圖 2—18 李朝不可折疊式交椅
（1.《四禮便覽》40/188；2. 靈座交椅，《國朝喪禮補編・圖説》；3. 朝鮮交椅實物，韓國國立中央博物館藏，編號：13685）

【坐褥】

《叢書》：（1）《喪禮備要》："靈座之具：倚子、坐褥、卓子、香爐、香盒。"（4/588）

---

① 李朝交椅現存實物多藏於"韓國國立民俗博物館"以及"韓國國立中央博物館"中，今以"e 博物館（http：//www.emuseum.go.kr/）"所收"교의（交椅）"作爲椅子顔色及高度的統計來源。

(2)《四禮便覽》:"諸具(祭器):坐褥,長廣與椅板同,隨位各具。"(40/507) 又,"諸具(置靈座):椅,坐褥具,用以安魂帛箱者。"(40/157)

(3)《家禮增解》:"結白絹爲魂帛,置倚上。(《儀節》倚上置坐褥,褥上置遺衣,遺衣上置魂帛,倚前設桌子。)"(59/86)

(4)《竹僑便覽》:"諸具(靈座):梡(衣架或屏)、帕(覆靈座)、遺衣、倚子、坐褥、卓子。"(76/63)

(5)《喪禮便覽》:"靈座具:交倚(素)、座褥(白紬)。"(84/11)

(6)《四禮輯要》:"廟內諸具:椅(具坐褥),大卓(具面紙),拭巾。"(95/140)

(7)《喪祭類抄》:"諸具類·祠堂。椅,俗稱交椅,坐褥具。"(99/496)

(8)《六禮修略》:"祠堂諸具:坐桌,四。用以置各龕內以奉神主,各有坐褥。"(108/668)

(9)《四禮要選》:"時祭時具:帝幕、屏、席(用於鋪陳)、椅(隨位)、坐褥……"(111/595)

(10)《四禮要覽》:"靈座之具:椅(坐褥具,用以安魂帛箱者)。"(117/173)

(11)《二禮便考》:"靈座之具:梡、帕、遺衣、倚子、坐褥。(問,設魂帛注'椅子上置坐褥,褥上置遺衣。'南溪曰:'此《儀節》文,恐不必準用矣。')"(118/64)

按:"坐褥"在《家禮》未見,應是李朝學者根據行禮需要新添加的用具,其來源是丘濬《儀節》中喪禮"靈座、魂帛、銘旌之具"所列的"坐褥"。"坐褥"也作"座褥",即坐墊、蒲團等物。它一般是用柔軟的棉絮、皮毛等物品製成,與交椅配合使用,長廣以交椅的座面爲標準,多少以交椅的數量爲定。如《四禮便覽》所說"長廣與椅板同,隨位各具"。在中國明清時期官服體系中,與服飾相配套的朝珠、帶乃至坐褥都有明確的規定。如:"一品大臣及親王世子、郡王長子、貝勒、貝子，紅寶石頂子，蟒袍玉帶，仙鶴補服，而坐褥則冬狼皮，夏紅氈。二品及輔國將軍……而褥則冬獾皮，夏紅氈。三品及奉國將軍……而坐褥則冬貂皮，夏紅氈……九品……而坐褥則皆狗皮。"① 相比中國嚴苛的等級制度，李朝學者並未對坐褥形制有過多涉及。僅在《喪禮便覽》中提及坐褥爲白紬所製，其原因是半島尚白，且喪祭禮儀中崇尚素色。交椅之上放置坐褥，然後再置神主或魂帛於其上，體現了"事死如生、事亡如存"的禮制原則。由於坐褥並非行禮所必須，因此並未被所有禮學家所採用。

【燭臺】

《叢書》：（1）《寒岡先生四禮問答彙類》："先生（寒岡）問：'《家禮》陳器下不言用燭，《儀節》只有香卓上一燭，今人逐位例用雙燭。'退溪先生答曰：'不言用燭而用燭，雖可疑，喪禮弔客之人有燃燭以待之文，用燭恐無不可，但不須每位雙燭。'"（2/204）

（2）《喪禮備要》："（小斂）奠具：燭，臺具。"（4/594）又，"虞祭之具：燭一雙，具臺。"（4/700）又，"設香案於堂中，炷火於香爐，束茅聚沙於香案前（或用椀。若日昏則設燭，具臺）。"（4/704）

（3）《明齋先生疑禮問答》："晝祭用燭等節，出於《五禮儀》文昭山陵之規。"（16/490）

（4）《六禮疑輯別集》："宋氏寅曰：'《家禮》大小祭無用燭之節，而《儀禮》有質明滅燭之文，《禮記》有日不足繼以燭之語。以此觀之，燭之爲用，只以破暗，無與於事神之道也。惟弔奠禮用香、茶、燭，意者一家之人，精神常接，固無待焉。若其自外來，須憑光氣燻灼，可通幽明有無之際。又見墓前用燭，山原八風之地，旋燃旋滅，有若不可闕者，如此之輩不可曉也。'"（20/203—204）

（5）《家禮便考》："《五禮儀》執事者設饌卓、饌品如襲奠，香

---

① ［韓］金景善：《燕轅直指》卷6，［韓］林基中編《燕行錄全集》第72册，東國大學校出版部2001年版，第271—272頁。

爐、香合並燭於其前，祝盥手升自阼階，詣香案前，北向跪，三上香，斟酒奠於案，連奠三盞。"（27/74）

（6）《四禮便覽》："諸具（祭器）：燭臺，每位各一，若合設則具一雙。"（40/508）

（7）《改葬備要》："靈座之具：燭（臺具）。"（34/44）

（8）《家禮彙通》："《輯覽》按，本朝《五禮儀》大夫、士、庶人喪，成墳既畢，別設掩壙奠，而又於白晝丘壠之上設燭以奠，此吾東俗墓祭用燭之始也。然未知其義，今姑從禮經之説。早闇則燃燭，既明則滅之可也。"（61/442）

（9）《士儀》："具祭器：燭檠（今云燭臺）。"（81/201）

（10）《廣禮覽》："設靈座：素倚、素卓、素香案、磁香爐、香盒、素木燭臺……"（94/340）又，"忌祭：○交倚○卓二○出主，卓一……○燭臺、黃燭○鋪陳○仰帳……"（94/555）

（11）《喪祭類抄》："諸具類·靈座：燭臺（一雙）。"（99/490）又，"諸具類·祠堂：香案、香爐、香盒、燭臺（燭具）。"（99/496）

（12）《四禮集儀》："龕前各置一桌，鋪座面紙，具拭巾及燭臺一雙（《便覽》），桌前各置（今補）茅盤（《附注》）。"（101/473）

（13）《六禮修略》："祠堂諸具：燭臺，二，燭具。"（108/669）

（14）《四禮儀》："陳器：設香案於堂中。○置香爐香盒於其上（爐西盒東）。○設燭臺於每位桌上。"（112/214）

（15）《家禮酌通》："《儀節》曰：'香案上置燭臺。'愚按，今俗蠟燭一雙設於逐位卓上。"（114/432）

（16）《二禮通考》："忌祭之具：祭屏（二，坐紙用素或有圖，設饌者）……燭臺（一雙，用鍮，具鍮剪刀）、黃燭（一雙）。"（119/591）

按：《家禮》通篇未列"燭臺"這一器具，"燭"的使用最早見於婚禮"親迎"節"婿出乘馬，以二燭前導"，然該處"燭"並非指"蠟燭"，而是指燭籠、火炬。《叢書》中李朝學者將"燭臺"作爲祭器之一，其源頭來自丘濬《儀節》。《儀節》中"具祭器"下錄有"燭檠",喪禮"奠具"中列有"燭臺"。燭檠即燭臺,是指放置蠟燭的支架。先秦文獻中,"燭"往往指火把,如《禮記》孔穎達疏:"古時未有蠟燭,唯呼火炬爲燭也。"可見最早的"燭"是由蘆葦、竹麻、荆條等材料捆扎成束,爲了經久耐燒,常以布纏繞並澆灌上膏油。根據使用方式的不同,火炬細分爲持在手中的"燭",放置地上的"燎"。如《禮儀》鄭玄注:"火在地曰燎,執之曰燭。"此外,還有引火備燃的火炬叫"燋",置於庭中照明的火炬"庭燎",樹立門外的火炬稱"大燭"。而對於以棉紗爲燭芯、以油脂包裹的固體細柱狀照明體的蠟燭,其發明時間爭議頗多。古文獻中最早關於蠟燭的記録,是西漢的筆記小説《西京雜記》:"閩越王獻高帝石蜜五斛、蜜燭二百枚。"[①] 所謂蜜燭即蜂蠟做的蠟燭。而"蠟燭"一詞連用,見於《晉書·周顗傳》:"(周嵩)以所燃蠟燭投之。"魏晉時期吟詠蠟燭的詩文更是不乏多見。西漢時期蠟燭是否發明,未能定論,從考古發現來看,"廣州和河南靈寶張灣東漢晚期墓葬中還出土了一批陶燭臺"[②],可見至少在漢代晚期已開始使用蠟燭。

燃燒材料的不同,直接影響到其承載物的外在形態。伴隨着蠟燭的產生,出現了承托安插蠟燭的燭臺,其材質多以銅鐵、陶瓷、木、石、玉等製成,造型別緻多樣,諸如動物形、植物形、單座、多座等。"燭臺在承托安插蠟燭的方式上,基本有四種樣式:一是環狀箍形的;二是中空筒管式;三是孔穴式的;四是立釬式的。"[③] 宋元以來,立釬式燭臺是最具特色最爲流行的形制(見圖2—19)。在朝鮮王朝中期之前,蠟燭數量非常有限,它的使用受到社會階層的嚴格限制。由於蠟燭生產低於需求,且價格昂貴,因此多數用於皇室或上層社會的儀式活動及室内照明中。從統一新羅至李氏朝鮮,燭臺的形制以圓柱形爲主,自下到上包括基座、柱身、托盤三部分,

---

① 劉歆等:《西京雜記(外五種)》卷4《閩越鵰蜜》,上海古籍出版社2012年版,第31頁。

② 高豐、孫建君:《中國燈具簡史》,北京工藝美術出版社1997年版,第10頁。

③ 高蒙河:《燈燭》,遼寧教育出版社1999年版,第45頁。

由於時代審美的不同，基座形狀、柱身裝飾花紋等皆不相同。以朝鮮王朝爲例，燭臺多以青銅、黃銅（鍮）等金屬製成，部分燭臺爲木質髹漆；臺高通長爲40—50釐米；圓盤形或塔形底座，柱身多呈竹節形、連珠形或長鼓形，上端小型托盤可接燭淚，其間以釬插燭（如圖2—20）。《家禮輯覽圖說》中"燭檠"圖（圖2—21）也符合上述朝鮮時期燭臺的基本形制。

圖2—19 中國"燭臺"圖（明《三才圖會·器用》）

圖2—20 李朝"燭臺"（韓國原州市立博物館藏，編號：1283）

圖2—21 燭檠並燭圖（《家禮輯覽圖說》5/526）

以《叢書》爲研究出發點，《廣禮覽》"素木燭臺"及《二禮通考》"鍮燭臺"涉及了燭臺的製作材料。其次，《喪禮便覽》《六禮疑輯別集》中金長生及宋寅認爲日昏才用燭，質明滅燭，蠟燭的使用是爲了破除黑暗，照亮祭祀的饌品，並不屬於祭祀的儀程。《家禮》大小祭並無用燭的內容，燃燭多爲佛家之事，因此大多朝鮮學者對祭祀用燭存有疑義。此外，對於祠堂桌上燭臺的數目，退溪李滉、陶庵李縡及《四禮儀》《家禮酌通》皆有論述。寒岡鄭述說《儀節》中將一隻燭臺置放在祠堂香桌上，與香爐、香盒並列。而半島人民多將燭臺置於龕內供桌上，高、曾、祖、考四代夫婦每位一雙，則需燭臺八雙。退溪曰不須每位雙燭，李縡曰每位各一即可，若考妣同桌共祭則用一雙，那麼共需燭臺四雙。由此可見，對於燭臺的數量，各家說法不同，民間俗例多以八雙爲用，然朝鮮桌制較小，祠堂逼仄，每位雙燭多顯拖沓，應參考李滉及李縡所論，以四雙爲定。

4. 正、至、朔、望則參。（簡稱"朔望參"）

【大盤】

《家禮》朱子本注："厥明，夙興，開門軸簾，每龕設新果一大盤於卓上，每位茶盞托、酒盞盤各一於神主櫝前。"

《叢書》：（1）《退溪先生喪祭禮問答》："問：'告祭時果一大盤，只一器否？盞盤是盞臺否？'答：'一大盤，盤中所設恐不止一器而已。盞盤應是盞臺。'"（1/76）

（2）《南溪先生禮說》："問：'所謂大盤亦恐非今俗之盤也（金相殷）。'答：'大盤亦是楪子之類，以其夫婦位同是一楪，故用其大者而稱以大盤。'"（21/117）又，"問：'俗節注薦以大盤。每位大盤耶（成文憲）？'答：'大盤已見正至章，恐與今制少異。'"（21/135）

（3）《家禮便考》："退溪曰：'盤中所設恐不止一器而已。'蘇齋（盧守慎）曰：'各品爲一盤。'"（26/132）

（4）《禮書劄記》："所謂盤，俗名之大貼。"（36/342）

(5)《星湖先生家禮疾書》:"退溪云'大盤中所設恐不止一器',然墓祭條云'魚肉米麵食各一大盤,以祭后土',以此推之,大盤者如今之大楪子。"(41/24)

(6)《禮疑類輯》:"尤庵曰:'朔望饌品,一龕內既有正位二分或三分、四分(并前後妣),復有祔位或一或二或三,而只共設一盤果(盤即今之貼匙),則似褻而太嗇矣。故愚每疑每龕之龕字是位字之誤也,未知然否(答南溪)。'"又,"尤庵曰:'朔望之儀,家禮所定者極其簡省。其日每龕新果一大盤云者,其龕內并考妣及正祔而言也。而其所謂大盤,實今俗名之大貼也。若是則雖祭及高祖之家,并朔望不過新果八大貼而已(答金壽增)。'"(48/150)

(7)《家禮增解》:"尤庵曰:'家禮言品言盤之異,恐無深意。祠堂章有新果一大盤之文,則是於果言盤矣。溫公《祭儀》有常食數品之文,於魚肉亦可以品言之也。且所謂盤者,非如今俗所用排器之盤。凡簋區之屬(注:俗謂貼匙、大貼)皆謂之盤。'"(60/335)

(8)《九峰瞽見》:"問:'祠堂參圖果盤,尤庵先生所謂盤一,接匙之器也。本注一大盤者,退溪先生所謂盤中又陳器也。進饌條執事以盤奉諸饌,而無兼盤設饌之文,退溪之器於盤又設桌上云者,恐未知如何。《家禮》凡言盤者,無一大字。而參禮墓祭本注大盤之大字,有別小盤,如尤庵先生之接匙云者,亦恐爲之如何。'答:'家禮之大盤,即尤庵先生所云接匙之器也。若大盤設於桌上,則是疊床也。退溪先生陳大盤設桌上,愚亦恐不知如何。參禮墓祭之大盤既有接匙之訓,尤庵先生說似長。'"(65/317)又,"尤庵曰猶賢於己,然《家禮》設果一盤,所謂盤者,俗所謂貼匙也。"(65/325)

(9)《廣禮覽》:"每龕設果一大盤(今之大楪)。"(94/531)

(10)《四禮常變纂要》:"每龕設新果一大槃。(尤庵曰:'大盤實今俗名之大①。'鏡湖曰:'恐不貼也。')"(113/26)

---

① 尤庵說見上文《禮疑類輯》所引,"大"後面缺"貼"字,當補。

按：盤、碟、碗、箸等爲古代傳統的食器，其材質、形狀、大小不一，使用廣泛。就盛放物品所用的"盤"來說，其本字爲"槃"，古文從"金"作"鎜"，籀文從"皿"作"盤"，字形的不同可見其製作原料的差異，今標準字形作"盤"。就其形制來說，"盤"多爲圓形、淺腹、薄壁、敞口的扁平狀；最初以木或金屬（多爲青銅）製成，後以陶瓷爲最常見；盤底有平底、圈足、三足等差異。由於形制與"盤"相近，"碟"（同"楪"）有時亦稱"盤"。兩者的區別在於，碟比盤小；碟僅用於放置食品或調味品，而盤可用來盛放碟或他物。

"通禮"中正、至、朔、望祭儀，"每龕設新果一大盤"。對於"大盤"的概念，朝鮮學者產生了分析。其原因在於，在半島的歷史文化背景中，"盤"除了指稱置放物品的淺底器具，即今天所謂的"盤子"外。常見的"小盤""盤牀"（或飯牀），實指小型的食案（見圖2—22），也即韓國人用餐時擺菜的矮桌，其上可放置碗、碟、匙、箸等物。《叢書》載《退溪先生喪祭禮問答》，退溪所謂"大盤"，盤中所設不止一器，即這種小型的食案。《家禮增解》引宋時烈說，及金禹澤《九峰瞽見》都對退溪說進行了駁斥，認爲大盤並非排器之盤，否則以食案置於桌上，則是器物的疊加。多數禮學家認爲《家禮》大盤即大碟，如南溪朴世采："大盤亦是楪子之類，以其夫婦位同是一楪，故用其大者而稱以大盤。"星湖李瀷："大盤者如今之大楪子。"綏山《廣禮覽》："大盤，今之大楪。"大碟、大盤，李朝時俗稱爲"大貼""貼匙"① "接匙"，見於《禮書劄記》《禮疑類輯》《家禮增解》《九峰瞽見》四書，且以宋時烈之說最爲詳盡。宋說"所謂大盤，實今俗名之大貼"，又"凡甕甌之屬（注：俗謂貼匙、大貼）皆謂之盤。""甌"，《韻會》云"器之薄者曰甌"。宋時烈所說大體概括了盤碟瓷製、壁薄、淺口的特點。此外，"大貼""貼匙""接匙"又常常與表示盤碟材質或歸屬地的定語詞

---

① 貼匙，韓語作"접시"。

連用，目及的有"沙大貼""沙貼匙""沙大貼匙""沙接匙"（指陶瓷類盤碟）；"白大貼""白貼匙""白磁（同'瓷'）接匙"（特指白瓷製成的盤碟）；"銀大貼""鍮大貼""鍮貼匙"（指金屬製盤碟）；"木貼匙"（指木製髹漆盤碟）；"唐大貼""唐貼匙"（指中國產的盤碟）。① 綜上所述，"通禮"放置時令蔬果的大盤即大碟，僅爲放物之用並非食案，其圖制參看《家禮輯覽圖說》"祭器圖"所收"盤碟圖"（圖2—23）。高麗時期常見爲平底或矮圈足的大盤，而李朝時高足的大盤則較爲流行（圖2—24）。另外，俗稱的"大貼""貼匙""接匙"中，"貼""接"爲"碟"的韓語音變，如今"大貼""接匙"韓文中已不見使用，而"貼匙（碟匙）"仍被沿用。對於龕內所設"大盤"的數目，《家禮》"每龕新果一大盤於卓上"。並未提及考妣是否並配，丘濬《儀節》采用考妣共置一桌，合設一果盤的儀式。今李朝學者多用丘氏之儀，因此應設四大盤新果。尤庵宋時烈認爲正位、祔位果盤不應合設一器，若有祔位，則祔位單設，故共需八大盤，宋氏之論朝鮮學者依從者眾多，今可當旁參。

圖2—22 李朝螺鈿花蝶紋小盤（韓國國立晉州博物館州博物館藏，編號：1142）

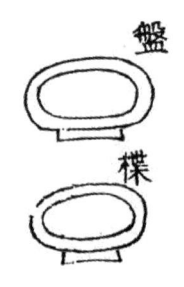

圖2—23 盤碟圖（《家禮輯覽圖說》5/526）

---

① 材料來源爲"韓國古典綜合數據庫（http://db.itkc.or.kr/）"中收錄的李氏王朝儀軌、學者文集、燕行文獻等。

圖 2—24　朝鮮半島"碟匙"

（1. 高麗青銅碟匙，韓國國立中央博物館藏，編號：10294；2. 青瓷鑲嵌菊花紋碟匙，韓國國立教員大學校教育博物館藏，編號：191；3. 李朝白瓷碟匙，韓國國立民俗博物館藏，編號：4426；4. 鍮碟匙，韓國國立民俗博物館藏，編號：4793）

【茶】

《家禮》朱子本注："每龕設新果一大盤於卓上，每位茶盞托、酒盞盤各一於神主櫝前。"又，"主婦升，執茶筅，執事者執湯瓶隨之，點茶如前。"又，"望日不設酒，不出主。主人點茶，長子佐之，先降。"

《叢書》：（1）《退溪先生喪祭禮問答》："東人固不用茶，其進湯乃所以代茶。"（1/157）又，"（鄭逑）問：'茶是古人常用，故祭亦用之。今既罕用點茶，何以爲之？'答：'今人進湯水，是古進茶之意。'"（1/320）

（2）《家禮附贅》："國俗不用茶，廢之亦可。"（8/198）又，"按，點茶今進湯。"（8/202）又，"校訂：陳器條有茶合、茶筅、茶盞托、湯瓶，皆點茶之用也，點而後進。東人不用茶，故以湯水代之，今俗進水後抄飯少許而澆之，此有斟酌多小之嫌，進水後當移匙於其上而已。寒岡家進水後因扱匙不移，此禮亦好。"（8/610）

（3）《疑禮問解續》："我國不用茶，代以水。"（9/692）

（4）《明齋先生疑禮問答》："《要訣》云：'今國俗無用茶之禮。當於望日不出主，只啟櫝不酹酒只焚香。'"（16/80）

（5）《南溪先生禮說》："問：'望日云不設酒，無降神之節耶？今無用茶，家當代用而設酒耶（尹明相癸酉）？'答：'望日不設酒，國俗又不用茶，此則恐難強行。惟朔參所用果一器，及降神（只焚香）、參神、辭神之節不可廢也。'"（21/124）又，"只焚香參拜云

者，姑從。國俗無設茶之事言之，非謂其禮本止此也。"（21/127）

（6）《三禮儀》："按，茶一節今國俗不用，依《要訣》闕之。"（23/551）又，"《要訣》只主人再拜，蓋主婦無點茶一節故也。"（23/553）

（7）《家禮或問》："茶是何物，而煎法如何，點茶亦何謂歟……《丘儀》：'櫝前先設盞托，至是乃注湯於盞，用茶筅點之。古人飲茶用末，先置末茶於器中，然後投以滾湯，點以冷水，而用茶筅調之。今人燒湯煎茶葉，而此猶云點茶，存舊也。'……今按，中原專以此待客，而用雀舌茶。我東元無此種，慶州佛谷寺有一株，稱以自中原移種，種於地異山，今或有略干云。或問古人常用，故祭亦用之，今既罕用，何以爲之。退溪曰：'今人進湯水是古進茶之意。'"（29/222）

（8）《四禮便覽》："諸具（上食）：茶（俗用熟水）。"（40/238）又，"諸具（朔日）：蔬菜、清醬……熟水……"（40/240）又，"按，茶是中國所用，而國俗不用，故設茶、點茶等文，一并刪去。若別有饌品，則設筯楪於每位妣盞盤之間。主人斟酒訖，主婦升，正筯。主人、主婦分立於香卓之前東西，皆北向拜爲可。"（40/515）又，"茶，《備要》國俗代以水。○即熟水。"（40/538）

（9）《星湖先生家禮疾書》："俗不用茶則望亦斟酒矣。至於降神，《家禮》但云餘如上儀，以意度之，既不用酒，則疑若無束茅灌酒之事，只如出入條之焚香而已。然《家禮》通用大夫之禮，而或望日循俗設酒，則降神灌酒恐不可闕。"（41/33）又，"陳器條有茶合、茶筅、茶盞托、湯瓶，皆點茶之用也。點而後進，與參禮不同。今俗以湯水代點茶，東人不用茶故也。"（41/378）

（10）《星湖禮式》："按，望日不設酒，不出主，主人點茶。然東俗不用茶，則雖望日不可不用酒。"（41/442）又，"按禮士月半不殷，故殺於望日，有不設酒等節。然東俗既不點茶，則酒不可不用。且《家禮》多參用大夫禮，朔望同例，恐似無妨。若必以爲嫌，直廢之當矣，何但殺也。"（41/466）

第二章　朝鮮時代"通禮"所涉"諸具"疏證　121

（11）《疑禮類説》："又問：'吊奠有用茶燭之説，而朝夕奠上食時無之，何也？'（退溪）曰：'既有奠與上食不可無茶燭，而《家禮》、丘氏禮皆無之，恐或有義，未敢臆説。《儀注》則有燭而無茶。東人固不用茶，其進湯乃所以代茶，而並無之，亦恐未安。'"（42/146）

（12）《禮疑類輯》："（同春）或云：'《家禮》吊禮護喪送至廳事，茶湯而退。今人既然不用茶，則以酒待客，不至甚害，而遠來之賓亦不可全無接待之禮，如何？'"（47/17）又，"尤庵曰：'《家禮》望日既不用酒，則未知降神時亦以茶灌于茅沙耶？抑灌則以酒，而薦則以茶耶？古人灌用鬱鬯者，取其香氣也。若所用之茶亦有香氣，則亦與酒無異耶？又古禮士與喪中只有朔奠而無望奠，《家禮》亦無之。而今世雖未仕者無有不設望奠者，是有他書之可據者耶？至如來諭望日，只欲設果而不用酒，此固差别朔日之意也。第未知亦不降神耶？如曰降神不可廢，則必當用酒（東俗無茶）。既用酒以降神，則雖非《家禮》之文，而仍用以薦，豈甚未安耶？望日之儀《家禮》云不設酒、不出主，餘如上儀。既云如上儀，則果之仍設無疑矣。且既有設茶之文，則只焚香參拜云者似不然矣（答南溪）。'"（48/162—163）

（13）《安陵世典》："（彦煥）又問：'茶是何物，點字之義未詳。'曰：'茶雖未目見，見於《史記》及詩歌者，不勝其多。上國以爲祭用瀆需者久矣。點字即斟字之義也（《顧齋集》）。'彦煥問：'未知茶之爲物，其莖葉爲何。古人必用之者，何也？'曰：'按，茶者，樹如瓜蘆，葉如杞子，花白如薔薇，實如栟櫚。早取爲茶，晚取爲茗。煎湯飲之，釋滯消壅。古人重茶，以爲賓祭之用，不但中原有之，我東湖嶺間亦多産，年年上供，所謂雀舌茶是也（《密庵集》）。'"（50/210—211）

（14）《家禮集考》："張子曰：'祭茶非古也。'愚按，啜茶，陳眉公《秘笈》①謂自晉宋，而我國不然，故《擊蒙要訣》去之，後

---

① "陳眉公《秘笈》"即明代陳繼儒（1558—1639年）《陳眉公訂正秘笈》，一名《寶顏堂秘笈》。

凡言茶者放此。"(52/53) 又，"《要訣》曰：'不出主，只啟櫝，不酹酒，只焚香，使有差等。' 愚按，或疑如上儀，可包朔之酹。又今無茶可代以酒，是不知酹當統於不設酒，不當包於如上儀，而酒之代茶失輕重也。且望而酹酒又以獻，則亦當出主，將何所降於朔耶？"(52/70)

(15)《家禮增解》："國俗不用茶，故《要訣》刪茶盞托。"(58/260) 又，"雲坪曰：'古禮醴、酒并設，醴重於酒。《家禮》因《書儀》，朔參用茶酒並者，乃唐宋時俗尚之故耳。我國既無茶，俗尚醴，由是則茶代以醴，合於古而不忘本。且望日既不用酒，茶之降神，甚不便矣。'"(58/267)

(16)《八禮節要》："上食（時食）：主人以下各就位……祝進熟水。"(62/330)

(17)《九峰瞽見》："初一日（《儀禮》茶、酒、果。○司馬溫公月朔具茶、酒、常食數品，見《書儀》）。十五日（《儀禮》只用茶。○今俗不用茶，代茶用酒）。"(65/257) 又，"參禮之具：望只用酒，亦稱家有無。"(65/316) 又，"張子曰：'祭茶非古也，晉宋有之。'○《要訣》去之。"(65/317)

(18)《梅山先生禮說》："望日或用酒：望日點茶，禮也。用酒或無妨。我東大夫士所行禮皆無等分，則望奠用酒，亦似不必有等。望日設茶不出主：《家禮》《備要》望日不設、不出主。不出主，以無酒果薦，示殺禮於朔也。愚則從《語類》所載，朱先生所行望日設茶不出主，參神辭神如禮。士無月半奠，故未敢薦酒果如朔參也。茶用生薑、麥芽、雀舌之類，恐非難致者耳。"(77/235—236)

(19)《禮疑問答》："《家禮》朔望饌品甚簡省，朔則用酒、茶、新果，望則惟用茶、果。朔望隆殺，只在茶與酒並用與否。今俗通用酒而無茶，則朔日加設湯一器，餘依《家禮》，似爲合宜。且茶是唐宋間俗尚，無甚關重。我東既無茶，廢用，而猶稱朔望參爲茶禮者，即從前傳習之語耳。"(79/176)

(20)《士儀》："《類編》東俗不用茶，則雖望日不可不用，酒

於桌上斟之,無縮酒以殺節也。"(81/210)

(21)《全齋先生禮說》:"望參以酒代茶。古禮士無月半奠,故《家禮》望日不設酒只點茶。嘗聞吾老先生家亦只點茶云,而愚則以茶屬之難於繼用,以酒代茶有違《家禮》,甚用兢兢也(答李善一)。"(86/100)

(22)《禮疑續輯》:"襟溪問:'酒禁中上食用醴、用茶、用玄酒云云。'梅山曰:'吾東之進熟水,中國之點茶也,豈進水又點茶恐無義,當設醴而已矣。玄酒雖教人不忘本,陳而不酌,以其味淡無可歆也,雖於上食不可用也。'"(93/225)

(23)《喪祭類抄》:"虞祭:茅束、茅盤、卓二……茶(俗代以水)。"(99/495)

(24)《禮疑問答類編》:"設熟水盞於東階桌子:《家禮》用茶,故湯瓶在西階,茶合、筅、托設於東桌,便即此而和進。今既用熟水,則水在於廚鍋,而徒設此盞於桌上,恐無意義,去之如何(答李舜肇)……鄙意則茶雖國俗之所闕,然好禮者遵《家禮》用之則固爲至善,如其不能,然則恐當如來示,而以《纂要》所謂惟啟櫝焚香爲據可也(同上)。"(100/62—63)

(25)《四禮要選》:"虞卒祔祥禫時具:祝、執事者、茅束、茅盤……茶(俗代熟水)、祭器。"(111/591)又,"時祭時具:(具饌)內執事、牲、果、脯醢、蔬菜、清醬……酒、炙、茶(代熟水)、祭器。"(111/596)

(26)《家禮酌通》:"按,《家禮》無進茶一節,而《儀節》自朝夕奠有點茶,未知今俗之進熟水用《儀節》而然歟?陶庵曰:'抄飯三年內象生,行之亦無妨。'"(114/254)

(27)《四禮儀》:"按,茶一節,今國俗不用,依《要訣》闕之。"(120/125)

按:《家禮》中"茶"是指以茶樹芽葉爲原料,加工後可用水烹煮或沸水沖泡的飲用物,其別稱有檟、蔎、茗、荈等。《說文》無"茶"字,以古字"荼"爲"茶",釋爲"苦荼也,從草、余聲"。

許慎所指應是"苦菜",即包括"茶"在內,可食用、味苦的草本植物。《韻會》釋"茶"字:"本作荼,或作檟,今作茶。"以"茶"字正式取代"荼"而表示"茗飲之事",源於中唐以後。其音、形、義的定型,迄至唐玄宗所編《開元文字音義》。茶聖陸羽所著《茶經》中依照《開元文字音義》將"茶"諸多紛繁的別稱統齊化一,"茶"字進而規範並傳播開來。中國是最早發現並利用茶的國家,以茶爲食,以茶爲藥。而以茶爲飲,在秦漢時期已見端倪,顧炎武《日知錄》:"自秦人取蜀而後,始有茗飲之事。"[1] 唐代之後,茶道大興,深入社會各個階層。《茶經》的問世,陸羽捨棄煮茶過程中蔥、薑、橘皮等輔料,使茶飲從蔬羹中脫離而出。有宋一代,鹽亦從調料中被捨棄,清飲之風遂盛。《家禮》中所用爲宋人點茶法,即將餅茶碾碎成茶末放置盞中,以湯瓶煮水,持瓶注湯於盞,以茶筅擊拂,待茶末融於湯中。明洪武二十四年(1391年)九月,太祖以爲團餅茶重勞民力,改散茶進貢。此後散茶代替團茶大行其道,點茶法式微,沖泡茶葉的方式佔據主流,丘濬《儀節》中"今人燒湯煎茶葉"便是此法。

關於韓國茶的由來,有中國說、印度說及本地固有說三種。大多數人認爲,朝鮮半島的茶葉傳入源自唐朝。時間約在公元7世紀上半段,即新羅統一朝鮮半島前後。《三國史記》"興德王三年"條:"冬十二月,遣使入唐朝貢,文宗召對於麟德殿,宴賜有差。入唐回使大廉持茶種子來,王使植地理山。茶自善德王時有之,至於此盛焉。"[2] 朝鮮史書《東國通鑒》亦載:"三年(唐大和二年,即828年)冬十二月,遣大廉如唐,帝召對於麟德殿,宴賜有差。大廉得茶子來,王命植智異山。"[3] 可見,新羅善德女王(632—646

---

[1] 顧炎武:《日知錄》卷7,上海古籍出版社1985年版,第590頁。

[2] [韓]金富軾:《三國史記》卷10《新羅本紀》,朝鮮史學會1928年版,第121頁。

[3] [韓]徐居正、鄭孝恒等:《東國通鑑》卷11《新羅紀·興德王》,日本早稻田大學藏本。

年）時期半島已開始飲茶，興德王三年（828年）冬，即唐文宗太和後期，新羅使臣金大廉將茶籽帶回國內，種植於智異山（即地理山）下的雙溪寺周圍，半島的種茶歷史由此開始。新羅王朝前段是半島茶文化的萌芽期，由於原料的珍貴性，茶並不屬於生活的必需品，其飲用群體僅限於僧侶及王室貴族，且多用來禮佛或祭祀。到了高麗時期（918—1392年），隨着種植茶樹的普及和製茶工藝的提升，飲茶由僧侶、文士及上層社會向民間傳播。另外，飲茶與禪宗文化、儒家倫理道德及道家精神融匯一體，韓國茶禮開始形成，並貫徹於僧俗、朝廷、官府等不同階層。如高麗王室決定在每年的"燃燈會"（陰曆二月十五）和"八關會"（陰曆十一月十五）兩大節推行茶禮祭祀，由國王親自敬獻茶，祭奠釋迦牟尼和五嶽神、龍神、山川諸神。此外太子壽誕、王子王妃冊封、普通百姓家冠婚祭神等儀式中也開始使用茶禮，朝鮮半島進入飲茶的全盛期。在李氏朝鮮時期，茶道經歷了衰微而後再興的轉變。李朝初期王室及民眾繼承了高麗飲茶的風尚，以明代流行的散茶壺泡法及撮泡法為主。太宗（1400—1418年）在位期間推行"崇儒排佛"的政策，沒收寺院土地，控制僧侶數量。造成了以寺院為依託，以僧侶為主要栽培和飲用主體的茶葉市場的縮小。此外，自然災害加劇，"從1480到1750年，韓國經歷了小冰期。甚至出現了5月至8月間都下雪的極端天氣，茶樹為此受到了嚴重摧殘。"[1] 再者，茶葉成為迎接明清使臣的高級品，茶稅繁重，茶農種茶積極性受挫，茶葉產量大幅降低。加之壬辰倭亂、丙子胡亂等外侵所造成的危急局勢，且"茶俗受到酒文化的衝擊，出現了兩百年的空白期"[2]。茶文化在朝鮮中期一度低迷。至李朝後期，在茶山丁若鏞、秋史金正喜、草衣禪師張意恂等人著書授課、品茶論茶的大力倡導下，全羅南道、全羅北道、慶尚南道等半島南部的茶葉種植恢復，

---

[1] 俞成雲：《韓國文化通論》，南京大學出版社2015年版，第438頁。
[2] 施芳：《尋茶香飄處——韓國茶俗》，《民族工作》2000年第8期。

茶文化再度興盛起來。

祭祀中用茶，並非古禮所有，最早見於《南齊書》卷三《武帝本紀》："我靈上慎勿以牲爲祭，爲設餅、茶飲、乾飯、酒脯而已。天下貴賤，咸同此制。"此外，南朝齊太廟的四時祭中，茶也作爲昭皇后的祭品之一而出現。具有儒家禮儀内涵的茶禮濫觴於此。以茶參與祭祀乃唐宋時的俗尚，故而《書儀》有之。而《家禮》多繼承書儀，"茶"貫穿於通、冠、婚、喪、祭各禮。它從單純滿足人口腹之慾轉化爲與文化、禮儀息息相關，在嚴整的茶具組合及和諧有序的行茶過程中，借助茶的清潤、樸實、淡雅，表現出了人與人的相親相敬，從而達到了人與自然的統一。

與中國崇茶、尚茶、無茶不禮的禮俗不同，《叢書》所反映的李氏朝鮮《家禮》用茶情況較爲複雜。其主要分爲以下四種。第一，廢"茶"不用，將需要用茶的禮儀環節全部省略，其代表是栗谷李珥《擊蒙要訣·祭儀鈔》。李珥云："按，《家禮》望日則不出主，不設酒，只設茶。今國俗無用茶之禮，當於望日，不出主，只啟櫝，不酹酒，只焚香，使有差等。"此外，安玑《家禮附贅》、朴世采《三禮儀》、金鍾厚《家禮集考》、無名氏《四禮儀》皆以《擊蒙要訣》爲依照，認爲東國民俗不用茶，應闕而不錄。第二，改進"茶"爲進"湯水"（熟水），其論説以退溪李滉及陶庵李縡爲代表。退溪答寒岡鄭述禮問，認爲古人常用茶，因而祭祀亦用之。東人罕用茶，應以進獻湯水代替進茶之意，湯水即熟水、熱水。金集《疑禮問解續》、李縡《四禮便覽》、夏時贊《八禮節要》、黃泌秀《喪祭類抄》、洪在寬《四禮要選》皆以水代茶。而安玑《家禮附贅》在贊成廢茶不用之外，還兼及以湯水代茶的觀點。第三，以"酒"代"茶"，同春宋浚吉、尤庵宋時烈、雲坪宋能相、星湖李瀷、梅山洪直弼、性齋許傳、全齋任憲晦等持有此説。其論述見於《禮疑類輯》《家禮增解》《星湖禮式》《九峰瞽見》《梅山先生禮説》《士儀》《全齋先生禮説》。他們認爲《家禮》中正、至、朔參與望參最大的區別在於，前者出主且茶、酒、果並設，而後者不出主，僅設茶、果。朝鮮世俗既不用茶，應改用家家皆有的"酒"來降神。第四，好禮之家當遵《家禮》用茶。《安陵世典》《梅山先生禮説》介紹了半島土産茶——雀舌茶，認爲朝鮮半島湖嶺間亦有茶葉産出，並非難以獲取之物。郭鍾錫《疑禮問答類編》指出，李朝國俗物產中茶較爲稀缺，然而並非無從獲取，尚禮的家族依遵《家禮》用茶是至善的選擇。綜上所述，堅持祭祀用茶的學者或論説所見者寡，多以廢茶、代茶爲主流意見。其原因在於，《叢書》收錄的學者多集中在朝鮮中期，而該時期正是李朝飲茶的低迷期，茶葉產量不高，對於普通百姓來說茶是奢侈品，無法有能力將其用於日常祭祀之中。關於廢茶、以酒或水代茶的爭議，筆者更傾向於沙溪及陶庵的以"熟水"代替飲茶説。古人所謂"愛禮存羊"，若僅因"茶"的稀缺就忽略或刪除所有獻茶、用茶的禮儀環節，實有捨本逐末之嫌。另外，正如《玉川解義》所説："正謂正朝，一年之始。至謂冬至，一陽之始。朔謂月朔，一月之始也。故古人重其始而告廟焉。參謂參謁，子孫齊見之稱。"[1] 正、至、朔參禮重於望參，朔參用酒、望參以茶，隆殺有別，若兩者皆以酒降神，則違背了禮有等差、不可逾越的基本原則。因此在保留獻茶儀節的前提下，以人人皆可備辦的熱水來代替貴重的茶葉，既保留了禮儀的完整性，又遵循了朝鮮的國俗民情。

【盞托】（【茶盞】並【茶托】）

《家禮》朱子本注："每龕設新果一大盤於卓上，每位茶盞托、酒盞盤各一，於神主櫝前。"

《叢書》：（1）《家禮考證》："托，程泰之《衍繁露》[2] 曰：'托始於唐，前世無有也。崔寧女飲茶，病盞熱熨指，取楪子融蠟，象

---

[1] ［韓］安玑：《家禮附贅》，《韓國禮學叢書》第 8 册，民族文化圖書出版社 2008 年版，第 198 頁。

[2] 《衍繁露》應作《演繁露》，下文《家禮便考》所引《繁露》也是此書，該書作者爲南宋程大昌（字泰之），其内容多考證名物典故，與辭書相類。

盞之大小，而環結其中。置盞於蠟，無所傾側，因命工髹漆爲之。寧喜其爲制名之曰托，遂行於世。今世又著足以便插取，間有隔塞不爲通管者，乃初時堞子融蠟遺制也。'"（4/41—42）

（2）《家禮輯覽》："盞托，《韻會》：'托作拓，闥各切，手承物。'"（5/38）

（3）《家禮附贅》："托音他，托盤皆盞臺也。〇校訂，托似楪，以木磨造，髹漆爲之，出程大昌《演繁露》，自唐以後已有此名，國俗不用茶，廢之亦可。"（8/198）

（4）《明齋先生疑禮問答》："問：'托是何器歟（權綵）？'答：'托以木爲之，如今盞盤之類。'"（16/611）

（5）《家禮便考》："《韻會》'托作拓，闥各切，手承物也。'退溪曰：'猶俗所謂匙托。'"（26/132）

（6）《禮書劄記》："退溪曰：'筅以竹爲之，調茶之物。托，臺也。'"（36/353）

（7）《星湖先生家禮疾書》："據此則托者，楪之通管以受盞足者也。而雖不通管，亦謂之托，則盤、托無別，只從茶酒而異名。"（41/24）

（8）《家禮增解》："按，盞托謂盞與托也……按，國俗不用茶，故《要訣》删茶盞托。"（58/260）

（9）《九峰瞽見》："每位茶盞托（手承物，以木爲之，如今盞盤之類）……《輯覽》圖酒西茶東，《書儀》預設空盞。"（65/317）

（10）《四禮輯要》："《家禮》注'設酒架於東階上，別置桌子於其東，設酒注一、酹酒盞一……茶盒、茶筅、茶盞托（按，東俗不用茶，則無此器）'。"（96/491）

（11）《禮疑問答類編》："設熟水盞於東階桌子。《家禮》用茶，故湯瓶在西階，茶合、筅、托設於東桌，便即此而和進。今既用熟水，則水在於廚鍋，而徒設此盞於桌上恐無意義，去之如何（答李舜肇）？"（100/62）

（12）《家禮酌通》："按，托如酒盞之有盤，蓋手承物也。東俗

不用茶，故自《要訣》已去之。"（114/20）又，"按，茶合等物，今不用茶則并當去之。"（114/432）

按："盞托"既是茶托的別稱，又涵蓋茶盞與茶托兩物。《儀節》"具祭器"下列有"茶盞並托"，《家禮增解》亦載"盞托謂盞與托也"。因此在解釋《家禮》"盞托"時，將其分爲配套使用的茶盞和茶托兩部分。"盞"爲"琖"的或體，《說文·玉部》："琖，玉爵也。夏曰琖，殷曰斝，周曰爵。從玉戔聲。盞，或從皿，阻限切。"《方言》卷五："盞，杯也……自關而東趙魏之間曰棫，或曰盞。""盞"即小杯子，是飲酒所用器皿。唐代之前，飲茶器具尚未形成獨立的體系，茶具還處於同日常食器、酒器混用的狀態。如現存最早的茶具：茶、酒兼用的"三國青釉侈口盞"（圖2—25），其製作工藝較爲粗糙，器型上與食用碗類似，形制單一簡樸。唐代之後，茶風大盛，與品茗藝術相關的茶、水、火、器、室都已發展成熟，茶具從食、酒器中分離出來。唐代"煎茶法"流行，飲茶用碗，茶碗爲飲茶專用，其功能及外觀都區別於一般的食用碗。陸羽《茶經》中並沒有提到盞，而是沿用舊俗稱"茶碗"，而文人墨客的詩文中更多稱爲"茶甌"，茶盞應是"點茶法"興起後茶藝的重心。就考古資料來看，茶盞較茶碗稍小、較茶杯稍大，"一般口徑在10釐米以內"[1]。常見的器型如倒置的斗笠狀，盞足爲小圈足，腹部多爲斜壁或弧壁。其材質通常爲陶瓷、木、玉、石、金屬等，宋元以來多爲瓷器，因釉色的差別分爲青釉、白釉、青白釉、黑釉等各色。宋代鬥茶時爲顯湯色乳白所用通體黑釉的"建窯盞"（圖2—26）最爲人稱道。明清以後茶盞多配有蓋，形成了蓋、盞、楪三合一的茶盞，即現今所用的茶碗。由於李朝學者對於《家禮》是否用茶存在疑義，多數禮學家認爲當廢茶不用，或將茶替換爲別的飲品，若廢茶存盞於桌上則恐無意義。在棄茶不用的前提下，茶盞、茶托、湯瓶、茶盒、茶筅等一系列器具應一並去之。所以《叢書》中並未

---

[1] 陳文華主編：《中國古代茶具鑒賞》，江西教育出版社2007年版，第39頁。

對茶盞作過多的闡述,僅《家禮輯覽圖說》中保留有"茶盞"圖(圖2—27),大體可見形制爲高圈足、斂口、深腹、弧壁,質料則並不明晰。而從朝鮮半島現存茶盞實物來看,高麗朝多爲青瓷、李朝多白瓷,另外,還有少量木製、銀製茶盞。

圖2—25 三國青釉侈口盞
（江西豐城博物館藏）

圖2—26 南宋建窯鷓鴣斑茶盞
（日本静嘉堂文庫藏）

圖2—27 茶盞圖（《家禮輯覽圖說》5/526）

　　以碗、杯、甌、盞供茶,又衍生出了承托器型的變化。盞托,即茶托。還稱茶拓子、茶襯、茶臺、漆雕秘閣、茶舟、茶船,在一衆名稱中,今以"茶托"爲定,既涵蓋了飲茶器具的多樣性,又突出了動作概念及器具的大體形制。茶托多以瓷少數以金銀玉等製成。其作用是固定杯盞,防止茶湯溢濺,且易於人持承。另外茶托的使用,也烘托出獻茶的典雅莊重。關於"茶托"的發明:一說先秦時古禮器下已有稱爲"舟"的承托物,《周禮·春官·司彝尊》:"裸用雞彝、鳥尊,皆有舟。"鄭玄注引鄭司農云:"舟,尊下臺,若今時承盤。"彝下的"舟",爵下的"坫"便是茶托發明的借鑒。另一說則以宋人程大昌《演繁露》[①] 爲依據。傳說唐建中(780—783年)年間,蜀相崔寧之女飲茶時怕茶杯燙手,於是命人以小碟承杯,碟子中心融臘成環形以嵌住杯底,使端拿時茶杯不會傾倒,崔寧見而喜之,爲其命名"托",從此盞托便流傳開來。"托始於唐,前世無有也",然而檢視考古發掘資料,早在東晉就出現了一盞一托的組合形式,如東晉興寧二年(364年)墓出土的德清窯黑釉盞托(圖2—28),其盞與托盤粘連,合二爲一。南北朝時盞托迅速發展,中央突起的圈槽作爲一種加固杯盞的構造被固定下來。唐宋時期,茶托的高度有所增加,其造型設計及裝飾風格變得多樣化起來。這一時期,托盤內原本微微突出的圈槽呈現爲高起的碗狀、杯狀或臺狀"內托",如北宋青白釉帶托盞(圖2—29)。明清之後,漆器的茶托數量有所增加,其高度較唐宋降低。綜之,盞托始於晉,六朝以後逐步定型,最遲在唐代便有了專門飲茶所用的"茶托"。茶盞和茶托間存在兩種關係,一爲可拆分、一爲盞與托連燒不可拆分。單就茶托形態構造來說(見圖2—30)[②],承盤底部有平底或圈足的差別;承盤中央或直接下凹爲筒形、或爲低矮的圈槽、或爲高出盤面且造型各異的內托。

---

① 唐代李匡乂的《資暇集》云:"茶托子,始建中蜀相崔寧之女,以茶杯無襯,病其熨指,取楪子承之,既啜而杯傾,乃以臘環楪子之央,其杯遂定。即命匠以漆環代蠟,進於蜀相,蜀相奇之,爲制名而話於賓親。"(見李匡乂《資暇集》卷下《茶托子》,中華書局1985年版,第25頁)程大昌在《演繁露》中全盤接受了李匡乂的說法,並進一步推斷"臺盞亦始於盞托。托始於唐,前世無有也"。

② 韓榮、張力麗、朱哲:《中國古代飲食器具設計考略:10—13世紀》,人民日報出版社2015年版,第27頁。

132　《朱子家禮》在朝鮮傳播中的"諸具"疏證

圖 2—28　東晉德清窯黑釉盞托
（浙江省博物館藏）

圖 2—29　北宋青白釉帶盞托
（江蘇省鎮江市博物館藏）

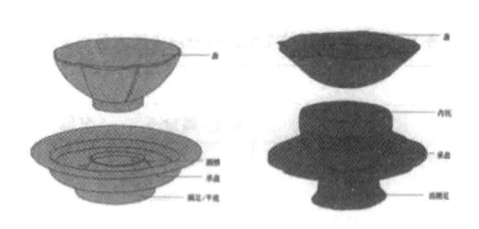

圖 2—30　茶托造型結構圖
（摘自《中國古代飲食器具設計考略：10—13 世紀》）

圖 2—31　茶托圖（《家禮輯覽圖說》5/526）

　　《叢書》中關於"茶托"的闡述，主要涉及其發明源頭、器形質料兩部分。其中《家禮考證》《家禮便考》《星湖先生家禮疾書》等引用中國《韻會》《演繁露》的內容，追溯了"托"的來源，並闡明了它的基本作用——"手承物"。而《家禮附贅》《明齋先生疑禮問答》《九峰瞽見》則介紹了茶托的材質之一，即對木胎進行打磨，以漆塗其面。另外，《叢書》中"托似碟""如今盞盤之類""盤、托無別"則闡明了無內托，類似盤碟的托形；而"托，臺也"則表明了有各式內托的托形。《家禮輯覽圖說》中沙溪金長生於

"祭器圖"中所描繪的"茶托"即是第二種（圖2—31），高圈足、承盤中内托似碗狀。朝鮮半島保留下來的茶托數量衆多，多以青瓷、白瓷爲主，也有部分金、銀或漆器。如前所述，在李朝舉國行禮不用茶的前提下，茶盞、茶托都應廢棄不用。

【茶筅】

《家禮》朱子本注："主婦升，執茶筅。執事者執湯瓶隨之，點茶如前。命長婦或長女亦如之。"

《叢書》：（1）《家禮考證》："丘氏曰：'茶筅之制，不見於書傳。惟元謝宗可有《詠茶筅》詩，味其所謂：此君一節瑩無瑕，夜聽松風漱玉華，萬縷引風歸蟹眼，半瓶飛雪起龍牙（芽）之句，則其形狀亦可髣髴見矣。或謂茶筅，即蔡氏《茶錄》所謂茶匙，非是。'又按，宋韓子蒼詩：'看君眉宇眞龍種，猶解横身戰雪濤。'詳翫此兩句，則筅之爲用，亦可知。"（4/45—46）又，"點茶。蔡氏曰：'抄茶一錢匙，先注湯調令極勻，又添入，環廻擊拂，湯上盞可四分則止。'丘氏曰：'先設盞托，至是乃注湯於盞，用茶筅點之耳。古人飲茶用末，所謂點茶者，先置茶末於器中，然後投以滾湯，點以冷水，而用茶筅調之。今人燒湯煎葉茶，而此猶云點茶者，存舊也。'"（4/46—47）

（2）《家禮附贅》："茶筅未詳。○校訂，筅音扇，以竹爲之。茶筅，茶匙也，所以調茶末也。"（8/201）

（3）《家禮源流》："退溪曰：'筅以竹爲之，調茶之物。'"（11/96）

（4）《家禮便考》："《韻書》'筅，蘇典切。'……《説郛》：'宋徽宗《大觀茶論》茶筅條曰，茶筅以觔竹老者爲之，身欲厚重，筅欲疏勁，本欲壯而末必眇，當如劍脊之狀，蓋身厚重則操之有力而易於運用，筅疏勁如劍脊，則擊拂雖過而浮沫不生。'"（26/143）

（5）《家禮或問》："茶筅者何物，而狀模何如？古無著顯者何歟？《字彙》曰：'筅與筱同，音尟，（筱）箒，飯具。'退溪曰：

'筅以竹爲之。'瓊山曰：'筅，蘇典切。其制不見於書傳……詳玩此句則筅之爲用亦可知矣。'沙溪有《茶筅圖》，稱以己意推之。其長不過四五寸，狀與世俗雉尾箒相似，槪是小竹一節之下未散者。今按，蔡氏釋茶匙，曰：'要用擊沸，有如黃金爲上。人間以銀鐵爲之，竹者輕，建茶不取。'瓊山所謂非是者，然矣。《字彙》旣曰'箒飯之具'，似是極飯和水之物。而今之戎器中有狼筅，以竹爲之，去葉不去枝，以亂賊目爲要。合觀，則沙溪所圖，抑或近似耶？可疑。"（29/224—225）

（6）《星湖先生家禮疾書》："點茶者，先以茶末置盞中，以瓶煮水侯湯點注盞中，更以竹箒環回擊拂有力，是謂點茶也。筅，茶匙也，欲其擊拂有力，故古用金銀之屬，或代以竹箒。"（41/32）

（7）《安陵世典》："姜鄴問：'正至參下注，主婦升執茶筅，茶筅未知何物。'曰：'未能的知何器，然嘗見《家禮釋義》以爲盛茶之器，恐或然也（《葛庵集》）。'彦焕問：'所謂茶筅，何物？'曰：'筅非古器之名，疑宋時時俗之器，計是筐筥之屬（《顧齋集》）。'"（50/209—210）

（8）《士儀》："祠堂具祭器：茶筅。《家禮》主婦執茶筅、執事執湯瓶點茶。○筅用調茶於點湯之時者，東俗不用茶，茶筅無所用。"（81/201）

（9）《疑禮問答類編》："茶筅是何物？茶筅，其制不傳，未知其的是如何。然元人謝可宗有茶筅詩，曰'此君清節瑩無瑕……半瓶飛雪起龍牙'，觀此亦可以推其制矣。曰'此君'，曰'清節'，可知其以竹爲之。曰'漱玉華'，曰'引風'，則可知其所以攪和茶湯者也。曰'龍牙'，則可知其枝節之橫生如牙齒然也。且觀軍器所謂狼筅之制，則用一條竹，仍存枝節爲之。想茶筅之制，必倣此得名。疑用一條竹，竹之近杪處環插竹齒、竹牙，以便於勻勻攪合。而初却倚置於茶盞中，把那瓶子倒瀉湯時，其波浪撞激了筅牙，颯起如飛雪樣也。雖然祭祀旣不用茶，却更理會他做筒則甚（答崔子極）。"（100/61）

按：茶筅，即用竹片製成類似帚形的小刷子，有竹節的一端較厚重，另一端則破竹成絲，用來攪拌和擊拂茶湯。又稱爲竹筅、竹帚、竺副帥。茶筅是宋人創製，專門用來點茶的工具。點茶時需先將茶餅碾磨碎，並用茶羅篩成極細的茶末，燲盞令熱以發茶性，將茶末放置盞中，注少許沸水，以茶筅調膏，繼而以水緩緩沖入，同時借助茶筅的快速攪拌使水和茶均匀混合爲乳狀的茶湯，茶汁表面泛起一層白色的湯花。茶筅末端所剖竹穗的多寡，調茶力度的大小，茶筅的輕重，都直接關係到烹煮出的茶湯質量。因此茶筅在點茶器具中佔有重要地位。作爲攪拌茶末功能的茶筅是由竹筴、茶匙發展而來的，茶筅發明之前，陸羽在《茶經》中記載，用竹筴在鍑内攪動煮茶。北宋蔡襄的《茶録》中以茶匙代替竹筴於盞内點茶，"茶匙要重，擊拂有力，黄金爲上。人間以銀、鐵爲之。竹者輕，建茶不取"[1]。茶匙多爲金屬製作，柄部細長，末端内凹呈匙形。而首次關於"茶筅"的文獻記載，見於宋徽宗的《大觀茶論》，其描述茶筅爲"以筯竹老者爲之，身欲厚重，筅欲疏勁，本欲壯而末必眇，當如劍脊之狀"[2]。《大觀茶論》中詳細地描述了茶筅的質料及大致造型，即以竹節細密的老竹製作而成，筅身厚實，筅頭稀疏有力，根粗末細似劍脊的形狀。其後南宋審安老人的《茶具圖贊》，茶筅位列"十二先生"，被擬人化爲"竺副帥"，並配有清晰的圖樣（見圖2—32）。此外，明代朱權《茶譜》記載："茶筅，截竹爲之，廣贛製作最佳。長五寸許，匙茶入甌，注湯筅之，候浪花浮成雲頭雨腳乃止。"[3] 介紹了製作茶筅的原材料竹子的産地，以及長度——約16釐米。

承上所述，茶筅爲點茶專用茶具，以竹木製成。竹木質料不僅能彰顯其清麗雅緻之風，還能同茶葉一道與自然相通。就其結構形

---

[1] 蔡襄等：《茶録（外十種）》，上海書店出版社2015年版，第15頁。
[2] 蔡襄等：《茶録（外十種）》，上海書店出版社2015年版，第43頁。
[3] 朱權：《茶譜》，阮浩耕、沈冬梅、于子良編《中國古代茶葉全書》，浙江攝影出版社1999年版，第142頁。

制來說，類似小筈帚，北宋時期的竹筅造型多爲平行分鬃的片狀，竹絲平直、較粗、質硬。如《茶具圖贊》的茶筅圖，以及宋劉松年《攆茶圖》（圖2—33）桌上右角放置的茶筅。到了南宋，出現了圓形分鬃的筒狀茶筅，如宋李嵩《貨郎圖》中貨郎右邊擔子裹湯瓶旁邊便是圓形茶筅（圖2—34）[1]；又如內蒙古赤峰市元寶山元代壁畫中[2]（圖2—35），桌上陳列有湯瓶、茶盞、茶筅等茶具。由於茶筅的材質所限，不宜長久存留，目前中國並無茶筅出土，我們僅能從宋元時期傳世的繪畫或出土的壁畫中大體領略其風采。茶筅是飲用末茶時的器具，明代改飲沖泡的散茶後，茶筅被逐步淘汰。因此明丘濬《儀節》中對於茶筅的形制已不甚了解，僅從元人謝宗可的七律詠茶筅詩來略窺其貌。茶筅本屬中華之絕品，奈何當今已銷聲匿跡。而與我們毗鄰的日本、韓國由於仍然習飲末茶，其茶道所用竹筅與南宋筒狀圓形茶筅相似，保留了宋人茶具的風範。

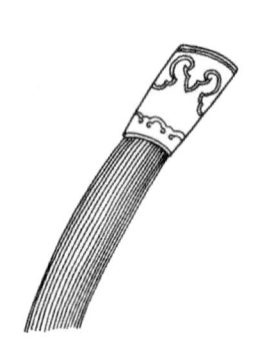

圖2—32　竺副帥圖（宋審安老人《茶具圖贊》）　　圖2—33　劉松年《攆茶圖》局部（"臺北故宫博物院"藏）

---

[1] 該摹本摘自揚之水《古詩文名物新證合編》，天津教育出版社2012年版，第222頁。

[2] 項春松：《內蒙古赤峰市元寶山元代壁畫墓》，《文物》1983年第4期。

圖 2—34　李嵩《貨郎圖》　　　　圖 2—35　內蒙古赤峰市元寶山
　　　　　局部摹本　　　　　　　　　　　　元代壁畫

　　茶飲於三國時期傳入朝鮮半島，高麗時達到全盛，貴族、僧侶乃至民間，品茶已成不可或缺的活動。高麗早期采用唐代的煎茶法，至中後期改用兩宋流行的點茶法。宋人徐兢所著《宣和奉使高麗圖經》中就有關於高麗人在茶器、飲茶方式上完全仿效中國的記載。高麗大文人李奎報《南行月日記》中也有關於點茶的描述："此水從山巖罅忽湧出，味極甘如乳，因嘗點茶也。"[1] 李氏王朝建立後，其前期沿用明代散茶壺泡法和撮泡法，棄團茶及點茶法。中期以後，茶道一度衰落，直至晚期才再度復興。因此，對於明人丘濬已不甚了解的茶筅，《叢書》中衆多禮學家更是一頭霧水。對於茶筅的材質及作用，退溪李滉闡釋不誤："筅以竹爲之，調茶之物。"而《安陵世典》中葛庵李玄逸認爲它是盛茶的器具，顧齋李楘更將它視爲筐、筥類盛物的竹器。對於茶筅的形狀及結構，學者更是衆說紛紜、訛誤不斷。星湖李瀷將茶筅與茶匙混淆。《家禮輯覽圖說》中有"茶筅圖"（圖 2—36），沙溪說是他於萬曆九年（1581 年）跟隨其父金繼輝赴京時，由中土繪畫中所看到的樣子。然沙溪所繪圖形筅身竹節保留過長，與竹帚無異，而中國圖繪中尚未目及與沙溪所示類似

---

[1] ［韓］李奎報：《東國李相國全集》卷 23《記·南行月日記》，韓國民族文化推進會編《韓國文集叢刊》第 1 輯，景仁文化社 1990 年版，第 529 頁。

的茶筅造型。李衡祥《家禮或問》、郭鍾錫《疑禮問答類編》，兩人認爲茶筅應與兵器"狼筅"類似。狼筅又稱狼牙筅（戚繼光《紀效新書》① 中所收，見圖2—37），是明代葉宗留率領的福建礦工起義軍發明的防禦性兵器。"用長而多節叉的毛竹，末端包上鐵，兩旁多留枝刺，用火熨使有直有鉤，再用桐油灌之，敷上毒藥，長1丈5尺，枝有9—11層，使用時，須與其他兵器配合使用。"② 此後戚繼光利用它在東南沿海的抗倭戰爭中取得了多次勝利。由此可見，狼筅與茶筅其形相去甚遠。朝鮮學者所處時代距宋元已久，伴隨著點茶法的淘汰及茶筅的消逝，加之李朝中期以後飲茶風俗的衰減，造成學者對"茶筅"形貌產生了許多錯誤的臆想。在《叢書》中，由於東俗不用茶，故而茶筅亦捨棄不用。

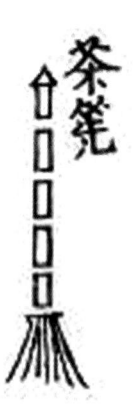

圖2—36 茶筅圖（《家禮輯覽圖説》5/526）　　圖2—37 狼筅製（明戚繼光《紀效新書》）

【湯瓶】

《家禮》朱子本注："主婦升，執茶筅。執事者執湯瓶隨之，點茶如前。命長婦或長女亦如之。"

《叢書》：（1）《家禮考證》："湯瓶，蔡氏曰：'以銀鐵或瓷石

---

① 戚繼光：《紀效新書》（十四卷本），中華書局2001年版，第91頁。
② 劉登榮等：《兵器辭典》，農村讀物出版社1988年版，第14頁。

第二章 朝鮮時代"通禮"所涉"諸具"疏證　139

爲之，欲小易候湯也。'"（4/46）

（2）《家禮便考》："退溪曰：'盛湯水於瓶也。'○蔡襄《茶錄》湯瓶條曰：'瓶要小者易候湯，又點茶、注湯有準。黃金爲上，人間以銀鐵或瓷石爲之。'"（26/143）

（3）《家禮或問》："主婦點茶時執事執湯瓶隨之，此亦何物歟？退溪曰：'湯瓶，盛湯之瓶。'蔡襄《茶錄》論湯瓶曰'要小者易候湯'，又點茶注曰'湯有準，黃金爲上，人間以銀鐵或瓷石爲之。'今觀其上篇論茶，色、香、味、藏養、炙茶、碾茶、羅茶、候湯、熁盞、點茶，下篇論茶器，茶焙、茶籠、砧杵、茶盞、茶匙、湯瓶，此皆茶器。而《鶴林玉露》曰：'余同年李南金云："《茶經》以魚目湧泉連珠爲煮水之節，然近世瀹茶，鮮以鼎鑊，用瓶煮水，難以候視，則當以聲辨一沸、二沸、三沸之節。又陸氏之法，以末就茶鑊，故以第二沸爲合量而下，未若以今湯就茶甌瀹之，則當用背二涉三之際爲合量。乃爲聲辨之詩曰，砌蟲唧唧萬蟬催，忽有千車捆載來。聽得松風并澗水，急呼縹色綠瓷杯。"其論固已精矣。然瀹茶之法，湯欲嫩而不欲老，蓋湯嫩則茶味甘，老則過苦矣。若聲如松風澗水而遽瀹之，豈不過於老而苦！惟移瓶去火，待其沸止而瀹之，然後湯適中而茶味甘。此南之所未講也。因補一詩，松風檜雨到來初，急引銅瓶移竹爐。待得聲聞俱寂後，一甌春雪勝醒醐①。'"（29/226—227）

（4）《四禮便覽》："湯瓶，用以盛熟水者。"（40/577）

（5）《家禮增解》："湯瓶，按，用點茶。"（60/12）又，"實水於瓶。（《儀節》用以點茶。○按，即上湯瓶則水當用熱湯。）"（60/341）

（6）《九峰瞽見》："湯瓶，今世不用。"（64/508）

（7）《喪祭儀輯錄》："湯瓶，用點茶。"（79/466）

（8）《疑禮問答類編》："湯瓶是何物？丘儀可考。古人之飲茶也，

---

① 《家禮或問》引南宋羅大經《鶴林玉露》"候湯"一節的茶詩"待得聲聞俱寂後，一甌春雪勝醒醐"，"醒"字誤，今考文獻應作"醍醐"，"醍醐"指美酒，這裏形容茶香勝似美酒之意。

必先以茶末置盞中，乃以熱湯傾倒，攪和而後飲之，故此有湯瓶。"（100/62）

（9）《四禮常變纂要》："湯瓶（用於點茶）。"（113/248）

（10）《家禮酌通》："按，湯瓶爲點茶也。今不用茶，則湯瓶亦去之爲當。"（114/347）

按：湯瓶，又稱湯壺、茗瓶、茶瓶、湯提點，是古代煮水烹茶時所用的茶器，早期多以金屬製成，後以陶瓷爲流行。唐時直接在鍑中煎茶，而宋代用湯瓶在火爐上煮水，或是以銚、鐺煮水然後注入湯瓶中，以待點茶之用。追溯湯瓶的發展脈絡，其源頭是西晉時的雞首壺。唐代之前茶具和酒具不相分別，常一器二用。專門用作點茶的湯瓶，最早有明確紀年的是西安唐太和三年（829 年）王明哲墓出土，瓶底墨書有"老尋家茶社瓶，十月一日買，壹"[①] 的湯瓶。唐代茶瓶作爲痷茶時貯茶的器具，瓶身較矮、平底或淺圈足、短頸、鼓腹、短粗流、曲柄或橫柄。宋代爲了適應點茶注湯的要求，調整了湯瓶的器型。如宋徽宗《大觀茶論》中記述："瓶宜金銀，大小之制，惟所裁給。注湯害利，獨瓶之口嘴而已。嘴之口，差大而宛直，則注湯力緊而不散。嘴之末，欲圓小而峻削，則用湯有節，而不滴瀝。蓋湯力緊則發速有節，不滴瀝則茶面不破。"[②] 由此可見，湯瓶一改唐時造型，瓶身逐漸瘦長、細頸、圓腹、單曲柄，有蓋及提繫，流細長且向外彎曲呈抛物綫狀。瓶嘴與瓶身連接口稍大，而吐水口則圓小，這樣既保證了注湯時出水集中有力，又能控制自如不易形成滴瀝。宋元以來留存的器物（見圖 2—38）[③]，或是古籍文獻（見圖 2—39）及繪畫、壁畫（見圖 2—40）[④] 中湯瓶的圖式皆可作爲其形制上的參考。明代興起散茶沖泡法後，湯瓶逐漸被茶壺替代。

[①] 李知宴：《唐代瓷窯概況與唐瓷的分期》，《文物》1972 年第 3 期。
[②] 蔡襄等：《茶錄（外十種）》，上海書店出版社 2015 年版，第 43 頁。
[③] 該圖摘自趙自強主編，廣州博物館編《中國歷代茶具》，廣西美術出版社 1999 年版，第 45 頁。
[④] 該圖摘自裘紀平《中國茶畫》，浙江攝影出版社 2014 年版，第 20 頁。

第二章 朝鮮時代"通禮"所涉"諸具"疏證　141

圖2—38　宋影青瓜棱形湯瓶
（胡怡燕藏）

圖2—39　湯提點圖（宋審
安老人《茶具圖贊》）

圖2—40　點茶圖局部
（北京石景山金趙勵墓壁畫）

　　在朝鮮半島，飲茶是高麗瓷器高度發達的催化劑。點茶法的盛行，使湯瓶成了常用的烹茶道具，亦促成了形色各異的湯瓶造型。北宋宣和六年（1124年）徐兢出使高麗國，歸國後撰成《宣和奉使高麗圖經》，書中記錄了半島的山川地形、物產風俗、典章制度等，其中也涉及高麗飲茶形式及茶具。其《器皿》章"湯壺"條記載："湯壺之形。如花壺而差匾。上蓋下座。不使泄氣。亦古溫器之屬也。麗人烹茶。多設此壺。通高一尺八寸。腹徑一尺。量容二斗。"① 書中所釋

---

① 徐兢：《宣和奉使高麗圖經》卷31《器皿二·湯壺》，《叢書集成初編》第3239冊，中華書局1985年版，第108頁。

高麗"湯壺"不僅有壺蓋，還有壺座，有別於中國的湯瓶形制。現存的高麗青瓷湯瓶可以爲證（圖2—41）[①]。而如前文所述，李朝中後期，由於政治、經濟、環境等多方面的影響，長久以來所流行的飲茶習俗被廢棄，衆多禮學家對於點茶所需茶具的器型結構產生了疑惑，發出了"湯瓶是何物"的感慨。《家禮考證》《家禮便考》《家禮或問》中多是徵引《茶錄》《鶴林玉露》等中國文獻進行泛泛的解釋。對於其作用，李滉、李縡、李宜朝等學者雖能認識到湯瓶爲盛熟水的器皿，然而並未對其造型形制作過多的闡發。金長生《家禮輯覽圖說》茶具圖中雖有圖繪"湯瓶"（圖2—42），却與一般儲水或酒的大口長頸瓶無異，遠非"湯瓶"的正確圖樣。《家禮酌通》中"今不用茶，則湯瓶亦去之爲當"，湯瓶最終與茶、盞托、茶筅落到了一樣被棄用的境地。

圖2—41 高麗青瓷鑲嵌銅彩童子紋注子和承盤（北京石景山金趙勵墓壁畫）

圖2—42 湯瓶圖（《家禮輯覽圖說》5/526）

[①] 該圖摘自［韓］鄭良謨《高麗青瓷》，文物出版社2000年版，第108頁。現今"注子"專指酒器，然在早期，由於一器多用現象，注子既可裝酒，亦可盛熱水。高麗時期茶具與酒具常常混用，因此將此細長流形盛裝液體的器皿統稱爲注子，此圖形與《宣和奉使高麗圖經》所描述的有蓋、有底座的高麗"湯壺"一致。

第二章 朝鮮時代"通禮"所涉"諸具"疏證　143

【盞盤】

《家禮》朱子本注:"每龕設新果一大盤於卓上,每位茶盞托、酒盞盤各一於神主櫝前。設束茅、聚沙於香卓前,別設一卓於阼階上,置酒注、盞盤於其上,酒一瓶於其西。"又,"一人奉注,詣主人之右,一人執盞盤,詣主人之左。主人跪,執事者皆跪。主人受注斟酒,反注,取盞盤奉之。左執盤,右執盞,酹於茅上。"

《叢書》:(1)《退溪先生喪祭禮問答》:"問:'盞盤是盞臺否?'答:'盞盤應是盞臺。'"(1/76)

(2)《家禮考證》:"盞盤。盤即盞之臺也。"(4/42)

(3)《喪禮備要》:"奠具:盞(盤具)。"(4/581)

(4)《家禮輯解》:"酒盞盤(盞臺)各一於神主櫝前……別設一卓於阼階上,置酒注、盞盤(此盞盤用於降神)於其上。"(25/57)

(5)《四禮便覽》:"諸具(祭器):盞盤,每位各一,又有酹酒者。盤即盞臺。"(40/508)

(6)《星湖先生家禮疾書》:"《周禮》:'尊彝皆有舟。'(鄭司農)注云:'若今承盤。則漢之盃棧亦有承盤如舟形,即古之舟也。'……據此則托者,棜之通管以受盞足者也。而雖不通管,亦謂之托,則盤、托無別,只從茶、酒而異名。"(41/23—24)

(7)《家禮集考》:"《考證》曰盤,臺也。韓式盤盞代爵注,見時祭。"(52/53)

(8)《家禮增解》:"酒盞盤(按,謂盞與盤)。"(58/260)

(9)《竹僑便覽》:"諸具:盞(坮具)。"(76/132)

(10)《士儀》:"盞盤即酒盞具臺。"(81/4)

(11)《家禮補疑》:"參禮之具:盞盤,《考證》即盞之盤,每位各一,又有一,所以備酹茅者。"(91/153)

(12)《四禮節略》:"虞祭具:盞(臺具)、盤(設酒注及盞者)。"(97/249)

(13)《六禮修略》:"盞盤,《考證》即盞之臺。"(108/126)

(14)《四禮撮要》:"奠具:盞(臺具)。"(115/77)

(15)《四禮要覽》:"虞祭之具:酒瓶一(並架)、酒注一、酒盞二(具盤,《增解》用降神)。"(117/333)

(16)《二禮通考》:"朔望茶禮之具:酒(無酒以醴代之)、酒瓶一、酒煎子一、酒盞(具臺,每位各一雙,又灌茅盞一)。"(119/609)

按:"盞盤"這裏特指承托酒盞或酒杯的盤①,丘濬《儀節》中"具祭器"下名爲"托盤"。宋高似孫《緯略·酒臺》中載:"《晉舊事》曰:'酒臺二,金塗環鈕。'按,《周禮》六彝皆有舟。鄭司農曰:'舟,下臺也,今時承盤也。'今所謂'臺盞''盤盞'並出此。"② 早在古禮中,已有陳放酒器的底座及托盤,而今酒杯或酒盞下的盤正是其"舟"形的延續。酒盞下的承托盤,由於造型結構的不同,又可分爲"盤形"(下稱酒盤)和"臺形"(下稱酒臺)兩類。所謂"盤形"即托盤爲圓形、平底、平托面的盤碟狀(見圖2—43)。所謂"臺形"即足較高的托盤,金長生《家禮輯覽圖説》中所示即是此形(見圖2—44)。宋徐兢《宣和奉使高麗圖經·器皿》"盤琖(即盤盞)"條記載:"盤琖之制,皆似中國,惟琖深而釦斂,舟小而足高。""舟小而足高"即是對酒臺的直觀描述。總之,酒臺的基本特徵是,首先必須是高足(否則被稱爲酒盤),其次有圓形的承盤。今天保留下來的高麗、李朝的盞盤,多爲臺形(見圖2—45)。另外,有的酒臺盤心另有一凸起的高圓臺,形狀似倒扣的酒杯。南宋程大昌《演繁露》中説"臺盞亦始於盞托"。確然如此,五代時出現了一種有着高起内托或承臺的茶托,由於茶器與酒器常混用,此後這種用來固定酒盞,内部爲突出臺狀的承盤最終成爲專用的酒器(見圖2—46)。無論是"酒盤"或"酒臺",其材質主要有金

---

① "盞盤"筆者以偏正短語對待,其中心語在後,指酒盞或酒杯的承托器。而"盤盞"則指酒盞與酒盤相配。同樣,下文"盞臺"指承托物的酒臺,而"臺盞"指酒盞與酒臺相配。

② 高似孫:《緯略》卷4《酒臺》,文淵閣《四庫全書》本。

屬、陶瓷、漆器三大類，常與酒杯、酒盞、酒注、酒瓶等配合使用。宋金時期人們慣常喝酒精度較低的黃酒，飲用前往往將酒水預先溫熱，因此容易把持的酒臺較爲普及。元時興起飲用純度較高的蒸餾白酒，酒臺逐漸消失，而相對實用、輕便的酒盤得以繼續流行。

圖2—43　南宋銀鎏金梅梢月紋盤盞（福建邵武公市博物館藏）

圖2—44　朝鮮半島酒臺（《家禮輯覽圖說》5/526）

圖2—45　李朝銅合金盞臺（韓國國立民俗博物館藏，編號：4806）

圖2—46　高麗青瓷盞臺（韓國國立中央博物館藏，編號：10378）

《叢書》中禮學家對於"盞盤"的討論，多集中在"盞盤"（指酒盤）與"盞臺"（指酒臺）關係上。退溪李滉認爲盞盤即是盞臺，曹好益也在《家禮考證》中提出"盤即盞之臺"。除《叢書》所引禮書外，蘇齋盧守慎亦曾說："盞盤者，盞之盤也，俗所謂臺也。"[1]

---

[1] ［韓］盧守慎：《蘇齋先生內集》下篇《問答錄乙·又答金注書問》，韓國民族文化推進會編《韓國文集叢刊》第35輯，景仁文化社1989年版，第389頁。

學者在提煉《家禮》諸具時，凡涉及酒盞處，後多有"盤具"或"臺具"的補充。正如上文所說，盞盤與盞臺，名稱雖異但其指實同，都是表示酒盞下方的承托物，由於承托物或爲盤形、或爲臺形，從而造成概念認知上的模糊。

【酒注】

《家禮》朱子本注："設束茅、聚沙於香卓前，別設一卓於阼階上，置酒注、盞盤於其上，酒一瓶於其西。"又，"執事者盥帨，升，開瓶，實酒於注。一人奉注，詣主人之右，一人執盞盤，詣主人之左。"

《叢書》：(1)《家禮輯解》："酒注，俗謂酒煎子。"(25/57)

(2)《家禮便考》："酒注，退溪曰'俗所謂酒煎子也'。"(26/134)

(3)《常變通考》："《講錄》①：'俗所謂酒煎子。'"(56/628)

(4)《喪祭儀輯錄》："酒注，酒煎子。"(79/295)

(5)《士儀》："酒注，俗云酒煎子，所以煖酒，即銚也。"(81/4)

(6)《家禮補疑》："參禮之具：酒注，一，《講錄》'俗所謂酒煎子'。"(91/153)

(7)《二禮通考》："忌祭之具：祭屏、祭床……酒煎子（一，用銅或錫，有柄可執，《備要》所謂酒注也）、酒盞（二雙，具臺，用鍮，一雙用於灌茅）、玄酒瓶（一，用白砂瓶，灰青書祭字）、火爐（一，燙酒與熏炙時入用）、燙酒煎子（一，冬節當用，用家間常用者）。"(119/592) 又，"節日茶禮之具：果、餅、湯……酒、酒瓶（一）、酒煎子（一）、酒盞（具臺，每位各一盞，又灌茅盞一）、小盤（一，所以奠酒瓶、煎子、茅盞）。"(119/612)

按：酒注又稱酒壺或注壺，是古代常用的斟酒器，多以金屬或

---

① 《講錄》全稱《朱子書節要講錄》，又稱爲《退溪講錄》。該書由退溪弟子艮齋李德弘整理而成，主要札錄了師生間關於《朱子書節要》中疑難處的問答與分析。

陶瓷製成。漢代主要用尊盛酒，尊的容量比較大，尊中的酒需用長柄杓挹出，傾倒至羽觴等飲酒器中。唐時期，具有管狀流、把手，用來盛裝液態物體的"注子"開始出現，早期的注子大多系茶瓶。中唐以後，那些用來蓄酒的注子定名爲酒注，而蓄熱水點茶用的注子則稱爲湯瓶。孫機先生在探討先有茶瓶還是先有酒注的問題時，認爲"是在茶瓶行使了相當長的時期之後才開始用酒注的"①。酒注出現後，由於其斟酒更加輕盈方便，所以逐步取代酒尊與杓成爲主流酒具，即便尊杓仍相沿用未被盡替，但其使用場合較以前已大爲縮小。正如唐人李匡乂《資暇集》所說："元和初，酌酒猶用樽杓，所以丞相高公有斟酌之譽。雖數十人，一樽一杓，挹酒而散，了無遺滴，居無何，稍用注子，其形若罃，而蓋、觜、柄皆具，大和九年後，中貴人惡其名同鄭注，乃去柄安繫，若茗瓶而小異，目之曰偏提，論者亦利其便，且言柄有礙而屢傾仄，今見行用。"②宋高承《事物紀原》"注子"條亦云："唐元和初，酌酒用尊勺……無幾，改用注子。雖起自元和時，而輒失其所造之人。"③唐代由於盛行飲發酵的果酒或米酒，酒液較渾濁，雜質較多。因此作爲儲飲器的酒注造型多爲短頸、直流、鼓腹、曲柄，注嘴的長度較短且流口的直徑較大，常作圓筒形、六角形或八角形，這樣既便於酒水的傾倒，又不易因過濾不淨的沉渣阻塞流口（見圖 2—47—1），此時期的酒注整體顯得十分古樸。五代宋初，酒的釀造工藝顯著提升，酒質純且清澈，酒注的樣式也變得多姿多彩，同時爲了適應高足坐式家具，酒注器身漸高且瘦長，流漸趨微曲拉伸，曲柄多高於口沿（見圖 2—47—2）。宋金時期，酒注腹身多爲瓜棱形，曲柄與流一般在注身偏上的位置，且酒注時常與溫酒用的注碗相配出現（見圖 2—47—3）。中國人早在商周時期就有將酒溫熱後再飲用的習慣，加熱後的

---

① 孫機：《唐宋時代的茶具與酒具》，《中國歷史博物館館刊》1982 年第 4 期。
② 李匡乂：《資暇集》卷下《注子·偏提》，中華書局 1985 年版，第 27 頁。
③ 高承撰，李果訂：《事物紀原》卷 8《什物器用部》，中華書局 1989 年版，第 419 頁。

酒不僅降低了酒精濃度，還最大限度地去除了酒中的有害物質。"注子注碗是一組盛酒温酒的用具……最晚出於徽宗政和時期墓中，它的盛行時期大約是五代到北宋後期。"① 使用時將盛酒的酒注放入装有熱水的注碗中，碗中的熱水可隨時更换，從而達到熱酒、保温的目的，極大方便了隨酌隨飲的需要。酒注與注碗配合使用，因此其器型要求協調一致。自元代始，人們普遍飲用酒精度較高的蒸餾酒，温酒的風尚衰落，已不再流行酒注與温碗合用的配置。酒注腹身的整體造型近似玉壺春瓶式，呈現爲撇口、弧頸、圓腹、圈足。流的位置貼近腹部且近於注身下端，持柄與流對稱（見圖2—47—4）。

圖2—47 中國酒注變化示意圖
（1. 唐長沙窯彩繪花鳥紋酒注，北京故宫博物院藏；2. 五代越窯酒注，湖南省博物館藏；3. 北宋景德鎮窯影青釉蓮瓣酒注及温碗，安徽省博物館藏；4. 元青花八棱酒注，河北省博物館藏）

半島釀酒、飲酒的歷史非常悠久，可追溯至公元前的古朝鮮時期。高麗、李朝的飲食器物多受中國宋至明清文化的影響。通過兩國間的商品貿易、朝廷的賞賜等多種途徑，中國的飲酒器具源源不斷流入朝韓半島。在朝鮮生活遺址、墓葬品及宫廷傳世品中，都可以看到酒注的身影。高麗時期的酒注以青瓷、白瓷爲主，底部常帶有温碗，其造型多樣別緻。李朝時期的酒注已不見有注碗相配的情況，後期的酒注已近似壺形，除陶瓷外，金屬質地的酒注也較爲普及（見圖2—48）。就《叢書》來看，對於"酒注"的探討，學者主要集中在兩

---

① 馮先銘：《我國宋元時期的青白瓷》，《故宫博物院院刊》1979年第3期。

個方面：一是其名稱，李滉、柳長源、許傳等學者皆云"酒注，俗云酒煎子"。由此可知，李朝時期酒注俗稱爲"酒煎子"（주전자）或"煎子"，其主要指圓腹、有手柄、流嘴及蓋子，可盛液體的容器。因其可放置火上或注碗中加熱，故名爲"煎子"。二是關於酒注的質料，《二禮通考》中提及"用銅或錫"。此外查閱朝鮮時文獻，還能見到"鍮酒煎子""銅酒煎子""鉛酒煎子""錫煎子"等。對於酒注的製作材質，中國政府有嚴格的等級之分，如《明史·輿服志四》："器用之禁，洪武二十六年（1393年）定，公侯、一品、二品，酒注、酒盞金，餘用銀。三品至五品，酒注銀，酒盞金。六品至九品，酒注、酒盞銀，餘皆瓷、漆。木器不許用朱紅及抹金、描金、雕琢龍鳳紋。庶民酒注錫，酒盞銀，餘用瓷、漆。"[①] 相比之下，李朝政府並未有任何明文禁令，然而由於金、銀屬貴重金屬，故而民間使用較少，多用於宮廷祭祀或宴飲中，世人酒注多以銅、鍮、錫及陶瓷等常見材質爲主。在《家禮》中，酒注常與酒瓶、盤盞等搭配使用，以酒瓶充當盛酒器，酒注祇作爲斟酒器。執事者從酒架上將酒瓶取出，以拭巾擦拭瓶口，實酒於注，使用時以酒注酌酒，祭祀完畢，還要將剩餘酒水回收於瓶中緘封之，以備他用。

圖2—48　朝鮮半島酒注
(1. 高麗青瓷透刻蓮花童子紋酒注及注碗，韓國國立中央博物館藏，編號443；2. 高麗銀製鍍金酒注及注碗，圖片來源：韓國國立文化遺產研究所；3 李朝白瓷青花花果文酒注，韓國國立中央博物館藏，編號3159；4.《家禮輯覽圖說》酒注圖，5/526)

[①] 張廷玉等：《明史》卷68《志第四十四·輿服四》，中華書局1974年版，第1675頁。

【茅束】

《家禮》朱子本注："設束茅、聚沙於香桌前，別設一卓於阼階上，置酒注、盞盤一於其上，酒一瓶於其西。"又，"主人受注斟酒，反注，取盞盤奉之。左執盤，右執盞，酹於茅上。"

《叢書》：（1）《家禮考證》："束茅。按，《書·禹貢》'荊州包匭菁茅'，蔡氏曰：'菁茅，有刺而三脊，所以供祭祀縮酒之用。'《周禮·甸師》：'供蕭茅。'注：'鄭大夫曰蕭字或爲茜。茜讀爲縮，束茅立之祭前，沃酒其上，酒滲下去，若神飲之，故謂之縮。縮，浚也。'《說文》：'縮通作茜。禮祭，束茅加於祼圭，而灌鬯酒，是爲茜，象神飲之也。'《春秋傳》注：'祭祀必束茅，而灌之以酒爲縮酒。'程子曰：'古者灌以降神，故以茅縮酌。若然，則後世束茅酹酒似取此義也。'又按，鄭康成曰：'縮酒，泲酒也，以茅覆藉而泲之也。'或問：'縮酌用茅，恐茅乃以酹。'朱子曰：'某亦疑，今人用茅酹酒，古人剔狗乃酹酒之物。則茅之縮酒，乃今人釃酒也。想古人不肯用絹帛，故以茅縮酒也。縮酒用茅之說，其不同如此，然而《士虞禮》刌茅五寸而束之，祭食於其上。《周禮》男巫掌望祀，用茅旁招以降其神。則古人之以茅交神明者，亦尚矣。其束茅降神，抑亦其遺意歟。'○按，茅之類甚多，所謂菁茅者，有毛刺管子。注，今辰州麻陽縣包茅山有之，中國未聞有此茅也。今俗所用者，滑澤無毛，疑即傳所稱菅蒯之類，非真茅也。"（4/42—43）

（2）《喪禮備要》："虞祭之具：茅沙，截茅一搢許，長八寸。"（4/700）

（3）《家禮輯覽》："束茅聚沙。《集說》：問'束茅聚沙，是聚沙於地擁住茅束否？'曰：'然。'曰：'用茅何義也？'程子曰：'古者灌以降神，故用茅縮酌。《郊特牲》注縮酌用茅，謂醴濁用茅，以泲之也。'曰：'今俗用茅三束，盤載以酹，何歟？'曰：'程子謂降神酹酒，必澆於地，《家禮》亦同，但與代祭澆酒多寡不同耳，未聞有盤也。至《劉氏補注》祭初祖條，始有茅盤用甕匜盂，廣一尺，或黑漆小盤，截茅八寸餘，作束，束以紅，立於盤內。劉必有考，但其不注於時祭各條，又恐止宜初祖，不敢據也。莫如降神則澆於地，代祭則澆於盤，未知可否。'曰：'茅用一束，或用三束，何也？'曰：'按初獻條注，用酒三祭於茅束上。三祭者，三滴酒於茅上，非三束茅也，豈誤其數歟？近見他書，每位一獻用酒三盞者，尤非也。後人有考並改正焉。'又曰：'祔位不設。'○《周禮》注：'必用茅者，謂其體順理柔直而潔白①，承祭祀之德，當如此也。'○《補注》按，本注束茅聚沙在香案前地下，所以降神。酹酒及逐位前地上，所以初獻祭酒也。"（5/445）

（4）《疑禮問解》："家禮束茅聚沙何義？至祭始祖條小注始云'截茅八寸，束以紅絲'，亦有所據耶？他祭則不束以紅耶（宋浚吉）？"答："諸家所論可考。……○《會通》注曰：'截茅一搤許，紅帛絞束，立沙中，束之有竅，沃酒滲下，故謂之縮茅。'（或云：'《士虞禮》苴是用茅之始歟。'）"（6/574—575）

（5）《家禮附贅》："《玉川解義》曰：'茅盤用甕椀聚沙，截茅八寸，束以紅絲，樹於沙中，故云茅沙。古者以茅縮酌，故灌以降神者亦酹於茅上。'"（8/602）

（6）《明齋先生疑禮問答》："問：'截茅八寸，束以紅絲。八寸之裁，紅絲之束，何所取象歟（金弘哲）？'答：'裁茅八寸，似酌長短之中。束以紅絲，似取色絲之文也。'"（16/496—497）

（7）《家禮便考》："《士虞禮》：'苴刌茅，長五寸，束之，實於筐。'○《周禮·天官·甸師》：'祭祀共蕭茅。'（注，焫蕭合馨香，合馨香者，是蕭之謂也。茅以共祭之苴，亦以縮酒，苴以藉祭。縮酒，沛酒也。蕭字或爲茜，茜讀爲縮。束茅立之，祭前沃酒其上，酒滲下去，若神飲之，故謂之縮。）"（26/133）

（8）《四禮便覽》："諸具（祭器）：椅、坐褥……茅束五（《家禮附注》：'截茅八寸餘，周尺，作束，束以紅，立於盤內。'

---

① 《家禮輯覽》中引《周禮》注"體順理柔直而潔白"，考中國古籍及《叢書》所引旁書，"柔"與"直"兩字位置顛倒，應爲"體順理直，柔而潔白"。

○《備要》：'一搵'）、茅盤五（《家禮附注》：'用瓷區盂，廣一尺餘，周尺，或黑漆小盤。'○《備要》：'用椀。'）"（40/508）又，"諸具（朔望參）：茅束，用以立於沙上者。茅盤，用以盛沙者。"（40/516）

（9）《星湖先生家禮疾書》："初祖祭條，劉氏曰'截茅八寸餘，作束，束以紅，立於盤內（説出《韓魏公祭禮》）'。按，《士虞禮》'苴刌茅，長五寸，束實於篚'，此是藉祭黍稷者也。《郊特牲》'縮酌用茅'，不言茅之長短。《周禮·甸師》'共蕭茅'，'蕭'鄭氏讀爲'縮'，而又引刌茅爲證，則縮茅亦五寸矣。劉氏之説未知何據，其束以紅絲，恐不亦過當時所尚。"（41/24）

（10）《星湖禮式》："束茅紅綠①見始祖祭，劉氏截茅八寸，誤也。茅長五寸餘。"（41/460）

（11）《家禮集考》："又《郊特牲》：'縮酌用茅。'注：'泲醴以酒，則可通言縮酒矣。'但祭苴在陰厭，而尸之祭即於豆間。《特牲》《少牢》陰厭，無祭故無苴也。後世酹茅見於《韓式》，似祖鄭興沃酒之説，以做禮之灌鬯。而《家禮》又用於代神祭，則與古祭苴合矣。○《韓式》曰：'茅盤用甆扁子，或黑漆小盤。截茅作束，立於盤內。'愚按，《司巫》'蒩館'，注言'取蒩陳之器則退'。而由此有盤，不知何据。《家禮》無盤而有聚沙，今俗聚沙有器云。"（52/54—55）

（12）《常變通考》："束茅聚沙。《伊川祭禮》設灌盆茅縮②。○《韓魏公祭式》：'茅盤用甆扁子，廣一尺餘，或黑漆小盤。截茅八寸作束，束以紅，立於盤內。'○朱子曰：'某疑今人用茅酹酒，

---

① "紅綠"與上下文意不符，查看原書圖版作"綠"，應是字形相近而造成的誤寫，其正字爲"線"。

② 程頤先生在《祭禮·四時祭》中云："次設香桌，次設盥盆茅縮。"（見曾棗莊、劉琳主編《全宋文》第80冊，上海辭書出版社、安徽教育出版社2006年版，第324頁）據此《常變通考》中所引《伊川祭禮》"設灌盆茅縮"中"灌"字誤，應爲"盥"。

茅之縮酒，乃今人醡酒也。想古人不用絹帛，以茅縮酒也。'縮酒用茅之說，其不同如此。然而《士虞禮》'刉茅五寸而束之，祭食於其上'，《周禮》'男巫掌望祀，用茅旁招以降其神'，則古人以茅交神明，亦尚矣。束茅降神，抑其遺意歟？（茅縮說，見《考疑》時祭章。）"（54/245）

（13）《家禮增解》："束茅（《備要》截茅一搤許，長八寸）聚沙（《備要》或用梡）於香案前（《備要》若日昏則設燭具臺）。"（60/13）又，"劉氏璋曰：'茅盤用籩甌盂。'（《韻會》：'甌，補典切，器之薄者曰甌，又不圓貌。盂，雲俱切，飲器也。'○按，《韓魏公祭儀》作籩甌子。）'廣一尺餘，或黑漆小盤。截茅八寸餘，作束，束以紅，立於盤內。'（按，劉氏此說即《韓魏公祭儀》全文也，本時祭初獻祭酒所用茅盤，而《附註》者誤編於此者也。○問：'束茅必以八寸者，何義？束用紅絲與用沙亦何義？'尤庵曰：'紅欲其文，沙取其淨，八寸之義未詳。'○愚按，古者以鬱鬯灌地，故用沙代之也。）"（60/402）

（14）《四禮類會》："《會通》：'截茅一搤許，長八寸，立沙中，束之。'"（66/283）

（15）《喪儀節要》："綱會（李綱會，字紘甫）問：'嘗見《祭禮考定》，時享不設茅沙。今於虞祭，乃云灌酒於茅，其或有改於前見乎？'答：'虞祭本用苴茅。鄭玄曰，孝子始將納尸，以事其親，疑於其位，設苴而奠之。則苴茅者，別是虞祭之禮。《少牢》，大夫之吉祭也。《特牲》，士之吉祭也。今考《少牢》《特牲》之經，並無用茅之文，此所以時享不用茅也。《士虞禮》先以黍稷祭於茅，又以醊酒祭於茅。今據此文，灌酒于茅。然此與天子縮酒之法，大有不同。縮酒者，況酒以取清也。《郊特牲》曰縮酌用茅；杜子春匄師之注曰，茅以縮酒；管仲數楚子之罪曰，包茅不入，無以縮酒；皆此說也。故天子祼鬯，實以灌地，不以灌茅。今之茅沙，非古之祼鬯。茅沙為物，唯虞祭宜用，他祭無攸據也。沙雖無文，姑且從俗。'○苴者，藉也，《易》曰'藉用白茅'，是也。故苴茅以承黍

稷，茅之用有二也。"（69/423—424）

（16）《喪禮輯解》："束茅聚沙（截茅一搹，束以紅絲，立沙中）。"（70/503）

（17）《四禮祝辭常變通解》："茅沙之茅者，古時所用縮酒。蓋古人重醴，祭之茅上，使澤流於上，汁入於地。云沙者，所以擁立茅束，且使酒汁不流散也。今用盤盛沙，但取其義也。束以紅絲，宋時俗禮也。"（70/295）

（18）《竹僑便覽》："（虞祭）諸具：盥盆二、帨巾二、桌子二、大床……茅沙（截茅一搹許，長八寸）。"（76/194）

（19）《三菴疑禮輯略》："束茅紅絲。束茅用紅絲，欲其文，沙取其淨，而截以八寸之義未詳。"（82/308）

（20）《式禮會統》："（四時祭）陳醮器：俗稱茅沙設於香案下。○茅長八寸，以一撮束紅絲。"（82/572）

（21）《喪禮便覽》："虞祭之具：茅沙（截茅一搹，長八寸）。"（84/106）

（22）《禮疑續輯》："束茅不以素絲。梅山曰：'束茅聚沙，始見於《家禮》通禮。而截茅八寸，束以紅絲，則載諸始祖祭小注，必用紅絲者，取其文也。《士虞禮》已不用素器，則以虞爲喪祭，而用素絲束茅其可乎（答李子善）？'"（93/279）又，"茅沙。本庵曰：'茅本祭醴祭肉之苴，詳見《儀禮·士虞禮》。而後世借以爲灌酒降神之用也。《家禮》三獻祭酒於茅，則近古矣。禮無紅絲之文，此是後人創巧。'又曰：'此言位既不別正祔，下酌獻祔位，所不者惟讀祝。則茅沙祭酒似同正位，然祔位降於正位，合從君祭先飯之義。《集說》曰茅沙祔位不設，恐可從（《類輯續編》）。'穎西曰：'時祭祔位不爲祭酒，故不設茅沙。蓋祭酒是尊者之禮也，不惟事神爲然，侍長者之禮亦然。古所謂國子祭酒之名，亦由於此。祔位之禮當統於尊位，代神之祭、降神之酹，俱不行之矣（答梅山）。'"（94/103）

（23）《廣禮覽》："忌祭，交倚、卓二、出主卓一、尊卓一、空

横……茅沙（截茅一握，長八寸，束以紅絲）。"（94/555）

（24）《四禮輯要》："廟外諸具：椅、大卓、拭巾……茅沙碗（束茅五寸）、祝版、硯具。"（95/141）

（25）《四禮節略》："虞祭具（椅、桌、座面紙、香床、香爐、香盒、香燭臺、燭、帳、屏風、地衣並具靈座），祝版（高五寸，廣一尺）、茅沙器（砂）、茅（長八寸，束以綫）、沙（淨土）。"（97/249）

（26）《喪祭類抄》："虞祭諸具：茅束（截茅一搤，束以紅絲）、茅盤（盛沙者）、卓二（一設注及盞盤，一設祝版）……茶（俗代以水）。"（99/495）

（27）《禮疑問答類編》："《備要》茅沙茅用八尺，尺恐寸之誤，其用八寸何意？《劉儀》曰'截茅八寸'，《備要》之誤無疑。其用八寸，以其求神於陰，故爲用陰數。八者，陰數之將伸者也歟。然古禮用五寸之茅，又不可一概斷（答金復初）。"（100/56—57）

（28）《四禮纂笏》："束茅聚沙。（《附注》：'束以紅。'〇《會通》：'截茅一搤許，長八寸，立沙中，束之。'〇《備要》：'或用椀。'）"（107/145）

（29）《四禮要覽》："虞祭之具：盥盆二、帨巾二……茅沙（截茅一搤許，長八寸。茅取其燥，沙取其潔，紅絲取其文，八寸未詳）。"（117/334）

（30）《二禮通考》："虞祭之具：盥盆一、帨巾一、小盤一（以代桌子，設酒瓶等屬）、酒瓶（一，具紙片）、酒盞（二，具臺）……茅沙器（一，無則用沙鉢）、束茅（長八寸，束以紅絲）、沙（黃白土雜沙者）。"（119/485）又，"忌祭之具：祭屏（二，坐紙用素或有圖，設饌者）、祭床（一雙，用漆）……茅沙器（一用白砂）、束茅（《家禮》注曰：'截茅八寸，束以紅絲。'尤庵曰：'紅欲其文。'明齋曰：'八寸，酌其長短之中。'）、沙（用山上淨潔處黃白沙土〇尤庵曰：'沙取其淨。'）。"（119/591）又，"朔望茶禮之具：茅沙器一、沙、束茅、小盤。"（119/609）

(31)《四禮儀》:"茅沙,截茅一搤許,長八寸。"(120/82)

按:茅爲多年生草本植物,生於山谷田野、荒坡草甸。稈莖較短小,茅葉狹長尖銳、花序稠密柔軟、根部強韌有節,花、根有清熱、止血等藥用功效。茅草生長範圍極廣,遍佈溫帶及熱帶,亞洲地區尤爲常見。據《本草綱目》說,茅有白茅、菅茅、黃茅、香茅、芭茅數種之別,今稱茅草一般指白茅。除可入藥外,茅草還能作爲造紙、製作蓑衣及房屋搭建的材料,又因其潔白、柔順的意象,因此古人祭祀時常被用來包裹或承托祭品,也可用來縮酒以通神明。《家禮》中"束茅聚沙"雖始見於"通禮"章,但具體茅長、茅盤却是載在"祭禮"初祖下劉璋《補注》中。因此《叢書》中各禮學家結合朱子本注、劉氏注說以及典籍資料,通過以下三個方面,對"茅"進行了全面的闡發。

首先,茅之用及其禮義所在。茅於祭祀,其用有二:一爲以茅包裹藉祭,即將茅草裹束成綑,用來包裹物品;或編成墊席,將黍稷、酒食等祭品放置於茅束上。以茅草包裹、承載祭品,其文獻例證集中見於金鍾厚《家禮集考》。今考所引《周禮·地官·鄉師》:"大祭祀,羞牛牲,共茅蒩。"鄭玄注云:"鄭大夫(鄭興)讀蒩爲藉,謂祭前藉也。《易》曰:'藉用白茅,無咎。'玄謂'蒩',《士虞禮》所謂'苴刌茅,長五寸,束之'者是也。祝設於几東席上,命佐食取黍稷祭於苴,三,取膚祭,此所以承祭。既祭,蓋束而去之。"賈公彥疏:"云'共茅蒩'者,案《甸師》職'共蕭茅',彼直共茅與此鄉師,鄉師得茅束而切之,長五寸,立之祭前以藉祭,故云'茅蒩'也"。[①] 從中我們可以得知,"茅"是古代重要的祭祀用品之一,它由專門的司職人員"甸師"提供、"鄉師"負責打理準備,將新鮮的茅草斷切爲五寸(約11.5釐米)長,捆扎起來用來承藉、襯墊祭祀物品,祭祀結束還需妥善處理。除"藉祭"外,茅

---

① 鄭玄注,賈公彥疏:《周禮注疏》,《十三經注疏》上册,上海古籍出版社2010年版,第406—407頁。

的另一用途爲"縮酒"。《叢書》中曹好益《家禮考證》、金長生《家禮輯覽》、安珹《家禮附贅》、李衡祥《家禮便考》、丁若鏞《喪儀節要》、李應辰《禮疑續輯》引史籍,及韓琦、程頤、蘇轍、朱熹、湯鐸、安餘慶、金鍾厚等中朝諸家禮論,探討了以茅草濾酒以至斟酒於茅象徵神飲的演變。

其説歸納如下:關於縮酒有兩種不同的解釋。一爲渗酒、浚酒,此時縮酒爲一種祭祀儀式,將茅束直立於地,以酒澆灌茅上,酒糟及渣滓留於茅草中,酒水渗地有如神飲。該義項的首倡者爲鄭興,《周禮·天官·甸師》中"祭祀,共蕭茅",鄭興注:"蕭字或爲茜。茜讀爲縮,束茅立之祭前,沃酒其上,酒渗下去,若神飲之,故謂之縮。縮,浚也。故齊桓公責楚不貢苞茅,王祭不共,無以縮酒。"後杜預在注釋《左傳·僖公四年》"爾貢包茅不入,王祭不共,無以縮酒"時,云"束茅而灌之以酒爲縮酒"。杜氏從鄭興之説。縮酒的另一種解釋爲濾酒、沛酒,祭祀用酒的"五齊"(泛齊、醴齊、盎齊、緹齊、沈齊)多爲濁酒,未經過濾。需將其傾倒在捆綁好的茅草上濾去渾濁的渣滓,使酒純淨清澈,以顯祭祀之誠敬。該義項最早爲鄭玄所訓,《周禮·春官·司尊彝》:"醴齊縮酌。"鄭玄注:"醴齊尤濁,和以明酌,沛之以茅,縮去滓也。"① 此外,在《禮記·郊特牲》"縮酌用茅,明酌也"下,鄭玄亦注有:"五齊,醴尤濁,和之以明酌,藉之以茅,縮去滓也。"② 朱子從鄭玄説,釋縮酒爲"釃酒""醡酒",曰:"某亦嘗疑今人用茅縮酒,古人刉狗乃醡酒之物。則茅之縮酒,乃今以醡酒也。想古人不肯用絹帛,故以茅縮酒也。"③ 後來學者解"縮酒"或依鄭興説,或從鄭玄説。兩説釋義雖不同,實際上却息息相關。據《禮記·郊特牲》記載,周天子

---

① 鄭玄注,賈公彥疏:《周禮注疏》,《十三經注疏》中册,上海古籍出版社2010年版,第751頁。
② 孫希旦:《禮記集解》上,中華書局1989年版,第721頁。
③ 朱熹:《朱子語類》卷81《詩二·伐木》,朱傑人、嚴佐之、劉永翔主編《朱子全書》第17册,上海古籍出版社、安徽教育出版社2010年版,第2798—2799頁。

行裸禮，以鬯酒灌地，使香氣達於陰幽，以便招致祖先的降臨。朱子曾云："酹酒有兩説：一用鬱鬯灌地以降神，則唯天子、諸侯之禮有之，今其書亡，不可深考。一是祭酒，蓋古者飲食必祭，人以鬼神自不能祭，故代之祭也。"① 金鍾厚《家禮集考》按語説："後世酹茅見於《韓式》，似祖鄭興沃酒之説，以倣禮之灌鬯，而《家禮》又用於代神祭。"綜上，《家禮》中束茅祭酒於上，承繼韓琦《參用古今家祭式》② 而來，韓琦以鄭興的"沃酒之説"爲根據，仿"灌以降神"的"灌鬯之禮"，以茅縮酹。在古禮灌酒降神之外，朱子又賦予了沃酒於茅"代鬼神祭之"的禮義内涵。

其次，韓國所用茅草的種類及茅束的長度。曹好益《家禮考證》按語中所謂菁茅即香茅，生長在湖南及江淮間，《本草綱目》説"葉有三脊，其氣香芬，可以包藉及縮酒"③。菁茅的莖爲粗糙帶刺的管狀，葉子呈三條棱狀。李朝世俗所用並非菁茅，而是與茅相類的菅、蒯類的植物。《説文解字注》："茅，菅也。按統言則茅菅是一，析言則菅與茅殊。許（慎）菅茅互訓，此從統言也。陸璣曰：'菅似茅而滑澤無毛，根下五寸中有白粉者，柔韌宜爲索，漚乃尤善矣。'此析言也。"王念孫《廣雅疏證》："是菅與茅不同物也，但菅、茅同類，亦可通名，故《説文》以菅、茅互釋。"④ 綜上，茅與菅由於外形近似，其用都可入藥及縮酒承祭，因此古人常將其當作一物。實際上"菅"祇生在山上，莖葉較爲光滑，株體高大，雖與"茅"同屬禾本科，但却爲兩種植物。同樣，"蒯"生長在潮濕地或

---

① 朱熹：《晦庵先生朱文公文集》卷61《書·答嚴時亨》，朱傑人、嚴佐之、劉永翔主編《朱子全書》第23册，海古籍出版社、安徽教育出版社2010年版，第2970頁。

② 韓琦《參用古今家祭式》（又稱《參用古今家祭儀》《韓魏公祭式》《韓魏公祭儀》等）始見於《宋史·藝文志》儀注類，韓氏爲了滿足士人祭祀祖先的需要，參考鄭正則《祠享儀》、孟詵《家祭禮》等7種家祭禮儀，編纂成13篇家祭禮儀，該書後佚。

③ 李時珍：《本草綱目》，人民衛生出版社1977年版，第811頁。

④ 王念孫：《廣雅疏證》卷10上《釋草》，中華書局1983年版，第339頁。

溪水邊，屬濕生植物。《本草拾遺》："蒯草，苗似茅，可織席、爲索。"① 蒯與茅亦爲兩物。此外，對於《家禮》中茅束的長度，"通禮"中並未提及，而"祭禮"中"初祖"下，載有劉璋《補注》"截茅八寸餘，作束"。據李瀷《星湖先生家禮疾書》、金鍾厚《家禮集考》、柳長源《常變通考》及李宜朝《家禮增解》所考，劉璋之説出自《韓魏公祭式》（即韓琦《參用古今家祭式》，已佚）："茅盤用甆（瓷）匾（區）子，廣一尺餘，或黑漆小盤。截茅八寸餘，作束，束以紅，立於盤内。"惜韓書已佚，具體內容不可查找。李朝學者所用茅束的尺寸，多以韓琦、劉璋所定"八寸"爲標準，見於金長生《喪禮備要》、安玒《家禮附贅》、尹拯《明齋先生疑禮問答》、李縡《四禮便覽》、李宜朝《家禮增解》、韓錫斅《竹僑便覽》、洪養默《式禮會統》、金鼎柱《喪禮便覽》、綏山《廣禮覽》、都漢基《四禮節略》、郭鍾錫《疑禮問答類編》、具述書《四禮要覽》以及無名氏的《二禮通考》和《四禮儀》書中。八寸，《四禮便覽》指出爲周尺所量，以李朝尺度考約爲 16.5 釐米。金長生《喪禮備要》"截茅一搦許，長八寸"，在"八寸"之外，又結合了明代湯鐸《文公家禮會通》"截茅如一搦許，以紅帛□束，立沙中"② 的考辨。"一搦"即"一握"，手握茅草，以八寸處爲界。金恒穆《家禮輯解》、黄泌秀《喪祭類抄》在闡釋茅草的長度時没有直言"八寸"，僅云"截茅一搦，束以紅絲"。對於韓琦、劉氏爲何以八寸茅束爲標準，中國禮學家未能明論，而李朝學人明齋尹拯説"裁茅八寸，似酌長短之中"，郭鍾錫《疑禮問答類編》中言"其用八寸，以其求神於陰，故爲用陰數。八者，陰數之將伸者也歟"。與多數茅草"八寸"的選擇不同，李瀷《星湖禮式》及李震相《四禮輯要》

---

① 陳藏器：《本草拾遺》，周慎主編《中華醫書集成》第 7 册，中醫古籍出版社 1999 年版，第 1139 頁。

② 湯鐸《文公家禮會通·通禮·祠堂》"正至朔望則參"條下云："以紅帛□束"中（日本京都大學科學研究所藏本），"□束"圖版字跡模糊不辨，金長生《疑禮問解》引《文公家禮會通》該字作"絞"，今暫且存疑待考。

中"束茅五寸餘",其來源爲《周禮》中"刉茅五寸"。然五寸茅主要爲藉祭承墊祭品所用,並非用於滲酒的茅長。綜之,李朝學者將《家禮》茅束長度擬定爲"八寸"(見圖2—49《家禮輯覽圖說》"茅束及茅盤圖"),出於長短適中,或求神於陰用陰數的考慮。

最后,以紅絲捆扎茅草是否恰當。同上段所述,切割好的茅束以紅絲扎縛亦出自《韓魏公祭式》,後被劉璋《家禮補注》沿襲。"紅絲"同湯鐸《家禮會通》所用之"紅帛",即紅綫。對於爲何以紅綫捆束茅草,李朝學者認爲原因有二:一是紅色爲華美艷麗之色,如尤庵宋時烈説"紅欲其文",明齋尹拯亦云"束以紅絲,似取色絲之文也",《禮疑續輯》引梅山説"必用紅絲者,取其文也"。紅絲捆束茅草更能彰顯其色彩對比。二是茅草束以紅絲應是宋人的習俗,如星湖李瀷曰"束以紅絲,恐不亦過當時所尚",魏道侗《四禮祝辭常變通解》亦曰"束以紅絲,宋時俗禮也"。由於信仰於習俗的不同,不同的色彩含有不同的文化内涵,紅色多是辟邪、招吉的象徵。加之宋爲火德,尚赤,因此兩宋時建築、家具、服飾皆可看到對紅色的崇尚。茅草以紅絲纏束亦符合宋人傳統。

圖2—49　茅束及茅盤圖(《家禮輯覽圖說》5/526)

第二章　朝鮮時代"通禮"所涉"諸具"疏證　161

【（茅）沙】

《家禮》朱子本注："設束茅、聚沙於香桌前，別設一卓於阼階上，置酒注、盞盤一於其上，酒一瓶於其西。"

《叢書》：（1）《家禮考證》："聚沙。用沙之義無所考，然古人祭必酹酒，以酒沃地曰酹。而程子亦曰'酹酒，澆在地上'。又，朱子曰：'古人祭酒於地，祭食於豆間，有版盛之。'然則古人之所以酹，直瀉之於地上，而無所盛也。後世用沙代之者，即澆地之義。而其必取沙者，沙土一也，而沙能滲酒歟。"（4/44—45）

（2）《家禮輯解》："按，古人酹酒，直以澆地。後世用沙者，疑廟中席上所不宜澆。而沙出於地而淨白，又能滲酒，則是取澆地之義歟。"（25/57）

（3）《家禮增解》："束茅聚沙。"（58/260）又，"劉氏璋曰：'茅盤用甆甌盂（按，《韓魏公祭儀》作甆甌子），廣一尺餘，或黑漆小盤。截茅八寸餘，作束，束以紅，立於盤內。'（按，劉氏此說即《韓魏公祭儀》全文也，本時祭初獻祭酒所用茅盤，而《附注》者誤編於此者也。○問：'束茅必以八寸者，何義？束用紅絲與用沙亦何義？'尤庵曰：'紅欲其文，沙取其淨，八寸之義未詳。○愚按，古者以鬱鬯灌地，故用沙代之也。'）"（60/402）

（4）《喪儀節要》："今之茅沙，非古之祼鬯。茅沙為物，唯虞祭宜用，他祭無攸據也。沙雖無文，姑且從俗。"（69/424）

（5）《四禮祝辭常變通解》："茅沙之茅者，古時所用縮酒。蓋古人重醴，祭之茅上，使澤流於上汁入於地。云沙者，所以擁立茅束，且使酒汁不流散也。今用盤盛沙，但取其義也。束以紅絲，宋時俗禮也。"（70/295）

（6）《四禮節略》："虞祭具：……茅沙器（砂）、茅（長八寸，束以線）、沙（淨土）。"（97/249）

（7）《二禮通考》："虞祭之具：……茅沙器（一，無則用沙鉢）、束茅（長八寸，束以紅絲）、沙（黃白土雜沙者）。"（119/485）又，"忌祭之具：……茅沙器（一用白砂）……沙（用山上淨潔處黃白沙土。○尤庵曰沙取其淨)。"（119/591） 又，"朔望茶禮之具：茅沙器一、沙、束茅、小盤。"（119/609）

按：《叢書》所引諸多《家禮》類禮書的通禮、喪禮、祭禮"諸具"中常出現"茅沙"，它代表將茅草樹立在沙土中，包含茅束及沙兩物。古禮中將香酒灌地以求神明降臨，此後又借助茅草的過濾，使酒液經由茅束直達地下。而以盤聚沙承茅，見於韓琦《參用古今家祭式》。《家禮》雖未提及承茅之盤，却有"設束茅聚沙"之語。對於以沙聚集茅束的禮義所在，李朝學者多有論見。都漢基《四禮節略》及無名氏的《二禮通考》中所謂的沙，實際上指沙子和淨土的混合物。曹好益《家禮考證》認爲沙和土所用相同，而沙的質地疏鬆，透水、透氣性更好，更利於酒液的滲透。李宜朝《家禮增解》引尤庵宋時烈的論說，認爲沙比土更爲乾淨。而辛夢參《家禮輯解》中認爲今時祭祀的廟堂內多鋪有席，不適合澆灑在上面，且酒水不能直接滲透到地下，以潔白的沙代替土地則更爲恰當。綜上所述，爲了承繼古人沃酒在地以感陰氣的禮儀，加之沙子或沙土混合物更爲精潔、更便於酒水的吸收，因此李朝世人常采取以沙來擁立茅束，使注酒不易流散。

【茅沙盤】

劉璋《補注》："茅盤用甕甌盂，廣一尺餘，或黑漆小盤。截茅八寸餘，作束，束以紅，立於盤內。"[1]

《叢書》：（1）《喪禮備要》："束茅聚沙於香案前（或用椀，若日昏則設燭具臺）。"（4/704）

（2）《家禮輯覽》："《附注》甌盂（《韻會》：'甌，補典切。器之薄者曰甌，又不圓貌。盂，雲俱切，飲器也，宋楚之間或謂之

---

[1] 《家禮》"通禮"章未見"茅沙盤"一詞，"祭禮·初祖"中"降神、參神"條下始見"茅沙盤"，今將"茅沙盤"提前至"通禮"章，與"茅束""茅沙"一同考證。

盞')。"（5/461）

（3）《家禮附贅》："《玉川解義》曰：'茅盤用甕椀聚沙，截茅八寸，束以紅絲，樹於沙中，故云茅沙。古者以茅縮酎，故灌以降神者亦酹於茅上。'"（8/602）

（4）《明齋先生疑禮問答》："問：'初祖章參神注，茅盤區字未詳（沈天祺）。'答：'區音扁，器形低薄者也。注又不圓貌。'"（16/620）

（5）《三禮儀》："設束茅聚沙於香桌前。《會通》：'截茅一搤許，紅帛絞束，立沙中，束之有竅。'按，亦當依劉氏初祖祭例，用盤，無則恐妨行禮。"（23/551）

（6）《疑禮通考》："《補注》：'茅束以紅，立於盤內。'《集說》：'或問盤載以酹，何也？曰：程子謂降神酹酒，必澆於地，《家禮》亦同，未聞有盤。至《劉氏補注》祭初祖條，始有茅盤，截茅八寸，束以紅，立於盤內。劉必有考，但其不注於時祭各條，又恐止宜初祖，不敢據也。'"（35/281）

（7）《四禮便覽》："諸具（祭器）：椅、坐褥……茅束五（《家禮附注》：'截茅八寸餘，周尺，作束，束以紅，立於盤內。'○《備要》：'一搤。'）、茅盤五（《家禮附注》：'用瓷區盂，廣一尺餘，周尺，或黑漆小盤。'○《備要》：'用椀。'）。"（40/508）又，"諸具（朔望參）：茅束，用以立於沙上者。茅盤，用以盛沙者。"（40/516）

（8）《星湖先生家禮疾書》："時祭設各位，故束茅聚沙於香案前及逐位前地上，一以降神，一以代神祭也。虞祭只一位，故設香案於位前，又束茅聚沙於其前，而無堂中之設矣。後人必於堂上架板，則當依初祖祭《劉氏補注》說，用甕區盂爲茅盤。"（41/300）又，"若於廳板上行事，則聚沙當用初祖祭劉氏說（甕盂）。"（41/361）

（9）《家禮集考》："《韓式》曰：'茅盤用甕扁子，或黑漆小盤。截茅作束，立於盤內。'愚按，《司巫》萉𫂁，注言'取萉陳之

器則退',而由此有盤,不知何據。《家禮》無盤而有聚沙,今俗聚沙有器云。"(52/54—55)

(10)《家禮增解》:"愚按,劉氏茅盤說本出《韓魏公祭儀》,而即是時祭初獻祭酒時所用者也。據此則其說當編入於時祭條,而《附注》者乃移於初祖祭者,誤也。《集說》所謂恐只宜初祖云者,未及勘破乎此耳。〇《備要》或用椀。"(60/317)又,"劉氏璋曰:'茅盤用甕甌盂(《韻會》甌,補典切,器之薄者曰甌,又不圓貌。盂,雲俱切,飲器也。〇按,《韓魏公祭儀》作甕甌子),廣一尺餘,或黑漆小盤。截茅八寸餘,作束,束以紅,立於盤內。'(按,劉氏此說即《韓魏公祭儀》全文也,本時祭初獻祭酒所用茅盤,而《附注》者誤編於此者也。)"(60/402)

(11)《八禮節要》:"設香案於堂中,束茅聚沙於其前(用椀)……主人左取盤,右執盞,酹之茅上(盡傾)。"(62/353)

(12)《士儀》:"具祭器:椅子、桌子、藉面紙、小桌……茅沙碗。"(81/200)又,"按,古之廟中無廳板,故聚沙於地矣。今有板而無地,則世俗皆以器盛沙。"(81/207)

(13)《家禮補疑》:"參禮之具:茅沙盤二,一用降神,一用祭酒。"(91/153)

(14)《四禮輯要》:"廟外諸具:椅、大卓、拭巾……茅沙碗(束茅五寸)、祝版、硯具。"(95/141)

(15)《臨事便考》:"几筵之具:地衣(青木線)〇祭床、交椅、香床〇燭臺、屏風〇茅沙器、座面紙〇青木帳(以素帳染用無妨)。"(97/183)

(16)《四禮節略》:"虞祭具:……茅沙器(砂)、茅(長八寸,束以線)、沙(淨土)。"(97/249)

(17)《喪祭類抄》:"虞祭諸具:茅束(截茅一搹,束以紅絲)、茅盤(盛沙者)。"(99/495)

(18)《禮疑問答類編》:"'古人祭食於豆間,猶有可盛之盤也。祭酒於地,則亦有椀可承否?''古者飲食無今之盤案,而但設之於席前。祭食於豆間，而食畢則收祭而藏之。祭酒於地而滲泄不收，以報幽魄耳。後世茅沙有椀，蓋因時之宜而不得不然（答宋慎夫）。'"（100/514—515）

（19）《六禮修略》："甑四、坐桌四……茅沙椀五（隨位各具，用以祭酒。一用於降神）。"（108/669）

（20）《四禮要選》："虞卒祔祥禫時具：祝、執事者、茅束、茅盤……茶（俗代熟水）、祭器。"（111/591）

（21）《二禮通考》："虞祭之具：……茅沙器（一，無則用沙鉢）、束茅（長八寸，束以紅絲）、沙（黃白土雜沙者）。"（119/485）又，"忌祭之具：……茅沙器（一用白砂）……沙（用山上淨潔處黃白沙土。〇尤庵曰沙取其淨）。"（119/591）又，"朔望茶禮之具：茅沙器一、沙、束茅、小盤。"（119/609）

（22）《四禮儀》："設茅聚沙於香桌前。（按，亦當依劉氏初祖祭例用盤，無則恐妨行禮。）"（120/125）

按：《家禮》束茅聚沙時，未聞有盤，至劉璋《家禮補注》祭初祖下始有"茅盤"。劉氏云："茅盤用瓷甌盂，廣一尺餘，或黑漆小盤。"如前文"茅束"條所考，《家禮集考》《常變通考》《家禮增解》已言明，劉氏論說源自韓琦《參用古今家祭式》，韓說將"瓷甌盂"載爲"瓷扁子"，餘下皆同劉璋所引。《叢書》中，《家禮輯覽》《明齋先生疑禮問答》引韻書、字典對韓琦、劉璋所謂的"瓷甌盂"進行了闡釋，即以陶瓷製成，形制低薄且不圓的飲食器，據《方言》記載宋、楚、魏之間，碗稱爲盂。其作用是盛聚沙土，並將茅束立於其中，在茅上沃酒時又能收斂酒液。《家禮》朱子注文中僅見茅束及沙土，並未記錄裝載它們的器皿。韓琦、劉璋雖采用茅盤，但未闡明所用的緣由。李朝學者則對爲何以器皿承托茅草及沙土，給予了詳明的詮解。《星湖先生家禮疾書》有云："後人必於堂上架板，則當依初祖祭《劉氏補注》說，用甕甌盂爲茅盤。"又說："若於廳板上行事，則聚沙當用初祖祭劉氏說（甕盂）。"《叢書》之外，遍索韓國文獻，郭鍾錫《俛宇先生文集》中的禮學問答亦涉及茅沙盤，"'茅沙近皆有盤椀。並用於降神祭酒，恐似省煩。''求神於陰，當酹之地，故古無盤椀。今之室堂皆有席有版，不便於澆酒，故不得不用盤椀祭酒（答李舜肇）。'"① 古人的廳堂內多爲土質地面，可直接祭酒於地。後世的祠堂及屋室，地面或用磚瓦砌成，或在土地上架構木板（即廳板）②，然後再用筵席鋪陳。若直接將沙土置於席面，再酹酒於茅草莖葉上，造成祠堂或居室內地面的臟亂，不便灑掃拾掇。因時之宜的需要，不得不用盤或碗等器來盛沙。

另外，作爲諸具的"茅沙盤"，禮學家有不同的稱謂，如金長生《喪禮備要》"或用椀（碗）"，李縡《四禮便覽》、黃泌秀《喪祭類抄》、洪在寬《四禮要選》記爲"茅盤"，許傳《士儀》、宋俊弼《六禮修略》則作"茅沙碗"，李明宇《臨事便考》、都漢基《四禮節略》載爲"茅沙器"，其名紛繁實指相同，今以丘濬《儀節》具祭器中所列的"茅沙盤"爲統一標準。

【笏】

《家禮》朱子本注："立定，主人盥帨，升，搢笏啓櫝，奉諸考神主置於櫝前。"又，"主人詣香卓前，降神，搢笏焚香，再拜，少退立……（主人）以盞盤授執事者，出笏，俛伏興，少退，再拜，降復位，與在位者皆再拜，參神。主人升，搢笏，執注，斟酒……主人出笏，與主婦分立於香桌之前東西。"又，"凡言盛服者，有官則幞頭、公服、帶、靴、笏。"

《叢書》：（1）《家禮考證》："《記·玉藻》：'天子以球玉，諸侯以象，大夫以魚須文竹，士竹本象。'注：'球，美玉也。文，飾也。以鮫魚須飾竹以成文也。大夫近尊而屈，故飾竹以魚須。士遠尊而伸，故飾以象。'陸氏曰：'諸侯之笏二尺有六寸，降殺以兩，

---

① ［韓］郭鍾錫：《俛宇先生文集》卷48《書·答李舜肇》，韓國民族文化推進會編《韓國文集叢刊》第341輯，景仁文化社2004年版，第270頁。

② 祠堂地面的建築材料"廳板"，見【祠堂】條下所引《四禮便覽》《士儀》《四禮提要》三書。

则大夫二尺四寸，士二尺二寸也。'晉《輿服志》：'古者貴賤皆執笏，其有事則搢之於腰帶。'朱子曰：'今官員執笏最無道理，笏者只是君前記事，恐事多，須以紙粘笏上，記其頭緒。或在君前不可以手指人物，須用笏指之，此笏常插在腰間，不執在手中。今世遂用以爲常執之物，記事但其私事也。'胡氏曰：'古者君臣所執贄，而笏則搢之，插於腰間，正用以指畫記事而已，不執之以爲儀也。宇文周復古，乃不修贄而執笏，於是攝齊鞠躬之禮廢，升堂而蹴齊者多矣。'今按，笏之爲義忽也，所以記事而備忽忘也。故事君事親奉宗廟祭祀，無貴賤皆執也。"(4/59—61)

(2)《家禮輯覽》："《小學注》：'搢，插也，插於大帶。笏者忽也，書以備忽忘者。'……〇朱子曰：'漢初有秉笏奏事。'又曰：'執簿亦笏之類，只是爲備遺忘，故手執眼觀口誦。於君前有所指畫，不敢用手，故以笏指畫，今世遂用以爲常執之物。'"(5/39)

(3)《家禮輯覽圖說》："笏，忽也，君有命則書其上備忽忘也。長二尺有六寸，其中博三寸，其殺六分而去一。"(5/510)

(4)《三禮儀》："按，不用公服，則笏當廢。"(23/506) 又，"按，搢笏一節，《儀節》闕之，今依不用。"(23/552)

(5)《家禮輯解》"搢，插也。笏，《玉藻》：'笏度，二尺有六寸，其中博三寸，其殺六分而去一。'"(25/59)

(6)《家禮便考》："又曰：'凡有指畫於君前用笏，造受命於君前則書於笏。笏，畢用也，因飾焉。'注：'因事而有所指畫，用手則失容，故用笏也。造受命，詣君所而受命也。畢用者，每事皆用之也。因飾焉，謂因而文飾之，以爲上下之等級也。'小注應氏曰：'始以進見，則史進象笏，書思對命。及其造見受命，則文退而書之，心思恍惚之間，對揚造次之頃，敬謹君命慮有廢忘，而進退終始皆假笏以書之，是不謂之畢用乎。'"(26/151—152)

(7)《星湖先生家禮疾書》："荀子曰：'襲三稱，搢笏而無鉤帶。'注云：'搢笏謂扱笏於帶鉤也。'《士喪禮》云：'搢笏，扱於帶之右傍。'蓋凶禮不復扱於帶鉤，故云右旁也。吉事之扱於帶鉤，

可知笏度。大夫以下上下俱殺，可以扱於帶之結紐爲鉤處而不脫也，若徒扱於衣帶之間，則必有解墮之患矣。"（41/26—27）

（8）《家禮集考》："《釋名》曰：'笏，忽也，備忽忘也。'《玉藻》曰：'凡有指畫於君前用笏，造受命於君前則書於笏，笏畢用也。'注：'畢用者，謂事事盡用。'《語類》曰：'於君前不敢用手，故以笏指畫，今遂爲常執之物。'"（52/75）

（9）《九峰瞽見》："笏，古者私祭有搢笏、執笏之節，而丘儀闕之，《備要》亦闕之。祭不用之，則冠亦不用，恐未知如何。"（63/38）又，"玄石曰：'搢笏一節，《儀節》闕之。'○按，《要訣》《備要》亦闕，今依不用。"（65/321）又，"笏，今俗不用。"（65/327）

（10）《喪祭儀輯錄》："搢笏一節，《儀節》闕之，故今依不用，下倣此。"（79/296）

（11）《士儀》："笏是古人記事手板，須以紙黏笏上記其頭緒。○按，《家禮》冠婚及朔參時祭，皆有執笏、搢笏、出笏之文，則凡敬謹之事無不用記事手板，今俗所云笏記是也。"（81/204）

（12）《居家雜服考》："笏，士居家服亦有笏。笏制度：服玄端次第，燕居服深衣次第，左右佩用。"（85/9）又，"珪壽按，諸家釋笏皆言君前記事備忽忘之具也，然則笏者只是朝廷事君之服用，而非居家之服也。然而《內則》子事父母有'端韠紳搢笏'之文，《玉藻》有'小功不說笏'之文，據此則笏者不可須臾離身，而非獨於朝廷之服有之也，居家之服亦有之也。諸家言笏者，或云朝章服飾也，或云手中所執也，或云帶間所搢也，亦各不同，今不盡錄。而大抵在朝而事君上，則有朝廷宗廟朝覲會聘之事。在家而事父母，則亦有日用事務，享祖先、接賓客之事。小大輕重，其端甚多，不可恃己之聰明而有所輕忽也。於是笏而記之，所以隨時省察事無不舉者也。蓋以手執事，則不可並笏交舉，故笏搢於帶。隨事省察，則不可側視傾睎，故抽笏在手。然而在朝則搢笏時少，而執笏時候多，蓋事務多而執事少也。居家則執笏時少，而搢笏時多，蓋事務簡而服勤時多也。然而凡有盛禮、盛服俱不可以無笏，觀乎聘、燕飲、射、少牢特牲之禮，則其節甚盛而其文甚備，古之君子固莫不嫺於是禮，而亦必有儐相贊祝而以成其儀，則雖未嘗臨事贊讀如今執禮之爲，亦安可全無記識省視之文乎。所在家、在朝均之不能無笏也。"（85/250—252）又，"珪壽按，士笏竹本而象邊，今不以象邊爲制，從儉易且殺於在朝之笏也。長二尺六寸，恐太長，且無所取義，今以只取兩節間，不踰節爲制。"（85/254）

（13）《禮疑續輯》："笏長二尺六寸，中博三寸，上下兩末漸銳殺之，皆爲二寸五分。合竹爲之，須取竹兩節間能滿二尺六寸者，二片膠合之，令竹中合粘而勿空可也。如不能得兩節間滿二尺六寸者，則只取兩節間最長者爲之，不必拘於二尺六寸也。必取兩節間者，不欲踰節也。"（94/243）

（14）《禮疑問答類編》："笏所以用之君前也，而朱子時世以爲常執之物，故《家禮》著之，然《丘儀》不用，《三禮儀》亦如之，今不必用（答崔子極）。"（100/59）

（15）《四禮汰記》："愚按，《家禮》冠婚及朔參時祭皆有執笏、搢笏、出笏之文，蓋古人有敬事則必記諸笏以備忘，今俗所謂笏記是也。"（105/48）

（16）《家禮酌通》："按，今盛服無笏，後做此。"（114/22）

（17）《四禮要覽》："《增解》按，《儀節》不用笏，故《要訣》《三禮儀》皆從而刪之。"（117/460）

（18）《四禮儀》："按，搢笏一節，《儀節》闕之，今依不用。"（120/126）

按：笏，別稱手板（"板"同"版"）、朝笏、簿，是古代臣子朝會時所執的板子，常以竹木、白玉、象牙等製成。其用途具有雙重性，一是以笏書記君王詔訓及所奏事的頭緒，防備忽然遺忘，作提示之用；或是爲表對天子的敬意，不敢以手指畫，代用笏指之。行禮時笏執於手中，禮畢插於腰帶間。據《史記·夏本紀》鄭康成注記載，笏始於夏，然而此時君臣貴賤皆可執笏，笏制並無定式。

至於周朝，在朝堂上，笏演變成區分等級地位的重要標志，身份不同所持笏的材質也不同。在家庭內部事務中，"事父母"晨謁行禮需穿戴嚴整，並"扱笏於紳"。隨着時間的推移，笏的日用功能逐漸弱化，其社會禮儀功能日益增強，笏演變爲官員專用的一種器具。各朝對笏的使用，根據文武官員的品第有不同的規定。隋唐時期，五品以上通用象牙笏，五品以下持竹木笏。如《唐會要》："武德四年（621年）八月十六日，詔五品已上執象笏，已下執竹木笏……《周禮》諸侯以象，大夫以魚須文竹。晉、宋以來，謂之手板。自西魏後，五品已上，通用象牙，六品以下，兼用竹木……開元八年（720年）九月敕：諸笏，三品已上，前屈後直，五品已上，前屈後挫，並用象。九品已上，竹木，上挫下方。"① 宋初延續隋唐執笏的制度，元豐元年（1078年）改用新制："階官至四品服紫，至六品服緋，皆象笏、佩魚，九品以上則服綠，笏以木。"② 另外，宋朝笏的使用十分廣泛，已超越官場的限制，滲透到民間。家族祭祀、男子冠婚盛服中皆有笏的出現，朱子亦發出"（笏）今世遂用以爲常執之物"的感慨。到了明朝，其制度規定"一品至五品，笏俱象牙……六品至九品，笏俱槐木"③。與宋代不同的是，笏的使用範圍在逐漸縮小，丘濬《儀節》中已將《家禮》執笏、搢笏的禮節全部略去。追清統治時，由於異族習俗及禮節的差異，笏板被徹底廢棄不用。

關於笏的規格形制，據《禮記·玉藻》其長二尺六寸（約60釐米），中間部分寬三寸（約6.9釐米），天子、諸侯的笏自中間向上漸窄，大夫、士的笏自中至下變窄。笏早期形態短粗且直，質地厚

---

① 王溥：《唐會要》卷32《輿服下》，中華書局1955年版，第581頁。
② 脱脱等：《宋史》卷153《志第一〇六·輿服五》，中華書局2000年版，第2381頁。
③ 張廷玉等：《明史》卷67《志第四十三·輿服三》，中華書局1974年版，第1634頁。按：明方以智《通雅》及張自烈《正字通》中皆記載，笏"四品以上用象牙，五品以下用木，以粉飾之"。"象笏"的使用是如《明史》截至五品官還是如方、張二人所說至四品官，現未有定論，尚待進一步研究。

重。至宋時改爲薄而狹長形，並微微彎曲。如宋王得臣《麈史》所載："笏，衣緋紫者以象，上訛下直；服綠者以槐木，上訛下方，其制無度。象，初短而厚，俄易長闊，皇祐間（1049—1054年），極大而差薄，其勢向身微曲，謂之'抱身'，後復用直而中者。其木笏，始亦甚厚，今則薄，又非槐。"① 目前中國傳世文物、文獻、或繪有執笏官員形象的圖像材料十分豐富（如圖2—50），可作爲笏造型、形制上的參考。

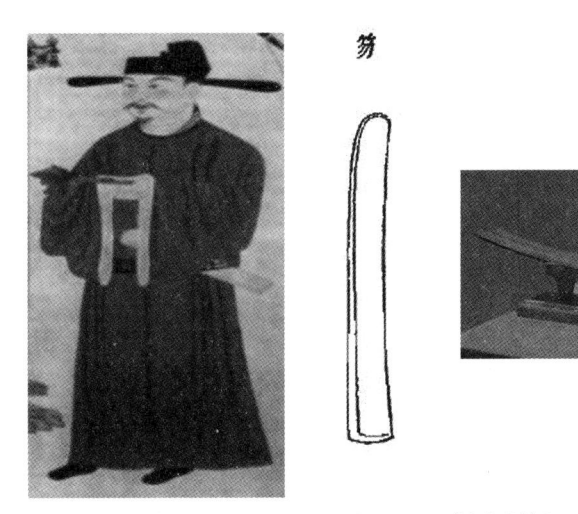

圖 2—50 中國"笏"
（1. 五代壁畫曹義金行香像；2. 明《三才圖會·器用》；3. 明熹宗天啟四年欽賜六十五代衍聖公朝笏）

據悉，統一新羅時期朝鮮半島接受了唐代的官服制度，笏板隨之進入大衆視野。李氏王朝成立後，儒學被定爲國教，笏的規格及材質也得到確定。《國朝五禮儀序例》"文武官冠服"條載："笏，四品以上用象牙，五品以下用木爲之。"②《經國大典》中規定的宮廷禮儀着裝，文武百官根據官階的不同，一品至四品"朝服牙（即

---

① 王得臣：《麈史》卷上《禮儀》，上海古籍出版社1986年版，第9—10頁。
② ［韓］申叔舟等：《國朝五禮儀序例》卷1，日本早稻田大學藏本。

象牙笏），祭服、公服同", 五品至九品"朝服木（即木笏），祭服、公服同"①。關於李朝笏制的記載，還可見於成海應《研經齋全集外集》："今制正三品以上服緋，以下服緑。而一品至四品朝服、祭服、公服用牙笏，五品至九品朝服、祭服、公服用木笏，牙、木製亦同。"② 此外，通過觀察李朝出土"笏"實物，或是包含有執笏官員形象的畫卷及墓道石人，我們從中大體可知：朝鮮時代笏略微向内彎曲，長度大多在一尺左右（約30釐米），寬度爲4—6釐米，爲下寬上窄的薄片矩狀，底部常有絲綢做的笏袋包裹便於手持（見圖2—51）。

圖 2—51　李朝"笏"
（1. 笏圖，《居家雜服考》85/25；2. 象牙笏，韓國國立中央博物館藏，編號：216；3. 木笏，韓國國立民俗博物館藏，編號：5447）

---

① ［韓］徐居正等：《經國大典》卷3《禮典・儀章》，首爾大學奎章閣藏本。
② ［韓］成海應：《研經齋全集外集》卷53《故事類・唐制考》，韓國民族文化推進會編《韓國文集叢刊》第277輯，景仁文化社2001年版，第452頁。

以《叢書》爲考察對象，部分禮書如《家禮考證》《家禮輯覽》《家禮輯解》《家禮便考》等引中國古籍對笏的發展史、功用、大小造型結構等進行全面的介紹。而朴珪壽《居家雜服考》、李應辰《禮疑續輯》則因地制宜對士所用竹笏的長度作了改善，他們認爲《禮記》規定的二尺六寸太長，且並無禮義所指，不應拘泥於《禮記》的限制。今取竹兩節不必逾節，合粘兩節勿令空缺爲宜。李朝竹笏是否依兩人所說製作而成，尚待進一步研究，其說可備參考。此外，關於《家禮》中是否用笏，學者持有不同的看法，多數人認爲，笏本是君前所用之物，宋時爲世人常用，因此朱子將其著於《家禮》中，然而明以後笏又爲官員專用，故丘濬《儀節》中已闕摺笏、執笏的環節，李朝大儒李珥、金長生、朴世采、李縡、金禹澤、金翊東、郭鍾錫、沈宜德等，多在自家禮書中承襲《儀節》之說，删除用笏之處。另外，許傳《士儀》、朴珪壽《居家雜服考》及張錫英《四禮汰記》認爲，無論在家或是在朝，均不能無笏。在朝時多執笏，在家則多摺笏。朱子説笏的使用方法是"以紙粘笏上"書寫於紙上，《家禮》冠、婚及朔參時祭等敬謹之事，皆應有記事手板，即朝鮮俗云的笏記。筆者仔細辨析兩派關於用笏與否的論據，認爲李朝《家禮》儀節中不用笏爲當。其原因如下：其一，李朝服制多承襲中國明代而來，明時私家多不用笏，笏爲官用禮器。象笏、木笏在李朝亦是官員所用，作爲普通世人所貫徹的日常生活禮儀，《家禮》中用笏並不妥帖。其二，許傳、張錫英所謂的"笏記"，並非"笏"，而是記録主要禮儀流程的筆記。朱子在《語類》中提出"笏"的作用在於君前記事時，"恐事多，須以紙粘笏上，記其頭緒"。[1]李朝人士對朱子之言嚴格奉行，因此，面君奏事之前，準備好長闊形制與"笏"相稱的紙片，用以"記事"。事後，再將這些單頁的紙片以經折裝的樣式粘連在一起，冠之以"笏記"之名。發

---

[1] 黃士毅編，徐時儀、楊艷匯校：《朱子語類匯校》，上海古籍出版社2014年版，第2335頁。

展到後來，"笏記"逐漸脱離了其最初必須依附於"笏"上的限制，成爲一種單獨的文獻記載形式（如圖2—52）。綜之，在半島的民衆禮儀活動中，笏應略去不用。

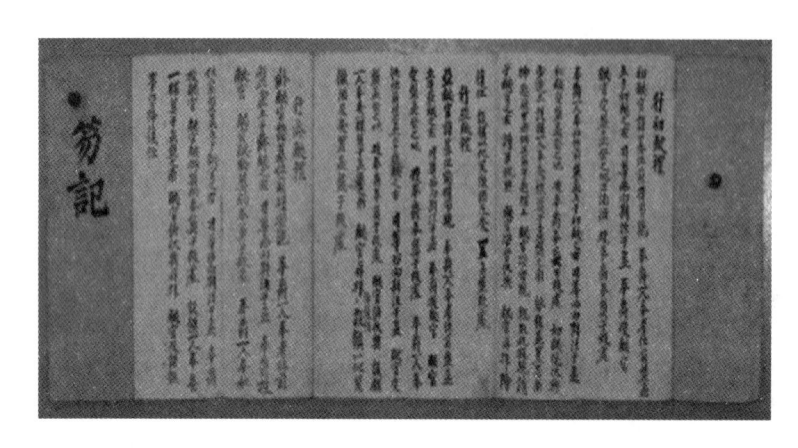

圖2—52 李朝"笏記"（韓國國立中央博物館藏，編號：10378）

5. 俗節則獻以時食（簡稱"俗節"）

專題一：李朝俗節及時食考。

《家禮》朱子本注："節如清明、寒食、重午、中元、重陽之類。凡鄉俗所尚者，食如角黍。凡其節之所尚者，薦以大盤，間以蔬果。"又，楊復《附注》："問俗節之祭如何。朱子曰：'韓魏公處得好，謂之節祠，殺於正祭。但七月十五日用浮屠，設素饌祭，某不用。'"

《叢書》：（1）李彦迪《奉先雜儀》："按，世俗正朝、寒食、端午、秋夕皆詣墓拜掃，今不可偏廢。是日晨詣祠堂薦食，仍詣墓前奠拜，若墓遠，則前二三日詣墓所，齊宿①奠拜亦可。"（1/10）

（2）金長生《喪禮備要》："栗谷《擊蒙要訣》：'俗節謂正月十五日、三月三日、五月五日、六月十五日、七月七日、八月十五

---

① "齊宿"同"齋宿"，指在祭祀前一日齋戒獨宿，以示恭敬虔誠。

日、九月九日及臘日。時食如藥飯、艾餅、水團之類，若無俗尚之食，則當具餅果數品，如朔參之儀。"（4/759）

（3）安玹《家禮附贅》："按，清明今用三月三日，重午即五月五日。中元者，七月十五日。重陽者，九月九日也。角黍、青糕、麥餅之屬。"（8/203）又，"《玉川雜儀》曰俗尚名日，如上元、重三、端午、中元、重陽、冬至、正朝也，其薦享如朔奠之儀。時食則上元粘飯、重三花煎、端午麥餅、重陽雜果餅、冬至豆粥、正朝饅頭之類，必陳於他饌之右。（按，端門者，太微垣門星。五月五日午時，陽始至端門，故端午謂之天中節。冬至後百五乃龍興之日，忌煙火，故古者令天下禁火謂之寒食節。豆粥見類書，粘飯出羅時，所以辟瘟飼烏也。仍而成俗，以爲節物。）"（8/231）

（4）尹拯《明齋先生疑禮問答》："俗節。問：'韓魏公獨於中元用浮屠者，何歟（沈天祺）？'答：'中元，禪家節日也。先生（明齋尹拯）《祭禮遺書》節日，正朝、上元，正月朔望也，不必論。寒食，國俗四名日，不必論。三月三日、端午，與寒食同。流頭、七月七日、中元、秋夕，與端午同。九月九日、冬至、臘。○就中正朝、冬至、寒食等大節日外，如三月三日、七月七日、中元、臘，比朔參又差輕。吾欲從《要訣》望參儀行之，未知如何。未及講問於師友，不能決耳。'"（16/85）

（5）朴世采《南溪先生禮說》："問：'按祭饌後說，論俗節條不用清明、中元而添重三云云，曾見類書。古人以三月三日爲清明節，《家禮》所謂清明恐亦指此，然則此一款當容消詳。中元之不用，恐因朱夫子論韓魏公家節祠一語。而愚意中元是中國之節日，而大注既已收載朱子此語，恐是不用浮屠素饌云爾，非不用其節也。果是不用其節，則大注何以書之耶？正月是春之首時，七月是秋之首時，雖於常月不舉月半之薦，此兩月是寒暑大變之後，與上元對舉，因俗行薦，以寓時思之感，似無害義理。而《家禮》既書於大注，恐不可削去也。士友之見亦有如此者矣，如何如何。臘日雖非我國俗節，栗谷既收於《要訣》，意必有在，蓋此是一歲之終，異於他月。而古人作蜡之義，頗詳於《禮記》《通解》等書。因《要訣》而存之，與夏季之流頭對待而爲節，亦似合宜，未知如何。我國宗廟以是日享先王，曆日中亦識而頒之，則亦不可謂非節也，如何如何。其爲進退而無常日，亦猶冬至、寒食也（崔錫鼎壬戌）。'答：'清明、中元之説，當時區處不敢不致詳。蓋類書之《爾雅》，莫過於事文。其言以上巳爲重三，而別出清明一節。且考曆書清明必前寒食或後各一日，其不可滾同明矣。至於中元，純是道佛家作用，非如正月十五日、十月一日，猶有《西都雜記》《夢華錄》等諸書舊俗可以通行者。蓋其兩節主義，在此而不在彼也。況以朱子語謂當只用下一著者，恐未深思。嘗考朱子之廢此，出於南軒之力爭。兩家文字較然，豈可以此徒諉之素饌耶。臘日云云，果亦有據。只爲今來人家祭祀節目甚煩，使聖王有作，竊意其必從簡省之法，茲以不欲創起《家禮》國俗未擧之禮也。'"（21/133）又，"問：'《擊蒙》俗節注寒食不入，未知其義（李行泰辛未）。'答：'豈以寒食乃墓祭所行，又非正朝之兼朔參，故闕之耶。'"（21/134）又，"問：'《家禮》無祭臘之文，而或有行之者，未知何據（李時春庚申）。'答：'臘日祭，《家禮》所無，恐不必行也，如何如何。'"（21/135）

（6）朴世采《三禮儀》："俗節不用清明、中元，及《家範》立春、二社，《儀節》十月朔、除夕，《要訣》臘代以冬至、正朝，蓋國俗然也。依《魏公祭式》添薦七，依《家範》添上元，依《五禮儀》添秋夕，依《要訣》添重三、流頭。時食如冬至豆粥，正朝切餅，上元藥飯，重三艾餅或花煎，流頭水團，重陽菊煎之類。"（23/541）又，"按，寒食爲上墓大祭，《儀節》已删。中元，朱子以爲設素饌祭，不用。今於三節外更依《韓魏公祭》或添薦七，《家範》添上元，《五禮儀》添秋夕……按，《要訣》食如藥飯之類，蓋以上元言。今擬清明用花煎，端午蒸餅，薦七霜花，秋夕引餅，重陽菊煎，他如冬至豆粥，正朝餅羹亦隨其宜。花煎、菊煎若不及，則當以他食代之。"（23/554—555）又，"正朝餅羹、上元藥飯、清明花煎或艾餅、端午蒸餅或松餅、薦七霜花或水團、秋夕引餅（不蜜）、重陽菊煎或粟餅、冬至豆粥（花煎加蜜少許，菊煎同，餘餅並以蜜豆屑作裹，惟水團、豆粥別用蜜器）。"（23/596）

（7）李衡祥《家禮或問》："我國風俗不用清明，又有三月三日、四月八日、六月十五日、七月七日、八月十五日等節，正朝、冬至已見參禮條。"（29/252）又，"今之俗尚，正朝湯餅、上元藥飯、寒食松餅、三三花煎或艾餅、端午蒸餅、流頭水團、七夕麥餅、秋夕雪糕、重陽菊煎、冬至豆粥之類，此爲即今所尚。而《韓魏公家祭式》凡遇端午、重九爲節祀，祭物以時節所尚，不具於正祭不設祔位，其禮降於正祭，其饌具盡家所有而增時日之所尚。若寒食尚餳粥、端午角黍、重九湯餅、薦九尚糕。呂東萊《宗法》立春薦春餅，元宵薦圓子、鹽豉湯、焦鎚，春秋社薦社飯，寒食薦稠餳、冷粥、蒸菜，端午薦團粽，七夕薦果食，重陽薦茱菊糕。《擊蒙要訣》時食如藥飯、艾餅、水團之類，若無俗尚之食，則當具餅果數品，此皆據其時尚而言也。"（29/253—254）

（8）南道振《禮書劄記》："《經禮》：'臘日，是大俗節，何可不行薦享乎？鄙家則行之。'"（36/365）又，"俗節饌物：《附注》朱子曰俗節大祭時每位用四味，俗節小祭只二味，酒止一、上匙一盃。《東萊家法》寒食薦稠餳、冷粥、蒸菜，端午薦團粽（水團之類），重陽薦茱菊糕。"（36/366—367）

（9）李縡《四禮便覽》："節如清明、寒食、重午、重陽（栗谷曰正月十五日、三月三日、五月五日、六月十五日、七月七日、八月十五日、九月九日及臘日）之類……（按，《家禮本注》有中元，而是佛教所尚，朱子晚年亦自不行，故今删之。）諸具（俗節）：湯餅、藥飯、艾餅、角黍、蒸餅、水團、霜花、棗栗糕、蘿蔔糕、豆粥、煎藥、臘肉（鹿豕雉雁之類，凡田獵所獲。○以上國俗四節時食）、蔬菜（用宜於時節者。湯餅以下每龕各一器，酒果外加設）、匕筯楪。"（40/518）

（10）李瀷《星湖先生家禮疾書》："俗節者，非古也，只因土俗之宜。若清明、中元之類，非土俗所尚，則不必祭也。"（41/37）又，"我國今俗則宜元朝薦元陽繭、湯餅，上元薦果，重三薦花糕，流頭薦角黍，重九薦鵑花糕，冬至薦豆粥。"（41/39）

（11）李瀷《星湖禮式》："正朝、上元、重三、端午、流頭、秋夕、重陽、冬至及朔望，皆有參。節日則有時食，正朝有湯餅，切餅作湯者也。有元陽繭，酒酬發酵待乾，油煎而起膠，粘著饊子者也。上元有棗栗飯，糯米和棗栗，蜜漬作飯者也。重三有鵑糕，麪錢印花煎者也。流頭有角黍，今俗以麪錢煎成圓葉，穀菜爲饀，卷作兩角，即其遺制也。有粉團，米粉爲餅，細切入水者也。重陽有菊糕，亦麪煎印花煎者也。冬至有豆粥，赤豆所煮也。"（41/465）

（12）朴聖源《禮疑類輯》："俗節名義。澤堂曰：'元日。書云正月上日，即正月一日。歲之元、月之元、日之元，故謂之三元。節日廟祠履端之祭，上下慶賀之禮，此最爲重，我國并行墓祭。○上元：正月望日，謂之上元日，其夜謂之元宵。佛書有燃燈事，中國仍有觀燈之戲，我國則無之，只以是朝奠先廟，蓋以望日，自有望奠故也。○寒食：《歲時記》云去冬至一百五日，即有疾風急雨，仍禁火爲之熟食，故云寒食節……俗謂介子推焚死，故爲之寒食，非也。我國依先儒之禮，奠祠廟，亦有墓祭。○社日：社者，五土之神，用春秋置二社日，祭設壇禮也。以春秋分後戊子日爲社，春社不出二月，秋社不出八月。中國最重此節，民俗宴遊。○三月三日：雜書有後漢郭氏，三月上巳，産二女不育，故後人忌諱是日。皆於水上祓除之說，此甚不經。今則中國不用上巳，而以清明爲節日。我國則惟用三月三日，民俗或奠先祠，仍爲宴遊。○四月八日：此是佛生日，故自古禪家燃燈設齋。前朝奉佛，故仍爲俗節，有觀燈之嬉，如中國上元，今尚有遺俗，然我國不之重也。○五月五日：謂之端午，端，始也；午者，五月所建也。古記以五月五日午時，謂之天中節，蓋五數居十數之中故也。荊楚俗，以屈原五月五日沉江死，故有飯筒投水之祭，然非天中節日所從出也。我國依禮文祭祠墓。〇六月十五日：高麗國俗，六月十五日沐髮於東流水，祓除不祥，故謂之流頭日。中國則無之，我國亦不以此爲俗。以望日，故奠薦先祠。〇三伏日：夏至後第三庚爲初伏，第四庚爲中伏，立秋後第一庚爲末伏。古者重此節，爲之宴樂，我國則無之。謂之伏者，以金氣方生，伏於餘火也。必以庚者，庚乃陽金也。〇七月七夕：古今雜説以七月七日爲天孫會河鼓之夜，故中國民俗，有游乞巧賣'磨喝樂'之事。其言與事，皆不經，我國則無之。〇中元：七月十五日，謂之中元。此説本出仙佛書，故僧尼道俗，皆尊尚之，有盂蘭盆供醮祭誦經之事。我國僧家，皆以是日設齋薦先魂，閔俗多效之，士大夫家則無之，但以望日，故依禮奠先祠。又新羅故俗，王女率六部女子，自七月既望早，集大部庭績麻，至八月十五日，考功多少，負者置酒食以謝勝者，相與歌舞，作百戲而罷，故以七月望日謂之百種節，八月望日謂之嘉排（俳）節，我國則雖有其名，而無其事。〇八月十五日：古無節日之名，而以中秋月，四海同陰晴，最爲明朗，故爲賞玩之節。又以金精旺盛之日，故道士以此日肇煉內丹，道家亦尚之。我國以望日，故奠先祠，又以此日當正秋之中，依禮文行上塚祭。〇九月九日：《風土記》九月九日律中無射而數九，故俗尚此日。折茱萸房以插頭，言辟惡氣禦初寒。又，仙人費長房教桓景，以九日登高、飲菊花酒、佩茱萸囊以避災厄。又，漢武宮人皆佩蘭。九月九日佩茱萸飲菊花酒，此事相傳，自古莫知其由。惟魏文帝與鍾繇書曰，九月九日，九爲陽數而日月并應，俗愛其名，以爲宜於長久，故以之宴享高會，此最爲近理。我國元月元日之後，有三三、五五、七七、九九名節，而無二二、四四、六六、十十，則乃尊陽卑陰之義也。民間依禮文奠先祠，而登高飲菊酒，則如故事。〇十月十五日：謂之下元，道家有醮祭，我國則無之。〇十一月冬至：十二氣日，無非節日，獨以冬至爲節日者，以其爲一陽始生之辰也。古有圜丘奏樂，登臺書雲物之禮，今者萬國朝賀，用此日爲首。國有宗廟大祭，民家亦祭先祠。又，荆楚俗至日作豆粥以辟疫鬼，故我國仍用爲節物奠薦。〇十二月臘日：或稱蜡日，今稱臘者，取田獵之義也。古者置臘而用五德庫藏日，如漢用火德，故用戌日是也。今行曆法則用冬至後最遠戌日，在十二月內者，而不依古說。我國則用未日，蓋以東方木庫在未故也。國有廟社大享。〇除日：歲終之日，即謂除日。古有儺禮，今天下通行。其他雜戲，各從土俗。'"（48/165—172）又，"俗節增刪。同春問：'中元之節，《家禮》俗節計焉，韓魏公用浮屠設素祭，而朱子不用云者，似是不用素饌，非幷廢其節云云。'沙溪曰：'朱子所謂七月十五日不用云者，不行素饌也。'……問：'冬至豆粥，以辟瘟之具而不薦。望日香飯，以飼鳥之物而不薦。如何（任屹）？'寒岡曰：'初出於辟瘟飼鳥，而遂以成俗，豈不聞節物各有其宜，人情於是日，不能不思其祖考，而復以其物享之者乎？南軒廢俗節之祭，朱子曰端午能不食粽乎？重陽能不飲茱萸酒乎？不祭而自享，於汝安乎？蓋菰米飯絳囊萸，豈從古所有者乎？'"（48/173）

（13）李周遠《安陵世典》："姜鄭問：'上元糯飯，出於新羅舊俗，而用以祭先者何意邪？'曰：'上元糯飯非古，然今爲節食，用以祭先何害（《葛庵集》）？'答或人問曰：'冬至豆粥，按《荆楚歲時記》共工氏有不才子，以冬至死爲疫鬼，畏赤豆，故冬至作豆粥，以禳之云云。其來蓋已久矣，世俗相沿襲，正與上元藥飯、重午角黍同其義（《密庵集》）。'"（50/212）

（14）金鍾厚《家禮集考》："按，俗節始見於徐暢、周元陽《祭儀》，而韓魏公仍之，南軒張子與朱子書曰：'祭不可疏也，而亦不可數也。'"（52/83）又，"《韓式》曰：'徐暢《祭記》元日、寒食、端午、重七、荐九、諸節無不祭者。'《五禮儀序例》俗節注曰：'正朝、寒食、端午、秋夕、冬至、臘。'……〇按，此俗節既曰如，又曰之類，又曰鄉俗所尚。而先生答陳明仲書亦言'俗節自不妨隨俗增損'，則蓋在量宜耳。寒食，《丘儀》刪之，且與清明連日或同日，而於墓祭相礙，此合從《丘儀》也。中元，朱子既不用，而亦今俗所不尚也。如呂東萊《宗法》之元宵，《要訣》之三月三日、六月十五日，徐暢《祭記》之重七，《五禮儀》之秋夕，今俗所用也。"（52/85—86）

（15）金禹澤《九峰瞽見》："正月：正朝（正月初一也，出《家禮》。○時食切餅或餅羹），立春（《家範》添，今俗不用），上元（正月十五日也，《家範》添。○時食藥飯）。二月：清明（出《家禮》，今不用），寒食（出《家禮》。○時食花煎或松餅。○《會通》朱子宗法展墓用寒食，程子、張子墓祭法合），春社（《家範》添，不用），荐三（三月三日也，《要訣》添。○時食艾餅或花煎），或寒食（節晚則三月寒食）。五月：端午（五月五日也，出《家禮》。○時食蒸餅）。六月：流頭（六月十五日也，《要訣》添。○時食麵或水團，如角黍）。七月：七夕（七月七日也，韓魏公添。○時食霜花如蒸餅之類），中元（七月十五日也，韓魏公添。○朱子曰中元用浮屠設素饌祭，不用）。八月：秋夕（八月十五日也，《五禮儀》添。○時食引餅或粟餅），秋社（《家範》添，今不用）。九月：禰祭（見《程儀》。○如時祭之儀），重陽（九月九日也，出《家禮》。○時食菊煎）。十月：初一日，墓祭（見《會通》。○東俗士大夫家始祖、先祖墓歲一祭，由程、張、韓三家墓祭法，行禮於最尊位墓所，具盛饌備三獻，有祝，如時祭之儀。又依朱子次日却令次位子孫自祭父祖之義，親盡祖以上墓祭四次，第行之於十月內）。十一月：冬至（出《家禮》。○時食豆粥）。十二月：臘（《丘儀》補入），除夕（十二月晦日也。○《丘儀》補入，今不用）。"（65/260—264）

（16）洪直弼《梅山先生禮說》"俗節有扶陽義。（《要訣》俗節三三、臘日亦行之，而今俗不行者何也？）三三、五五、七七、九九之爲俗節，蓋取扶陽之義，以其月日皆陽數故也，何可不行。臘節亦當有薦，國家則以臘享爲大祭矣（答任憲晦）。"（77/238）又，"臘日薦廟之義。王者各以行盛日爲社，衰日爲臘。故漢戌魏辰晉丑，即用衰日也。本朝庫藏在未，故用未日爲臘。初非清虞所用云

者，澤堂説可遵也。愚從栗谷、尤翁用臘日薦廟，以未日之載國曆，而祭宗廟也（答或人）。"（77/239）

（17）許傳《士儀》："東俗正朝、上元、秋夕、臘日、及六月十五日名曰流頭爲節。"（81/217）

（18）洪養默《式禮會統》："栗谷曰：'俗節謂正月十五日，三月三日，五月五日，六月十五日，七月七日，八月十五日，九月九日及臘日。'（七日及臘日，余家未嘗參。寒食、端午、秋夕，只行墓祭，正朝並祭祠墓。上元、三日、流頭、百種、重陽、冬至則參。）"（82/592）又，"余家節參，正朝餅羹，上元藥飯，三日花煎或松餅，流頭水團，中元新稻（用餅，俗稱白餅，稻未及出不行），重陽菊煎，冬至豆粥。"（82/594—595）

（19）金鼎柱《喪禮便覽》："俗節獻以時食。正朝（餅羹），正月十五日（藥飯），寒食（艾餅），三月三日（花煎），端午（蒸餅），六月十五日（水團），七月七夕（霜花餅或松餅），秋夕（引餅），九月九日（菊煎），冬至（豆粥）。"（84/185）

（20）柳疇睦《全禮類輯》："《澤堂祭式》上元藥飯，三三日艾餅，燈夕松餅，流頭水團，七夕霜花，重九引餅之類。各餅外果一器，或湯或炙各一器（或用素湯）。流頭薦燒酒，重九薦菊酒，朔望以下皆單獻。"（87/462）

（21）張福樞《家禮補疑》："《彝尊録》（畢齋金宗直）若上元、重三、流頭、泞七、重九、冬至，祭祠堂如朔望儀。時食則上元粘飯、重三青蒿餅、端午麥麵、流頭饅頭，必陳於他饌之右。"（91/168）

（22）李應辰《禮疑續輯》："臘祭。鹿門曰'宋臘用戌，蓋宋以火德，火墓在戌，故以戌日。'我國則在東，屬木，木墓在未，故我國以未爲臘。秋夕之義。潁西曰：'秋夕之名古未有也。'然以意推之，七夕、秋夕均有所取於是夕之義。秋夕之夕亦豈無義也？是夕也，月爲一年之最，從古爲玩賞之節，其必取於期以名爲夕無疑也。東俗之以是日上墓行之已久，今不可廢（答梅山）。"（94/76—

77)

（23）綏山《廣禮覽》："俗節：正朝（正月朔日）、上元（正月望日）、重三（三月三日）、端午（五月五日）、流頭（六月望日）、七夕（七月七日）、重陽（九月九日）、冬至。獻以時食，禮如朔參儀。餅羹（正朝），藥飯（上元），花煎、艾餅（三日），大麥飯（端午），水團、小麥餅頭、新稻餅（七夕），菊煎、栗餅（九日），豆粥（冬至）。餅羹外皆設蜜器。"（94/532—533）

（24）都漢基《四禮節略》："節薦具：節日，元朝、上元、寒食、三日、端午、流頭、七夕、秋夕、九日、冬至、臘日。薦時食（如餅湯、藥飯、艾餅、花煎、水團、麥麵、蒸餅、松餅、菊煎、豆粥、饅頭之類）。"（97/287）

（25）黃泌秀《喪祭類抄》："如清明、寒食、重午、重陽，又正月十五日、三月三日、六月十五日、七月七日、八月十五日、九月九日、臘日之類，時食如藥飯、艾餅、花煎、蒸餅、水團、燒酒、霜花餅、菊花餅、菊花酒、豆粥、饅頭之類。"（99/484）

（26）朴文鎬《四禮集儀》："俗節（《祭式》）薦以時食（《家禮》）。正朝湯餅，十五日藥飯（《要訣》），寒食（《家禮》）艾餅（《要訣》）、花糕（《便覽》），重午（《家禮》）青餅（《便覽》），六月十五日水團，八月十五日（《要訣》）棗栗糕（《便覽》）、松葉餅（今補），重陽（《家禮》）菊糕、蘿蔔糕（《便覽》），冬至豆粥（《要訣》），臘由獵所獲肉，夏節蒸餅，冬節乾，正時節蔬菜（《便覽》），國恤卒哭前不行（退溪）。"（101/487）

（27）張錫英《四禮汰記》："按，俗節之薦古今沿革不同，今難一一舉行。而正月元日乃歲之元、月之元、日之元也，故謂之三元也。五月端午，端始也……九月九日，仙人費長房登高飲菊酒，佩茱萸囊以避災厄……冬至，一陽始生之辰也，圜丘奏樂，登臺書雲物，萬國朝會皆用此日。又荊楚俗，至日作豆粥以辟疫鬼，亦因以成俗也。今以此四日具時食行祭，應古四時之祭，而其餘俗節皆廢之似無妨。"（105/358）

（28）金致珏《四禮常變纂要》："俗節如清明、寒食、重午、中元、重陽之類，凡鄉俗所尚者（如寒食、秋夕、臘日）。食如角黍，凡其節之所尚者（時食正朝餅羹，上元藥飯，清明花煎或艾餅，端午蒸餅或松餅、饅頭或水團，秋夕引餅，重陽菊煎、栗餅，冬至豆粥。花煎、菊煎若不及則以他食代之）。"（113/31）

（29）沈宜德《家禮酌通》："清明、寒食準今曆，家每同日或連日，而於墓祭亦相礙，故《儀節》《要訣》皆已刪之。中元以浮屠所尚，朱子既與南軒辯論而不用矣。獨端午之天中，重九之陽數，非但取義之有據，亦是今人之所重，而各有節物之所宜信乎，不可廢也。此外若上元則最為東俗之佳節，上巳則亦有花時之宴遊，此真所謂鄉俗所尚者也。其餘節日，不患不多，而或事係不經，或無稽於古而亦無生人宴樂之事，一切從略似宜云……按，今無角黍，以東俗言之，則正朝之湯餅，上元之藥飯，三日之花煎，端午之蒸餅，重陽之菊煎，冬至之豆粥，各是其節之所尚者也。"（114/29）

（30）尹羲培《四禮撮要》："時食饌品：元朝（切餅、乾正果）、上元（藥飯）、三月（松餅）、上巳（艾餅、花煎）、夏節（蒸餅）、流頭（水團、燒酒）、七夕（霜花餅）、重陽（菊花煎、菊花酒）、冬至（豆粥）、臘（饅頭）。"（115/28）。

（31）無名氏《二禮通考》："節日茶禮之具：果（品數隨所辦，而無過三品）、餅（三日花煎、松餅、艾團子，端午蒸餅，流頭麩水交兒，七夕霜花餅，九日菊煎、蘿蔔餅，正朝白餅、白糯煎，冬至糯引餅）、湯（器數隨所辦，而無過三器）、炙（或雉或雞，只用一品）、煎油（闕之亦可，而如正朝冬至用熟肉、煎魚為宜）、餅湯（只正朝，所奠每位各一器）、藥飯（只上元，所奠每位各一器）、水團（只流頭所奠，每位各一器）、豆粥（只冬至所奠，每位各一器。○楚俗用以辟瘟，我國為時食）。"（119/612）

（32）無名氏《四禮儀》："按，寒食為上墓大祭，《儀節》已刪。中元，朱子以為設素饌祭，不用。今於三節外更依《韓魏公祭》或添薦七，《家範》添上元，《五禮儀》添秋夕。"（120/128）

按：現將《叢書》涉及的學人及其論著中關於朝鮮半島民俗節慶、所食饌品的情況具表如下（見表 2—1）。明確指出爲朝鮮本土傳統節日，然並未言明所尚飲食者，以"√"標注；反之，認爲半島民俗並不采用此節日的，以"×"標注；未有提及者，暫且空缺。若直接臚列該節饌食者，謄錄食品名稱於表，同一俗節中有不同選擇的饌品，以"/"間隔。《家禮》中俗節饌品，朱子僅例舉"角黍"一物，爲了突出中國與半島鄉俗所尚節日的不同，表前特舉朱熹及丘濬對俗節的選擇，以資對比。

表 2—1　　　　　　　　李朝俗節及饌品

俗節 學人	正朝	上元	上巳	寒食	清明	重午	流頭	七夕	中元	秋夕	重陽	臘日	冬至
朱熹			√	√	√				√		√		
丘濬		√			√				√		√		
李珥		藥飯	艾餅			√	水團	√		√	√		
安玑			√	×		√			√		√		
安餘慶	饅頭	粘飯	花煎			麥餅			√		雜果餅		豆粥
尹拯	√	√	√	√		√	√	√	√	√	√		√
崔錫鼎			√	×		√	√				√		
朴世采	切餅/ 餅羹	藥飯	艾餅/ 花煎	×	×	蒸餅/ 松餅	水團		×	引餅	菊煎/ 栗餅	×	豆粥
李衡祥	湯餅	藥飯	花煎/ 艾餅	松餅	×	蒸餅	水團	麥餅		雪糕	菊煎		豆粥
宋时烈				√								√	
李縡	湯餅	藥飯	艾餅	花糕		青餅/ 蒸餅	水團	霜花	×	棗栗糕	蘿蔔糕		臘肉
李瀷	元陽繭/ 湯餅	棗栗飯	花糕/ 鵑糕		×		角黍/ 粉團		×		鵑花糕/ 菊糕		豆粥

186　《朱子家禮》在朝鮮傳播中的"諸具"疏證

續表

俗節＼學人	正朝	上元	上巳	寒食	清明	重午	流頭	七夕	中元	秋夕	重陽	臘日	冬至
李植	√	藥飯	艾餅	√	×	√	水團	霜花	×	引餅	√		豆粥
金鍾厚		√	√	×			√	√	×	√			
金禹澤	切餅/餅羹	藥飯	艾餅/花煎	花煎/松餅	×	蒸餅	麵/水團(如角黍)	霜花(如蒸餅)	×	引餅/栗餅	菊煎		豆粥
洪直弼			√			√		√			√	√	
許傳	√	√				√				√		√	
洪養默	餅羹	藥飯	花煎/松餅				水團		新稻餅		菊煎		豆粥
金鼎柱	餅羹	藥飯	花煎	艾餅		蒸餅	水團	霜花餅/松餅		引餅	菊煎		豆粥
金宗直		粘飯	青蒿餅			麥麵	饅頭				√		√
綏山	餅羹	藥飯	花煎/艾餅			大麥飯		水團/麥餅頭/新稻餅			菊煎/栗餅		
朴文鎬	湯餅	藥飯		艾餅/花糕		青餅	水團			棗栗糕/松葉餅	菊糕/蘿蔔糕		
張錫英	√					√					√		
金致珏	餅羹	藥飯		花煎/艾餅		蒸餅/松餅/饅頭/水團				引餅	菊煎/栗餅		豆粥
沈宜德	湯餅	藥飯	花煎	×		蒸餅			×		菊煎		豆粥

續表

俗節＼學人	正朝	上元	上巳	寒食	清明	重午	流頭	七夕	中元	秋夕	重陽	臘日	冬至
尹羲培	切餅/乾正果	藥飯	艾餅/花煎				水團	霜花餅			菊花煎	饅頭	豆粥

　　《家禮》中，俗節與祭祀祖先的活動緊密結合，每逢佳節倍思親，以節令蔬果饌品奉祀祖先的龕位前，體現了儒家尊崇"孝道"的精神內核。正如南溪朴世采所言："先王定制，而四時則有享焉，朔望則有薦焉。後賢起義，而俗節則有獻焉，晨起則有謁焉，出入則有拜焉，授贈則有告焉。了無一時、一節、一旬、一日、一動、一事而忘乎父母。"①朱子於文中提出節日名目有：清明、寒食、重午、中元、重陽，楊復《附注》引朱子說"但七月十五日用浮屠設素饌祭，某不用"。朱子所言"不用"者，不知是不尚佛事、不用素食，還是删去中元節目。朱熹之後，至明丘濬《儀節》"俗節"下，舉有：元夕、清明、重午、中元、重陽、十月朔、臘日、除夕八節。丘氏删去了《家禮》的寒食節，補入元夕、十月朔、臘日、除夕四節。

　　相較中國而言，韓國的節慶文化在其民族傳統文化中獨樹一幟。受氣候、地形等因素影響，作爲典型的農耕國家，自古以來，韓國大多數的民間節日都是圍繞二十四節氣、陰陽曆法、天文星象而開展的。雖然韓國的節慶風俗在很多方面吸收了中國傳統文化的内容，但仍在傳播及變遷途中形成了獨具自身特色的風格。如《國朝五禮儀序例》所列"時日·俗節"有：正朝、寒食、端午、秋夕、冬至、臘，而《國朝喪禮補編·圖說》"魂殿俗節"則有：正朝、寒

---

① ［韓］朴世采：《三禮儀》，《韓國禮學叢書》第23冊，民族文化圖書出版社2008年版，第538頁。

食、端午、中秋、冬至。朱子曾云"其他俗節則已有各依鄉俗之文，自不妨隨俗增損"①，可見俗節的擬定古今沿革不同，應以從俗、量宜爲標準。以《叢書》爲考察背景，李朝學者對於《家禮》俗節論議的不統一處主要有三：

（1）半島多不用清明節，以上巳（即農曆三月三日）代清明。在古代中國，清明最早是一種節氣的名稱，大約在仲春與暮春之交，時間一般是在夏曆冬至後的一百零八天，清明節是祭祖及掃墓的日子。因清明節并非朝鮮半島所尚，故改用農曆三月三日（又稱重三、上巳）。安玑《家禮附贅》、李衡祥《家禮或問》、李瀷《星湖先生家禮疾書》等皆持此說，朴聖源《禮疑類輯》中引李植"俗節名義"條闡釋最爲明晰："今則中國不用上巳，而以清明爲節日。我國則惟用三月三日，民俗或奠先祠，仍爲宴游。"民間俗節是多元文化的集中反映，因此在宗教、娛樂活動之外，還伴隨着節日佳餚的製作、祭祀食物的擺設等過程。上巳日的特殊時食是花煎或艾餅。食花煎（화전，見圖2—53—1）的習俗是從高麗時代流傳下來的，所謂花煎，即將糯米粉揉團，捏成扁圓形，用花朵作裝飾，在鍋裏煎熟而成的糕點。用作裝飾的花朵根據季節來選擇，春天有杜鵑、梨花，夏天有玫瑰花，秋天有菊花等。艾餅（쑥떡，即艾糕）即在糯米粉或粳米粉裏添入艾蒿提取物，或將艾葉搗爛摻面蒸製而成的糕點，由於有艾汁染色，因此青翠欲滴、清香異常。《宋史·高麗傳》："上巳日以青艾染餅，爲盤羞之冠。"②

（2）依李珥《擊蒙要訣》所說，增添農曆六月十五日爲俗節。在節日當天，家屬親眷在象徵陽氣旺盛的東流溪水中沐髮並飲酒祭祀，被除不祥，因此該節又稱爲"流頭"。據悉，流頭是源自新羅時

---

① 朱熹：《晦庵先生朱文公文集》卷43《書·答陳明仲》，朱傑人、嚴佐之、劉永翔主編《朱子全書》第22册，上海古籍出版社、安徽教育出版社2010年版，第1949頁。

② 脱脱等：《宋史》卷487《列傳第二四六·外國三·高麗》，中華書局2000年版，第14035頁。

期的節日，高麗時廣爲流行。李睟光《芝峰類説》有説："六月十五日，俗謂流頭。按，《輿地勝覽》曰：'新羅舊俗，以是日浴東流水，因爲禊飲，謂之流頭宴。'其來久矣。但食水團餅者，未知何據，或以爲出於古槐葉冷淘之義云。"① 流頭節上人們供奉的食品主要是"水團"（수단，見圖2—53—2）。丁若鏞《雅言覺非》云："水團者，粉團也。《歲時記》云：'端午作水團，又名白團。其精者，名曰滴粉團。（張耒詩云：水團冰浸砂糖裏。）又有乾團不入水者。（《天寶遺事》云：宮中每致端陽，造粉團、角黍，貯於金盤中，以小角弓架箭射粉團，中者得食，蓋粉團滑膩難射也。'）吾東端午不設水團，至六月十五日設之（俗稱流頭日）。粉屑爲餅，小如榴子（本如筯條，切而短之）。蜜水置冰，浸而食之。"② 水團即以米粉打製成圓長條形，細切爲團，入水煮沸，以冷水漂洗，鎮上蜂蜜水並置松子的節食。總之，流頭爲高麗、李朝的國俗，中國則不以此節爲俗。

（3）對於《家禮》中朱子所舉"中元"節是否納入朝鮮俗節，半島學者議論多歧，未有定論。農曆七月十五日，是一個具有濃厚宗教色彩的節日。道教稱爲"中元節"（另有上元，一月十五；下元，十月十五），佛家稱爲"盂蘭盆節"，此節是漢族人祭祀亡故的親人、緬懷先祖的日子。《家禮附注》引朱子云："七月十五日用浮屠設素饌祭，某不用。"《叢書》中朴世采《南溪先生禮説》、李縡《四禮便覽》、金鍾厚《家禮集考》、金禹澤《九峰瞽見》、沈宜德《家禮酌通》明確指出，李朝不用中元爲節令。其因有二，一則中元節純是佛、道所尚，朱子視佛道爲異端，朱子晚年於自家不行中元節；二則俗節本就是古禮所無，多因人情、風俗增添而來，中元節並不爲朝鮮本土所崇尚。相反，金長生、安玧、尹拯、朴聖源、崔

---

① ［韓］李睟光：《芝峰類説》卷1《時令部・節序》，首爾大學奎章閣藏本。
② ［韓］丁若鏞：《與猶堂全書》第1集《雜纂集》卷24《雅言覺非》卷3，韓國民族文化推進會編《韓國文集叢刊》第281輯，景仁文化社2002年版，第529頁。

錫鼎、洪養默等先生則認爲朱子所言並不是廢棄中元節，而是不用佛教設素饌的做法。查驗朝鮮史籍，中元有"百種""百中""白棗""亡魂日"等不同稱謂。新羅、高麗時期，由於崇佛，中元尚且是佛教徒拜懺、民衆祭祀亡靈之日，據金邁淳《洌陽歲時記》記載："羅、麗崇佛，仿盂蘭盆供。遺俗以中元日，具百種花果，供養祈福，故以名其日。"① 另外，由於七月望日又是農作物成熟的時節，新羅人又於是日陳列穀種、祭奠農神、燕飲嬉戲。如《洌陽歲時記》云："王女率六部女子，自七月既望早，集大部庭績麻，至八月十五日，考功多少，負者置酒食以謝勝者。相與歌舞，作百戲而罷，故以七月望日爲百種節。"另外，柳得恭《京都雜誌》載："是日，舊俗陳列百穀之種，故曰百種。"② 時至李朝，雖保留中元節的名目，僧家亦以此日設俗齋祭拜亡靈，氓俗多有效法，但士大夫人家早已不行此節。

半島人民於俗節的選擇中，多以"扶陽抑陰"（即尊陽卑陰）爲綱領。奇數爲陽、偶數爲陰，陽代表吉，兩個陽數重疊則爲大吉，因此民俗節慶多爲奇數重疊日。正如《梅山先生禮說》所言："俗節有扶陽義。三三、五五、七七、九九之爲俗節，蓋取扶陽之義，以其月日皆陽數故也，何可不行。"除此之外，朝鮮本土俗禮風尚、客觀環境，也是俗節選擇所需考慮的問題。要之，除上文所舉上巳、流頭、中元三節外，在名目繁多的韓國傳統節日中，具代表性的還有正朝、上元、端午、七夕、秋夕、重陽、臘日、冬至八節。其中正朝、寒食、端午、秋夕爲古代韓國的"四名日"（即四大國慶節日），需要人們去往祖墳進行省墓、伐草、祭奠的活動。細析韓國俗節如下：

（1）正朝，即農曆元月初一，又稱爲"三元節""元朝""元

---

① ［韓］金邁淳：《洌陽歲時記》，《韓國漢籍民俗叢書》第 1 輯，臺北東方文化書局 1971 年版，第 14 頁。

② ［韓］柳得恭：《京都雜誌》，《韓國漢籍民俗叢書》第 1 輯，臺北東方文化書局 1971 年版，第 26 頁。

日""歲首",該日夙興,全家需前往廟祠焚香祝告、祀神供祖。韓國正朝節日饌品中,最具特色的爲"餅湯"(병탕,又稱"湯餅""湯餻""餅羹",見圖2—53—3),即將蒸熟的年糕條切成薄片,放在雞湯或牛骨湯裏煮,最後放入香油、蔥段、紫菜等配料。由於年糕形態細長,因此食餅湯,寓意祈求健康長壽。

(2) 元宵節,即農曆正月十五,在古代韓國又稱爲"上元""元夕"。上元是新年第一個滿月的日子,象徵團圓、吉祥、美滿。"藥飯"(약밥,又稱"藥食""蜜飯""粘飯""高麗飯",見圖2—53—4)是上元節祭祖或食用必不可少的饌品之一。李睟光《芝峰類說》中載:"今俗正月十五日,喫雜果飯,謂之藥飯,中朝人甚珍之。按新羅時,正月十五日,有烏銜書之異,故每於是日,以糯飯祭烏,蓋因此成俗也。"[1] 新羅炤智王時期(479—500年)爲了紀念烏鴉幫助國王戳破了王妃及內殿焚修僧(即佛前焚香擦拭佛身的僧人)的篡位陰謀,故以藥飯供奉其功德。藥飯的製作過程,將糯米蒸七成熟,摻入蜂蜜、棗、栗、松子、柿餅、地瓜等食材,用文火燜爛。添加的蜂蜜、棗、松子等材料具有補血鎮靜、滋養健胃等功效,據說食用後還可驅邪除病,因此藥飯成爲上元節重要的滋補食品。

(3) 寒食亦稱"苦草日""禁煙日""冷節",時間約爲夏曆冬至後的一百零五天,清明節前一二日。該日禁煙火、只吃冷食,寒食節是傳統節日中唯一以飲食習慣命名的節日。寒食節拜掃展墓的習俗流行於新羅朝,高麗時成爲代表節日爲全國所接受。在這一天,上至朝鮮國王下至平民百姓皆需進行掃墓活動,並以酒、果、花煎或艾餅等食品祭拜先祖。

(4) 端午節,即農曆五月初五,"午"與"五"通用,端午即端五。端午節在半島又稱爲"重午節""天中節""端陽節""戌衣日""水瀨日"。半島舉行端午祭始於三韓時期,最早見於晉陳壽

---

[1] [韓] 李睟光:《芝峰類說》卷1《時令部‧節序》,首爾大學奎章閣藏本。

《三國志》："（馬韓）常以五月下種訖，祭鬼神，群聚歌舞，飲酒晝夜無休。"①《三國志》中五月祭神活動被認爲是朝鮮族端午祭的濫觴。大多數朝鮮民衆認爲，端午祭是爲了紀念沉江而亡的中國詩人屈原而設②。如金邁淳《洌陽歲時記》："國人稱端午曰水瀨日，謂投飯水漱享屈三閭也。"③ 端午節在半島北部影響較大，而南部則更爲重視。朝鮮中宗十三年（1518年）端午節和春節、中秋一起被認定爲朝鮮族的三大節日。韓國人認爲端午這天是陽氣最爲蓬勃的日子，爲了祭拜山神土地、祈福避災，在祭祀期間，常見的活動有掛艾草於門，男子喝菖蒲酒，女子以菖蒲水洗髮，並且食用蒸餅、松餅以及車輪狀的艾糕。蒸餅（증병，見圖2—53—5）即將米酒、糖、熱水摻入糯米粉中揉搓並待發酵，然後加上棗、松子、花瓣等入蒸籠蒸熟。而松餅（송병，又稱"松糕"，見圖2—53—6）即把粳米麵蒸熟擀成薄片，以黑豆、紅豆、大棗、板栗、芝麻等做餡料捏成半月形，放入鋪墊有松葉的蒸籠中蒸製而成。和麵時可以根據個人喜好進行染色，除了月牙形外還有南瓜形、貝殼形、三角形等其它形狀。形狀、味道豐富多樣的松餅滿足了人們視覺、味覺的需要。

（5）七夕節，即農曆七月初七，又稱"乞巧節"。關於七夕牛郎、織女的傳說源自早期的星辰崇拜。據考七夕的傳說早在中國東晉時期就已傳入朝鮮半島，修建於公元408年的德興里高句麗古墓中繪有牛郎織女的壁畫。據《高麗史》記載，高麗朝第31代君主恭

---

① 陳壽撰，裴松之注：《三國志》卷30《魏書·東夷傳》，中華書局1959年版，第852頁。

② 新羅時期，關於端午祭的人物崇拜傳說，江陵地區認爲是爲了紀念幫助新羅王滅百濟、高句麗，統一朝鮮半島的"金庾信"；慈仁地區認爲是爲了紀念9世紀殲滅倭寇的民族英雄"韓宗愈"；慶尚北道孝靈縣軍威地區則是爲了紀念金庾信、蘇定方、李茂三位將軍。具體可參看姜秀玉《中朝韓日文化比較》第十章"中朝日三國端午節比較"（《延邊大學朝鮮韓國研究論集》第8輯，社會科學文獻出版社2015年版，第230—240頁）。

③ ［韓］金邁淳：《洌陽歲時記》，《韓國漢籍民俗叢書》第1輯，臺北東方文化書局1971年版，第11頁。

憨王和王后也曾在七夕進行過隆重的祭祀。在半島七夕祭祀的目的主要是爲了祈願糧食增產豐收，以及親朋好友的平安。七夕的飲食十分講究，時令的飲食有霜花等。霜花（상화，即"霜花餅"，見圖2—53—7）是高麗時期從元朝傳入的食品，以小麥粉爲製作原料，將麵粉發酵後裹入紅豆、芝麻、肉、野菜等蒸成。由於其模樣圓潤、色澤雪白、觸感柔和，故稱霜花。

（6）中秋節即農曆八月十五。在唐代以前，八月十五並非節日，且沒有"中秋節"這一固定稱謂。以"中秋節"代指八月十五，大約是在南宋初。最早見於南宋寧宗時謝深甫等人編纂的《慶元條法事類》，官員在此節有一天的假期。在韓國"中秋節"還被稱爲"仲秋節""秋夕""嘉俳""漢嘉會"。中秋節是韓國除春節外最重要的節日。半島中秋節的起源或由來，沒有明確的文獻記載。《北史·新羅傳》："八月十五日設樂，令官人射，賞以馬、布。"①《隋書·東夷傳》"新羅"部分略同《北史》。《舊唐書·東夷傳》記載新羅國風俗亦云："重元日，相慶賀燕饗，每以其日拜日月神。又重八月十五日，設樂飲宴，賚群臣，射其庭。"② 可見，新羅時期中秋節是與元旦並重的節日。進入朝鮮時代，中秋節又與正朝、寒食、端午並列爲國慶四大節日。一般説來，中秋節祭祀傳統與農業經濟、水稻收成有緊密的聯繫。當天人們把精心製作的美食供奉在祖先牌位前，並伴有掃墓祭奠的活動，其目的主要是爲了感謝祖先庇佑、慶賀豐收。在李朝中秋的標志食品爲"引餅"（인병，見圖2—53—8），多指"引切餅"，即將黏糯米蒸熟搗爛，切成便於食用的大小團塊，裹蘸上紅豆粉或豆粉等。李朝後期至今，則流行以"松餅"（松糕）爲中秋節的代表性時食。

（7）農曆九月初九即重陽節，它是由中國陰陽哲學衍生出的節

---

① 李延壽：《北史》卷94《列傳第八二·新羅》，中華書局1974年版，第3123頁。
② 劉昫等：《舊唐書》卷199《列傳第一百四十九·東夷》，中華書局1975年版，第3376頁。

日之一。在古代朝鮮又稱爲"重九""賞菊日""山神誕辰日"。新羅時期，每逢重陽君臣便相聚燕飲，吟詩作賦。高麗王朝流傳下來的部分詠菊詩中，涉及了與重陽節相關的風俗。然而將"重九"作爲一個全國性的法定節令確定下來，則比較晚。《增補文獻備考》云："世宗六年（1424年），右議政柳寬引韓愈太學彈琴詩序，且引宋太宗朝賜故事，請以三月三日、九月九日爲令節，使大小臣僚選勝遊樂，以形容太平氣像。從之。"① 李朝成宗年間，原於中秋擧行的耆老宴也改爲在重陽節擧行。菊花煎（糕）、栗餅（栗糕）、菊花酒等是韓國人重陽節餐桌上不可或缺的代表性美食。總之，重陽節從最初的出遊賞秋、登高遠眺、祈福辟邪，發展爲後期的敬祖、敬老、感恩，其文化內涵也發生了一定程度的轉變。

（8）冬至爲二十四節氣之一，是一年中白晝最短、夜晚最長的一天，又被稱爲"亞歲""履長節""至日"。古人認爲冬至這一天"陰極之至，陽氣始生"，象徵着生命和光明的復活。因此需祭拜天地神靈和祖先的魂魄，另外還衍生出冬至獻鞋、獻襪於公婆，尊師、拜聖等項目。中國於冬至這一天有北方吃水餃、南方吃湯圓的習俗，而韓國則有吃紅豆粥的悠久傳統。冬至夜全家歡聚一堂同吃赤豆粥（적두죽，見圖2—53—9）的習俗源自於中國南北朝，相傳共工氏之子死於冬至，死後化身疫鬼作惡多端，其最怕赤豆，因此人們在冬至吃赤豆粥，用以驅災祛病。高麗時期冬至吃豆粥變得廣爲流行，直至朝鮮時代豆粥仍然是冬至餐桌上的主角。

半島的歲時風俗與中國相同，具有約定俗成性、繼承性、變異性、擴散性等特徵。然而"中韓歲時節日雖然同源，但並不同質，同源而異質是韓國歲時節日的重要特點"②。有一些節日是韓國所獨有的，如流頭節。即便是由中國傳入半島的風俗節日，亦經過一定

---

① ［韓］弘文館編：《增補文獻備考》卷76《禮考二十三》，朝鮮隆熙二年（1908年）鉛印本。
② 牟元珪：《韓國歲時節日的起源、特點和社會功能》，北京大學韓國學研究中心編《韓國學論文集》，社會科學文獻出版社1995年版，第121頁。

的篩選和過濾，並與半島原有的民族文化特質相結合，形成了符合韓國自身生存環境及民族性格的節慶風俗。如四月初八爲中國的浴佛節，東俗則在這一天燃燈，稱之爲"燈夕"。再如"水團"本是中國端午的節令食品，半島將其移食於流頭日。總之，歲時節日是一種內涵豐富的文化現象，它不僅包括節日用具、飲食、用語、娛樂活動等外在因素，還隱含了弘揚民族文化、維係社會和諧穩定的内在功能。而作爲節日獻祭的食物，在滿足人類感官享受的過程中，傳遞了人們迎福踐長、祈求豐年、驅邪避災、敬祖尊老等心理意志，是節慶文化的直接反映。

(1. 花煎)　(2. 水團)　(3. 湯餅)

(4. 藥飯)　(5. 蒸餅)　(6. 松餅)

(7. 霜花)　(8. 引餅)　(9. 豆粥)

圖2—53　李朝俗節時食

【角黍】

《家禮》朱子本注："節如清明、寒食、重午、中元、重陽之類，凡鄉俗所尚者。食如角黍，凡其節之所尚者。薦以大盤，間以蔬果。禮如正至朔日之儀。"

《叢書》：（1）《家禮輯覽》："按，角黍，粽也。《風土記》以菰葉裹糯米，五月五日祭汨羅之遺俗也。又裹糯米爲粽，以象陰陽包裹未分散也。糯（奴過切），黏米。粽（子貢切），蘆竹葉裹米。"（5/46—47）

（2）《家禮附贄》："角黍，青糕、麥餅之屬。〇校訂：角黍，《風土記》曰：'端午烹鶩，以菰葉裹粘米爲粽，煮熟爲之角黍。'"（8/203）

（3）《明齋先生疑禮問答》："問：'角黍是何物歟（姜鄴）？'答：'《輯覽》角黍，粽也。《風土記》以菰葉裹糯米，五月五日祭汨羅。蓋端午時食也。權曄《航海錄》曰登、萊州間，以黍米造三角餅，每餅各納好棗五六枚，裹以蘆葉，蒸出後沉水去熱氣，服之味甚快口，即故所謂角黍云。'"（16/86）

（4）《南溪先生禮說》："問：'角黍未能詳，知是餅耶？比今之飲食則如何樣者耶（吳遂昌乙卯）？'答：'恐是餅類，其制未詳。'"（21/134）

（5）《家禮輯解》："按，此則柳夢寅《於于野譚》[①] 以水團爲角黍者，非也。〇《歲時雜記》：'端午粽子名品甚多，形制不一。有角粽、錐粽、茭粽、筒粽、秤錘粽、九子粽。'〇《天寶遺事》：'唐宮中每端午造粉團、角黍，釘（飣）金盤中，纖妙可愛。以小小角弓架箭射中粉團者得食，蓋粉團滑膩而難射也。'"（25/75）

（6）《家禮便考》："周處《風土記》：'端午烹鶩，以菰葉裹粘

[①] 柳夢寅《於于野譚》，見諸其他文獻，多載作《於于野談》。該書成書於光海君十三年（1621年），是著名的故事類書籍，其中記載了大量的神話傳說、野史逸事及詼諧的寓言等。

米爲粽，以象陰陽相包裹未分散，謂之角黍。'○《歲時雜記》：'端午作水團，又名白團。或雜五色人獸花果之狀，其精者名滴粉團。或加麝香，又有乾團不入水者。'"（26/168）

（7）《家禮或問》："注：粽，子貢切，蘆竹葉裹米。楚俗以竹筒貯米，投水以祭屈原。漢建武中，長沙歐回，白日忽見一人，自稱三閭大夫，且曰'君常見祭，甚善。但所遺，苦被蛟龍所竊。今若有惠，可以櫟樹①葉塞其上，仍以五綵絲縛之。此二物，蛟龍所憚也。'回依其言。世人作粽，並帶五色絲及櫟葉，皆汨羅之遺風。《風土記》又曰：'百家粽子，漢作梟羹，以其惡鳥，故欲滅其族。'又曰：'端午粽子名品甚多，有角粽、錐粽、茭粽、筒粽、秤錘粽、九子粽。'張文潛《端午》詞：'水團冰浸砂糖裹，透明角黍菘兒和。'此皆角黍來歷也。"（29/252—253）

（8）《四禮便覽》："諸具（俗節）：角黍，即菰葉裹糯米作粽者，五月五日時食。東俗不尚角黍，但以俗稱端午草爛搗，和作青餅。"（40/519）

（9）《星湖先生家禮疾書》："角黍者即所謂團粽。《風土記》云：'端午以菰葉裹黏米謂之角黍，乃汨羅弔古之遺俗也。'東俗以麪煎作餅如團葉樣，餡以衆菜及豆屑，卷作兩角，爲流頭時食，即此是其物也。只舉角黍者，風俗之變，隨時不同，要使因俗爲例耳。如我國今俗則宜元朝薦元陽繭、湯餅，上元薦果食，重三薦鵑花糕，流頭薦角黍，重九薦菊糕，冬至薦豆粥。"

（10）《安陵世典》："姜鄭問：'俗節時食，注角黍不審何食也。'曰：'今人多以水團爲角黍，嘗見柳夢寅《於于野談》詳言其制，可覆視也（《葛庵集》）。'彥煥問：'角黍何物？'曰：'吳楚間以菰葉裹粘米，煮而食之，名之曰粽，一名角黍。又《韻書》黑黍

---

① 《家禮或問》中"以櫟樹葉塞其上"，源自南朝梁吳均的《續齊諧記》。現查檢史料，該書所引此句爲"以楝樹葉塞其上"。櫟樹緣有鋸齒，不適宜包裹糯米之用。由於"櫟""楝"兩字字形相近，從而造成《家禮或問》抄寫上的訛誤，應以"楝樹葉"爲正。

謂之角黍（《顧齋集》）。'"（50/211—212）

（11）《家禮集考》："《續齊諧記》曰：'屈原五月五日投汨羅死，楚人哀之，至此日竹筒貯米，投水祭之。'〇按，今俗正月十五日藥飯，三月三日花煎，重午蒸餅，流頭水團，重七霜花餅，重陽菊煎是已。"（52/87）

（12）《九峰瞽見》："角黍如水團之類。"（65/322）又，"權判書《航海錄》曰：'登、萊州間，以黍米造三角餅，每餅各納好棗五六枚，裹以蘆葉，蒸出後沉水去熱氣，服之味甚快口，即古所謂角黍云。'"（65/333）

（13）《禮疑剳記》："《風土記》以菰葉裹糯米，祭汨羅之遺俗。沙溪以爲粽也。朱子所謂端午能不食粽者，此也。"（70/8）

（14）《四禮常變纂要》："角黍，以菰葉裹糯米爲粽，謂之角黍。端午祭汨羅江遺俗也。"（113/31）

（15）《家禮酌通》："按，今無角黍，以東俗言之，則正朝之湯餅、上元之藥飯、三日之花煎、端午之蒸餅、重陽之菊煎、冬至之豆粥，各是其節之所尚者也。"（114/29）

按：角黍爲"糉"的俗稱。據《玉篇》及《廣韻》記載，"粽"爲"糉"簡化聲符而形成的俗字，後來兩字正俗地位改變，今以"粽"爲標準。"角黍"即粽子，又可稱爲"角飯""角粽"。古時以菰葉（即茭白葉）、蘆葦葉裹黏黍（即煮熟後有黏性的黃米）捆扎後蒸煮使熟，呈尖角狀，故稱角黍。近古以來多用糯米爲原料，包裹上更有箬葉、荷葉、竹葉、柊葉等選擇，而以箬葉最爲普遍。粽子最早爲夏至和端午兩個節令的饋食，且早期食粽並未與屈原等人的紀念活動相關聯。正如《太平御覽》引西晉周處《風土記》所云："俗以菰葉裹黍米，以淳濃灰汁煮之令爛熟，於五月五日及夏至啖之。一名糉，一名角黍。蓋取陰陽尚相裹，未分散之時象也。"[1]農曆五月常被認爲是"惡月"，五毒醒，疾病興。以象徵陰陽包裹的

---

[1] 李昉等：《太平御覽》卷851《飲食部九·糉》，中華書局1960年版，第3804頁。

粽子作爲食物，隱含了消災、辟邪、去病的美好願望。南北朝是端午節逐步定型及成熟的階段。人們開始把端午直接與屈原投江相關聯，史料來源最早爲應劭的《風俗通義》，其説多有不詳。南朝梁人吴均《續齊諧記》記敘則較爲完整，云："屈原五月五日投汨羅水，楚人哀之。至此日，以竹筒子貯米投水以祭之。漢建武中，長沙區曲忽見一士人，自云三閭大夫，謂曲曰：'聞君當見祭，甚善。常年爲蛟龍所竊，今若有惠，當以楝葉塞其上，以彩絲纏之。此二物，蛟龍所憚。'曲依其言。今五月五日作粽，並帶楝葉、五花絲，遺風也。"① 可見，最早的粽子是由楝葉包裹，以代表陰陽五行的青、赤、黄、白、黑五色絲綫纏繞而成。自此之後，端午節吃粽子依托紀念屈原之名，由楚地傳播到全國，爲大部分地區所接受。同時，粽子的花樣、口味和形制不斷增多，南北朝出現了雜餡粽，即在糯米中摻入板栗、紅棗、赤豆、核桃仁、獸肉等附加料。宋朝出現蜜餞粽、楊梅粽，如《宋詩紀事》載蘇軾《端午帖子》云："不獨盤中見盧橘，時於粽裏得楊梅。"② 以蜂蜜或糖漿浸漬過的果品開始入粽。從外觀形狀上分，則有筒粽、角粽、錐粽、方粽、菱角粽、秤錘粽、九子粽等。粽子的口味、原料、形狀等因時地不同而有殊别。

由上文專題"李朝俗節及時食考"可知，半島並没有端午食粽的習俗，而代之以蒸餅、松餅及艾糕。所舉材料中，《四禮便覽》《家禮附贅》避而不談"角黍"形制，而以半島的節令食品青餅、蒸餅爲例示。對於《家禮》中朱子俗節條例舉的時食"角黍"，李朝學者的闡述可分爲兩類。其一，引中、韓兩國古籍原典解釋"角黍"，將"角黍"釋爲"粽"，並描述了其以植物葉片包裹糯米，雜以附加料的大體形制和種類，以及粽子與祭獻屈原之間的關係。如《家禮輯覽》《家禮輯解》《家禮或問》《家禮集考》《禮疑劄記》等

---

① 王嘉等：《拾遺記（外三種）》，上海古籍出版社2012年版，第230頁。案：後人常引《續齊諧記》以闡釋端午與屈原的關係，由於版本文字流傳的訛誤，遇見屈原的長沙人"區曲"多有録爲"歐回"者。

② 厲鶚：《宋詩紀事》卷21，上海古籍出版社1983年版，第511頁。

書,所引有《風土記》《續齊諧記》《開元天寶遺事》《事文類聚》《歲時雜記》,張耒《端午》詞等中國典籍,及朝鮮權㬜《航海錄》的内容。其二,將"角黍"誤釋作"水團"或糕餅。由於"角黍"並非東俗所食用,對於其用料、造型形態、禮義等,李朝學者多有不明,不知其爲何物。因此將端午節中另外的節令食物"白團"(即水團)誤當作"角黍",如《家禮輯解》《安陵世典》引半島學者柳夢寅《於于野談》"以水團爲角黍",《九峰瞥見》"角黍如水團之類"。更有甚者將"角黍"誤釋爲糕、餅類。如《家禮附贅》:"角黍,青糕、麥餅之屬。"《南溪先生禮説》:"恐是餅類,其制未詳。"《星湖先生家禮疾書》認爲角黍即裹有蔬菜、肉糜、豆屑的煎餅。對於星湖李瀷的錯誤闡釋,丁若鏞《雅言覺非》中已有釐正:"角黍者,糉也。楚俗備見諸書。吾東乃以煎餅裹餡者謂之角黍,非矣。其法以麫作餅,爲大葉,餡之以肉屑菜餗,卷葉裹之爲兩角,名曰角黍。"①

6. 有事則告。(簡稱"有事告")

【祝版】

《家禮》朱子本注:"凡言祝版者,用版長一尺,高五寸,以紙書文,黏於其上。畢則揭而焚之。其首尾皆如前。"又,"告事之祝,四代共爲一版。自稱以其最尊者爲主,止告正位,不告祔位,茶酒則並設之。"

《叢書》:(1)《奉先雜儀》"告事之祝,諸考妣位共爲一版。"(1/11)

(2)《寒岡先生四禮問答彙類》:"先生問:'《家禮》祝板長一尺,高五寸,當用周尺否? 不言其廣,廣用幾寸?' ○退溪先生答曰:'若周尺恐太小,或疑高是廣字之誤,未詳是否。'黃大進問:'祝板之制或據《家禮》,或據《五禮儀》,未知何從而可也。二者

---

① [韓]丁若鏞:《與猶堂全書》第1集《雜纂集》卷24《雅言覺非》卷3,韓國民族文化推進會編《韓國文集叢刊》第281輯,景仁文化社2002年版,第529頁。

之中必居其一，其所以取捨之義，可得聞乎？板制當何尺？'（答）《家禮》'祝板之制，高五寸，長一尺'，或以謂'所謂高者，其長也。所謂長者，其廣也。'如是則書四代告辭，或多不足之患。《五禮儀》亦不見士庶人祝規，常以爲疑，尺當是造禮器尺。"（2/203）

（3）《家禮考證》："丘氏曰：'臨祭則置於酒注桌上，讀畢則置於案上香爐之左，祭畢則焚之。'"（4/99）

（4）《家禮輯覽》："《五禮儀》：'版以松木爲之，長一尺二寸，廣八寸（造禮器尺）。按，此與《家禮》不同。○《會成》按：'祝版非有法象，稍高大亦不妨，太小則字多之文書不盡矣。'"（5/49）

（5）《家禮附贅》："凡言祝版者，用版長一尺，高五寸。（校訂：高者，版之廣也。祝必執版，版橫立，故不曰廣而曰高。）"（8/205）

（6）《家禮便考》："凡言祝版者，用版長一尺，高五寸。（芝山曰：'祝版之制，世之說者不同。一說高以縱言，長以橫言。一說古人無以橫言長者，長以縱言，高以側面言。今按，兩說皆未穩。凡言尺者，皆以周尺言，不及今尺四寸，其制眇小，豎看橫看俱不成模樣。按《丘儀》用木版一，方，長一尺。夫方者必徑一而圍四，一矮一橢則不得謂之方。若如丘說，則其制方正端好，得成模樣。愚意高字以厚言，但五寸太厚，疑"分"字之誤。如荀氏祠版，正側長一尺二分，博四寸五分，厚五分。而《通典》《開元禮》及他書，厚五分之"分"字皆作"寸"字，此亦安知非後人所誤也。不言"厚"字，以臥置卓上，則亦合言"高"字。'）以紙書文，黏於其上。畢則揭而焚之。（《韓魏公祭儀》：'祝文書於版，祭訖焚之。家貧無版，書紙粘於版上，祭訖析而焚之。'○《集說》：'焚祝自王璵始。'○《丘儀》：'臨祭置於酒注桌子上，讀畢置於案上香爐之左，祭畢則焚之留板。凡祭倣此。'○《五禮儀》：'凡國家大小祀，祝版於陳設有坫，置於香爐之左。祭畢或焚或埋於望瘞所，留其坫。'）"（26/181—182）

（7）《四禮便覽》："諸具（祭器）：祝板，四。《家禮本注》：

'長一尺，高五寸。'○《備要》：'周尺。'○魏氏曰：'祝板非有法象，稍大不妨。'"（40/508）又，"諸具（有事告）：祝板，四代共一板。"（40/522）

（8）《星湖先生家禮疾書》："祝板高五寸。高者，版之廣也。祝必執版而讀，版則橫立，故不云廣而云高也。《闕里誌》祝板圖云'高九寸，闊一尺二寸'，可考。"（41/41）

（9）《家禮集考》："凡言祝版者，用版長一尺，高五寸。（按，長以左右，高以上下言也。○《五禮儀》以松爲之。）以紙書文，黏於其上，畢則揭而焚之。（《集說》曰：'焚祝自唐王璵始。'《開元禮》三品以上時享儀曰'祝版焚於齋所'。《韓式》曰：'祝文書於版，祭訖焚之，家貧無版，書紙粘於版上，祭訖坼而焚之。'愚按，焚祝蓋本於古者，郊天燎柴並燎牲幣者歟。據《書儀》昏納采告影堂，祝懷辭。注云'辭爲寫祝文於紙'，則蓋不版不焚也。而此書沿《韓式》耳。）"（52/100）

（10）《常變通考》："《講錄》：'高疑廣之誤。'"（54/258）

（11）《家禮增解》："凡言祝版者，用版長一尺（《備要》周尺），高五寸（沙溪曰：'讀祝時，立版則乃是高也，亦是廣也'）。以紙書文，黏於其上。畢則揭而焚之。（《儀節》留版。○程子曰：'近世祝文或焚或埋，必是古人未有焚埋之理。'○《集說》注：'焚祝文自唐王璵始。'）"（58/305）

（12）《禮疑劄記》："祝板。言長高而不言厚薄者，長高度其文字之可容而爲之者也，厚薄則無所與於此，故有言不言之異耳。長倍於高，亦爲其列書之便耳。"（70/8）

（13）《家禮補疑》："告事之具：祝（用執事者一人），祝版（用版長一尺，高五寸。寒岡曰：'尺當是造禮器尺。'芝山曰：'高字以厚言，但寸字疑分字之誤。'《會成》：'祝版太小，則字多之文書不得，稍高大不妨。'《五禮儀》：'以松木爲之，長一尺二寸，廣八寸。'）。"（91/171）

（14）《廣禮覽》："祝版（長一尺，高五寸，用松板，裹油

紙）。"（94/555）

（15）《四禮輯要》："廟外諸具：祝版（《家禮》長一尺，高五寸。○按，用禮器尺）。"（95/141）

（16）《四禮祝式》："祝板以板爲之，長一尺，高五寸（周尺）。祭時以紙書文粘於其上，祭畢焚之。"（97/309）

（17）《喪祭類抄》："祠堂諸具：祝板（長一尺，高五寸）。"（99/496）

（18）《六禮修略》："有事則告（告事之祝，四代共爲一版。自稱以其最尊者爲主，止告正位，不告祔位，酒則並設）。"（108/665）又，"祠堂諸具：祝版（四，各有祝文紙）。"（108/669）

（19）《四禮常變祝辭》："（附）《五禮儀》祝（祝版以板木爲之，長一尺二寸，廣八寸，厚六分。尺用造禮器尺）。"（116/404）

（20）《二禮通考》："虞祭之具：……祝板（一，具祝文。豫爲正書傳，諸板裹以紙）。"（119/485）又，"時祭之具：盥盆一、帨巾一……祝版（一，祝文一張，並書傳一板）。"（119/623）

按："祝版"同"祝板"，即祭祀時黏貼祝文的長方形木板。《説文·片部》："版，判也，從木反聲。"意爲將木料剖爲扁平狀的薄片，因其與治木相關，後改換義符作"板"，今兩字皆爲正字，可互相替換。家中凡有冠、婚、授官、追贈等大事，都應先到祠堂稟告祖先，即《家禮》所謂"有事則告"。有事告的儀禮程序與"正至朔參"大體一致，祗是在主人斟酒、主婦點茶後，主人需立於香案前跪讀祝文（即饗神的文辭）。或是指定專人爲"祝"，代主人宣讀祝文，借其溝通陰陽兩界。寫有祝文的紙張貼附在祝版上，祝版的制定有一定的規格。《家禮》中祝版"長一尺，高五寸"，韓國學者對此辨訟不止。大體集中在兩個方面，一爲祝版的形制；一爲讀畢祝文後，祝文、祝版的處理方式。今以《叢書》爲材料來源，具體考察如下。

朝鮮學者對祝板形制、規格等產生爭議的主要原因是對"長"

"廣""高"等概念的理解錯位,及對祝板持置方式的不同看法。《家禮》中明言:"用版長一尺,高五寸。"由於祝版爲薄扁狀,版的厚薄對於黏貼祝文無用,故而朱子將其視爲二維平面,即以左右橫向爲長,上下縱向爲高。鄭逑問退溪:"不言其廣,廣用幾寸?"退溪答:"或疑高是廣字之誤。"在李滉看來,《家禮》中祝版的上下縱長應以"廣"標識。① 然而,據《家禮增解》所引,金長生對李退溪"誤字"之説存疑②,沙溪云"讀祝時,立版則乃是高也,亦是廣也";另據《家禮附贅》中金鼎福校訂"高者,版之廣也。祝必執版,版橫立,故不曰廣而曰高"可知,朱熹所謂"高",與李退溪所謂"廣",實爲不同視角中的同一事物:卧則爲"長""廣",立則爲"長""高"。李衡祥《家禮便考》引曹芝山之説主張《家禮》中的"高"當爲"厚","不言'厚'者,以卧置卓上,則亦合言'高'字。"曹氏又嫌"五寸太厚",以爲"'寸'字疑'分'字之誤"。曹氏之誤恐怕源於《五禮儀》中有"祝板長一尺二寸,廣八寸,厚六分"之類的記載。而《家禮》中則祇有"長""高",没有"廣""厚",加之李退溪等對"高"的涵義又有所質疑,曹芝山據此想當然地將"高"理解爲"厚",又進一步地將"寸"疑作"分"。事實上祝板的效用在"長""高",不在"厚""薄"。康逴《禮疑劄記》:"祝板。言長高而不言厚薄者,長高度其文字之可容而爲之者也,厚薄則無所與於此,故有言不言之異耳。長倍於高,亦爲其列書之便耳。"大多數學者都認爲,祝版當橫執或橫置,祝板的"長"即今所謂"底","廣"即今所謂"高","廣"

---

① 除《叢書》引禮説外,李德弘《家禮注解》云:"高疑廣字之誤。"(見李德弘《艮齋先生續集》卷5《家禮注解》,《韓國文集叢刊》第51輯,韓國民族文化推進會編《韓國文集叢刊》第51輯,景仁文化社2000年版,第223頁)與退溪説同。
② 關於退溪"疑高是廣字之誤",朴弼周云:"《退溪集》未考,不敢爲説。而第以愚見,則所謂長恐指廣而言,未必有誤字。"(見朴弼周《黎湖先生文集》卷15《書·答尹士賓問目》,韓國民族文化推進會編《韓國文集叢刊》第196輯,景仁文化社2005年版,第335頁)"朴氏禮論與沙溪説相類。

與"高"並無二致。但鄭述在與黃大進的禮論中曾提及時人的一種觀點:"所謂高者,其長也。所謂長者,其廣也。"這種說法認爲祝版當縱執或縱置,因此是以祝版的"長"爲"高"、"廣"爲"底",聊備一説。綜上所述,《家禮》中的祝板實是一長一尺、寬五寸的,橫執的記事工具(如圖2—54)。

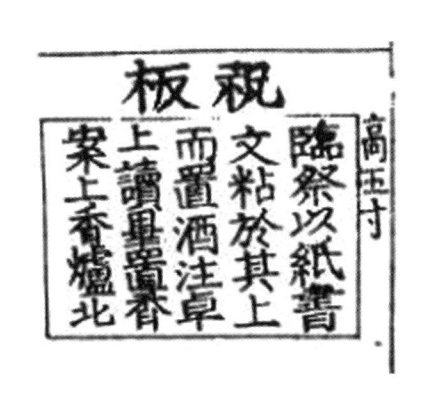

圖2—54 祝版圖(《家禮輯覽圖説》5/526)

二則祝版使用後的處理方式。司馬氏《書儀》昏禮納采節載"祝懷辭",注曰"辭爲書寫祝文於紙"。《家禮》云:"以紙書祝文,黏於其上,畢則揭而焚之。"丘濬《儀節》作了更爲詳細的闡述:"臨祭置於酒注桌子上,讀畢置於案上香爐之左。祭畢則揭而焚之,留版。凡祭放此。"湯鐸《會通》亦云:"用紙虛粘在上。書填祝文,祭畢揭紙焚之,藏板再用。"此外,李衡祥《家禮便考》及金鍾厚《家禮集考》引《韓魏公祭式》云:"祝文書於版,祭訖焚之。家貧無版,書紙粘於版上,祭訖析而焚之。"另有《家禮便考》中引《開元禮》"三品以上時享儀曰'祝版焚於齋所'",以及《五禮儀》"凡國家大小祀,祝版於陳設有坫,置於香爐之左。祭畢或焚或埋於望瘞所,留其坫"。綜述之,於紙張上書寫祝文並黏貼於祝版,祭祀結束後,將祝文揭下焚毀,象徵著書文內容已被先祖或上蒼知曉。焚燒祝文,據文獻記載始於唐玄宗及肅宗時充祠祭使的太常博士王璵，司馬氏《書儀》中並未出現祝版，且未提要將祝文焚毀之說。朱子《家禮》應是沿用《韓魏公祭式》而來。而對於祝版的處理，有焚或留的不同。《開元禮》《五禮儀》主張祭畢燒毀祝版；而《家禮》《儀節》《會通》則認爲應焚辭而留版；《韓魏公祭式》調和兩者，從自身經濟條件出發，家境富足則祭訖焚之，若貧寒難繼則留版以作後用。《家禮》爲士庶通禮，以權衡衆人日用之常態爲考量，因此以焚祝文留祝版爲定論。

【粉盞】

《家禮》朱子本注："告追贈，則止告所贈之龕。別設香卓於龕前，又設一卓於其東，置淨水、粉盞、刷子、硯、墨、筆於其上，餘並同。"

《叢書》：(1)《家禮輯解》："粉盞（盛粉之盞）。"（25/82）

(2)《家禮便考》："又設一卓於其東，置淨水、粉盞（退溪曰：盛粉之盞）、刷子、硯、墨、筆於其上。"（26/177）

(3)《常變通考》："粉盞（《講錄》：盛粉之盞）。"（56/633）

(4)《家禮增解》："粉盞，按，即泥粉器。"（58/295）

(5)《家禮補疑》："告贈之具：桌子二、淨水（用以洗舊字者）、刷子（用以括拭者）、筆、墨、硯、黄紙、粉盞（用以泥粉者）、善書者。"（91/175）

按：題主時在神主正面先塗以白色的鉛粉，然後書寫該神主所屬人與奉祀者的關係，以及亡者的名諱、官號、排行，旁側還配有奉祀者的姓名。通禮章"有事告"條涉及的"追贈改題"，其前提是死者日後獲得朝廷的追封或賜諡；或者家族易代，奉祀者與神主所有者輩分發生改變，需要對神主版面文字進行修改。先將粉面內容以淨水洗去，然後重新調和鉛粉，並墨書相關內容。相較直接於木料上書寫，於神主表面塗抹粉後書寫更爲便利，且以白粉更易顯襯文字。李景圭《五洲衍文長箋散稿》有

"製鉛粉辨證説"①，其下例舉了唐粉、東粉、倭粉、炭灰滑石粉、鹿角粉等粉質特點及造法，可作旁參。此外，粉爲乾燥的細屑狀，不可直接使用，需盛放在盞盤中，待充水或調以鹿角膠（即用鹿角熬製的白膠）後方可使用，因此李滉、金長生將"粉盞"釋爲"盛粉之盞"，而李宜朝《家禮增解》、張福樞《家禮補疑》將其釋作"泥粉器"，兩説皆確。

【刷子】

《家禮》朱子本注："告追贈，則止告所贈之龕。別設香卓於龕前，又設一卓於其東，置淨水、粉盞、刷子、硯、墨、筆於其上，餘並同。"

《叢書》：（1）《家禮考證》："刷，入聲（數刮切）。刷子一名筬子，所用以刮拭者。"（4/94）

（2）《家禮輯覽》："刷，《韻會》數刮、所劣二切，拭也……洗去舊字（《會成》：有刷，蘸水洗之）。"（5/50）

（3）《家禮輯解》："刷子，一名筬子，所用以刮拭者。"（25/82）

（4）《家禮便考》："刷子，《廣韻》'拭也'，《三蒼》曰'掃也'。○《周禮》曰'凌人秋刷'，注'刷，清也'。○芝山曰：'刷，入聲，數刮切，刷子一名筬子，所用以刮拭者。'"（26/177）

（5）《常變通考》："刷子，《韻會》：'刷，拭也。'……洗去舊字（《會成》有刷，蘸水洗之）。"（56/633）

（6）《家禮增解》："主人進，奉主置桌上，執事者洗去舊字。（《會成》：'有刷，蘸水洗之。'○《韓魏公祭式》：'追贈則以木賊草揩去舊字而改題之。'）別塗以粉。"（58/298）

（7）《喪禮備要補》："吉祭之具：祝文、硯、筆、墨、粉、鹿

---

① ［韓］李圭景：《製鉛粉辨證説》，《五洲衍文長箋散稿·人事篇·服食類》，首爾東國文化社1959年版，第542頁。

角膠、刷子、木賊……刷子之義，《字彙》'刷，數滑切'，《廣韻》'拭也'，《説文》'刮也（詳見刀部）'。"（74/351）

（8）《家禮補疑》："告贈之具：桌子二、淨水（用以洗舊字者）、刷子（用以括拭者）、筆、墨、硯、黄紙、粉盞（用以泥粉者）、善書者。"（91/175）

（9）《廣禮覽》："主人進奉所當改題最尊之主，卧置桌上。先以紬巾清水疊摺覆粉面，待沾潤，以竹刀刮去舊字。次以刷子梳去舊粉，又以巾拭之，又以木賊磨之，乃塗粉俟乾，西向。改題如題主時，陷中不改，洗水以灑祠堂之四壁。主人奉主置故處，改題諸位如前。"（94/455）

（10）《四禮常變纂要》："置淨水、粉盞、刷子（是蘸水洗舊字之具）、硯、墨、筆（粉、鹿角膠、木賊）於其上。"（113/33）

按：刷子其形制一端有柄，一端有毛。它是梳理、除垢、塗抹所用的什物，又名"䓛子"。《家禮考證》《家禮輯解》所載"箒"即"䓛"。《説文·艸部》："䓛，刷也。從艸，屈聲。"另外，《説文解字注》引《廣雅·釋器》云"䓛謂之刷"。由於部件"艸"與"竹"，意義類屬相近，加之書寫時形體類似，因此常相替換。如上文"粉盞"條所考，"追贈改題"時，需將舊的神主重新粉刷修飾，再加書寫新的内容。對於刷子的用途，韓國學者有兩種不同看法。曹好益《家禮考證》、金長生《家禮輯覽》、辛夢參《家禮輯解》、李宜朝《家禮增解》等，多將"刷"詮釋爲刮拭、清除、掃除之意，並引魏堂《會成》文辭，用刷子蘸水來清洗神主上的文字。而綏山《廣禮覽》則認爲，刮去舊字應用竹刀，刷子是掃粉的器物。在竹刀、刷子、木賊（磨治主身使其光滑）的相互配合下，將神主上的粉面揩拭乾淨。

綜之，《家禮》並未明言刷子的使用方法，若從字義角度考察，可單憑刷子與淨水便可將神主舊字清掃乾淨。然而《廣禮覽》將刷子作爲拂掃白粉的用具，別添竹刀及木賊兩物，也未嘗不可。可依據自家有無，擇選不同的方式。

第二節 《叢書》對《家禮》通禮"諸具"的衍變及創發

通禮爲《家禮》開篇，首載祠堂制度、深衣制度、司馬氏居家雜儀三者，以其通於吉凶之需，不歸於冠、婚、喪、祭專禮，而是百姓平日家居旦夕間不可缺少的彝倫規範。深衣制度，《叢書》中李朝學者公私講議答述之説零碎繁冗；居家雜儀，係家衆子弟正倫理、篤恩愛的家規家戒。此章重物件略儀節，故深衣制度、司馬氏居家雜儀暫且闕而不論。就祠堂制度來説，是朱子折衷事理、酌量古今衆家禮説的準尺之作。然而李氏朝鮮與朱子之世相比，時代有異、土俗不同。若固守《家禮》文句則猶如刻舟求劍，若僅循時俗則如揣籥疑日。因此，李朝羣賢在大體承襲《家禮》器物之外，因時、因地制宜，對通禮"諸具"不合於時用，或中朝異名、異制的地方進行了充分的探究。《叢書》中諸賢之作較《家禮》的衍變及創發處，約分三端。

其一，所謂"創發"者，即《家禮》本無，基於半島世俗所用，就禮論事對《家禮》各節目所需的宮室器服等物件作出的增設。其中新增的部分如"敘立屋""座面紙""燭臺""坐褥"等，其源頭一是中國《家禮儀節》《家禮會通》等《家禮》類注釋書，二是《國朝五禮儀》《經國大典》等李朝國制法典，三是《喪禮備要》《四禮便覽》等禮學家的著述。每一物皆有本源，未敢一字贅入。

其二，所謂"删汰"者，即《家禮》原有的古服古器等已不合朝鮮之用，依後賢議論對部分"諸具"進行革除。如"茶盞托""茶筅""湯瓶""笏"等，是朱子所存宋世的流行之物，然而與半島文化不符，遂遭裁截。

其三，所謂"衍變"者，主要表現在"諸具"的名稱、位置、尺度、形制、隆殺等，與《家禮》的描述發生了變化。《叢書》或代以俗用，或係以俗稱之名，如以"熱水"代"茶"，以"大貼""貼匙"稱"大盤"，李朝喪祭所用"交椅"實爲"玫瑰椅"等。另外，對於《家禮》雖羅列却並未詳解的"諸具"，《叢書》中各禮家在研判後賦予其新的内涵，如"香爐""香盒"位置爲"爐西盒東"；李朝所焚香料多爲香屑及塊香；所用茅草、茅盤源自《韓魏公祭式》，長八寸束有紅絲等。此類亦歸於"衍變"項。總之，本章涉及的"諸具"根據上文劃分的三類歸納於下表（表2-2）。

表2—2　　　　　通禮"諸具"衍變及創發

儀節	叢書	家禮	變化方式	變化内容
立祠堂	祠堂	祠堂	位置衍變	《家禮》中祠堂在正寢之東。而李朝學人立祠堂則根據自家地勢及庭院廣狹來决定，如：退溪家祠便立在西軒之後，韓錫斅云祠堂可在正寢之西。
立祠堂	敘立屋	無	增設	有金長生"丁字閣"式；朴世采"關王廟"式；宋時烈及李縡的"横屋"式。
爲四龕	三龕、四龕皆可	四龕	數目、形制衍變	其一，《家禮》立四龕，李朝國制爲三龕。禮學家或三龕或四龕，並行不悖，量力而行。其二，畿湖學派主張"隔板式"龕制，而世俗多用"壁藏式"。
爲四龕	祭床	桌	名稱衍變	放置神主及祭饌的大桌，李朝俗稱"祭床"。李朝桌較中國矮。
爲四龕	座面紙	無	增設	《四禮便覽》首增，李朝世俗常用，其性質是鋪在桌面上的油紙，防水、防污所用。
爲四龕	香爐	香爐	補充説明	李朝以白瓷或鍮製香爐爲主，香爐在香桌上西邊，香盒在東邊。
爲四龕	香	香	補充説明	李朝焚燒的香料或爲香屑，以香匙盛取；或爲塊狀香，以香箸夾取。
具祭器	饌床、排床等	床	名稱衍變	《家禮》中床爲坐具或卧具，而李朝床表示承具，"床"涵蓋桌、椅、几、案的多重概念，應根據語境文意判斷，"通禮"所謂的"床"指"饌床"。

第二章 朝鮮時代"通禮"所涉"諸具"疏證 211

續表

儀節	叢書	家禮	變化方式	變化内容
具祭器	地衣、鋪陳、單席、方席、面席	席	名稱衍變	《叢書》中將直接鋪在地面上的大席（即筵），俗稱爲地衣或鋪陳。其上所鋪小席，根據用途、形制又有單席、方席、面席等不同的稱呼，其性質爲坐墊。
具祭器	交椅	椅	名稱衍變	《家禮》所用放神主或魂帛所用的椅，李朝俗稱"交椅"或"坐凳"。半島"交椅"的内涵較中國"交椅"範圍擴大，它既包括中國腿部交叉可折疊的椅子，還包括直腿有靠背的"靠背椅"，《叢書》中喪、祭禮所用的"交椅"依圖示來看，應是靠背椅中的一類，中國稱爲"玫瑰椅"。
具祭器	坐褥	無	增設	"坐褥"作爲諸具，其來源爲《儀節》，它一般是指用柔軟的棉絮、皮毛等物品製成的坐墊、蒲團，與交椅配合使用。
具祭器	燭臺	無	增設	"燭臺"作爲祭器之一，其源頭來自丘濬《儀節》。李朝流行的燭臺是金屬製立釺式的燭臺。考妣同桌共祭，則需燭臺一雙。
朔望參	大貼、貼匙、接匙	大盤	名稱衍變	朝鮮"大盤"俗稱大貼、貼匙、接匙，即大碟。考妣同桌新果共一大盤，則四龕需四大盤。若設祔位，則正、祔位共需八大盤。
朔望參	熱水	茶	改換	朝鮮"茶"罕用，因此《家禮》用茶環節，學者或廢棄不用，或以酒代，或以熱水代，極少數學者堅持用茶。今依"愛禮存羊"之義，不應將所有用茶的儀節廢除。且茶、酒之分是爲了區别隆殺，以酒代茶則違背了禮有等差的原則。以熱水代茶最爲妥帖。
朔望參	無	盞托	删汰	用"茶"的删除，致使盛茶的"茶盞"及"茶托"皆可省略。
朔望參	無	茶筅	删汰	與點茶相關，用來擊拂茶湯的茶筅亦廢。由於不常使用，造成朝鮮學者對於茶筅形制的闡述大多訛誤。

續表

儀節	叢書	家禮	變化方式	變化內容
朔望參	無	湯瓶	刪汰	湯瓶用於點茶，李朝無點茶之制，湯瓶廢棄不用，故造成學者對其形制的疑惑，《家禮輯覽圖説》中湯瓶圖即誤。
朔望參	酒煎子、煎子	酒注	名稱衍變	酒注作爲斟酒器，李朝時俗稱爲酒煎子，多以金屬及陶瓷製成。
朔望參	茅束	茅	補充説明	李瀷及柳長源追溯"祭禮"章劉璋茅束、茅盤説源自《韓魏公祭式》；據《家禮考證》知李朝世俗所用爲菅、蒯類植物，而非真茅；各禮家擬定了李朝茅草的長度爲八寸，且以紅絲束縛的規制。
朔望參	（茅）沙	沙	補充説明	《家禮》對於擁住茅束的沙，未有詳説。《叢書》對用沙的禮義進行了闡述——沙土以達幽冥，且更爲潔淨，更易於酒液的滲透吸收。
朔望參	茅沙盤	茅盤	補充説明	對於韓琦、劉璋所倡的茅沙盤，李朝學者多采取肯定的態度。並解釋用茅沙盤盛放束茅的原因是：古今屋室建築結構不同，今時祠堂地面上多鋪有磚瓦及木板，以茅沙盤盛沙酹酒，便於灑掃，保持潔淨。
朔望參	無	筯	刪汰	筯是官員專用，丘濬《儀節》中已將措筯、執筯的環節全部刪去。在朝鮮服飾制度體系中，筯並非人人可用，李朝大儒對於《家禮》是否用筯，多沿襲《儀節》之説，將其刪去。
俗節	蒸餅或艾糕	角黍	改换	李朝並無端午食粽的習俗，對於《家禮》所舉的"角黍"，部分學者引中朝典籍，對其形制作出了正確的闡述。仍有部分學者將其誤解爲"水團"或"餅糕"。端午節令，半島有食用蒸餅、艾糕、松餅的風尚。
有事告	祝版	祝版	補充説明	《家禮》中祝版"長"以左右言，"高"以上下言，並未涉及版之厚薄。而朝鮮學者則對祝板形制、規格產生了爭議，其主要原因是對"長""廣""高"等概念的理解錯位，及對祝板持置方式的不同看法。

第三章

朝鮮時代"冠禮"所涉"諸具"疏證

  冠禮是針對古代十五歲至二十歲，父母無"期"以上喪服在身的青年男子，以加冠、換服、修飾的象徵程序表成人的禮儀。笄禮則是指女子十五歲後，爲其盤髮插笄表成年可論婚嫁的禮儀。冠禮起源於原始社會後期，氏族部落的"成丁禮"，在"五禮"中屬嘉禮。《儀禮》中《士冠禮》位列第一，《禮記·冠義》云："冠者，禮之始也。"個體於出生至成年的期間，完全依附於族群及家庭的翼護和教育，在認可其成人身份的人生轉折點上，以"冠"作爲禮制的象徵，經過此禮，標志着个人獲得了婚姻、治人、入祭的合法權利，以及應履行服役、參與軍事行動等各項社會義務。冠禮的重要性在於，以寓教於禮的形式對個體進行人格、心理的塑造，以區別於童年時期放縱無忌的形象。

  雖然冠禮、笄禮以直觀、生動、情景性的儀式來表示人生新的開端，但却並非同婚禮、喪禮一樣有實質成員的加入或退出。因此南北朝後"冠""笄"大多存在於知書通禮的名門大族，逐漸被政府與學者們冷落或淡忘，民間真正實施者甚少。正如柳宗元在《答韋中立論師道書》中所云："古者重冠禮，將以責成人之道，是聖人所尤用心者也。數百年來，人不復行。"① 宋、明之時，諸如司馬光、朱熹等有識之士雖然對"冠""笄"作了精簡的規定，政府也以《政和五禮新儀》《大明集禮》等禮典強令推行，但都收效甚微。社會的巨變加之外族文化的入侵，清後已無力改變"冠禮""笄禮"廢失的頹勢，五四運動之後更是幾近絕跡。而與我們山水相連的鄰邦韓國，在漢文化圈的輻射下，自《高麗史》記載光宗十六年（965年）王太子伷加"元服"，冠禮得以確立之後，便深入扎根於國民生活中。古代朝鮮半島的冠、笄制度以《朱子家禮》爲藍本，雖中途亦經歷了衰敗、與婚禮合流等波折，但自始至終從未中斷。20世紀70年代以來，每年5月的第三個星期一爲韓國政府規定的"成年日"。

　　朱子曾云："古禮惟冠禮最易行。"②《家禮》中"冠禮"以嫡長子加冠爲正禮，其過程分爲：前期準備、冠日之舉措、禮成後諸事三部分，冠禮前期準備又細析爲：告祠堂、戒賓、宿賓，共三個節目。"告祠堂"中"諸具"與"通禮"祠堂節"有事告"條相同，僅是祝文內容不用，故該節所需諸具在此不贅述。冠禮雖由冠者的祖父或父爲主人來主持，但真正的負責人應爲"賓"。冠禮作爲有著繁瑣而完整程序的專門學問，非常人所能了解，因此需要挑選具有較高威望及豐富學識的賢人擔任。"戒"含有"告請"之意，在行冠禮的吉日選定後，若主人與賓居住地相近，主人需身著深衣親自前往邀請。若距離較遠，則可派遣子弟致函特邀。爲體現出"賓"的不可替代性，以及對冠禮的重視，在舉行冠禮的前一天還要"宿賓"，"宿"通"速"，意爲約請、招致使來，即主人再次以書信邀約。戒賓、宿賓的物具相同，除主人、賓、使者外，祇需書寫紙張即可。冠禮的繁複，主要集中在加冠當日的擺設、器服、人員進

---

① 周紹良主編：《全唐文新編》第3部第2冊，吉林文史出版社2000年版，第6574頁。

② 朱熹：《朱子語類》卷89《禮六》，朱傑人、嚴佐之、劉永翔主編《朱子全書》第17冊，上海古籍出版社、安徽教育出版社2010年版，第2998頁。

退等調度，因此本章延續前章的節文排布，以《家禮》文本爲源，以《叢書》中衆説、異論爲流，將"陳設""陳冠服""序立""禮賓"主要程序所需諸具摘錄彙聚，其下兼收並存諸家的疑文變節，裁以就簡，且添附己意，以俟知禮者取正。紛爭辨訟非單一諸具所能涵括者，以"專題"形式綜理爬櫛。

第一節　冠禮"諸具"疏證

1. 陳設。

所謂"陳設"，即在冠禮舉行的前一日，家人依照儀式的需要來佈置廳堂。需要安排好冠者、賓、主的席位，更換衣服之房室，盥盆、帨巾等輔助用品。

【帟幕】

《家禮》朱子本注："以帟幕爲房於廳事東北。"楊復《附注》："（司馬溫公曰）無室無房則暫以帟幕截其北爲室，其東北爲房。此皆據廳堂南向者言之。"

《叢書》：(1)《家禮考證》："帟幕，《周禮·幕人》：'掌帷、幕、幄、帟、綬之事。'注：'鄭氏曰在旁曰帷，在上曰幕，四合象宮室曰幄。帷幕皆以布爲之。'帟，鄭司農云'平帳也'，玄謂'帟，幄中坐上承塵也。皆以繒爲之'。《禮》注：'帟，幕之小者。'"(4/243)

(2)《家禮輯覽》："帟，夷益切。在上曰帟，又小幕。《説文》：'惟帷在上曰幕。'"(5/84)

(3)《家禮源流》："《輯覽》'帟亦遮日'。"(14/194)

(4)《家禮便考》："帳、幔、帷、幕（《周禮·幕人》注：'在旁曰帷，在上曰幕。幕或在地上，展陳於上。帷幕皆以布爲之。'）。"(26/392)

(5)《疑禮通考》："陳設之具：帷幕，所以障之爲房室者。"

(34/212) 又，"以帟幕（《周禮》注'在旁曰帷，在上曰帟幕，坐上承塵。'）爲房於廳事之東北。(《禮》東房西室。鄭氏曰'士無西房'，溫公曰'無室無房，則以帟幕截其北爲室，其東北爲房，此皆據廳堂南向者言之'。《儀節》又於便室用帷幕隔一處爲賓次。)"（34/213）

（6）《四禮便覽》："諸具（陳設）：帟幕，二。即小幕，制見下祭禮祭器條。"（40/26）又，"諸具（祭器）：帟幕，《周禮》注：'帟，平帳也。幕之小者，在幄内承塵者，上及四旁皆有帷。'"（40/508）

（7）《家禮集考》："《韻會》：'在上曰帟，又小幕。'《說文》：'帷在上曰幕。'○朱子《釋宫》曰：'人君左右房，大夫士東房西室。'愚按，以帷爲房，本於開元。"（52/187）

（8）《冠禮考定》："《考證》：'東北爲房，即禮東房西室之制。鄭氏所謂士庶無西房者。'……《退溪講録》：'帟幕猶遮日……'愚按，《家禮圖》長子冠位在主人之右，衆子冠在房户外阼階上西頭。冠禮不用室，如以帟幕截而設之，則只設房，而室則不設亦可。"（57/23—25）

（9）《家禮彙通》："以帟（方遮日也）幕爲房，於廳事之東北。"（61/155）

（10）《九峰瞽見》："《韻會》：'在上曰帟，又小幕。'《說文》：'帷在上曰幕。'○《開元禮》以帷爲房……尤庵曰：'凡堂室之制，北爲房室而南爲堂矣。今之廳事無堂室，故以帟幕權設爲房，倣古制也。'○按，今無廟制，則難以如禮行冠事。依《家禮》廳事行禮可也，而貧家亦鮮有廳事者，則所居家庭之前，設帟幕爲房室。布莞席，以片紙書之以標主人席、賓席、冠者席、醮席。阼階、西階各三等，粘於席上亦可也。"（63/30—31）

（11）《士儀》："陳設之具：帟幕，俗稱遮日、揮帳之屬。"（80/211）

（12）《家禮補疑》："陳設之具：帷幕（所以障之爲房者）。"

(91/245)

（13）《四禮輯要》："諸具：帷、幕、屏、席（隨宜），盥盆二（一有臺，賓所盥；一無臺，贊及執事所盥）、帨巾二。"（95/272）

（14）《四禮汰記》："帟幕，俗云遮日。"（105/203）

（15）《四禮提要》："陳設，以帟（遮日）幕爲房於廳事之東北。"（109/424）

（16）《四禮撮要》："設盥帨，以帟（在上曰帟，小幕也）爲房於廳事之東北。"（115/37）

按：冠禮的施行地點，《家禮》主張設在"廳事"中。"廳事"本作"聽事"，又可省稱"聽"。《集韻·青韻》："廳，古者治官處謂之聽事，後語省，直曰聽，故加广。"古時官府問案、辦公、議事的場所叫作"聽事"，六朝時加上表意義歸屬的部件"广"以示區別。"廳事"亦可用來指私人住宅中用以接待賓客的堂屋。古代房屋建築平面佈局的標準樣式是"前堂後室"，屋室前部爲公共活動空間，後部爲日常起居的"房"和"室"。隨著房屋風格的發展變化，出現了僅有廳堂的單體建築。"廳事"由於其主要職能爲聚會、治事，因此多不包含休憩用的房室。而加冠時，需進房內替換相應身份的服裝，這就需要以帷幕進行分隔遮擋，帷幕後部充當"房"。

《家禮》云："以帟幕爲房於廳事東北"，其直接沿襲司馬氏《書儀》"無室無房，則暫以帟幕截其北爲室"而來。據《家禮集考》及《九峰謦見》考證，《書儀》的源頭應爲《開元禮》"以帷爲房"。此外，丘濬《儀節》冠禮"合用之物"下設"帷帳"爲具。李朝禮學家在對《家禮》"帟幕"作詮釋時，不免涉及到"帟""幕""帷""帳""幄"等多個概念，今以《叢書》爲依托，簡述如下。統言之，"帷帳"是上述室內簾布類詞語的總稱，其製作材料多爲布帛，主要作用爲室內障蔽物。析言之則各詞表示的佈設位置、大小及用途全不相同。"帟"又稱"承塵"（見圖3—1），其位置平張於幄內座位或床榻的上方，作用是防止屋梁塵埃粘衣，古代多以繒爲之，鋪設面積較小。"幕"特指帳幔的頂蓋部分，多以布製成。

"帷"則指上面没有頂蓋，僅在旁側圍障的布幅，多爲單面陳設。"帷"與"幕"合而爲"帳"，帳最初施於室内床笫之上，且包繞四面。後來範圍擴大至室外，可用於行軍、舉行儀式等，如軍帳、喪帳（即"帷堂"）之類，製作材料除布帛外，還有皮革、毛氈等。"幄"是帳的形態之一，與圓頂的大帳不同，幄多指小型的帳篷，且頂部隆起似屋頂，四角以木質構件支撐呈方形，上下四旁圍合形同屋宇。依諸衆説，"冠禮"中"帟幕"應指室内四旁圍繞，遮擋視綫，以示内外隔斷的帳幕，《儀節》以"帷帳"稱之較爲貼切。此外，《家禮源流》《冠禮考定》《士儀》《四禮汰記》及《四禮提要》五書中，將"帟幕"俗稱爲"遮日"（차일）。"遮日"又名"遮日帳"或"遮帳"，是李朝對於帷帳類用具的特殊稱謂。即用寬幅布製成用來遮擋陽光的帳篷，多用於人群聚集的場所。如英祖十年（1734年）《甲寅春親政圖》，描繪了國王親自執行人事行政活動的畫面，圖中建築内部有白色的"遮日"（見圖3—2）。

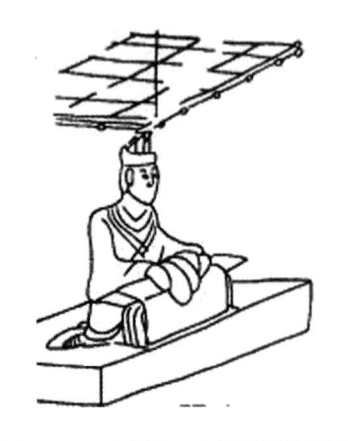

圖3—1　承塵圖（東漢傳經講學畫像磚，四川省博物館藏）

圖3—2　遮日圖（李朝英祖十年《甲寅春親政圖》）

【堊】

《家禮》朱子本注："或廳事無兩階，則以堊畫而分之，後放

第三章　朝鮮時代"冠禮"所涉"諸具"疏證　219

此。"楊復《附注》："廳事無兩階，則分其中央，以東者爲阼階，西者爲賓階。"

《叢書》：（1）《家禮考證》："堊，白土也。丘氏《儀節》用石灰。"（4/243）

（2）《家禮輯覽》："堊，《韻會》：'過戟切，白墡土也。'"（5/85）

（3）《家禮輯解》："以堊（《中庸或問》注'白土也'）畫而分之，後做此。（丘氏曰：'如人家廳事無房，宜將帷幕隔之。無階級，用石灰畫而分之。凡冠者席與賓主位次，皆用灰依圖界畫。至日按畫敷布。○洗盆、帨巾設於東階下東南，又於便室或用帷幕隔一處爲賓次。'）"（25/188）

（4）《家禮便考》："以堊（《韻會》'白善土'，退溪曰'白土'）畫而分之，後放此。"（26/309）

（5）《疑禮通考》："陳設之具：白土，所以畫爲東西階級者。《儀節》用石灰。"（34/212）又，"或廳事無兩階，則以堊畫而分之。（溫公曰：'分其中央，以東爲阼階，西爲賓階。'《儀節》：'無階級用石灰畫而分之，東西階皆三級。凡冠者席與賓主位次皆用灰依圖界畫。'）"（34/213）

（6）《四禮便覽》："陳設（諸具）：堊，即白土。"（40/26）

（7）《家禮集考》："《韻會》：'堊，音惡，白墡土也。'○按，此本於《聘禮》之壝壇畫階也，階等見祠堂章及下初加。"（52/187）

（8）《冠禮考定》："以堊（白土）畫而分之，後做此。"（57/88）

（9）《九峰瞽見》："陳設之具：白善土，畫以分之爲兩階。"（63/29）又，"以堊（《韻會》'音惡，白墡土也'）畫而分之，後放此。"（63/30）

（10）《喪禮四箋》："堊，白土也，塗以白土曰堊室。"（67/380）

（11）《喪禮備要補》："《字彙》：'堊，音惡，色土也。蔥聾之

山多白堊（詳見土部）。'"（73/430）

（12）《士儀》："陳設之具：堊，白土也，畫階者。"（80/211）又，"以帝幕爲房於廳事之東北。或廳事無兩階，則以堊（《儀節》用石灰）畫而分之。設盥帨。（《書儀》曰：'古禮謹嚴之事皆行之於廟，今人影堂偏隘，難以行禮。但冠於外廳，笄於中堂可也。'○星湖云：'《家禮》帝幕爲房，堊畫象階，無容更議。'）"（80/212）

（13）《全禮類輯》："諸具：堊，即白土。"（88/306）

（14）《家禮補疑》："陳設之具：堊，即白土，所以畫東西階者。"（91/245）

（15）《四禮撮要》："或廳事無兩階，則以堊（白土）畫以分之（並鋪陳），後做此（《儀節》有賓次）。"（115/37）

按：三加冠服時，"賓"分別降西階三級以受執事者進送的服飾。並非所有住宅的廳堂都設有臺階，爲了加冠的需要，無階的人家應用"堊"來畫綫標界，東爲阼階，西爲西階，各三級。對於"堊"字訓義，李朝學者多引《韻會》《中庸或問》《字彙》中的內容來闡發，釋爲"白土""白善土""白墡土""色土"，或是如《疑禮通考》般，直接在冠禮"陳設諸具"下列出"白土"條目。而關於"白土"爲何種泥土？抑或指白色塗料？學者却並沒有進一步的説明。今稽考古文獻中關於"堊"字的訓解，可知土多有赤、青、黑、黄、白五色，黄色爲正色，白色爲惡色，後人諱"惡"字，因此改稱"白善土"。而所謂的"白善土""白土"實際上包含兩種物質①，一爲高嶺土，又名瓷土、陶土或坩子土，它是燒製瓷器所用的粘土礦物原料，主要成分是硅酸鋁。如《天工開物·陶埏·白瓷》載："凡白土曰堊，爲陶家精美器用。"② 又如李時珍《本草綱目》

---

① 關於"堊"爲何種礦物質的詳細分析，可參看劉釗《漢簡"堊"字小考》（《書馨集：出土文獻與古文字論叢》，上海古籍出版社2013年版，第198—214頁）以及孫機《漢代物質文化資料圖說》（上海古籍出版社2008年版，第189頁）兩部著作。

② 宋應星著，潘吉星譯注：《天工開物譯注》，上海古籍出版社2013年版，第148頁。

載："胡居士云：'始興小桂縣晉陽鄉有白善，而今處處皆有之，人家往往用以浣衣……'李時珍曰：'白土處處有之，用燒白瓷器坯者。'"① 一爲以碳酸鈣爲主要成分的石灰巖，即石灰，又名白灰、白堊或堊灰。如《説文解字注》："（堊）白塗也。以白物塗白之也……《釋名》曰：'堊，亞也。亞，次也。先泥之，次以白灰飾之也。'按謂塗白爲堊，因謂白土爲堊。"又如《爾雅·釋宫》："牆謂之堊。"郝懿行疏："《一切經音義》十一引《蒼頡篇》云：'堊，白土也。'按飾牆古用白土，或用白灰，宗廟用蜃灰。"②

瓷土及石灰，在古代話語體系中皆可稱爲"白土"或"堊"，兩者實際上屬於名同而實異。而針對用作建築塗料的"堊"而言，則專指石灰。利用堊（即石灰）作爲塗抹地面或牆壁的材料，具有防水、防蟲、防潮的功效，據考古發現可追溯到新石器時期。③ 綜上所述，《家禮》中用以畫界的"堊"，實際上指石灰。在丘濬《儀節》冠禮"陳設"下云"無階級用石灰畫而分之"，亦再次證明了堊即指石灰。

2. 厥明，夙興，陳冠服。（簡稱"陳冠服"）

舉行冠禮當日黎明，執事者需要將冠禮三加所需要更換的衣帶履靴，以及修飾頭髮的相關物品，依照取用的順序，由北向南依次放置於房中西牆下的桌上，衣領朝東。桌子北面另設一桌，陳列尊祖、敬神所需的酒壺、盞盤、脯醢等物。冠禮中最爲重要的三套冠具，則以盤分別盛放，並覆蓋巾帕，安放在西階下。

【櫛】

《家禮·通禮·司馬氏居家雜儀》："凡子事父母，婦事舅姑。天欲明，咸起盥、漱、櫛（阻瑟切，梳頭也）、總（所以束髮，今

---

① 李時珍：《本草綱目》，人民衛生出版社1977年版，第427頁。
② 郝懿行：《爾雅義疏》，《郝懿行集》第4册，齊魯書社2010年版，第3208頁。
③ 武金勇等：《先秦兩漢繪畫顔料研究》，中國水利水電出版社2016年版，第57頁。

之頭䯼)，具冠帶。"又，"冠禮"朱子本注："通用皂衫、深衣、大帶、履、櫛、䯼、掠，皆桌子陳於房中。"

《叢書》：(1)《家禮考證》："丘氏曰：'櫛是梳子。頭䯼是總。'"(4/246)

(2)《家禮輯覽圖說》："櫛，梳也。朱子曰：'理髮器也。'"(5/507)

(3)《疑禮通考》："陳冠服之具：櫛，所以理髮合紒者。"(34/213)

(4)《四禮便覽》："諸具(陳冠服)：櫛，用以理髮者，盛以函。"(40/34)

(5)《冠禮考定》："《儀節》：'是日早起用桌子陳當用衣帶、靴履、梳篦、網巾，並用笥盛於房中……《家禮》去篦，而用櫛、䯼、掠三物。櫛是梳子，頭䯼即是總。'《禮注》：'所謂裂練繒以束髮是也。'掠即掠頭編子。今皆不用，擬以時制網巾代之。"(57/27)

(6)《家禮增解》："《儀節》按：'《書儀》合紒用櫛、篦、總、幧頭四物，其自注云：總是頭䯼，幧頭是掠頭也。《家禮》去篦，用櫛、䯼、掠三物。櫛是梳子，頭䯼即是總。《禮注》所謂裂練繒以束髮是也。掠頭今無其制，考《喪禮篇》解"免"字，謂裂布或縫絹，廣寸，自項向前交於額上，却繞髻，如著掠頭，則其制亦可以意推矣。今皆不用，擬以時制網巾代之，並用笥盛。'○愚按，《書儀》櫛、篦、總、幧頭四物，本出於《內則》櫛纚笄總之制。櫛與總則名同而制亦同，惟掠頭與《內則》所謂纚其制少異。纚則以黑繒長六尺、廣終幅者，韜髮而作髻。掠頭則作髻後施之，初不並髮，韜之笄則橫貫於髻纚之上以固髻者，即《書儀》所謂篦也。《家禮》則不用篦。又按，《儀節》所用網巾，即大明初兜率菴道士所創造，而明太祖見而善之，遂頒其制於天下者也。"(58/434)

(7)《九峰瞽見》："冠服之具：櫛，梳子……櫛，朱子曰'理髮器也'。"（63/39）又，"贊者即席，如其向跪，爲之櫛（《輯覽》按：'《集說》注，今用刀鑷'），合紒施掠。（《士冠禮》：'贊者坐櫛設纚設笄。'○《書儀》：'合紒，施總，加幓頭。'○《丘儀》：'以網巾代之。'○《五禮儀》：'贊櫛畢，徹櫛具，設纚，興，少北南向立。'）"（63/57）

（8）《家禮補疑》："陳冠服之具：櫛，所以理髮合紒者。"（91/246）

（9）《四禮輯要》："諸具：櫛、䰎（古謂之總，所以束髮固髮）、掠（俗用網巾）。"（95/273）

（10）《六禮修略》："三加冠服（諸具附）：櫛，《儀節》是梳子。"（108/125）

（11）《四禮要選》："冠禮時具：櫛，理髮。"（111/552）

（12）《四禮要覽》："櫛，用以理髮者，盛以函。"（117/135）

按：冠禮儀式開始後，將冠者（以嫡長子爲例）從東房中走出，面朝西跪坐於阼階東北的席位上。此時受冠者的服裝及髮式還是童子的裝扮，贊冠者爲其梳頭縮髮，將象徵童子身份的"雙紒"，梳理整合爲頭頂一髻，等待賓前來加冠。作爲梳頭的工具，司馬光《書儀》中有"櫛""笓"兩物，而《家禮》僅存"櫛"。《叢書》中大多學者采用朱子說，並以"梳子"或"理髮器"來釋"櫛"，對其形制則未過多闡發。今補述如下。

《說文·木部》："櫛，梳比之總名也。"在古籍文獻中，"梳"常作"疏"，"比"又作"笓""笓"或"枇"。櫛是梳子和笓子兩物的總稱，然而兩者的形制仔細區分則有明顯不同。劉熙《釋名·釋首飾》："梳，言其齒疏也。數者曰比，比於梳，其齒差數也，亦言細相比也。"[1] 畢沅注云："數，密也，所角反。"[2] 綜此可見，梳

---

[1] 劉熙：《釋名》卷4，《叢書集成初編》第1151冊，中華書局1985年版，第74頁。

[2] 王先謙撰集：《釋名疏證補》，上海古籍出版社1984年版，第237頁。

子的齒部大而粗，少則五六根，多則十幾二十根。宋高承《事物紀原》引《二儀實錄》："赫胥氏造梳，以木爲之，二十四齒，取疏通之義。"① 赫胥氏製梳僅爲傳說，就考古所見最早的"骨梳"實物來看，梳子的源頭可追溯至6000多年前新石器時代的大汶口文化。其用途是代替手指作爲疏通打理頭髮的工具。唐宋時期逐漸由實用工具演變爲婦女頭部的裝飾品。梳子的質地由早期的獸骨、竹木、青銅擴展到金銀、玉石、象牙、玳瑁等貴重物材，其造型結構也由直豎形發展爲上圓下方的馬蹄形、梳背弧度較大的半月形、梳脊爲圓柱狀的扁方形（見圖3—3）等。

圖3—3 不同造型的梳子

（1. 新疆哈密五堡古墓出土3000多年前直豎形木梳，新疆考古研究所藏；2. 湖南長沙馬王堆3號墓出土西漢馬蹄形木梳，湖南省博物館藏；3. 江蘇武進禮河宋墓出土半圓形金包背黄楊木梳；4. 江蘇淮安鳳凰墩明代孫氏墓出土扁平形玳瑁梳）

篦子的産生較梳晚，大約在春秋時代晚期，"山西長治分水嶺古墓出土的髮篦是目前所見法髮篦中年代較早的一件實物"②。篦子齒部細而密，可達幾十甚至上百根之多。古人多蓄髮，久之則易藏污納垢，髮篦的用途除理順蓬頭散髮外，主要在於清除髮垢及蟣蝨。正如《急救篇》中唐顏師古注："櫛之大而麤，所以理鬢者，謂之疏，言其齒稀疏也。小而細，所以去蟣蝨者，謂之比，言其齒密比

---

① 高承撰，李果訂：《事物紀原》卷3《冠冕首飾部》，中華書局1989年版，第142頁。

② 高春明：《中國服飾名物考》，上海文化出版社2001年版，第124頁。

也。皆因其體而立名也。"① 髮篦的材質和造型與梳子大體相類，隨時代發展其製作工藝越發精緻，選材也更加豐富。宋元之後流行兩端皆有齒的"非"形髮篦（見圖3—4），兩面齒的篦從而和單面齒的梳，從外部結構上便能輕易區別出來。

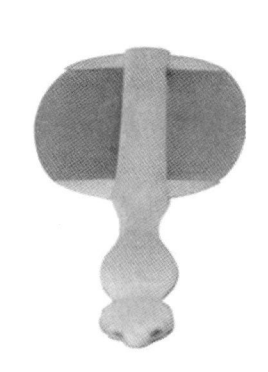

圖3—4 "非"形髮篦（1. 江蘇蘇州元代張士誠母曹氏墓出土銀篦，蘇州博物館藏；2. "臺北故宮博物院"藏玉篦）

此外，除單體梳、篦外，還有梳篦同體兩用的特殊"非"形櫛具（見圖3—5）。與中國相同，梳與篦在朝鮮半島統稱爲櫛，最早在樂浪遺址的漢墓中便有髹漆的木櫛出土，朝鮮三國時代櫛亦被作爲婦女插在頭髮上的飾品使用，大量的骨櫛及玉櫛等被發現，其中以忠清南道公州市百濟時期武寧王陵中出土的金屬櫛最爲精緻，而保留下來李氏朝鮮時期的梳篦多爲半月形的木櫛爲主。

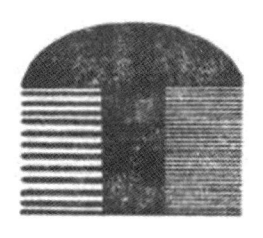

圖3—5 梳篦同體（新疆吐魯番哈喇和卓墓出土宋代木梳篦）

---

① 史游撰，顏師古注，王應麟補注：《急救篇》，商務印書館1936年版，第186頁。

【䌙】

《家禮·通禮·司馬氏居家雜儀》："凡子事父母，婦事舅姑。天欲明，咸起盥、漱、櫛（阻瑟切，梳頭也）、總（所以束髮，今之頭䌙），具冠帶。"又，"冠禮"朱子本注："通用皁衫、深衣、大帶、履、櫛、䌙、掠，皆桌子陳於房中。"

《叢書》：（1）《家禮考證》："櫛、䌙、掠。丘氏曰：'櫛是梳子，頭䌙是總，《禮注》所謂裂練繒以束髮是也。'"（4/246）

（2）《家禮附贅》："校訂：網巾之斂髮如䌙、掠，而其制則不同，網巾始於大明洪武時，頭䌙見於《書儀》，䌙即古之總，總以布條束髮本及末者。蓋以此束髮，然後復有撮髻也。《書儀》'冠禮用總、幧頭'，總是頭䌙，幧頭是掠頭，《家禮》之䌙、掠是也。朱子曰：'今掠頭編子，自頂而前交於額上，即繞髻也。'《名臣錄·張詠傳》：'見僧額上有巾痕，知其爲賊。'巾即掠頭之屬，後來網巾其遺制也。"（8/271）

（3）《明齋先生疑禮問答》："問：'䌙掠之制（姜鄭）。'答：'《丘儀》可考。丘氏曰：頭䌙即是總，《禮注》所謂裂練繒以束髮是也。掠頭今無其制……今擬以時制網巾代之。'"（16/127）

（4）《疑禮通考》："陳冠服之具：䌙，裂色繒爲之，所以總髮者。"（34/213）

（5）《四禮便覽》："按，《家禮本注》有䌙，而今人既不用，其制又不可詳，故刪之。"（40/27）

（6）《常變通考》："總，《內則》注：'總，束髮也，垂後爲飾。'疏：'總，裂練繒爲之，束髮之本，垂餘於髻後以爲飾也。櫛訖加縰，縰訖加笄，笄訖加總，然後著冠也。'○《書儀》：'今之頭䌙。'"（54/391）

（7）《二禮輯略》："通用皁衫、深衣、大帶、履、櫛、䌙（總）、掠（免），皆桌陳房中。"（62/547）

（8）《九峰瞽見》："冠服之具：䌙即頭䌙也……䌙，裂練繒束髮……○䌙如著幧頭。《語類》：'幧頭如今之掠頭編子。'○《丘

儀》幞、掠，今皆不用，以時制網巾代之。"（63/39—40）

（9）《四禮類會》："頭幞之制：《儀節》頭幞即是總，《禮注》所謂裂練繒以束髮是也。○《內則》疏：'總者，裂練繒爲之，束髮之本，垂餘於髻後以爲飾也。'○《考證》：'俗名唐歧。'"（66/318）

（10）《喪禮四箋》："布總六升，長六寸（《喪服傳》）。鄭曰：'束髮謂之總。既束其本，又總其末。六升者，象冠數，斬衰冠六升。長六寸，謂出紒後所垂爲飾也。'（賈云：'長六寸，謂紒後所垂。若據其束，本人所不見，何寸數之有。'）○《開元禮》：'斬衰婦人，以六升布爲總。'○《家禮》：'斬衰，用極麤生布爲頭幞（本《書儀》）。'○楊曰：'家禮所謂布頭幞即《儀禮》之布總也。'（丘云：'布頭幞用略細布一條爲之，長八寸，以束髮根而垂其餘於後。今世俗婦女有服者，用白布束髻上，謂之孝圈，亦此意也。但彼加於髻上而不束髮，亦不垂其於。'）○呂坤曰：'古之布總，今頭幞也（狀如假髻，以束髮而羅麻絰於上）。'○沙溪曰：'布頭幞所以束髮者，以六升布爲總，垂者六寸。'○鏞案，東俗總必雙垂（俗名曰唐紒）。須用尺二寸，中屈之可垂六寸（丘以爲八寸非也）。其廣無文，宜廣一寸，與繞同也（吉總則不止一寸）。"（68/23—24）

（11）《士儀》："頭幞圖下注：'此《補編》中制度也，未知合於宋時之制，而邦禮所著，故姑存之。'"（80/73）

（12）《居家雜服考》："總，古者男女皆有之。《內則》：'子事父母櫛、縰、笄、總。'又'婦事舅姑，櫛、縰、笄、總。'又'男女未冠笄者，櫛、縰、拂髦、總角。'○下迄宋世亦男女皆有，而俗稱頭幞。司馬溫公《書儀》：'《冠儀》陳服：櫛、篦、總。注云：總，頭幞。'又《笄儀》：'櫛、總、首飾置桌上。'《朱子家禮·冠儀》陳服：櫛、幞。又《喪儀》，楊氏復曰：'布頭幞，即《儀禮》之布總也。'總，所以束髮也。作髻之前，先以束髮本。作髻之後，又總其末而束之，垂其餘於髻後爲飾。以繒屬爲之，色宜用黑。鄭氏玄注：'《內則》曰：總，束髮也，垂後爲飾。'又注：'喪服曰束髮謂之總者，既束其本，又總其末也。'孔氏穎達《內則》疏曰：
'總者，裂練繒爲之，束髮之本，垂餘於髻後以爲飾也。'○婦人總
長尺二寸。賈氏公彥《喪服傳》布總長六寸。疏曰：'此斬衰六寸。
南宮縚妻爲姑總八寸，以下雖無文，大功當與齊同八寸，緦麻小功
同一尺，吉總當尺二寸與笄同也。楊氏復《儀禮圖》婦人首飾說曰：
'斬衰總長六寸，期大功八寸，小功緦麻同一尺，吉總當尺二寸也。'
珪壽按：楊信齋亦從賈說，雖非據經，要知吉笄既長則吉總亦宜長，
今從之。○所謂總長者束髮，所餘垂後爲飾之長也。鄭氏玄《喪服
傳》總長六寸。注曰：'長六寸，謂出紒後所垂爲飾也。'賈氏公彥
曰：'鄭知長六寸，謂出紒後所垂爲飾也者。若據其束本，入所不
見，何寸數之有乎？故鄭以六寸爲據垂者言也。'珪壽按：鄭說極
明，吉總尺二寸，亦當以所垂者言也。○垂後者只一條，不必兩條。
丘氏濬《家禮儀節》補曰：'布頭䈯用略細布一條爲之。'珪壽按：
總只一條，先以一頭束髮本作髻，既畢，復以一頭纏繞髻根，於是
乎髮末之結在髻根者，束而不解，鄭氏所謂既束其本，又總其末者
也。然則垂後所餘之總，當只一條不必兩條也。○其廣於文無見，
隨宜爲之，稍令廣博足掩腦後爲好，其入於束髮之長，亦隨宜爲之。
珪壽按：總之束髮，狹便而闊不便也，然按《喪服傳》言總六升，
鄭氏云六升象冠數。然則喪服布總升數粗細亦視親有差耳，然則總
之爲制，似非甚狹者矣。如其狹小則安能辨升數於其間乎？且況吉
時之總，尤宜取飾容儀，則只爲便於束髮，而狹小其制恐不稱情。
或者其束髮處則狹細取便，而垂後處則闊薄爲飾歟。似此等處隨宜
參酌，固非違禮也。○服纚、笄、總，先總，次笄，次纚。服纚、
笄、總者，先以總束髮作髻，次以笄橫貫髻中以固髻，次以纚裹髻。
孔氏穎達《內則》櫛、纚、笄、總，疏曰：'此經所陳，皆依事先
後，櫛訖加纚，纚訖加笄，笄訖加總。'珪壽按：孔氏曾以盧氏纚裹
髻之說爲是，而於此疏則以韜髮作髻爲說，蓋姑依熊氏舊說爲解故
也。"（85/366—372）

(13)《家禮補疑》："陳冠服之具：䈯，裂色繒爲之，所以總髮

者。"（91/246）

（14）《禮疑續輯》："總，古者男女皆有之。〇下迄宋世，亦男女皆有，而俗稱頭䯼。〇總所以束髮也，作髻之前，先以束髮本；作髻之後，又總其末而束之，垂其餘於髻後爲飾。以繒屬爲之，色宜用黑。〇婦人總長尺二寸。〇所謂總長者，束髮所餘，垂後爲飾之長也。云垂後者只一條，不必兩條。服纚、笄、總者，先以總束髮作髻，次以笄橫貫髻中以固髻，次以纚裹髻。〇束髮作髻者，作上頂也。〇角者，兩髻也。〇以兩分之髮，各作一髻於腦之左右也……〇今亦以此爲制，而凡作髻毋高起毋尖銳，櫛髮斜紉盤旋回繞而藏髮端於髻本，以總束之，乃施纚。"（94/244—245）

（15）《四禮輯要》："諸具：䯼，古謂之總，所以束髮固髻。"（95/273）

（16）《四禮汰記》："《二儀實錄》曰：'燧人氏始爲髻，以髮相纏而無物繫縛。女媧之女始以羊毛爲繩，向後繫之，後世易之以絲緝，名曰頭䯼，即總也。'……《增解》曰：'掠頭與《內則》所謂纚，其制少異，作髻後施之，初不並髮韜之。'愚按，纚即縰也。其法以六尺繒從額上韜髮際交於腦後，用其餘而裹髮，安笄於上。而所裹之髮纏於笄，以總束其本。此三代之制也，漢元帝額有壯髮，以幘蒙之，始有幘。王莽頂禿，始加其屋。宋時以一寸布裹額斂髮，謂之掠頭。皇明時太祖微行至神樂觀，見一道士結網巾，仍取十三頂頒示布政司，使無貴賤皆首裹之，即今之所謂網巾也。但以馬尾之賤加諸人首之尊，皇明之後，蠻夷之入主中國，此其兆也，明王有作在所更張矣。愚嘗與李啟道講究古制，笄、總安其髮，黑繒一片，略倣今網巾之制，而裹其頭別有所著所可考也。"（105/36—37）又，"縰總：《周禮》疏縰長六尺，以韜髮。笄所以安髮。總者，既係其本又總其末（《考證》曰：俗名唐岐）。愚按，總即頭䯼也，古者男女皆用縰□韜髮，自大明以後，男用網巾，男女之首飾異也。"（105/52—53）

（17）《四禮纂笏》："按，䯼《禮注》所謂裂練繒以束髮者也。"

(107/21)

（18）《六禮修略》："三加冠服（諸具附）：帉，《儀節》即是總，《禮注》所謂裂練繒以束髮是也。"（108/125）

（19）《家禮酌通》："《集考》曰：'《儀節》帉、掠今皆不用，以網巾代之。'（114/80）又，"頭帉即總也，所以束髮者，而今俗無。"（114/173）

（20）《四禮儀》："括髮免髽具：布頭帉，即總，所以束髮者，今則廢矣。"（120/64）

按："帉"字《說文》未收，最早見於《玉篇·巾部》，是"繙"字的或體，"繙"本義爲"繒采色"，即彩色的絲帛。此後《廣韻》《集韻》《字彙》等字書中，將"帉"列爲正字，且作爲"頭帉"一詞的專用。

《家禮》諸具多沿用《書儀》而來，《書儀》中爲將冠者束髮用"總"和"幓頭"，司馬氏自注云"總，頭帉。幓頭，掠頭也"。故而在《家禮》中朱熹以司馬氏別稱的"帉"及"掠"來捆扎包裹散髮。《叢書》中各禮家對於"頭帉"的釋義主要分屬三方面：其一，頭帉的質料、色澤、長廣等形制如何。其二，頭帉的使用方法爲何。前兩方面合析如下：張錫英《四禮汰記》引《二儀實錄》，將頭帉的發明歸功於女媧之女，其製作材料早期爲羊毛，此後代之以彩色絹帛等，頭帉即頭繩之類。[①] 司馬氏、朱熹、楊復、丘濬皆云"頭帉"即"總"，李朝學者亦采取此說，朴珪壽《居家雜服考》中有"總"圖（見圖3—6）可作參考。原始人類以蓬髮、披髮、斷髮爲主，頭髮常常不作修飾。三代以來，隨著禮制的建立，束髮戴冠成爲華夏民族與四方蠻夷的一個重要區別。在戴冠帽之前，必先將散亂的髮絲梳攏結於頭頂，以頭衣壓束，以繩帶

[①] 《四禮汰記》中所引《二儀實錄》內容，見於宋高承《事物紀原》，原文如下："《二儀實錄》曰：'燧人時爲髻，但以髮相纏，而無物系繫縛。至女媧之女，以羊毛爲繩，向後繫之。後世易之以絲及綵絹，名頭帉，繩之遺狀也。'"（高承撰，明李果訂：《事物紀原》卷3《冠冕首飾部》，中華書局1989年版，第140頁）

捆扎固定，使髮髻不易鬆脱。古時所謂的"總"即宋代俗稱的"頭幂"，男女皆可用。平時以絲織品製成，喪時則用麻布，且對布帛的長度及粗細皆有嚴格的規定。《家禮考證》《明齋先生疑禮問答》《常變通考》《四禮類會》《居家雜服考》等書，引《禮記·内則》鄭、孔二人的注疏對"總"（即頭幂）進行考辨，鄭玄注："總，束髮也，垂後爲飾。"孔穎達疏："總者，裂練繒爲之，束髮之本，垂餘於髻後，以爲飾也。此經所陳，皆依事先後：櫛訖加縱，縱訖加笄，笄訖加總，然後加髦著冠。"① 由此推之，頭幂的作用在於束髮固髻，"練繒"指白色綢帶。其使用程序爲：以梳子理順頭髮，以"纚"（即"縱"，黑繒所造之紗巾，長六尺、寬二寸二寸）從額前裹髮至腦後作髻，横插笄以固定，最後用頭幂繫在髮髻的根部，其餘的部分垂下作爲修飾。對於頭幂色白持不同意見的禮書有：朴珪壽《居家雜服考》、李應辰《禮疑續輯》、張錫英《四禮汰記》，他們認爲"色宜用黑"；而鄭萬陽、鄭葵陽《疑禮通考》及張福樞《家禮補疑》僅指出爲"色繒"，並未確指其顏色。關於頭幂的使用方法及長廣，丁若鏞《喪禮四箋》、朴珪壽《居家雜服考》及李應辰《禮疑續輯》三書敘述最爲詳盡。就其長廣來説，以女子所用爲例，吉總長一尺二寸，斬衰布總（見圖3—7②）長六寸，大功與齊衰同八寸，小功、緦麻爲一尺。其長度是據束髮後垂餘的部分而言。其寬度古禮未明示，今審朴珪壽按語，其説較爲妥帖。頭幂束髮處應狹細，方便約束頭髮。而垂後爲飾處則需闊薄，宜於取飾容姿。就頭幂的使用步驟而言，朴氏及李氏則與孔穎達疏説"先纚、次笄、次總"的順序不同，朴、李認爲應先以頭幂作髻，然後以笄横貫髮髻，最後用纚包裹。筆者以爲兩人論説不當，既已用笄插髻，安能以疏薄的髮罩（即"纚"），由前至後套髮？其必受到髮笄的阻隔。應以孔穎達疏説爲定：梳頭後以黑色薄絹"纚"韜髮撮髻，用髮笄

---

① 孫希旦：《禮記集解》上，中華書局1989年版，第726頁。
② 該圖摘自李玉潔《先秦喪葬制度研究》，中州古籍出版社1991年版，第74頁。

固定，最後添加縛結髮根的頭幂爲髮帶。

其三，李氏朝鮮的服飾制度中是否使用頭幂。隨着"網巾"的産生，明朝已不再使用頭幂、掠頭等物來韜束頭髮，丘濬《儀節》將其删汰，且易以洪武年間創發的網巾。李朝服飾多承明制，對於"頭幂"，李縡《四禮便覽》明確指出"今人既不用，其制又不可詳，故删之"。《四禮汰記》《家禮酌通》《四禮儀》三書亦同李縡説，以朝鮮俗家不使用，世人大多不明其形制等緣由，將"頭幂"廢棄。綜述之，頭幂即束髮的頭繩，吉禮時以絲綢絹帛等製作，色澤爲黑。喪禮時則代以麻布，爲質樸的白色。通常繫結在髮根處，餘下作爲裝飾自然下垂。其寬度不定，以方便束髮爲本。至長一尺二寸，最短六寸。入明後，伴隨網巾的發明，男子不再使用頭幂扎緊頭髮，而以網巾爲替。李氏朝鮮亦同中國服制，捨頭幂而代之以網巾。

此外，需要特別説明的是，《四禮類會》《四禮汰記》引《家禮考證》，認爲"總"俗名"唐歧"，丁若鏞《喪禮四箋》中又名"唐紒"。"唐歧""唐紒"即"唐只"（댕기）①，雖然它同"頭幂"一樣都是作爲束髮的絲帶使用，但是兩者的扎束位置以及顏色皆不相同。如上文所示，頭幂用於髮髻的根部，作爲最後的固定物。而半島特有的"唐只"（見圖3—8），既可用於婦女兒童髮辮的尾端，作爲結縛的錦緞。又可纏於假髮中作爲裝飾的飄帶。另外，不同於頭幂的黑白兩色，唐只色彩繽紛、樣式別緻，年輕人多以紅色、紫色爲主，老年或喪居者以黑、白爲主，且表面多點綴有寶石、金箔、文字等。總之，"唐只"與"頭幂"不是一物。另一個需要注意的地方是，許傳《士儀》收錄有"頭幂圖"，該圖摘自《國朝喪禮補編·圖説》（見圖3—9）。《補編圖説》下注云："内喪所用。頭幂（一名首冠或首帊）表用冒緞，裏紫土紬，糊紙爲之。長尺三寸（用布帛尺），廣七寸，前屈三寸，後垂一尺。摺其屈處，左右兩隅斜疊向裏各寸五分，縫兩端虛其中。别用冒緞帶，廣一分，繞自前

---

① "唐只"在韓國典籍中還别稱爲"檀戒""檀棋""檀誠""澶誠"。

面斜接於後，合縫兩端。"① 《補編圖說》中所謂"頭䩞"乃是女喪時用来斂髮的巾帕，並非《家禮》束髮的頭繩。因此許傳《士儀》雖引《補編圖說》"頭䩞圖"，然下注"此《補編》中制度也，未知合於宋時之制，而邦禮所著，故姑存之"。許氏之論，較爲合宜。

圖3—6　總圖（《居家雜服考》85/264） 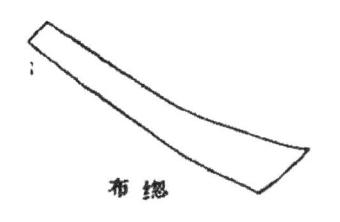　　圖3—7　布總圖（摘自《先秦喪葬制度研究》）

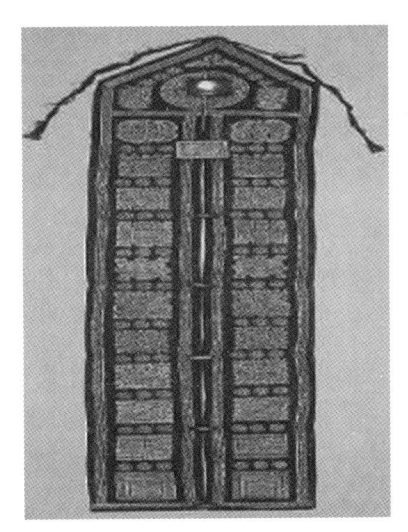

圖3—8　朝鮮半島"唐只"（1. 紅色唐只，江陵市烏竹軒市立博物館藏，編號：428；2. 黑色唐只，韓國國立民俗博物館藏，編號：21240）

---

① ［韓］洪啟禧等：《國朝喪禮補編·圖說》，首爾大學奎章閣藏本。

圖3—9 頭𢄼圖(《國朝喪禮補編·圖説》)

【掠】

《家禮》朱子本注:"通用皂衫、深衣、大帶、履、櫛、𢄼、掠,皆桌子陳於房中。"

《叢書》:(1)《家禮考證》:"櫛、𢄼、掠。丘氏曰:'……掠頭今無其制,考《喪禮》篇解免字,謂裂布或縫絹,廣寸,自項向前,交於額上,却繞髻後,如著掠頭,則其制亦可以推矣。今皆不用,擬以時制網巾代之。'○按,丘説缺'垂餘於髻後以爲飾'八字,掠頭即掠頭編子。"(4/246)

(2)《家禮輯覽》:"頭𢄼、掠,俱見冠禮。○河西曰:'掠頭如今之網巾。'"(5/195)

(3)《家禮輯覽圖説》:"掠頭圖下注:'交於額上繞髻。'"(5/507)

(4)《家禮附贅》:"《玉川解義》曰:'冠,緇布冠也。《家禮》先用冠,次以巾加之,今俗以笠爲冠,則巾無所用,姑闕無妨。𢄼、掠,今之網巾也。'○校訂:網巾之斂髮如𢄼、掠,而其制則不同。網巾始於大明洪武時,頭𢄼見於《書儀》,𢄼即古之總,總以布條束髮本及末者。蓋以此束髮,然後復有撮髻也。《書儀》冠禮用總、幧頭，總是頭㡇，幧頭是掠頭，《家禮》之㡇、掠是也。朱子曰：'今掠頭編子，自項而前交於額上，却繞髻也。'《名臣錄·張詠傳》：'見僧額上有巾痕，知其爲賊。'巾即掠頭之屬，後來網巾其遺制也。"（8/271）

（5）《南溪先生禮說》："《家禮》之掠，即古之纚，至卒哭祔終，無反掠之文，豈以櫛掠是常節，故不言否。第今因《丘儀》以孝巾承籍冠經，實有近於斂髮之義，雖不用布網巾裹頭，恐無甚妨。"（22/598）

（6）《疑禮通考》："陳冠服之具：網巾。古有掠頭，今之網巾有遺意。"（34/213）

（7）《四禮便覽》："諸具（陳冠服）：掠，《儀節》代以網巾。○用以包髮者，織騣爲之。"（40/34）

（8）《家禮集考》："喪服斬衰鬠，注曰：'以麻自項而前交於額上，邻繞紒，如著幓頭焉。'《語類》曰：'幓頭如今之掠頭。'《儀節》曰：'㡇掠今皆不用，以網巾代之。'愚按，此櫛、㡇、掠無所盛之，異古箪篋之法，蓋從簡也。"（52/191）

（9）《家禮增解》："合用之物：櫛、㡇、掠（代網巾）……"（58/418）又，"愚按，《書儀》櫛、篦、總、幧頭四物，本出於《內則》櫛纚笄總之制。櫛與總則名同而制亦同，惟掠頭與《內則》所謂纚其制少異。纚則以黑繒長六尺、廣終幅者，韜髮而作髻。掠頭則作髻後施之，初不並髮韜之"。（58/434）又，"賓揖將冠者，即席西向跪。贊者即席，如其向跪，爲之櫛，合紒（按，謂合雙紒爲一紒，又當施頭㡇），施掠（《儀節》施網巾）。"（58/443）

（10）《二禮輯略》："陳冠服：……通用皂衫、深衣、大帶、履、櫛、㡇、掠（免），皆桌陳房中。"（62/547）

（11）《九峰瞽見》："冠服之具：掠，今無其制……掠，網巾代之。○㡇如著幓頭。《語類》：'幓頭如今之掠頭編子。'○《丘儀》：'㡇、掠今皆不用，以時制網巾代之。'○龜峰曰：'掠，裂布廣寸，自項向前交於額上，却繞髻後，如掠頭，則其制可推矣。'"（63/

39—40)

（12）《四禮類會》："贊者取櫛、帨、掠（按，代網巾）……○贊者即席，如其向跪。爲之櫛合紒（《增解》按，當施頭帨），施掠（《儀節》包網巾）。"（66/15）又，"冠具：頭帨、掠頭（今用網巾）。"（66/239）又，"《儀節》：掠以時制網巾代之，並用筍盛。"（66/258）

（13）《二禮鈔》："《嘉禮酌儀》：贊者就將冠者，北面，坐。櫛，束髻，施網巾（撤梳篦）。"（69/628）

（14）《家禮補疑》："陳冠服之具：掠，所以斂髮者，今以網巾代之。"（91/246）又，"始加笏記：贊者取櫛、帨、掠（《纂要》並筍。○按，掠今俗以駿網巾代之）置於席左。"（91/252）

（15）《禮疑續輯》："竹庵曰：'冠禮陳冠服注，掠是何物。'黎湖曰：'掠即掠頭，如今網巾之類（《類輯續編》）。'"（93/69）

（16）《四禮輯要》："掠，《書儀》：'幧頭是掠頭。'○《儀節》：'考喪禮節免字，謂裂布或縫絹，廣寸，自項向前交於額上，却繞髻，如著掠頭，則其制亦可以意推矣。'○《增解》：'掠頭與《內則》所謂纚其制少異，作髻後施之，初不並髮韜之。'○《儀節》：'掠頭今不用，以時制網巾代之。（《明史》太祖微行，至神樂觀，見一道士結網巾，仍取頒十三布政司，使人無貴賤皆首裹。○按，網巾以馬駿爲網結，廣可繞首，當項相交，下畔爲編子，兩傍加貫子，用組交貫纏之，上畔連綴爲紐，貫繩約之。）'"（95/257—258）又，"諸具：掠，俗用網巾。"（95/273）

（17）《四禮集儀》："櫛（《儀禮》）、掠（《家禮》；代網巾，《儀節》）實於筍（《儀注》）在服南，席二在筍南。"（101/39）

（18）《六禮修略》："三加冠服（諸具附）：掠。《儀節》：'掠頭今無其制，以網巾代之。'"（108/125）

（19）《四禮要選》："冠禮時具：掠，今網巾。"（111/552）

（20）《四禮儀》："陳冠服：掠，代以網巾。"（112/15）

（21）《四禮常變纂要》："合用之物：掠，代網巾。"（113/63）

（22）《禮笏》："陳冠服：櫛、縰、㡋（今網巾）並用笥，盛在服桌之南。"（115/407）

（23）《四禮要覽》："諸具：㡋，代以網巾。○用以包髮者，織騣爲之。"（117/135）

按：李朝學者對於《家禮》冠具"㡋"，一方面博及群書尋繹其爲何物，另一方面因時因地給予通變，將"㡋"更易爲半島習用的"網巾"。就第一部分來説，學人多摘録中國典籍對"㡋"進行詮述，如引《書儀》司馬氏自注："幧頭，㡋頭也。"《朱子語類》："安卿問：'鄭氏《儀禮注》及《疏》，以男子括髮與免，及婦人髽，皆云如著幓頭然。所謂幓頭，何也？'曰：'幓頭只如今之㡋頭編子，自項而前交於額上，却繞髻也。免，或讀如字，謂去冠。'"① 丘濬《儀節》注："㡋頭，今無其制。考喪禮篇解'免'字，謂裂布或縫絹，廣寸，自項向前交於額上，却繞髻後，如著㡋頭，則其制亦可以推矣。"由上可之，《家禮》省稱的"㡋"即"㡋頭""㡋頭編子"，它與《書儀》所謂"幧頭"應屬同類。"幧"，《集韻》《類篇》等宋代字書收録其俗體"幓"②，《書儀》"幧頭"和《語類》中"幓頭"是由於文字書寫的變異而造成名稱上的差別，實指一物。"幧頭"是指斂髮用的頭巾，漢時文獻慣見。而與之規格相近的"㡋頭"，亦指縮髮的頭巾之類。其材質爲"裂布或縫絹"，即麻布或絲織品。著㡋頭的具體方法爲"自項而前交於額上，却繞髻"，即在束髻後，以㡋頭自後頸往前纏頭掩髮於前額，以餘下部分回環繫繞於髮髻以固定。此外，"㡋頭"還可稱爲"㡋子"，如俄藏西夏時期敦煌文獻 Дx.02822《雜集時要用字・衣物部第三》中收録有首服的：煖帽、頭巾、㡋子、幞頭、帽子、冠子。③ 宋代米芾於《畫史》

---

① 朱熹：《朱子語類》卷 85《禮二》，朱傑人、嚴佐之、劉永翔主編《朱子全書》第 17 册，上海古籍出版社、安徽教育出版社 2010 年版，第 2905 頁。

② 部件"喿"與"參"俗寫常相替换。

③ ［俄］孟列夫主編：《俄藏敦煌文獻（10）》，上海古籍出版社、俄羅斯科學出版社東方文學部 1998 年版，第 58—67 頁。

云："耆舊言：士子國初皆頂鹿皮冠，弁遺制也，更無頭巾、掠子。必帶篦，所以裹帽則必用篦子約髮。客至，即言'容梳裹'。乃去皮冠，梳髮角加後，以入幞頭巾子中，篦約髮乃出。客出，復如是。其後，方有絲絹作掠子，掠起髮，頂帽出入，不敢使尊者見。既歸，於門背取下掠子，篦約髮訖，乃敢入。恐尊者令免帽見之，爲大不謹也。"①《畫史》亦指出掠子的質料爲絲絹。然而元明之後，掠子已不再指稱頭巾類包裹物，而是指篦子類梳頭工具。② 如明周祈《名義考·物》："篦，亦以整髮，即今掠子。"總之，"掠"即"掠頭"，宋時又稱爲"掠子"。幞頭、掠頭與下文中的網巾，其狀相似，其用類同，都起到覆頭斂髮的作用。區別主要在於適用的時代不同，幞頭爲漢魏之制，掠頭爲宋制，而網巾爲明制。恰如李朝學者成海應在《研經齋全集·服飾考》中所云："所謂幓頭，即如今之掠頭編子。夫漢之幓頭，唐之如冠弁，宋之闕項（即缺項）及掠頭編子，皆其狀也……考闕項之制，與今之網巾相似。"③ 惜至今國內外未曾有"掠頭"實物出土，就其形制時人祇能臆測，《叢書》中《家禮輯覽圖說》繪有"掠頭"圖（見圖3—10），然查其形貌，爲有尖的條狀物，與《家禮》頭巾類用具不同，應是元明後攏髮插笄的簪篦類"掠子"，今暫且存疑待考。

另外，半島自高麗時期就承襲明朝的衣冠制度，明時掠頭已不再使用，而是代以網巾。因此作爲《家禮》冠具之一的掠頭，李朝學者多從丘濬《儀節》論説，以網巾爲替。"網巾"爲明代成年男

---

① 米芾：《畫史》，黃賓虹、鄧實編《美術叢書（二集第九輯）》第10册，浙江人民美術出版社2018年版，第46頁。
② 掠子在元明時期指釵、篦等整髮具。具體析論可參考程碧英《〈朱子語類〉詞彙研究》"掠頭"詞條（巴蜀書社2011年版，第76頁），以及黃玉麗《古髮飾名物詞考辨》中"'掠子'與'掠兒'考辨"一節（碩士學位論文，江西師範大學，2014年）。
③ ［韓］成海應：《研經齋全集》卷47《服飾考·免》，韓國民族文化推進會編《韓國文集叢刊》第274輯，景仁文化社2001年版，第513頁。

第三章 朝鮮時代"冠禮"所涉"諸具"疏證 239

圖3—10 掠頭圖 (《家禮輯覽圖說》5/507)

子束髮用的網罩,又稱"網子""一統山河""一統天河"。① 相傳創於皇明太祖洪武年間,太祖微服神樂觀時經由道士手而得之。明人王三聘《古今事物考》云:"網巾,古無此制,故古今圖畫人物皆無網,國朝初定天下,改易胡風,乃以絲結網,以束其髮,名曰網巾。"② 郎瑛在《七修類稿》稱:"太祖一日微行,至神樂觀,有道士於燈下結網巾,問曰:'此何物也?'對曰:'網巾,用以裹頭,則萬髮俱齊。'明日,有旨召道士,命為道官,取巾十三頂頒於天下,使人無貴賤皆裹之也。至今二物(平頭巾、網巾)永為定制,前世之所無。"③ (明敖英《綠雲亭雜言》、清張廷玉《明史·輿服志》、清陳彝《握蘭軒隨筆》、清劉廷璣《在園雜志》等書皆有類似記載)明太祖朱元璋代蒙元而得天下,他即位後致力於復興漢族傳統禮儀,改定服飾制度"詔復衣冠如唐制",禁胡服胡帽。網巾的推行雖然具有不少戲劇色彩,但其本質是太祖強調華夏文化認同的產

---

① 網巾又名"一統山河""一統天和",源自明人李介《天香閣隨筆》卷2:"網巾之初興也,以髮結就,上有總繩拴緊,名曰'一統山河',或名'一統天和'。至末年,皆以結髮,淺不過二寸,名曰'懶收網'。"(中華書局1985年版,第35頁)
② 王三聘輯:《古今事物考》卷6,上海書店出版社1987年版,第118頁。
③ 郎瑛:《七修類稿》卷14《國事類·平頭巾網巾》,中華書局1959年版,第210頁。

物。從實際的用途來看，網巾爲明初道士所創的説法應爲附會，網巾之制至遲元代已有，元人謝宗可題網巾詩曰："烏紗未解滌塵祥，一網清風兩鬢寒。篩影細分雲縷滑，棋文斜界雪絲乾。不須漁父燈前結，且向詩翁鏡裏看。頭上任渠籠絡盡，有時怒髮亦衝冠。"① 另外，元末明初詩人藍仁亦有《謝劉蘭室見惠網巾而作（二首）》來答謝友人贈與網巾的情義，其一云："故人於我最相親，分惠青絲作網巾。鏡裏形容加束縛，眼中網目細條陳。少遮白髮安垂老，轉襯烏紗障俗塵。更與籜冠藜杖稱，世間還有葛天民。"② 部分學者認爲網巾的創製時代更早，"至晚在唐代已具雛形"③。由此可知，網巾並非明初始創，然明之前使用範圍較小，其形制至明初略加改易，且經明太祖朱元璋的推廣，成爲"人無貴賤皆裹之"。

結合明王祈《三才圖會》插圖、考古出土實物以及清王逋《蚓庵瑣語》的文字描述"網巾之制，創自明太祖微行……其式略似魚網，網口以帛緣邊，名邊子。邊子兩幅稍後綴二小圈，用金玉或銅錫爲之；邊子兩頭各繫小繩，交貫於二圈之内，頂束於首，邊與眉齊。網顛統加一繩，名曰網帶，收約頂髮，取一綱立而萬法齊之義。前高後低，形似虎坐，故總名虎坐網巾……至萬曆末，民間始以落髮、馬鬃代絲。舊制府縣繫因，有司不時點閱。天啓中，因苦倉卒間除網不及，削去網帶，止束下網，名懶收網，便除頂也。民或效之，然縉紳端士不屑也。予冠時，猶目懶收網爲囚巾，仍用網帶。十餘年來，天下皆戴懶收網，網帶之制遂絶"④，可以對網巾的材料、結構、用途及使用方法有充分的了解。首先，製作網巾的材料通常是相對易得且耐用的黑色絲繩、絹布或棕絲編結。萬曆後，民

---

① 姚旅：《露書》卷9，《四庫全書存目叢書·子部》第111册，齊魯書社1995年版，第701頁。
② 鄭方坤編輯：《全閩詩話》卷6，福建人民出版社2006年版，第291頁。
③ 白維國：《金瓶梅風俗譚》，商務印書館2015年版，第244頁。
④ 王逋：《蚓庵瑣語》，《四庫全書存目叢書·子部》第249册，齊魯書社1995年版，第574頁。

間多用落髮或馬尾鬃毛編織而成。就其造型結構來說，網巾類似魚網或網兜，上下開口，下口大而上口小。下端網口處用布帛滾邊，俗稱"邊子"。邊子靠近腦後的部位綴有兩個以金玉或銅錫製成的金屬圈，名"網巾圈"，內有繩帶從中貫穿。網巾頂部的開口處也以布條緣邊，且內穿有網帶。在使用時，先將網巾覆扣在頭上，使束好的髮髻從頂部的開口中穿過，下部的邊子與眉比齊，然後收束上下兩端的的網帶，就可以達到裹頭束髮的目的。《三才圖會》網巾插圖、明張懋夫婦合葬墓出土的絹布網巾、定陵出土明神宗網巾皆是此類上下開口的網巾（見圖3—11）。大約在明天啟年間，網巾的形制與洪武時頗爲不同，有俗稱的"懶收網"式（見圖3—12）。省去了頂部的網帶，祇拴緊下口即可，且巾幅短淺，脫卸較方便。明末崇禎年間，"懶收網"式變異網巾已取代明初網兜狀的形式，成爲士庶通用的網巾式樣。在用途方面，除束髮功能外，由於網巾的色澤多爲皂色，與頭髮類似，因此網巾施於髮上，可以與真髮融合起到遮蓋白髮的效果。另外，網巾的透氣性能較好，常和冠帽配合使用，襯在冠帽裏面使髮齊整且不散亂。平民百姓也可只著網巾外出或勞作而不戴巾帽。上至官貴下至皂隸，皆可著網巾，網巾是最沒有階級區別的服飾之一。再者，戴網巾還可作爲男子成年的標志步驟之一。男子成年需行冠禮，明代初加有用網巾之例，如《明史》載有"皇子冠禮，初加，進網巾"[①]。《明實錄》中亦收錄有洪武十七年（1382年）禮部尚書任昂奏更定親王冠禮，永樂九年（1411年）定國公徐景昌、禮部尚書呂震寧等爲皇太孫行冠禮，初加用網巾的記載。總之，在明代諸多種類的頭巾中，網巾的適用人群最廣，使用時間最長，從明初一直到明亡。清順治元年（1644年）五月三日，清廷正式下令漢人薙髮易冠服，然而由於政令的張弛以及人民的懷舊情緒，直至順治三年（1646年）朝廷諭令嚴禁戴網巾後，網巾纔逐漸在遺民的世界中消逝。

---

① 張廷玉等：《明史》卷54《志第三十·禮八》，中華書局1974年版，第1381頁。

圖 3—11 中國"網巾"

（1. 明《三才圖會·衣服》；2. 湖北明代張懋夫婦合葬墓出土絹布網巾；3. 明定陵出土的網巾復原品）

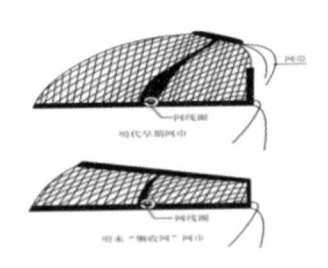

圖 3—12 懶收網

（1. 明·宋應星《天工開物》崇禎刻本插圖；2. 上圖爲明初網巾形制，下圖爲懶收網形制，摘自張秋平、袁曉黎主編《中國設計全集》，商務印書館 2012 年版，第 75 頁）

　　李朝網巾的使用是從明朝傳過來的，《朝鮮世宗實錄》中世宗二年（1420 年）四月十九日便有關於網巾的記載："贈使臣鍍金小象佛二軀、鍮鉢二雙、鍮筯四十二雙、鍮匙二、茶匙二、馬尾網巾二。"① 另外，明使臣董越在孝宗元年（朝鮮成宗十九年，1488 年）出使朝鮮，歸國後將途中見聞、山川、風俗、物態撰成《朝鮮賦》，其中收錄有："其國總髮之網巾，皆結以馬尾，以環定品級。一品玉，二品金，三品以下銀，庶人則骨角銅蚌之類而已矣。"② 半島的

---

① 《世宗實錄》卷 8，《李朝實錄》第 7 册，日本學習院東洋文化研究所 1956 年版，第 130 頁。

② 董越：《朝鮮賦》，趙季、王寶明、谷小溪等《明洪武至正德中朝詩歌交流系年》，人民文學出版社 2014 年版，第 478 頁。

第三章　朝鮮時代"冠禮"所涉"諸具"疏證　243

網巾其功能與中國大體相似，亦是爲了防止頭髮散落而佩戴的頭部裝飾。但其材料及形態與中國有所不同，東國網巾主要用馬尾毛或人的落髮製成，人的毛髮一般不作編織用而是作爲修理破損之用。今就《四禮輯要》《國朝喪禮補編》中所存圖繪，以及保留下來的風俗圖畫、考古實物來看（見圖3—13），李朝網巾整體呈條帶狀，寬8釐米左右，長50—60釐米，前部高大，兩鬢部稍低。上下皆以帛緣邊，邊子上穿有繩帶，下端邊子上綴有兩網巾圈（李朝俗稱"貫子""圈子"），前端額頭中心還鑲嵌有以玳瑁、金貝、瑪瑙等不同材質做成的橢圓或半月形"風簪（풍잠，別稱'遠山'）"，其作用是固定網巾邊沿使其不因風吹而偏移。網巾在李朝的使用場合及人群十分廣泛，就官服體系來說，憑藉"貫子"的質料來評定品級："東國則一品漫玉圈；二品用金牽牛花樣、梅花樣、雙螭；三品用玉牽牛花、梅花等樣；四品以下至士庶，用玳瑁、羊角，喪人用牛蹄。"[①] 網巾除用於加冠前攏髮、斂髮外，還見於喪禮襲具及祭禮小祥、大祥時服中。吉禮常服用黑騣製成，而喪時則易以布，重喪時

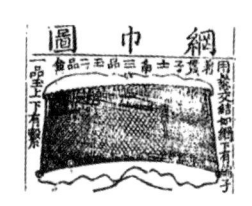

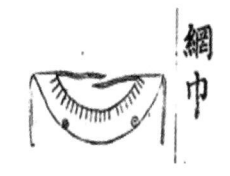

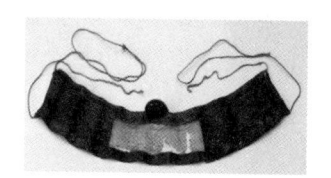

圖3—13　朝鮮半島"網巾"

（1.《四禮輯要》95/9；2.《國朝喪禮補編·圖說》；3. 以馬騣製成的朝鮮"網巾"實物，韓國國立民俗博物館藏，編號：45920）

---

① ［韓］李德懋：《青莊館全書》卷54《盎葉記（一）·網巾》，韓國民族文化推進會編《韓國文集叢刊》第258輯，景仁文化社2000年版，第492頁。按：《青莊館全書》中對李朝網巾的歷史、造型結構、製作材料以及中朝兩國網巾的不同對比，皆有詳細說明，可參閱。另外，李圭景《五洲衍文長箋散稿·人事篇·服食類·冠巾》下收"網巾環制辨證說"，對李朝不同品官"貫子"的材質亦有翔實的考究，可作旁參。

以白粗布代之。雖然隨着服飾的改革以及西式服裝的衝擊，民衆對於網巾的需求已急劇減少。然而直至今日，仍然可以在半島人民生活中見到網巾使用的場景。

【笱】

《叢書》：（1）《家禮輯覽圖説》："笱圖下注，《説文》：'飯及衣之器。'《禮注》：'圓曰簞，方曰笱。'"（5/504）

（2）《家禮便考》："《字彙》：'竹器，方曰笱。'"（26/392）

（3）《疑禮通考》："陳冠服之具：笱，所以盛衣帶、履、櫛、䇿、網巾者。"（34/213）

（4）《禮書劄記》："《儀節》用桌子陳服，並用笱盛於房中。"（36/487）

（5）《常變通考》："《士冠》疏：'方曰笱。'○《字彙》：'竹器。'"（56/655）

（6）《家禮增解》："賓揖冠者，即席跪。執事者以帽子盤進，賓降二等受之……（《儀節》祝畢，贊者徹冠巾。○按，徹冠巾，當置櫛笱。）"（58/446）

（7）《家禮補疑》："陳冠服之具：笱，四，所以盛櫛、䇿、網巾及三加衣帶履者。"（91/246）

（8）《四禮節略》："三加具：笱，紅袱具。"（97/203）

（9）《四禮集儀》："櫛（《儀禮》）、掠（《家禮》；代網巾，《儀節》）實於笱（《儀注》）在服南，席二在笱南。"（101/39）

（10）《四禮撮要》："三加具：笱，紅袱具。"（115/33）

（11）《禮笏》："陳冠服：櫛、䇿、掠（今網巾），並用笱，盛在服桌之南。"（115/407）

按："笱"爲《家禮》未列之具，丘濬《儀節》明確指出"用桌子陳當用衣帶、靴履、梳篦、網巾，並用笱盛於房中"。丘氏之論應是沿用古禮而來，《儀禮·士冠禮》："櫛實於簞"，鄭玄注云："簞，笱也。"把贊者爲冠者整理頭髮的梳子頭繩，以及冠者將要穿換的服飾用"笥"分別貯放，並陳列在桌上。在取用方便之外，還保持了物品的整潔性。因此"笥"作爲冠禮諸具之一，被部分韓國學者采納。

《叢書》中對於"笥"的解釋集中在兩個方面，一是形制，二是數量。就形制及作用而言：《說文·竹部》："笥，飯及衣之器也。從竹、司聲。"《尚書·說命》曰："惟衣裳在笥，惟干戈省厥躬。"《禮記·曲禮上》"凡以弓劍苞苴簞笥問人者"，鄭玄注"簞笥，盛飯食者，圓曰簞，方曰笥"。由上可知"笥"的本義爲古代盛放飯食及衣物的方形器具。以製作材質來看，最初用竹篾編織，後來把用葦草、柳枝、荊條等製成的方形儲物家具都叫做笥。湖北江陵雨臺山、江西靖安李洲坳等地，出土有春秋戰國時期的多個竹編笥；長沙馬王堆一號漢墓中出土的48個竹笥爲長方形①，部分保存完好的竹笥還繫有內盛物品名稱的簽牌，如"繒笥""衣笥""牛脯笥"等；江蘇揚州市西湖鄉胡場一號漢墓，出土了隨葬的14件漆笥②（見圖3—14），笥爲木胎，多髹朱漆或褐色漆，笥端還以隸書注明了內藏食物的名稱，如"鮑一笥""肉一笥""脯一笥""梅一笥"。由上述情況看，笥之質料不出竹、木兩種，形制爲長方形，大小各異，笥蓋與器身連合一體，具體可參看《家禮》卷首所繪"笥"圖（見圖3—15）。除冠禮外，婚禮鋪房節用"笥"存放衣物，祭禮"四時祭"節亦可用"笥"來盛主櫝。其二，對於"冠禮"所需"笥"的數量，張福樞《家禮補疑》指出爲"四"個，一個用來放梳整髮式所用的櫛、䥐、網巾，另外三個用於分別置放三加所用的服帶、鞋具。

---

① 湖南省博物館編：《長沙馬王堆漢墓》，湖南人民出版社1979年版。
② 揚州博物館：《揚州邗江縣胡場漢墓》，《文物》1980年第3期。

圖 3—14　西漢"鮑一笥"
（揚州博物館藏）

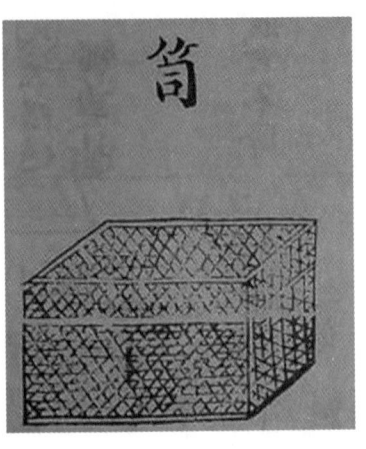

圖 3—15　《家禮》
卷首"笥"圖

3. 主人以下序立。（簡稱"序立"）

【四袴衫】

《家禮》："將冠者，雙紒、四袴衫、勒帛、采屨，在房中南面。"

《叢書》：（1）《家禮考證》："四袴衫：丘氏曰：'不知其制。考《玉篇》《廣韻》等書並無袴字，惟《車服志》、史炤《釋文》①曰：袴（音睽桂反），衣裾分也。李廌《師友談記》有云：國朝面賜緋，即四袴義襴衫。《事物紀原》衫下注云：有缺胯衫，庶人服之，即今四袴衫也。《事物紀原》宋高承作，所謂今者，指宋時言也。豈四袴衫即此四袴耶？又按，《書儀》始加適房服四袴衫，無四袴衫即服衫。則是四袴衫亦可無也。況此服非古制，殊非深衣之比，隨時不用可也。'"（4/249—250）

（2）《家禮輯覽》："四袴衫：《丘儀》不知其制……不用可也。〇《士冠禮》：'將冠者采衣。'疏：'童子尚華，故衣此。'"（5/

---

① 《釋文》即《資治通鑑釋文》，又稱《通鑑釋文》，爲南宋史炤所著，共 30 卷。史氏於諸史之外，雜取《説文》《爾雅》及古今小學家音義訓詁等材料，對《資治通鑑》本史進行核求，並對其疑難文字進行辨釋。

88）

（3）《明齋先生疑禮問答》：" 問：'四䙆衫之制（沈天祺）。' 答：'是童子服，衣前後皆兩葉也。《車服志》釋䙆字，曰衣裾分也。'"（16/128）

（4）《南溪先生禮說》："問：'四䙆衫、皂衫、襴衫等制不見於《家禮》，不知載在何書，而其制亦如何耶（羅斗甲乙丑）？' 答：'四䙆衫，《儀節》云：䙆衣裾分也，即今四袴衫。'"（21/194）

（5）《三禮儀》："《書儀》：'無四䙆衫即服衫。'《事物記原》注：'即今四袴衫。'"（23/502）

（6）《疑禮通考》："四䙆衫：《士冠禮》：'將冠者采衣，紒。' ○《書儀》：'若無四䙆衫即服衫。' ○《儀節》：'四䙆衫，不知其制，此非古服，殊非深衣之比，隨時不用可也。'"（34/195）

（7）《禮書劄記》："四䙆衫，《五禮儀》代以時服。"（36/488）

（8）《四禮便覽》："諸具（序立）：儐、禮生、盛服、四䙆衫（或稱'缺骻衫'，用藍絹或紬爲之。對衿圓袂，開旁析後，以錦緣領及袖端與裾兩旁及下齊，童子常服。如俗'中赤莫'之類可代用）、勒帛、彩屐。"（40/36）

（9）《星湖先生家禮疾書》："䙆，《字彙》①：'音桂，上馬衣分裾曰䙆，如今邊將士卒箭衣也。唐馬周疏：三代深衣，青襴、袖、襈、褾，爲士人上服。開骻者名缺骻衫，庶人服之。注云：今四䙆衫，唐制，中尉、樞密皆䙆衫侍從。' 愚按，裾者，後裾也。衣兩股不縫，又分後裾則爲四股也。爲便於跨馬，故曰上馬衣。本庶人之服，而後代遂爲侍從所服意者。中國習於軍旅，故因軍服而爲之制也。我國軍中用分裾上馬衣名爲戰服，或戰與箭音同而訛也。冠者未及上服，只著四䙆，因時也。我國儒士既無此制，只用兩腋縫合者名爲氅衣，升朝官用承公服，以此類代四䙆，抑或可也。然禮

---

① 《星湖先生家禮疾書》所引《字彙》文辭，今查驗《字彙》內容並未收錄，而是源自《正字通·衣部·䙆》條目下的說解。

云采衣、緇衣而錦緣也，四䙆亦將以采爲之。"（41/71—72）

（10）《安陵世典》："彦煥問：'四䙆衫創於何代？'曰：'按，唐故事中尉、樞密皆䙆衫侍從。注：䙆，衣裾解也。見《綱目》①唐昭宗龍紀元年（密庵集）。'"（50/221）

（11）《冠禮考定》："《釋義》：'四䙆衫，衣裾分者，蓋賤者之服。'"（57/33）又，"愚按，主人位本在阼階上……四䙆衫既曰衣裾分，又曰缺骻衫云，則其制似今之所謂氅衣，以氅衣代之似可。"（57/34）又，"冠者雙紒，四䙆衫（以氅衣代之）、勒帛、采屨，在房中南面。"（57/90）

（12）《家禮增解》："合用之物：四䙆衫，或代以《士冠禮》采衣。"（58/418）又，"四䙆衫：○遂菴曰：'䙆，衣裾分也，前後左右皆䙆，制如今之常著單衣，而後亦不合縫者也。'"（58/438）

（13）《二禮輯略》："䙆，衣裾分也，即四袴衫也。"（62/549）

（14）《四禮類會》："冠具：公服、帶、靴……四䙆衫（或用采衣）。"（66/239）

（15）《喪禮四箋》："白衫者，即古朝祭服之中衣也。今用白苧布爲之，用黑繒爲緣，緣博寸半。蓋古中衣之變制者，如四䙆衫而不辟裂（謂背縫不坼）。四䙆衫者，如白衫而辟裂者也（無緣飾）。不辟裂而旁坼者，儒生之所服也（皆俗名敞衣）。其窄袖者，著在裋褐之内（俗名小敞衣）。"（67/553）

（16）《梅山先生禮説》："四䙆衫：俯詢四䙆衫制度，不見於禮。《車服志》曰：'䙆，衣裾分也。'《通鑑集覽》②曰：'馬周上議，請襴、袖、褾、襈，爲士人上服。開骻者名缺骻衫，庶人服之，即今四䙆衫。'《事物記原》注亦云：'有缺骻衫，庶人服之，今四骻衫也。'《家禮》爲將冠者之服，今世好禮之家，所遵用也。其制

---

① 《安陵世典》收録的《綱目》即朱熹所著《資治通鑑綱目》。
② 《通鑑集覽》即《通鑑輯覽》，是清乾隆三十二年（1767年）官修的編年綱目體史書，紀事範圍自上古至明末。此書後經《四庫全書》館臣補輯，又有乾隆帝親自核定和批注，故又名《御批歷代通鑑輯覽》。

則無稽，秪是四幅而不合縫，故曰四䙆。其闊、狹、長、短，亦宜稱身。黑緣則象深衣領表裏各二寸，其餘則表裏各一寸半，而度用指尺恐宜（上金判書基厚）。"（77/121—122）

(17)《士儀》："冠服之具：四䙆衫，朱子曰：'帽與四䙆衫爲稱，四腳與襴衫爲稱，冠與直領衫裙爲稱，考《黃商伯書》。'○唐《輿服志》：'缺胯衫名開胯衫，庶人服之。'○宋高承曰：'缺骻衫，庶人服之，即今四䙆衫也。'○史炤《釋文》曰：'䙆，睽桂反。'……青衫，今俗士庶人所著氅衣者也，可以代皂衫也。按，《輿服志》'四䙆衫，衣裾分也'，此必氅衣之所本耳。"（80/216）

(18)《居家雜服考》："珪壽按，四䙆衫，唐馬周之制。本爲庶人便身之服，後來士人長幼亦多通服。今人見《家禮》冠禮，將冠者四䙆衫之文，謂只是童子服者，誤也。其制本於深衣，開其四旁者。今人又只以通幅爲之，兩襟相當，又去其兩旁邪幅，只以四幅爲之，二幅垂後爲後袵，二幅相當於前爲兩襟，比古尤極開缺離披矣。然童子輩服之甚便宜，常居宜服焉。"（85/480—481）

(19)《四禮輯要》："四䙆衫。○按，當依漢時小兒衣，領爲曲領，對衿則當用結紐。"（95/273—274）

(20)《禮疑問答類編》："四䙆衫，《韻書》及古文並不見䙆字。'《集韻》正有䙆字，《綱目集覽》① 曰：缺骻衫，庶人服之，即今之四䙆衫（答鄭聚五）。'"（100/122）

(21)《四禮汰記》："四䙆衫，《輿服志》曰：'衣裾分也。'……愚按，四䙆衫即《士冠禮》采衣之遺也。用布二幅，中屈爲四葉，其圍及長□體，兩腋下各縫合三寸許，分開其下，而下齊及旁邊皆緣寸半，領袂如深衣。"（105/42）

(22)《四禮纂笏》："四䙆衫。○愚按，䙆衫制如今有袖中赤

---

① 《綱目集覽》即《資治通鑒綱目輯覽》，作者爲元代理學家、史學家王幼學（號"慈湖"），王氏花費近二十年時間，對朱熹《資治通鑒綱目》一書引喻注釋，編纂而成。

莫，而前後左右分爲四片，片皆黑緣，下齊及袖口、領旁亦黑緣，圓領對襟，著兩弧子。"（107/23）

（23）《四禮要選》："冠禮時具：執事者、緇冠、笄……四䙆衫（俗中赤莫）、勒帛、彩屨。"（111/552）

（24）《四禮儀》："四䙆衫：或稱缺胯衫，用藍絹或紬爲之。對衿圓袂，開旁析後，以錦緣領及袖端與裾兩旁及下齊，童子常服。"（112/15）

（25）《四禮常變纂要》："四䙆衫或采衣、勒帛。○采屨（或皆代以童子常服）。"（113/63）

（26）《家禮酌通》："《儀節》：'䙆，衣裾分也。庶人服之，今四胯衫也。'"（114/82）

（27）《禮笏》："將冠者雙紒，四䙆衫或彩衣、勒帛、采履在房中，南向立。"（115/407）

（28）《四禮要覽》："四䙆衫或稱缺胯衫，用藍絹或紬爲之。對衿圓袂，開旁析後，以錦緣領及袖端與裾兩旁及下齊，童子常服。如俗中赤莫之類可代用。"（117/136）

按：朱子在《家禮》中主張，未行冠禮前童子需身著四䙆衫，將頭髮分兩大股，對稱結繫於頭頂兩側，面南立於房中，等候正賓三加冠飾。而司馬光《書儀》則云"將冠者雙紒，袍、勒帛、素屨"，且將"四䙆衫"用作初加時，冠者到房中更換的服飾。而在丘濬《儀節》中，已不知"四䙆衫"的具體形制，他認爲"四䙆衫"並非古制，"隨時不用可也"。《叢書》中朝國學者則從四䙆衫創於何時？製作方法如何？其是否適用於半島民眾，或是可變更它服？這三方面對"四䙆衫"作出了詳盡的闡發。

（1）"四䙆衫"的源始及發展。古無"䙆"字，小學類書籍首見於《集韻·去聲·霽韻》，釋爲"衣裾分也"，即"衣襟開衩"。"四䙆衫"是指胯股兩側及前後各開一直縫且長不過膝的短衫，又名

第三章　朝鮮時代"冠禮"所涉"諸具"疏證　251

"缺胯衫""缺骻衫""開骻衫""四骻衫""四袴衫"①，古籍文獻及出土實物中多以"缺骻衫"（見圖3—16）稱之。其制始於唐初，《新唐書·車服志》載："太宗時……中書令馬周上議：'禮無服衫之文，三代之制有深衣。請加襴、袖、褾、襈，爲士人上服。開骻者名曰缺骻衫，庶人服之。'"又載"唐初，賞朱紫者服於軍中其後軍將亦賞以假緋紫，有從戎缺骻之服，不在軍者服長袍"。② 另外，《資治通鑒》："上將祀圜丘，故事，中尉、樞密皆袯衫侍從。"③ 宋明時期，四袯衫猶盛行不衰，文獻中習見。如，宋高承《事物紀原》"衫"條下，引證略同《新唐書》，但後有"即今四袴衫也，蓋自馬周始云"④（明王三聘《古今事物考》⑤ 卷六"衫"條同此）。明方以智《通雅》訓釋："分裾曰袯……上馬衣分裾曰四袯（睽桂切）。唐宦者，袯衫侍從是也。"⑥ 張自烈《正字通·衣部》又云："袯，衣分裾曰袯，如今邊將士卒箭衣也。唐馬周疏：'三代深衣……庶人服之。'注，今四袯衫。袯，衣裾分也。唐制，中尉、樞密皆袯衫侍從。"綜之，《家禮》之"四袯衫"源自初唐馬周所諫議的"缺骻衫"，它是"最具代表性、最爲流行的唐代男裝……是在舊式鮮卑外衣的基礎上參照西域胡服改革而成的一種北朝服裝"。⑦ 孫機先生亦曾指出，隋唐時期服裝其中一類"繼承了北齊、北周改革後的

---

① 考"胯""骻""袴"三者的關係，"胯"指腰側與大腿之間的部位，"骻"既可以表示"髖骨"，又可同"胯"。"骻"應是"胯"字改換意義類屬相近的部件而形成的後起字，最初專指胯部兩側的骨頭。而"袴"字則是在文字使用過程中，由於字形相近，所造成的誤寫現象。"袴"與"骻""胯"皆可替換，如《史記·淮陰侯列傳》："信能死，刺我；不能死，出我袴下。"裴駰《集解》引徐廣曰："袴，一作胯。"又如，《康熙字典·骨部》："骻，《韻會》或作胯、袴。"
② 歐陽修、宋祁等：《新唐書》卷24，中華書局1975年版，第527、530頁。
③ 司馬光：《資治通鑒》卷258《唐紀七十四》，中華書局1956年版，第8509頁。
④ 高承撰，李果訂：《事物紀原》卷3《衣裘帶服部》，中華書局1989年版，第148頁。
⑤ 王三聘：《古今事物考》卷6《冠服》，上海書店出版社1987年版，第122頁。
⑥ 方以智：《通雅》卷36《衣服》，中國書店1990年版，第438頁。
⑦ 竺小恩：《中國服飾變革史論》，中國戲劇出版社2008年版，第60頁。

圓領缺骻袍，用作平日的常服"①。最初庶人、侍婢、奴役多服缺骻衫，取其適身便事之意。後又因其易於騎乘作戰，逐漸變爲軍伍的戎裝。五代宋時"袯衫""袯袍"的適用人群進一步擴大，成爲了士人的"時服"，除官吏外，商販、舞伎、農夫、圉人、儀衛、武士等皆著"四袯衫"。《叢書》中，朝鮮禮學家多引中國《事物紀原》《資治通鑒綱目輯覽》等古籍，勾勒了自唐至宋尚行的四袯衫的發展脈絡。且明齋尹拯、陶庵李縡等學人更是沿襲丘濬之說，指出"四袯衫"爲宋時童子常服，故而用於未冠之衣。

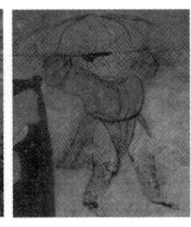

圖3—16　缺骻衫
(1. 北齊婁叡墓壁畫西壁《四馬四部曲鼓吹圖》; 2. 晚唐莫高窟474窟勞作者; 3. 南宋佚名《小庭嬰戲圖》，"臺北故宫博物院"藏; 4. 明顧守清及張永馨墓出土"交領四袴衫"，摘自《考古》1963年第11期《上海市郊明墓清理簡報》)

(2)"四袯衫"的形制。雖然四袯衫在古籍文獻遺跡頗豐，但並無詳細的圖示說明其裁製方法。唯一提及其大略形制的材料是清郝懿行《證俗文》："衫：開骻者，名缺骻衫（《潛確類書》：'缺骻衫，庶人服之，即今四骻衫也。'按：四骻衫，即今四片瓦也。前後左右皆割開不合縫，俗謂之外褂，古人無此字)。又有從戎缺骻之服（《唐書》：'高祖武德元年詔，諸衛將軍每至十月一日，皆服缺骻襖

---

① 孫機：《南北朝時期我國服制的變化》，《中國古輿服論叢》，文物出版社1993年版，第176頁。

子。'案：即今缺襟袍）。"① 而就目前考古實物及傳世圖繪來看，其形制紛雜叢生，衣長或及小腿、或至腳踝。衣領或爲圓領、或爲交領、或爲直領。開衩方式常見爲左、右兩側開衩，此外還有左、右、後三側開衩，以及前、後、左、右四端開衩的實例。且衩口最初較低，僅於膝上，後越發延伸至腰胯部。在服色上，不同時代限制不同，一般庶民百姓多以白色、褐色、灰色爲主。相比中國積代留疑、莫知所的的"四襟衫"爲何的議題，李朝學者則給予了確切而詳實的證釋，部分禮書中還夾雜生動的圖製。要之，"四襟衫"的特點如下：第一，領有兩形：一爲曲袷，即方領，本屬交領中的一類。由於衣領常常加直條形的鑲邊，因此領口交匯處曲折形成一個方正的角度。材料來源如李震相《四禮輯要》"童子四襟衫"圖旁注："曲袷、圓袂、對衿。"（見圖3—17）。一爲直領，即衣領自頸部平行垂下。如下文中《四禮便覽》"四襟衫圖"（見圖3—18）及《居家雜服考》中"服四襟衫式"圖（見圖3—19）。第二，前襟多爲對襟式，即衣襟相對直通上下，接縫處在衣身正中。整個衣身無帶，以勒帛相繫連。第三，圓袂，即圓袖。腋下稍窄，袖中部呈圓弧狀，袖口逐漸收束。第四，衣領、袖口、衣下底邊（即"下齊"）、衣襟及開衩處皆有裝飾性的絲織品鑲邊。如李縡《四禮便覽》云："以錦緣領及袖端與裾兩旁及下齊。"李瀷《星湖先生家禮疾書》云："然禮云采衣、緇衣而錦緣也，四襟亦將以采爲之。"用以緣邊布帛的顏色，洪直弼《梅山先生禮說》及金在洪《四禮纂笏》認爲應爲黑緣，衣領處鑲邊表裏各兩寸（約3.9釐米），其餘處的鑲邊爲一寸半（約2.8釐米）。此外，還可見赤色緣邊，如李震相《四禮輯要》中注文曰"旁及齊以紅錦緣之"。第五，即"四襟衣"最主要的特徵，衣身側旁不合縫，背後亦自中縫處辟開，前後衣幅共分爲四片，衣服的長短闊狹以合體爲宜。如尹拯《明齋先生疑禮問答》云"衣前後皆兩葉"；李瀷《星湖先生》"愚按，裾者後裾也，衣兩股

---

① 郝懿行：《證俗文》，《郝懿行集》第3冊，齊魯書社2010年版，第2201頁。

不縫，又分後裾則爲四股也"；李宜朝《家禮增解》引遂庵權尚夏說"前後左右皆裌，制如今之常著單衣，而後亦不合縫者也"；丁若鏞《喪禮四箋》所謂"辟裂（即衣背中縫）""旁坼"。而張錫英《四禮汰記》更是明確指出兩旁開衩處，大約是在腋下三寸的位置，即"兩腋下各縫合三寸許，分開其下"。其餘禮書並未酌定開髁的止點，朴珪壽《居家雜服考》云"比古尤極開缺離披矣"，可見各家所製"四揆衫"析裂的位置參差錯雜，且有愈發高延的趨勢。

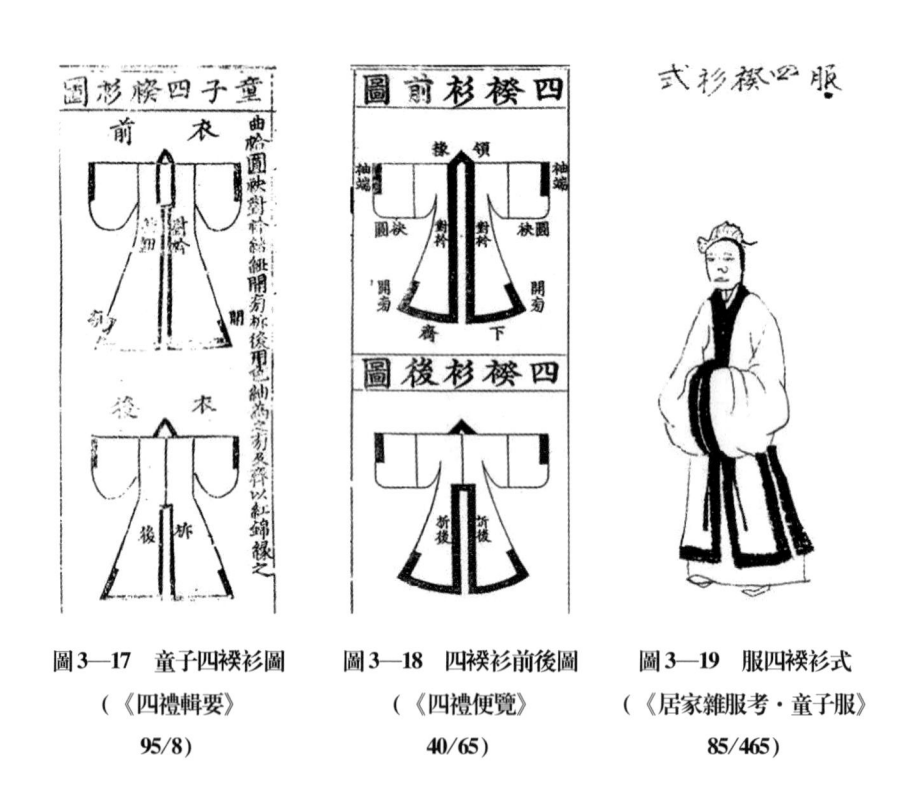

圖3—17 童子四揆衫圖　　　圖3—18 四揆衫前後圖　　圖3—19 服四揆衫式
（《四禮輯要》　　　　　　（《四禮便覽》　　　　　（《居家雜服考·童子服》
95/8）　　　　　　　　　　40/65）　　　　　　　　　85/465）

（3）"四揆衫"半島是否擇用，且如何更替。"四揆衫"在中國雖早見其名，然歷代形制多有變更，未有確論，明清後更是不知其所謂何物。而半島與中國相比，風遷俗異，對於未冠前是否繼續沿用《家禮》所倡"四揆衫"，學者所持態度不同。簡述如下，南振

道《禮書劄記》引《五禮儀》"代以時服",却並未指出"時服"是何樣式。李瀷《星湖先生家禮疾書》、徐昌載《冠禮考定》因四揆衫形制大略與氅衣相似,所以用氅衣代之。"氅衣"(창의)是士人階層日常穿用的外套,其衣長垂至膝下,多爲交領、圓袖,衣身下擺兩側開衩不縫。李縡《四禮便覽》、洪在寬《四禮要選》及具述書《四禮要覽》則選擇以"中赤莫"代用。"中赤莫"(중치막)李朝文獻又載作"中致莫""中赤幕",即士人所穿的直領袍,衣側與身後都開衩,比氅衣的袖寬。此外,李宜朝《家禮增解》、宋在奎《禮筍》還提出以《士冠禮》中童子所服的"采衣"(即"彩衣")代"四揆衫"。《叢書》所涉各家對於"四揆衫"製作方法的探討,僅是一家之言,參之恐裁製迷方。而冠禮本爲好禮的士家所遵行的儀式,將冠者之服並無定制,可采日用便身之通服爲替。

【勒帛】

《家禮》:"將冠者,雙紒、四揆衫、勒帛、采履,在房中南面。"

《叢書》:(1)《退溪先生喪祭禮問答》:"金而精問:'襪履之屬靡不詳錄,而不言行縢,何也?'答:'行縢不言,固可疑。或云《家禮》所謂勒帛即行縢,未知是否,更問於知禮者。'"(1/152)

(2)《家禮考證》"勒帛采履。丘氏曰:'《書儀》無采履,而於勒帛下有素字。自注云,幼時多躡采,將冠可以素,謂之躡意。勒帛乃用以裹足者也。'"(4/250)又,"勒帛裹肚。歐陽公以朱抹劉幾試卷,謂之紅勒帛。蘇子瞻詩'青綾衲衫暖襯甲,紅線勒帛光繞脅',觀此則凡所謂勒帛者,其形與容亦可想見矣。"(4/372)

(3)《喪禮備要》:"襲具:勒帛,二,所以束脛至膝者。"(4/579)

(4)《疑禮問解》:"(黃宗海)問:'勒帛之制何如?''勒帛,丘氏曰裹足也。宋嘉祐中歐陽公爲考官,以朱筆橫抹舉子文,自首至尾,謂之紅勒帛。向年見漢人以布三四尺,裹足至膝,縛繞袴管,

恐此即勒帛也,似與歐公語合。'"(6/121)

(5)《家禮輯覽》:"勒帛、采屐:《韻會》:'勒,歷德切,絡也。屐,竭戟切,屩也。'○《文獻通考》石林葉氏曰:'余見大父時家居及見賓客,頂帽而繫勒帛。勒帛亦垂紳之意,雖施之外不爲簡。或云勒帛不便於揩笏,故易背子。'……按,勒帛之制見於葉氏說,而《丘儀》如此更詳之。"(5/88)

(6)《家禮附贅》:"校訂:勒帛,《文獻通考》云:'勒帛垂紳之義,雖施之於外不爲簡。'東坡詩:'紅線勒帛光繞脅。'蓋裏衣之有勒帛,猶上服之有大帶。今俗夾縫繒綵廣寸許,以爲常服之帶是也。高麗文宗時,宋帝禮物有繡勒帛一條,其爲帶無疑矣。更據《家禮》喪禮陳襲衣條小注劉氏曰'若無深衣、帶、履,止用衫、勒帛、鞋',以勒帛對帶而言,則其爲帶尤明矣。然而勒帛裏足之說自丘氏已然,未可知也。"(8/268)

(7)《南溪先生禮說》:"問:'勒帛以《附注》劉氏說看,則若無深衣、帶、履,止用衫、勒帛、鞋亦可云。蓋衫以代深衣,勒帛以代帶,鞋以代履,則勒帛乃所以帶於腰者。而《備要》曰所以束脛至膝,恐考之未詳也(鄭尚樸癸酉)。'答:'勒帛裏足出於《儀節》,《輯覽》說略與來諭相同,容俟後日詳考也。'"(21/313)又,"問:'《喪禮備要》襲具條,勒帛所以束脛至膝者。《家禮》冠禮章亦記此是男子所服之物也,女喪不可用乎(權鑌癸酉)?'答:'女喪恐不用勒帛。'"(21/314)

(8)《三禮儀》:"勒帛,按,今當代以行縢。"(23/502)

(9)《家禮或問》:"以此觀之,似是繫腰之物。《家禮》之每以勒帛、裏肚連語而并稱者,或有微意耶?愚伏曰:'勒帛未詳何物,昔年赴京時問于於漢人,亦皆不知,可歎。今觀葉說及蘇詩,則似是腰脅所著。參以歐說,似是裏足。我東諸賢所論亦如此,今難臆說,然裏脛似長。'"(30/92)

(10)《疑禮通考》:"按,今既無勒帛、采屐,則只用行縢及時樣鞋恐便。"(34/196)

(11)《禮書劄記》:"《文獻通考》石林葉氏曰:'余見大父時賓客頂帽繫勒帛,勒帛亦垂紳之意。或云勒帛不便於搢笏,故易背子。'《儀節》:'勒帛乃用裹足者。'《輯覽》曰:'勒帛之說見於葉氏說,而《丘儀》如此似未之考。'《喪祭》① 曰:'勒帛即行縢。'《備要》:'勒帛,二,所以束脛至膝者。'……按,葉說則勒帛必是帶腰者,想似帶而廣,色用采,坡詩所謂紅線勒帛光繞脅者此也。《輯覽》非丘說,而於《問解》《備要》反從丘說者,何也?《問解》所引歐公說紅勒帛者,似爲其似帶而長故也,未必爲其行縢也,恐不可爲証,可疑。又按,《南溪禮書》或問'勒帛劉氏說,若無深衣、帶、履,止用衫、勒帛、鞋,蓋衫以代深衣,勒帛以代帶,鞋以代履。則勒帛乃帶於腰者,而《備要》何曰所以束脛至膝'。此問極精詳,而南溪辭以未考,惜哉。"(37/140—141)

(12)《四禮便覽》"諸具(序立):勒帛,俗稱'行纏',用綿布爲之,長三尺許,廣三寸許(布帛尺)。一頭有二繫,束脛至膝,纏繞袴管。"(40/36)又,"諸具(成服):行纏,即《家禮》所謂勒帛,《小學》所謂縛袴。禮雖不見於喪服,今人皆用布爲之。固不可廢,布升當如中衣。"(40/206)

(13)《星湖先生家禮疾書》:"勒帛恐是縫絹小帶,《士冠禮》所謂錦紳是也。詳在喪禮襲條。"(41/72) 又,"《文獻通考》石林葉氏曰:'勒帛亦垂紳之意,雖施之於外不爲簡。'今以意推之,裏衣之有勒帛,猶上服之有大帶也。故冠條云'冠者雙紒、四揆衫、勒帛、采屨',其未及深衣、大帶之前,只四揆、勒帛而已,則可以見矣。其制必將裂帛爲之,而小於大帶,故葉氏謂妨於搢笏也。今俗夾縫繒帛,廣寸許,以爲常服之帶,即此是也。東坡詩云'紅線勒帛光繞脅',可以旁證。然丘氏《儀節》有裹足之說,而《家禮》在袍襖之內,或者束袴、束襪、束衣之類通謂勒帛矣。"(41/135—136)

---

① 《喪祭》即《退溪先生喪祭禮問答》一書。

(14)《星湖禮式》:"道袍古者大裘之遺制,國俗以爲上服當從。裏衣用常服,廣袖加勒帛,俗名裏帶、彩帶,既不用深衣則不必大帶。"(41/422)

(15)《安陵世典》:"彦煥問:'勒帛是何制。'曰:'或云行縢(《顧齋集》)。'"(50/222)又,"金粹然問:'陳襲衣條有所謂勒帛裹肚,沙溪稱裹肚爲裹腹,勒帛爲束脛至膝。芝山《家禮考證》引丘氏說以帛裹尸腹也,仍引東坡詩曰紅線勒帛光繞脅,既云繞脅,則束脛至膝之稱,何所見也?'曰:'勒帛裹肚之制沙溪說似爲得之,曹說恐不分曉(《葛庵集》)。'"(50/244)

(16)《家禮集考》:"石林葉氏曰:'余見大父時家居及見客,頂帽而係勒帛,勒帛亦垂紳之意。或云勒帛不便於揩笏,故易背子。'愚按,此皆從時宜也,今亦隨今時所宜似得。"(52/200)又,"按:勒帛見冠禮,而其制未詳。《備要》謂:'勒帛二,所以束脛至膝者。'蓋仿古之偪也。"(52/475)

(17)《常變通考》:"案,東坡及葉氏言當時服用,而以爲繞脅垂紳,則明是用於腰脅間者。歐公所謂紅勒帛,亦以橫抹而名之,則其非縛繞袴管可知。而《問解》說如此可疑。又案,《書儀》冠禮初如服四䙆衫、腰帶,自注'無四䙆衫用衫、勒帛'。喪禮'陳襲衣'注,無深衣、帶、履,用衫、勒帛、鞋,此皆以勒帛代帶,則其非裹足之用益明矣。"(56/648)

(18)《冠禮考定》:"《釋義》:'勒帛纏足至膝,即今行巾之類也。四䙆衫衣裾分者,蓋賤者之服。'○退溪《答金而精書》曰:'勒帛疑今之行縢。'"(57/33)又,"將冠者雙紒、四䙆衫、勒帛(行纏也)、采履,在房中南面。"(57/90)

(19)《家禮增解》:"愚按,以葉氏說及蘇詩觀之,勒帛乃是繞腰之物,即帶也。《書儀》初加易服云'無四䙆衫止用衫、勒帛'云,則此言衣與帶也。又勒帛、素履,注'幼時多躡采履,將冠可以素履'云,則此帶與履也。《儀節》乃以勒帛、采履同作在足之物,謂以勒帛裹足納履中,蓋臆說而誤者也。後世以勒帛爲行縢之說，蓋本於此，詳見喪禮襲條。"（58/439）又，"勒帛非行縢。○《考證》：'勒帛裹肚，以帛裹尸腹者也。'雲坪曰：'勒帛乃帶也。'○愚按，勒帛，《備要》云'束脛至膝者'，《儀節》則以冠禮'勒帛、采屨，謂以帛裹足納屨中也'，恐皆不然。葉氏之說曰：'勒帛亦垂紳之義。'蘇詩亦云：'紅線勒帛光遶脅。'是果束脛者耶？詳見冠禮。然《考證》以勒帛、裹肚爲一物，則恐又不然。竊意勒帛是繞腰而在外，裹肚是裹腹而在內者。且據下《附注》以衫、勒帛、鞋，與深衣、帶、履對擧，則可見勒帛亦帶類，而非束脛、裹腹等物可知。"（59/53）

（20）《九峰瞽見》："勒帛用以裹足至膝者，絡也。此亦童子服也。"（63/39）又，"勒（絡也）帛，代以行縢……○龜峰曰：'今隨童子常服者代之，似亦無害。'"（63/45）又，"辨宋能相《喪禮備要》說：《備要》襲具注'勒帛，二，所以束脛至膝者'。宋說勒帛乃帶也，丘氏知爲行縢，沙溪辨之於《輯覽》，而於此未及勘改，可恨（私記第十三條）。謹按：葉氏曰'繫勒帛'，丘氏曰'裹足'，龜峰先生曰'以帛裹足'，《備要》曰'束脛至膝'。今此乃帶云者，出於葉氏繫之一字耶，葉氏見賓客頂帽而繫勒帛，丘氏以爲勒帛乃用以裹足者也，《輯覽》按'勒帛之制見於葉氏說，而《丘儀》如此更詳之'爲訓，而《備要》之束脛至膝，與諸說之裹足同歟？異歟？然而乃帶之說實未可知也。"（65/528）

（21）《四禮類會》："冠具：勒帛，或用帶。"（66/239）又，"襲具：勒帛，《增解》按'《備要》以爲束脛至膝者，恐不然'，勒帛乃帶也，恐當以行縢補入。"（66/245）

（22）《喪禮四箋》："喪具訂：勒帛。○鏞案：平居既著行縢，死亦可用勒帛、裹肚之屬，古禮、今俗俱無當，恐不必用。退溪曰：'或云勒帛，即行縢。'○沙溪曰：'向年見漢人以布三四尺，裹足至膝，縛繞袴管，恐此即勒帛。'○鏞案：《詩》云'邪幅在股'，亦勒帛之類也。"（67/534）

（23）《喪禮輯解》："勒帛，俗稱行纏。"（70/478）

(24)《喪禮備要補》："勒帛之義：沙溪曰：'勒帛，丘氏曰裹足也……似與歐公語合（見《輯覽》將冠者服節）。'退溪曰：'或云《家禮》所謂勒帛即行縢。'沙溪曰：'權教官克中之喪，吾令以帛造行縢用之（以上詳見《類輯》襲具節）。'"（73/337—338）

(25)《初終禮要覽》："勒帛，二。《備要》則云'束脛至膝者'，而近俗則裁製之綴兩小袋，束之者多。"（75/443）

(26)《竹僑便覽》："襲諸具：勒帛，束脛至膝。"（76/56）

(27)《士儀》："勒帛說：勒帛非古也，雖未詳其制，然即亦帶之類，而其色紅者耳。按，石林葉氏《燕語》曰：'勒帛垂紳之意，或云勒帛不便於搢紳（《文獻通考》）。'《書儀》冠禮初加四襆衫、腰帶，注：'無四襆衫，用衫、勒帛。'……觀此數語，一則曰紳，二則曰帶，三則曰腰，四曰脅，其為腰脅間，若帶、若紳之橫拖而垂之者明矣。蓋服深衣則用大帶，服四襆則用腰帶，服衫則用勒帛耳。《家禮注》將冠者四襆衫、勒帛云，則朱子又用勒帛於四襆矣（此皆以勒帛對帶而言）。然而後人或謂裹足，或謂束脛，或謂俗所稱行纏，恐未之考也。（歐陽公為考官，以朱筆橫抹舉子文，自首至尾，謂之紅勒帛。則此分明取拖垂之狀，而其色紅故耳。或有疑於縛繞袴管，則非也。若以三四尺之布縛之、繞之，自足至膝，則豈橫抹拖之樣乎。）按，勒帛裹足之說始誤於丘瓊山，蓋丘引《書儀》而疑之也。《書儀》曰'將冠者雙紒、袍、勒帛、素屨'，其素字下自注云'幼時躡采，將冠可以素'。夫紒也、袍也、勒帛也、素屨也，是四件事，當作四句也。素是采之反，而幼則采，冠則素也。丘氏以勒帛、素屨作一句看，又以幼采、冠素混同不分，而曰'勒帛用以裹足'，又曰'屨是木屨，今云采屨疑以采帛代木為之。謂勒帛、采屨似是以帛裹足納屨中'遂啟後人之疑，故愚敢辨之如右。要不出要帶之類也，且屨非木屨也，乃舄之類，而以木為底，然後名之曰木屨，此亦丘氏之未詳處也。"（81/503—505）

(28)《二禮演輯》："襲具：（男喪）勒帛，所以束脛至膝者，今俗代用行縢二。"（83/87）

(29)《全禮類輯》:"《釋義》:'勒帛纏足至膝,即今行巾之類。四襆衫衣裾分者,蓋賤者之服。'○退溪答金而精曰:'勒帛疑今之行縢。'"(88/326)

(30)《家禮補疑》:"襲具:勒帛,亦帶之類,而色紅者。"(91/345)又,"○沙溪曰以帛造行縢用之。○按,《輯要》以勒帛爲束脛至膝者,然觀蘇子'勒帛光耀脅'之句,則勒帛似非束脛之物,故從沙溪說而別以行縢補入。"(91/347)

(31)《喪禮要解》:"勒帛,東坡詩'紅線勒帛光繞脅',葉氏曰'勒帛亦垂紳之意'。今按,勒帛既曰繞脅垂紳,則其非繞膝可知,沙溪以爲裹足者恐失之。"(92/338)

(32)《禮疑續輯》:"勒帛、彩屨,南塘曰:'勒帛,以帛束脛至膝者。彩屨,以彩帛爲鞋也。喪禮有屨襪又有勒帛,勒帛之別爲一物可知矣。丘氏以勒帛爲裹足,而又與彩屨合爲一物,恐誤(《類輯續編》)。'雲坪曰:'勒帛乃帶也。丘氏知爲行縢,沙溪辨之於《輯覽》,而於此未及勘及改可恨(《類輯續編》)。'"(93/60)

(33)《四禮輯要》:"勒帛,按紅線帶。"(95/274)

(34)《四禮疑義或問》:"或問勒帛,沙溪曰'束脛至膝者';退溪亦曰'或云行縢也';《儀節》則以冠禮勒帛、綵屨,謂'以帛裹足納屨中也';《考證》則以喪禮勒帛、裹肚爲一物,而謂以帛裹尸腹者。《增解》皆駁之,曰:'葉氏之說云勒帛亦垂紳之意,蘇詩亦曰紅線勒帛光繞脅,是果束脛至襲裹足納屨者耶?《考證》亦不然。勒帛是帶也,繞腰而在外,裹肚是裹腹而在內者,此說何如。曰,蘇、葉之言如此,果非束脛裹足者。'《輯覽》云:'勒帛之制見於葉氏說,而《丘儀》如此似未之考也。'是則沙翁已自覺其誤,著之《輯覽》而未及改正於《備要》也。然葉亦非以勒帛直喚做帶也,曰亦曰之意可見。蘇言繞脅,則固是在腰者,而又安知其不似我國朝官戎服從事時,以藍紬袋束腰之爲者乎?亦不可直名爲帶,蓋勒帛非帶之名,凡以帛束腰,則無論在外、在內皆名勒帛。冠禮則在襆衫之下,是當爲童子之帶,如東俗童子以綵帛夾縫爲帶者,當從《增解》之論。喪禮則在深衣、大帶、履之外，而與汗衫、袴、襪等爲類，是當爲以帛裹肚者。勒帛、裹肚非二物也，當從《考證》説。嘗以此稟於師門，則亦以爲然爾。"（97/388—389）又，"或問：'勒帛之縛胯與繞腰，何以辨之？握手之令裏或今裏，何以決之？'曰：'愚嘗以勒帛稟於蘆門，曰《備要》云束脛至膝者；《考證》云勒帛裹肚，以帛裹尸腹者；《增解》引葉氏垂紳之説、蘇氏光繞脅之詩，而云勒帛亦帶也；此三説何者爲得？《附注》以衫、勒帛、靴，對深衣、大帶、履，則《增解》説似然。然亦恐非《家禮》本意，既用大帶，而又以勒帛爲帶，則是帶二也焉。用二蓋帛在腰皆名勒帛，而帶是在腰，故宋人多以帶謂勒帛，如蘇、葉及《附注》所云，而《家禮》此條則以裹尸在腰故亦名勒帛耶，《考證》説似得，未知何如。'答曰：'《考證》如此丁寧，《備要》或誤。'"（97/443）

（35）《喪祭類抄》："襲具：勒帛，俗稱行纏。"（99/489）

（36）《禮疑問答類編》："勒帛即行滕否：坡詩曰'紅線勒帛光繞脅'，葉氏曰'勒帛亦垂紳之義'，以此推之，則古人以線織之布，裁爲一條，申束於脅下，以防衣襟之披揚也。宋雲坪直以爲帶則過矣（答李舜瞻）。裹肚之制如婦人腰帶樣否：恐然。蓋勒帛、裹肚自是一稱，而裹肚則在内而貼肉，勒帛則在外而束衣（答李舜瞻）。"（100/187）

（37）《四禮集儀》："用勒帛束脛，結其繫。重引袴整之，結小帶。裹肚，包裹腹腰，結其繫（《便覽》）。"（101/142）

（38）《四禮纂笏》："按，《文獻通考》葉氏曰'勒帛亦垂紳也'，《備要》襲條以爲'所以束脛至膝者，如今俗行纏'，未詳孰是。"（107/23）又，"男子襲衣（諸具）：勒帛，二，《備要》所以束脛至膝者。〇按，俗所謂行纏。"（107/77）

（39）《六禮修略》："三加冠服（諸具附）：勒帛，《增解》：'勒帛是繞腰之物，即帶也。'"（108/125）又，"襲物目：行滕，按《備要》以勒帛爲行縛，然東坡詩有云'紅線勒帛光繞脅'，則勒帛

之非行縛明矣。今當別以帛造行縢二。"（108/250）

（40）《四禮要選》："冠禮時具：勒帛，俗行纏。"（111/552）

（41）《四禮儀》："勒帛，如東俗童子以彩帛夾縫爲帶者。〇愚按，勒帛或稱行縢、或稱帶，先儒辨論不一，未敢質言，姑采所聞於先師者以補之。"（112/15）

（42）《四禮常變纂要》："合用之物：四揆衫或采衣、勒帛。〇采屨。"（113/63）又，"《備要》襲具：勒帛，二，束脛者。"（113/116）又，"勒帛，帶也。"（113/118）

（43）《家禮酌通》："不肖按，勒帛用以裹腓者也。"（114/82）

（44）《四禮撮要》："行縢，《家禮》所謂勒帛是也。"（115/76）

（45）《禮笏》："陳襲衣：勒帛，二，所以束脛。〇俗行纏。"（115/433）

（46）《四禮要覽》："勒帛俗稱行纏，用綿布爲之，一頭有二繫，束脛至膝，纏繞袴管。"（117/136）又，"襲具：勒帛，二，所以束脛至膝者。"（117/166）又，"行纏，即《家禮》所謂勒帛，《小學》所謂縛袴。雖不見於喪服，今人皆用布爲之，固不可廢，布升當如中衣無妨。"（117/196）

（47）《二禮便考》："襲具：勒帛，二，所以束脛至膝者。〇退溪曰：'或云《家禮》所謂勒帛即行縢，未知是否。'沙溪曰：'向年權教官克中之喪，吾令以帛造行縢，用以結束著袴之後。'"（118/51）

（48）《沙明兩先生問解》："勒帛，以布二四尺，裹足。"（119/76）

（49）《二禮通考》："襲具、小斂具：行縢，白紬或緞。《家禮》所謂勒帛。"（119/313）

（50）《四禮儀》："勒帛，按今當代以行縢。"（120/8）

按："勒帛"在《家禮》冠禮及喪禮章皆有涉及，然未詳其爲何物。考鏡源流，司馬光《書儀》最先將"勒帛"納入冠禮服用之列。其初加易服下載"適房服四䙆衫、腰帶",小注云"無四䙆衫,止用衫、勒帛"。且喪禮"陳襲衣"條自注"無深衣、帶、屨,止用衫、勒帛、鞋"(劉璋《家禮補注》"陳襲衣"下與司馬氏之説略同)。兩處皆以"勒帛"與"帶"對舉,可知勒帛爲繞腰之物。關於"勒帛"的文獻記載,宋元時期頗豐。如《叢書》中李朝學者常引的"紅勒帛",該詞出自北宋沈括《夢溪筆談》:"(歐陽公)以大朱筆横抹之,自首至尾,謂之'紅勒帛'。"① 歐陽修對於好寫險怪艱澀文章的劉幾十分厭惡,借其主持貢舉之機,對詰曲聱牙的文風痛加排抑,劉幾因此落第。以"紅勒帛"爲典,來形容"朱筆横抹",取其色紅且拖抹之狀。蘇軾《觀杭州鈐轄歐育刀劍戰袍》詩中"青綾衲衫暖襯甲,紅綫勒帛光遶脇"②,形象地描繪了時任杭州鈐轄歐育的衣著服飾,鎧甲內穿有青緞衫,並用勒帛約束胸腹。具體可見下文《道子墨寶圖》中的武士戎裝圖(見圖3—20③)。葉夢得《石林燕語》錄:"余見大父時家居及燕見賓客,率多頂帽而繫勒帛,猶未甚服,皆於帽下戴小冠簪……勒帛亦有垂紳之意,雖施之外不爲簡……或云,勒帛不便於搢笏,故稍易背子。然須用上襟、腋下與背皆垂帶。"④ 葉氏以自己親身經歷來説明宋人服飾的變化,"勒帛"是其祖父在閑居及會見賓客等場合的穿戴,且"垂紳"形容其束於衣外,帶飾下垂狀。此外,孟元老《東京夢華錄》載:"披錦繡,捻金綫衫袍,金帶勒帛之類結束,竟逞鮮新。"⑤ 陸遊《老學庵筆記》云:"背子率以紫勒帛繫之,散腰則謂之不敬。至蔡

---

① 沈括:《夢溪筆談》卷9《人事一》,《歷代筆記叢刊》,上海書店出版社2009年版,第78頁。

② 蘇軾著,馮應榴輯注:《蘇軾詩集合注》,《中國古典文學叢書》,上海古籍出版社2001年版,第1340頁。

③ 該圖摘自傅伯星《圖説宋人服飾》,上海古籍出版社2014年版,第165頁。

④ 葉夢得:《石林燕語》卷10,《叢書集成初編》第2754冊,中華書局1985年版,第95頁。

⑤ 孟元老:《東京夢華錄》卷7,中華書局1982年版,第182頁。

太師爲相，始去勒帛。"① 明代方以智《通雅》亦詮作"勒帛者，以帛勒腰也"②。除以上文獻典籍外，流傳的畫卷圖像，如南宋佚名的《盥手觀花圖》中腰繫勒帛的侍女（見圖3—21）；出土的文物，如金代齊國王墓的"紅羅勒帛"（見圖3—22③）。更加利於我們了解"勒帛"穿戴及搭配時的情景。綜述之，"勒帛"是以絹、帛等絲織品製成的腰帶，男女均可服用，顏色有紅、紫、黃、褐等。盛行於宋金時期，該時期袍襖、背子等家居常服多爲對襟，不施結紐，故而用勒帛扎束。

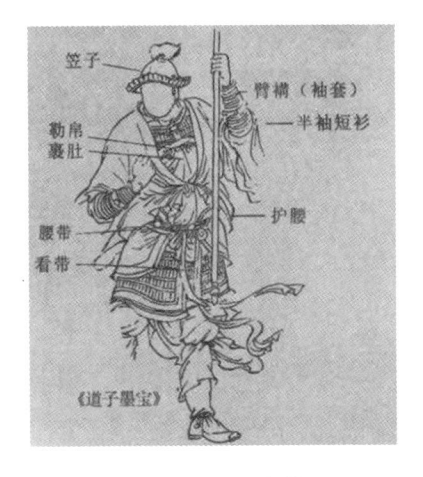

圖3—20 武士戎裝圖
（《圖説宋人服飾》）

圖3—21 南宋佚名《盥手觀花圖》
（天津藝術博物館藏）

與中國明確且豐富的文獻證釋不同，李朝學者對於"勒帛"雖考據者衆，然引證材料多爲上文中提及的歐陽公科考之事、葉夢得所見、蘇軾詩歌三者，且解析訛謬迭出。其考辨集中於"勒帛"是腿足部所用的纏繞物，即"行纏"；還是帶屬，用以束腰；亦或是與

---

① 陸遊：《老學庵筆記》卷2，中華書局1979年版，第23頁。
② 方以智：《通雅》卷37《衣服》，中國書店1990年版，第446頁。
③ 該圖摘自趙評春、遲本毅《金代服飾（金齊國王墓出土服飾研究）》，文物出版社1998年版，第11頁。

圖 3—22　金代齊國王墓"紅羅勒帛"

(《金代服飾（金齊國王墓出土服飾研究）》，左一爲男墓主束紅羅勒帛細節圖，左二爲紅羅勒帛及佩飾。勒帛長 308.4 釐米、寬 6.3 釐米，帶頭平齊不垂。)

"裹肚"異稱而實同三者。

　　首先，大多數學者將"勒帛"釋爲綁腿布即"行纏"（又稱"偪""邪幅""行縢"），主要有：李滉《退溪先生喪祭禮問答》"所謂勒帛即行縢"；鄭萬陽、鄭葵陽"無勒帛、采屦，只用行縢及時樣鞋"；李縡《四禮便覽》"勒帛俗稱'行纏'，用綿布爲之，長三尺許，廣三寸許（布帛尺）"（金恒穆《喪禮輯解》、黃泌秀《喪祭類抄》、金在洪《四禮纂笏》、洪在寬《四禮要選》、宋在奎《禮笏》、具述書《四禮要覽》同《便覽》）；李周遠《安陵世典》引顧齋李槩說"勒帛或云行縢"；徐昌載《冠禮考定》"勒帛，行纏也"；丁若鏞《喪禮四箋》"邪幅在股，亦勒帛之類"；尹義培《四禮撮要》"行縢，《家禮》所謂勒帛是也"。還有學者不直接以"行纏"釋"勒帛"，而是描述其效用及位置，即以三四尺長的布帛繫縛於脛部的袴管外，如金長生《喪禮備要》"束脛至膝"；《疑禮問解》"以布三四尺裹足至膝，縛繞袴管"；李衡祥《家禮或問》引愚伏鄭經世說"裹脛似長"；金禹澤《九峰瞽見》引龜峰宋翼弼說"以帛裹足"；朴文鎬《四禮集儀》"用勒帛束脛，結其繫。重引袴整之，結小帶"；沈宜德《家禮酌通》"勒帛用以裹腓者也"；佚名《沙明兩先生問解》"勒帛，以布二四尺，裹足"。上述禮籍誤將"勒帛"視作筒狀的脛衣，其致訛的源頭應是丘濬《儀節》，"勒帛""采屦"本是兩物，丘氏將其當作一物云"以帛裹足納屦中"，韓國學者多從其説，進而臆造勒帛爲行纏類束脛的用具。

其次，南振道《禮書劄記》、柳長源《常變通考》、李宜朝《家禮增解》引雲坪宋能相説、李遂浩《四禮類會》、許傳《士儀》、張福樞《家禮補疑》、崔純祥《喪禮要解》、李震相《四禮輯要》、宋俊弼《六禮修略》、鄭琦《四禮儀》，以上十部著述皆將"勒帛"簡釋爲繫腰之帶。此外，另有部分學者周詳完備地考證了"勒帛"作爲帶飾，其顏色、質料、使用位置、命名來源等方面。如安玑《家禮附贅》中引安鼎福"校訂"，將"勒帛"訓爲裏衣常服所用的帶，世人常以綿繒等物雙層縫製，帶廣寸許，高麗文宗（1019—1083年）時宋帝賜品中曾有一條錦繡勒帛。李瀷《星湖先生家禮疾書》及《星湖禮式》將勒帛視爲用絹帛雙層製作的小帶，較深衣所服大帶小，寬度爲一寸左右。由於其爲裏衣所用，故稱爲裏帶、彩帶。李宜朝《家禮增解》匡正了丘濬《儀節》中勒帛裹足的錯誤，且明確了勒帛與束脛、裹腹等物的區別，強調勒帛爲繞腰之帶。

除上述禮書外，還有學者存兩説，且兩説中或相矛盾，或有謬誤。如金長生在《喪禮備要》《疑禮通解》中從丘濬説，釋勒帛爲裹足至膝之用，然而在《家禮輯覽》中却采葉夢得"勒帛垂紳"説。金致珏《四禮常變纂要》"勒帛，束脛""勒帛，帶也"。另外，鄭載圭《四禮疑義或問》、郭鍾錫《禮疑問答類編》兩書雖將勒帛視作童子帶，却又於喪禮襲具的"裹肚"混淆，認爲兩者爲一物而異稱。由此可見，對於中國常見的束衣之帶勒帛，並非朝鮮本土慣常使用的物品，兩國不同的風俗服飾導致禮學家對於文獻資料解讀的失實。

【采履】

《家禮》："將冠者，雙紒、四㡋衫、勒帛、采履，在房中南面。"

《叢書》：（1）《家禮考證》："勒帛采履：丘氏曰：'《書儀》無采履，而於勒帛下有素字。自注云，幼時多躐采，將冠可以素，謂之蹻意。勒帛乃用以裹足者也。屨是木履，今云采屨，疑是以采帛代木爲之。謂之勒帛、采屨，似是以帛裹足納屨中也。此蓋當時童子服，今不必深泥，惟隨時用童子所常服者代之，似亦無害。'"(4/250)

（2）《家禮輯覽》："《異苑》：'介子推抱木燒死，晉文公伐以製屨，司馬晉遂爲常服也。'《古今注》：'屨即舄之制，而木底曰齒也。'①"（5/88）

（3）《疑禮通考》："按，今既無勒帛、采屨，則只用行縢及時樣鞋恐便。"（34/196）

（4）《四禮便覽》："諸具（序立）：彩屨，丘氏曰'屨是木履，今云彩屨。蓋當時童子服，今不必深泥。隨時用童子所常服者，代之無害'。"（40/36）

（5）《星湖先生家禮疾書》："《禮疏》云：'童子尚華飾，故采衣。'然則四袶必將用采。而《禮疏》又云'屨與裳同色'，後世之服如四袶之類，無下裳之別，故與衣爲例而云采屨也。屨恐履字之誤。"（41/73）

（6）《常變通考》："按，《書儀》云：'將冠者，雙紒、袍、勒帛、素屨，在房中南向。'而素屨下注曰：'幼時多躧采屨，將冠可以素屨云。'則所以釋用素屨之意。而丘氏賺連勒帛，遂以勒帛爲用以裹足，恐未然。"（56/649）

（7）《九峰瞽見》："采屨，屩也。《古今注》：'屨即舄之制，而木底曰齒。'○龜峰曰：'屨，木履。今云采屨，疑是采帛代木爲之。勒帛、采屨，以帛裹足納屨中也。'"（63/39）

（8）《四禮類會》："冠具：彩屨。"（66/239）

（9）《六禮修略》："三加冠服（諸具附）：采屨，《儀節》：'屨是木履。今云采屨，蓋當時童子服，今不必深泥，隨時用童子所常

---

① 《家禮輯覽》所引《古今注》中內容，並未在今本晉崔豹《古今注》抑或五代馬縞《中華古今注》中檢及，暫且存疑。

服者代之無害'。"（108/125）

（10）《四禮要選》："冠禮時具：彩屨，蓋當時童子服。"（111/553）

（11）《四禮儀》："彩屨，屨是木履，今云彩屨。"（112/15）

（12）《四禮常變纂要》："四揆衫或采衣、勒帛。○采屨，或皆代以童子常服。"（113/63）

按：司馬光《書儀》云"將冠者，雙紒、袍、勒帛、素屨"，且在"素屨"下注曰"幼時多躡采屨，將冠可以素屨"。而朱子《家禮》將"采屨"置於未冠時的鞋具，以別於三加所用的履、鞋、靴，從而示意童子與成人身份服飾的差別。童子服飾較少受到等級制度中顏色的限制，色彩較爲鮮亮，與之相應的鞋履顏色亦爲豐富。"采屨"同"彩屨"，即彩色、彩飾有花紋的木屨，與保持木料原色的"素屨"相對。在釋義"采屨"前，先要對"屨"的概念有較爲通透的理解。

木料是製作"屨"的主要材質，因此"屨"又稱爲木屨、木履、木鞋、腳澀①，它是中國傳統鞋中的一類。《叢書》中李朝學者大體從"屨"的緣起和式樣兩方面入手來考證，今亦分別尋索如下。金長生《家禮輯覽》引劉宋時劉敬叔的《異苑》，介子推逃祿隱匿，抱木燒死，晉文公伐木製屨。由此，一般將木屨的產生限定在距今兩千多年前的春秋戰國時期。然而據考古發掘，五千多年前新石器時代已有木屨出現，浙江寧波慈城鎮慈湖遺址以及杭州瓶窯鎮下家山遺址，都有良渚文化時期遺存的木屨實物出土。其中慈湖遺址上層所見的兩隻木屨，是目前中國乃至世界最早的木屨，現收藏於寧波博物館。兩件木屨均爲左腳所穿，其中較小的一隻（見圖3—23），屨身呈長方形，長約21.2釐米、前掌部寬8.4釐米、後跟部

---

① 木屨又稱爲腳澀，見於李圭景《五洲衍文長箋散稿》"木屨辨證說"下注："《四聲通解》：'木屨，腳澀。'似是中原之方言也。"（[韓]李圭景：《五洲衍文長箋散稿·人事篇·服食類》，首爾東國文化社1959年版，第521頁）

寬7.4釐米。底部無齒，屐面坦平，上有5孔，孔徑約1釐米①，屐底兩孔間有橫向淺凹槽，應是以繩穿入孔內固定腳背所用。原始木屐製作工藝粗疏，造型簡單，屬於東南部先民爲適應溫熱多雨的氣候而作出的重大發明。據《太平御覽》引《論語隱義注》載："孔子至蔡，解於客舍。入夜，有取孔子一隻屐去，盜者置屐於受盜家。孔子屐長一尺四寸，與凡人屐異。"② 雖史籍文獻有孔子著屐之事，然先秦時期未見木屐實物出土。而有文獻記載且參以出土文物佐證的木屐，已迄至漢代。江蘇高郵市神居山一號漢墓出土木屐三件（現藏於南京博物院），墓主爲西漢第一代廣陵王劉胥，其中墓坑填土中出土的單隻木屐爲右腳屐，無齒，屐板上穿三孔，呈前左一、後左右二的佈局。而墓室西廂"中府第五內户"中出土了一套完整的沐浴用具，其中有木屐一雙（見圖3—24），板面有四孔，左腳屐前端有緊鄰的兩圓孔，後端兩側各有一孔，屐底前後有兩矮齒，約一二釐米高。③ 漢時木屐已成爲民間男女穿用的風尚，在東都洛陽地區，女子嫁人時流行以施加漆繪且以彩繩爲繫的木屐爲妝奩。見《後漢書·五行志》："延熹（158—167年）中，京都長者皆著木屐；婦女始嫁，至作漆畫，五采爲繫，此服妖也。"④ 這種漆彩木屐在1984年安徽省馬鞍山市三國東吳朱然夫婦合葬墓中曾有出土⑤，雖然屐身所施之漆剝落嚴重，但仍可想見原本髹黑紅漆的華麗面貌。

---

① 浙江省文物考古研究所等：《寧波慈湖遺址發掘簡報》，《浙江省文物考古研究所學刊——建所十週年紀念》，科學出版社1993年版。

② 李昉等：《太平御覽》卷698《服章部十五·屐》，中華書局1960年版，第3115頁。

③ 西漢神居山廣陵漢墓出土木屐的詳細情況，可參看王志高《六朝建康城發掘與研究·南京顏料坊出土東晉、南朝木屐考——兼論中國古代早期木屐的階段性特點》，江蘇人民出版社2015年版，第187頁。

④ 范曄撰，李賢等注：《後漢書》志第十三《五行一》，中華書局1965年版，第3271頁。

⑤ 朱然墓出土木屐的具體形制，可參看安徽省文物考古研究所等《安徽馬鞍山東吳朱然墓發掘簡報》，《文物》1986年第3期。

魏晉南北朝時期，關於木屐的史籍文獻記載及實物遺存頗多，就屐身形制來説大體分爲兩類：一類爲屐面平整，鑿有繫孔，下設前後兩齒的木屐。如安徽宣城外貿巷西晉二號墓出土的兩雙木屐（見圖3—25），一爲方頭，一爲橢圓頭，據《搜神記》載"初作屐者，婦人圓頭，男子方頭，蓋作意欲別男女也。至太康中，婦人皆方頭屐，與男無異。此賈后專妒之徵也"①。方頭男屐，長約22釐米，齒高7釐米；圓頭女屐，長21釐米，齒高4.5釐米；木齒皆與屐底連爲一體。② 另一類木屐，屐面呈淺圓口鞋狀，屐底設兩齒，係整體由一塊木頭削鑿而成。如1979年江西南昌高榮夫婦墓女棺外出土的孫吳時期的連齒木屐（見圖3—26），木屐長25釐米、高6釐米，齒下部共有7枚鐵釘，用以減輕屐齒的磨損。③ 湖北鄂州市鄂城東吴墓亦出土有類似形制，屐幫爲鞋狀的木屐。④ 六朝時期屐齒產生了不少變異，除常見的無齒屐、連齒屐外，還出現了雙齒活絡可脱卸的木屐，又稱"謝公屐"，相傳爲山水詩人謝靈運發明，適合登山時穿用。《南史·謝靈運傳》有云"登躡常著木屐，上山則去其前齒，下山去其后齒"⑤。另外，屐齒較原始及秦漢時期的木屐高度明顯增加，顏之推《顏氏家訓·勉學篇》載"梁朝全盛之時，貴遊子弟……無不熏衣剃面，傅粉施朱，駕長檐車，跟高齒屐"。縱觀兩晉、南朝形式多樣的木屐造型，以及上至天子下達庶民，家居或出行幾乎人人穿服的盛況，其原因不僅和其都城南京温濕的地理氣候相關，亦是那個時代標榜個體自由、崇尚傲達放誕的社會風氣的反映。唐代男女著

---

① 干寶：《搜神記》卷7，商務印書館1957年版，第59頁。
② 安徽宣城出土的漆木屐，具體參看宣城市博物館《宣城市外貿巷西晉墓清理簡報》，《文物研究》第13輯，黄山書社2001年版。
③ 南昌東吴時期高榮墓出土木屐，參看江西省歷史博物館《江西南昌市東吴高榮墓的發掘》，《考古》1980年第3期。
④ 可參看鄂城縣博物館《湖北鄂城四座吴墓發掘報告》，《考古》1982年第3期；南京大學歷史系考古專業等編《鄂城六朝墓》，科學出版社2007年版，第298頁。
⑤ 李延壽：《南史》卷19《列傳第九·謝靈運》，中華書局1975年版，第540頁。

屐仍十分普遍，但不用於正式場合，而是沐浴、宴居、乘涼時穿用。宋之後婦女因纏足多不穿木屐，然而男子（見圖3—27）及流行天足的福建、廣東一帶婦人仍以著屐爲習。南宋陸遊有《買屐》詩："一雨三日泥，泥乾雨還作。出門每有礙，使我慘不樂。百錢買木屐，日日繞村行。東阡與北陌，不間陰與晴。青鞋豈不佳，要是欠耐久；何當踏深雪，就飲湖橋酒？"[1] 讚歎木屐的實用及廉價。明清後木屐通常用作雨鞋，又被稱爲"泥屐"。如今，木屐早已退出中國人民的生活，但在鄰國日本仍流衍不絕。

圖3—23　新石器時代木屐正面及背面（寧波慈湖遺址出土）

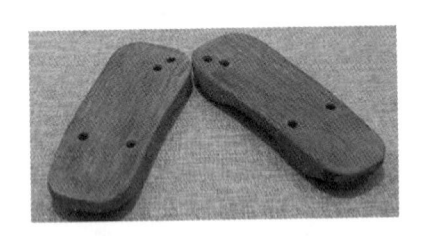

圖3—24　兩齒木屐（神居山廣陵西漢墓出土）

在木屐的緣起及發展之外，《叢書》中《家禮輯覽》《九峰瞽見》等引《古今注》"屐卽爲之制，而木底曰齒"，大體論述了

---

[1] 陸遊著，錢仲聯校注：《劍南詩稿校注》卷31，上海古籍出版社1985年版，第2080頁。

第三章 朝鮮時代"冠禮"所涉"諸具"疏證 273

圖3—25 男女漆木屐
（安徽省宣城市外貿巷西晉墓出土，左一爲方頭男屐；二爲圓頭女屐）

"屐"木質、有齒的特徵。然而對於木屐的具體構造及用途，李朝學者並未論及，今補述如下。木屐通常由屐板、繫、齒三部分組成。屐板通常以質地堅韌緊密的木料，如桑木、抱木、楝木等製成。用以固定腳的"繫"，除繩外，還可用布帛、皮革等爲之。從屐齒角度出發，分爲平底無齒屐、連齒木屐、可拆卸更換的活絡齒型木屐三類。屐底的齒增加了木屐的整體高度，既減少了底部與路面的磨損，又可以用於雨天踐泥所穿。木屐的形制隨着時代發展而變化，它由最初的雨具擴展爲民衆常用的便鞋，並憑藉堅實耐用、防濕防滑、取材便利、製作簡單、涼爽增高等諸多優點，成爲古代鞋類特殊的一種。

由於没有可以證實的文獻或遺物，因此無法判定木屐傳入半島的確切時間，以及其早期的形態。朝鮮中期以後，關於木屐的文字記錄及實物材料較多。與中國主流屐板穿孔繫帶的木屐形制不同，半島盛行的木屐造型，類同於南昌市高榮夫婦墓出土的可以將足部全部包裹的鞋形木屐。在此基礎上，又有平底無跟及前後兩跟的區別（見圖3—28）。而有跟類木屐遠盛於無跟類，且屐面趾部常爲尖形上翹狀。木屐是李氏朝鮮男女老少、不同階層的人群皆可穿用的鞋具。童子所穿木屐，別於成人，其屐前段趾部通常描繪有各種花紋（見圖3—29），這應該就是《家禮》冠禮所謂的彩屐。木屐最初亦是作爲防雨、防泥的雨鞋使用，後來逐漸可用於晴天出行。但由於其材質堅重，穿用時行步蹣跚，因此不適於騎乘之人。年少卑賤者穿著於長者尊者之前，則嫌輕慢倨傲。製作木屐的木胎，主要以梧桐樹和柳樹爲主，由於木料遇水時常乾裂，故而往往在木屐表面塗抹蜜蠟。關於木屐詳細介紹，李瀷《星湖先生僿說》卷六《萬物門》"木屐"條可作旁參，其云："顔之推《家訓》以高齒屐爲高致，古人常躡木屐，謝安之折齒、靈運之去齒皆可證。不但爲泥淖之用而已也。余平居非騎乘及遠出，皆用屐，是亦殷輅之義也。然木性易炸裂，據阮孚蠟屐，是以蠟熔入，蓋防其炸也。故人有貽我無齒屐者，狀如革履，躡之尤便也。按：字書'䩺'音'昔'，以木置履下，乾腊不畏濕，與舄同也。革履而木底可以持久，然革者雨濕日爆皆可以敗壞，藏去甚勞，又不若用屐而蠟之也。"① 伴隨着膠鞋的出現，1940年左右木屐在朝鮮人民的生活中幾乎消失殆盡。

圖3—26　三國東吳雙齒木屐
（南昌市高榮夫婦墓出土）

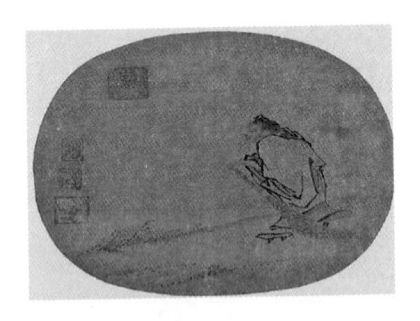

圖3—27　南宋馬遠《寒山子像》
（北京故宮博物院藏）

圖3—28　朝鮮有齒木屐（韓國國立民俗博物館藏，編號：11166，齒高4.5釐米）

圖3—29　兒童彩屐（日本佔領朝鮮半島時期，德壽宮文物展覽館藏，編號2615）

---

① [韓]李瀷：《星湖先生僿說》卷6《萬物門·木屐》，首爾大學奎章閣藏本。

專題二：李朝三加冠服衆説集考。

《家禮》："賓揖將冠者就席，爲加冠巾。冠者適房，服深衣，納履出。"又，"再加帽子。服皂衫，革帶，繫鞋。"又，"三加幞頭。公服，革帶，納靴，執笏，若襴衫，納靴。"

《叢書》：(1) 金長生《疑禮問解》："三加冠服。問：'冠禮三加既未能純用古禮，則當用何冠服耶（李惟泰）？''無幅巾則以程冠爲初加，笠子爲再加，儒巾爲三加，未知如何。'"（6/92—93）

(2) 安玹《家禮附贅》："深衣今用直領白衣，大帶用革帶，履用繫鞋。《玉川解義》曰：'冠，緇布冠也。《家禮》先用冠，次以巾加之，今俗以笠爲冠，則巾無所用，故闕無妨……深衣、大帶、履，今代以直領白衣、革帶、繫鞋，蓋革帶、繫鞋，丈夫之始事，故今用之，出房南面立者觀衆以容體也。'"（8/270）又，"帽子，今用儒巾。皂衫，用團領紅衫。革帶，用綵條帶。繫鞋，用黑履。《玉川解義》曰：'帽子以紗爲帽，宋儒之制也，今未可考。衫，單上衣也。古禮雖用皂衫，今從俗用團領紅衫可也。'……校訂：帽是古制，魏管寧在家常著帛帽，後世亦以白紗、烏紗爲之，考《通典》可知矣。丘氏曰'大帽是笠子，小帽或紗或羅或緞爲之，二帽之外別無他帽。'團領紅衫，我朝中葉以上，士人以紅團領爲上衣故云。"（8/271—272）又，"幞頭，今用有角紗帽。衣用黑團領，帶用角帶。《玉川解義》曰：'公服，有官者之服也。用於士冠者，借服華飾以成嘉禮，與士婚禮服大夫之服同義。襴衫謂直領青衫也。'校訂：《家禮》有官者冠之文，故用公服。無官者自有襴衫，以此例之，則三加用笠子、道袍、黑繒帶恐當。且據《士冠禮》因三加之服而見於廟、見於尊長鄉先生，則笠子、道袍尤爲適用。"（8/272—273）

(3) 尹拯《明齋先生疑禮問答》："問：'冠禮三加冠巾，古今異制，誠難準禮，勢當以俗制參用，而先賢及《五禮儀》所用各有異同，當何的從歟（權綵）？'○《集説》初加網巾、再加冠笄、三加頭巾。○易氏宗初加網巾、再加小帽、三加頭巾。○《問解》初加程冠、再加笠子、三加儒巾。○栗谷初加笠子、再加儒巾、三加紗帽、角巾①。○《五禮儀》初加笠子，服直領；再加紗帽，服紅圓領；三加幞頭，服公服。通著靴。答：'《家禮》初加用緇冠、幅巾、深衣，此則有何古今之異也？再加用帽子、皂衫、鞋，帽子即如今之笠子，皂衫如今之黑圓領，鞋如今之常著履也。三加用幞頭、公服，今士子之儒巾、紅圓領爲上服，可以代之。先人爲《冠禮笏記》依《家禮》，以冠巾、笠子、儒巾爲三加，故門中遵用之矣。'問：'冠禮初加深衣、再加皂衫、三加襴衫，有先後之序否？儒巾之制合於禮義，而亦可以遵用否（沈廷熙）？'答：'冠禮三加所服，初加則用冠、巾、深衣，用古也。再加則用皂衫、帽子，用常服也。三加則用襴衫、幞頭，用盛服也。先後有其序也。帽即常著之物，今笠子當之。公服今儒生之紅圓領，儒巾當之。儒巾之制未知合禮與否，而大明高皇帝所頒云，今何可不用耶。'"（16/129—131）

（4）朴世采《南溪先生禮說》："問：'《冠禮儀》三加用《儀節》幞頭代儒巾，注曰禮無攝盛之制云云。愚意恐不然也。《士冠》云者，士之冠子之禮，士非職之稱，乃天子之元士，以至公侯之下士皆是也。士之子無官，而三加用爵弁是上士之最尊服，雖與昏禮用大夫之服有間，其攝盛之義則同。《家禮》三加既用幞頭、公服，《五禮儀》亦同，愚意昏則用二品命服，冠則用七品公服爲宜，七品公服即青衫、烏角帶也。國朝祭祀，六品以上祭三代，蓋七品以下爲士故也。《士昏禮》疏云，以攝言之士之子冠與父同，則昏亦同，此亦可據也。蓋《家禮》大文非不得已處，則不可違，況古禮邦制皆許用公服，則有何未定之理乎？如無幞頭、公服，則用紗帽、角帶亦可矣。妄見及此，敢此並稟（崔錫鼎壬戌）。'答：'冠禮依《家禮》用幞頭，非不井然有據，第丘瓊山《儀節》、金沙溪《問

---

① "角巾"應爲"角帶"，今查《栗谷先生全書拾遺》卷2《書·與成浩原》作："珥欲初加笠子，再加頭巾，三加紗帽、角帶。"下文《禮書劄記》引"角巾"同誤。

解》皆言今制非有官者不可用公服，乃以儒巾代之，則恐亦難以違此，而直從《儀禮》之義、《家禮》之文也。蓋禮家所重，以時爲大，程朱既不能盡復周禮，退栗亦不能盡復宋禮，唯其未嘗見禁於時制俗例之大體，而在士夫自以因循不得行者，方可商量而追幅耳。苟能却顧深思，通於此義，則向前許多罣礙，不待講質而自當太半休歇矣。如清明、中元之不用，《家禮》上元、重三之兼取國俗，皆此類也，如何如何。'"（21/200—201）

（5）朴世采《三禮儀》："冠者適房，釋四揆衫，服深衣，加大帶，納履，出房，正容南向立良久……（再加）執事者以帽子（《問解》代笠子）盤進，賓降二等受之……冠者適房釋深衣，服皂衫（《儀節》代直領衣）、革帶（《儀節》代絲條）、繫鞋（《儀節》代布鞋或皮鞋），出房立……（三加）執事者以幞頭（《儀節》代儒巾）盤進，賓降沒階受之……贊者徹帽，賓乃加幞頭（《儀禮》公服代皂衫。〇按，今當用紅團領，革帶代皂絲條，靴代皂靴。按，不用公服則笏當廢）。執事者受帽，徹櫛入於房，餘並同（《五禮儀》初加笠子，服團領，加條兒，納靴。再加紗帽，服團領、角帶。三加幞頭、公服。按，冠禮無攝盛之制，當從《儀節》《問解》）。"（23/504—506）

（6）辛夢參《家禮輯解》："按，沙溪此答依《丘儀》再加以時樣帽子，三加以生員者儒巾之意。然程子曰：'若制古服而冠了不常著，却是僞也，必用時服云爾。'則儒巾者，乃今時儒生等公會中所著，又不常用，愚見儒巾爲再加，笠子爲三加，因爲常著未知如何。"（25/203）

（7）李衡祥《家禮便考》："問：'初加若無深衣諸具，則當代以時服。再加、三加用何服？'同春曰：'用直領道袍某冠，再加用笠與紅團領，三加用頭巾、黑團領如何。'"（26/314）

（8）南道振《禮書劄記》："初加：易氏宗綱巾，栗谷加笠子，《問解》加程冠，《五禮儀》加笠子、服直領。《經禮》：'初加若無深衣則用朝服亦可，蓋古禮初加服玄端，玄端是朝服，今世朝服近於玄端,玄端不易,只用玄色服則略有據。又曰無幅巾只用緇冠無妨。'"(36/492) 又,"再加:《集說》加冠笄或幅巾,易氏宗小帽,栗谷加儒巾,《問解》加笠子,《五禮儀》加紗帽、服團領。《經禮》:'皂衫如今黑團領。'又曰:'再加笠子,服常服。'"(36/495) 又,"三加:易氏宗加頭巾,栗谷加紗帽、角巾,《問解》加儒巾,《五禮儀》加幞頭、服公服、通著靴。《南溪家禮》用幞頭,然《儀節》《問解》皆言今制,非有官者不可用公服,乃以如今代之,恐亦難違"。(36/496)

(9) 李縡《四禮便覽》:"諸具(陳冠服):緇冠、笄、幅巾、深衣、大帶、絛、履;帽子、皂衫(按,昔有問皂衫之制,世所罕傳者。尤庵答曰如今黑團領,凡上衣之染黑者皆可用。又答人問有再加常服之說,常服即今道袍之類,雖非染黑,今制染青者亦可代用)、革帶、鞋;幞頭(即國朝新恩所著者,略似紗帽,今代用皇朝儒巾,或稱軟巾)、襴衫、帶(用以帶於襴衫者。皇朝太學儒服襴衫之帶,名絛帶,一名鈴帶。其制織絲為之,再圍腰,其贏縮處有二小鈴,垂其餘於後,兩末相合處有一大鈴。無則代以細絛帶)、靴。"(40/27—34)

(10) 李瀷《星湖先生家禮疾書》:"幞頭者既通用於有官無官,而與公服、襴衫等有別。其制亦以軟紗一方幅,四角有繫鞋,跨頂前後,以前兩繫於腦後而垂之,以後兩繫於額上,今之竹帽漆紗為高硬之制者,即其遺也。今俗無官者不冠用此,而《家禮》亦不須其同於有官者,則其不用無疑矣。襴衫既非古禮而亦違俗尚,又不必用。然則只得用今世笠子、道袍之類抑可也。蓋既三加禮畢,因而見於廟,見於尊長,見於鄉先生、父執,皆當以三加之服,今俗於此等莫不用笠子、道袍是為上服,豈有以加於此哉。"(41/78—79)

(11) 李瀷《星湖禮式》:"冠者成人之始,其禮甚重,然窮鄉貧士,儀物未備,費財亦多,有不可準禮,故人皆諉此而不行。夫冠婚喪祭等耳,《家禮》婚不備六禮,祭有三獻而殺禮則一獻,喪之簡節尤多。冠禮亦宜參古酌，刪其繁縟，使人得以易行。單門寒族，方始畢舉而無歉矣。其不然者，自合如儀。緇布冠古制也，禮不忘本，則此不可不用。《家禮》將冠者露紒聽祝，然此合三加爲一。則先加緇冠，祝畢加笠，亦恐無妨。笄用白物，不必齒骨，竹木之堅實者亦可。幅巾元非古制，黑履今人堂上不用履，皆廢之。笠，國俗承祭接賓，以爲元服，當從。網巾亦從時。道袍，古者大裘之遺制，國俗以爲上服，當從。裏衣用常服，廣袖加勒帛，俗名裏帶采帶，既不用深衣，不必大帶。"（41/421—422）

（12）朴聖源《禮疑類輯》："尤庵曰：'老先生程冠之説，是出於不得已也。蓋以爲與其以無幅巾而廢禮，毋寧用此而成禮之猶爲愈也。蓋本先賢所欺拘於小不備而歸於大不備之説也。皂衫如今黑團領，凡上衣之染黑者皆可用也。初加若無深衣，則用朝服亦可。蓋古禮初加服玄端，玄端是朝服也。禮曰朝玄端夕深衣，是玄端與深衣相對。而今世朝服又近於玄端矣（答沈世熙）。'又曰：'據古禮則初加只加緇布冠，若無幅巾則只用緇冠，恐無妨。古禮初加用玄端，玄端尤不易，然只用玄色服則略有據矣。沙溪先生嘗答此問曰，無幅巾則以程冠爲初加。三加之服，據《家禮》則用公服，當用今世學校所服之服矣。皂衫則《家禮》用於再加，今用於三加，未知如何（答俞命賚）。'同春曰：'若無深衣諸具，則用直領道袍某冠等似宜。再加用笠與紅團領，三加用頭巾、黑團領如何（答閔泰重）？'又曰：'冠禮初加既用五綵條，再加用某帶，三加用學子所著革帶，無乃爲穩耶（答靜觀齋）？'南溪曰：'緇冠、皮弁、爵弁以爲三加之制者，蓋皆先輕而後重也（答高益謙）。'又曰：'冠禮三加，凡禮以三爲度者，恐或天地人三才之道也（答沈世熙）。'又曰：'冠禮依《家禮》用幞頭，非不井然有據。第《丘儀》《問解》，皆言今制非有官者不可用公服，乃以儒巾代之，則恐難違此而直從《儀禮》《家禮》也（答崔錫鼎）。'陶庵曰：'冠禮冠服無可借，如不得已，則進士青衫可借用。曾聞同春先生鄉居，借用及第新紅袍云（答羅炯奎）。'"（45/346—248）

(13) 李象靖《訣訟場補》："補：答徐尚甫曰：'始加用緇布冠甚好，再三加用笠子、儒巾亦好，但三加既用襴衫，則以所謂軟巾者爲三加恐或相稱矣。然則再加當用何物？儒巾爲禮服，或近古否？笠子乃常著之服，亦用於祭祀之際，與古者笠子有異，用之亦恐無害耳。'○生員既著襴衫，遂廢青衫，今不可得用。愚意只用青道袍之類恐無妨。○革帶，古者布衣韋帶之士，皆無官者之服，《家禮》所云恐非有官品帶之謂，如今儒士所著一條革帶何妨……○答張聖年曰：'古今錯雜始終無序，又非須用時服之義。愚意始加用緇冠、深衣，以存尚古之義。再加用笠子、青道袍之類，三加用今生進所著軟巾、襴衫。既是時用之服，而又有漸加彌尊之意，未知如何。皂衫、帽子，曹芝山《家禮考證》詳言其制，然乃是宋時常服，而今皆無之，何可遵用耶。且幅巾雖是禮服，而退、陶先生以爲今人失其制，有似僧巾，而以程冠代之。嶺俗例皆不著，今一用於冠時而終身不著，不幾於僞乎？'（《家禮》再加帽子、皂衫是處士無官之服，三加幞頭、公服、襴衫是進士有官之服。其次第等級有分別，今如此縣蓰，恐略有意思，來諭以幅巾、深衣爲三加，則古禮無可據矣。）"（50/130—133）

(14) 李周遠《安陵世典》："彥煥問：'吾家冠禮時初加緇布冠，再加毛冠，三加黑笠，果合禮否。'曰：'婚禮攝盛，故士得用大夫之服，而冠禮不言攝盛，吾家父兄已行之規，恐得禮意（《顧齋集》）。'"（50/223）

(15) 金鍾厚《家禮集考》："按，有官無官，據冠者之父言，而其服則冠者所服也。蓋《書儀》本於開元，而《開元禮》言五品以上子孫、九品以上子冠，假用出身品服。此似倣古禮士之子冠用士服之義耳……愚按，我國則士大夫常服乃笠子、道袍、絲或革帶，而始冠者又著黃草笠，故今以代皂衫帽子云。"（52/189—190）又，"（帽子）按，今用笠……按，皂衫今用道袍。"（52/222）

(16) 徐昌載《冠禮考定》："愚按，今世無古冠服，其勢不得不參用時服，然亦不可專用時服使古制蕩然無徵……以網巾爲始加，

第三章　朝鮮時代"冠禮"所涉"諸具"疏證　281

終未穩當，冠笄、幅巾又不可移作再加，愚意始加用緇冠，再加用笠子，三加用儒巾。而易服始加以白上衣代深衣，再加以生員青衫代皂衫，三加用今制生員所著襴衫似可合宜。黑履，《事物記原》麻皮曰履。是麻與皮皆可爲履也。禮曰：夏冠用葛屨，古之履制既不可考，則代以麻葛鞋似或無妨。再加繫鞋，《丘儀》既曰布鞋或皮鞋云，用俗所謂唐鞋亦可。三加納靴，《家禮》本文既日若襴衫納靴云，則無貴賤皆可用靴也。帶則始加依《家禮》用大帶，再三加依《丘儀》皆用皂絲條。用進士襴衫，則用其帶亦可也。質之丈席，曰①：'始加用緇冠甚好，再三用笠子、儒巾亦好，但三加既用襴衫，則以所謂軟巾者爲三加恐或相稱矣。然則再加當用儒巾，或用笠子亦或無害耳。生員既著襴衫，遂廢青衫，今不可得用再加，只用青道袍之類恐無妨。'"（57/28—31）又，"冠始加用緇布冠，再加用笠子，三加用幞頭，或如今。〇易服，始加以白上衣代深衣，再加以青道袍代皂衫，三加用今制，生員所著襴衫。〇履，始加以麻葛鞋代黑履，再加以唐鞋代繫鞋，三加納靴。〇帶，始加依《家禮》用大帶，再加依《丘儀》皆用青絲條，三加或用襴衫之帶"。（57/89）

（17）夏時贊《八禮節要》："陳深衣、大帶、皂衫、團領、並條帶於房中，設盥洗、脯醢、盞盤、酒注於房中。〇又陳黑履、鞋、靴。〇陳冠巾、笠子、儒巾，各盛以盤，列於西階下，使一人守之……〇賓揖，冠者適房，服深衣、加大帶、納黑履，出房南面立良久……〇贊者徹冠巾，賓跪加笠子，興，復位。贊者結纓，冠者興。賓揖，冠者適房，改服皂衫（代道袍）、條帶、繫鞋，出房，南面立……〇贊者徹笠子，賓跪加儒巾。執事者受笠子，撤櫛入於房。賓興，復位，冠者興，執事者受笠。適房改服團領、條帶、納靴，出房，南面立。"（62/302—305）

---

①　此處徐昌載以三加所服問辯之人，乃是其師李象靖，故而其下所云應發自李象靖，可與上文《決訟場補》引文參照考察。

(18) 金禹澤《九峰瞽見》:"今俗以儒巾代樸頭,以草笠代帽子,以幅巾代緇冠恐無妨耶……按,冠了長著爲時用之服,則初加幅巾,再加儒巾,三加笠子。仍以爲常著而不脱,恐不是僞也。"(63/42—43) 又,"初加之具:古禮初加緇布冠;《開元禮》以時冠皮弁,六品以下用爵弁,緇冠上下通用;《集説》初加網巾;《書儀》初加裹巾;《程儀》用時服,生員用儒巾,庶人用方巾,小帽上下通服;易氏初加裹巾;《丘儀》初加緇冠、幅巾;《五禮儀》初加笠子;栗谷初加笠子;《問解》初加程子冠……○時服朝服,直領衣、紅團領、學校齋服;《書儀》四襆衫、腰帶、勒帛;《五禮儀》團領、常服、條兒、靴。"(63/53) 又"再加之具:古禮再加皮弁,以白鹿皮爲之……《集説》再加冠笄;《書儀》再加裹帽;易氏再加小帽;《丘儀》再加時樣帽子;《五禮儀》再加紗帽;栗谷再加儒巾;《問解》再加笠子(同春再加笠子);尤庵再加笠子;魯西再加笠子;《三禮儀》再加帽子。○《書儀》旋襴衫、腰帶、黑團領;《五禮儀》紅團領、常服、角帶;《丘儀》直領衣、絲條、布鞋、皮鞋。○尤庵曰所謂直領,非我東所謂直領也,但如今喪服以全幅直下也。○同春再加時服,紅團領、某帶。"(63/62) 又,"三加之具:《書儀》三加樸頭;《集説》三加頭巾;易氏三加頭巾;《丘儀》三加儒巾、平定巾;《五禮儀》三加樸頭;栗谷三加儒巾;《問解》三加儒巾;同春三加頭巾;尤庵三加儒巾;魯西三加儒巾,服時服。○《書儀》公服、韡襴;《五禮儀》公服,通著靴;《丘儀》襴衫、皂絲條、皂鞋;同春時服用學子所著革帶;大明太祖高皇帝所頒儒巾,館學生云,故用三加。"(63/66—67)

(19) 李遂浩《四禮類會》:"冠:公服、帶、靴、笏(以上有官者所用);襴衫、帶、靴(以上用以三加者);皂衫、革帶、鞋(以上用以再加者);深衣、大帶、黑履(以上用以初加者)。"(66/239)

(20) 丁若鏞《二禮鈔》:"《嘉禮酌儀》:……今擬貧士之子,始加緇布冠,用青敞衣(如俗制);再加席帽(黄草笠也。老蒼者用漆布笠），用青道袍，並施緇帶（古禮三服皆緇帶）；三加烏紗帽（有紋角），用紫朝袍（即團領），未可已也。○卿、大夫顯官之子，始加緇布冠、青道袍（用緇帶）；再加烏紗帽（無紋角）、綠團領（用角帶）；三加玄爵弁（即今之祭冠）、緇衣、纁裳（即今之祭服）；仍具方心曲領後綬（佩玉不必用）……○又按，古禮三服皆用緇帶。緇帶者，大帶也（其制見《玉藻》）。今公服不用緇帶，則犀帶、角帶，無所不可（金銀帶，亦可）。其用緇衣、纁裳者，可用緇帶，蓋我邦朝祭之服，例有絛帶也。今之金冠，在古無徵。三加宜用玄弁（今謂之祭冠）。玄弁者，古爵弁之遺制也。其屨宜用黑靴。○又按，古禮用韎韐、素韠、爵韠。今唯三加宜用纁韠（蔽膝也）。○古禮三冠、三服，無一時並著之理。再加則脫緇冠、玄服，三加則脫皮弁、素積（乃服爵弁服），故《士冠禮》'既三加，有徹皮弁、緇冠'之文。今擬再加脫初加之冠服，三加脫再加之冠服，唯屨不必改也。其以青敞衣爲初加之服者，仍於其上，加以青袍。"（69/625—626）

（21）魏道侃《四禮祝辭常變通解》："陳冠服：執事者陳深衣、大帶（若無則四䙆衫或涼衫亦可）、櫛、□、網巾、黑履、道袍、革帶、鞋、黑團領（無則用他衣）、黑絛帶、靴。昏以桌子陳於房中，東領北上。幅巾、帽子、儒巾，昏以盤盛之，蒙以帕，陳於西階下。"（70/157）

（22）韓錫斅《竹僑便覽》："斅按，問冠：'冠禮三加既未能純用古禮，則當用何冠服耶？無幅巾則以程冠爲初加，笠子爲再加，儒巾爲三加，未知如何。'"（76/365）

（23）洪直弼《梅山先生禮説》："《便覽》比《家禮》尤爲省約，恐當遵也。三加服色亦不必局定，須以程子所云，若制古服而冠，冠了不常著是僞也，須用時之服爲準，恐宜。三加當著青袍、草笠，是爲時之服，然非禮服也。初加用深衣、幅巾，再加用襴衫、幞頭，三加彌尊，故洛下用朝服，而非窮鄉所有，用公服、紗帽，恐亦得禮也。（答蘇輝冕）"（77/123）

（24）宋來熙《禮疑問答·四禮辨疑》："冠禮三加服色：大抵初以緇冠，再以笠子，三以紗帽。而至於代用，若無幅巾，則或只用緇布冠。若無深衣，則同春先祖有直領道袍代用之論。而直領非易求者，道袍當用於著笠，則俱非便宜，誠未知何以變通也。若借深衣，則草笠與紗帽諸具，自當無難，而實無可合代用之仰對者矣。公服如無可借，則借用大小科紅袍、青衫等服，亦無不可耳。"（79/70）

（25）許傳《士儀》："始加緇布冠、深衣、大帶、黑履；再加幅巾、青衫、黑絲帶；三加笠子、道袍、黑絲帶。"（80/220）

（26）張福樞《家禮補疑》："陳冠服之具：緇布冠、幅巾（俱見《疑禮通考》，無則用程巾）、深衣、大帶、履；帽子（《儀節》：其制不可考，擬代以時樣帽子。《疑禮通考》：笠子）、皂衫（《儀節》：其制不可考，擬用直領衣。大山曰：用青道袍）、革帶（今當代以條帶）、鞋（有繫，《韻書》革履，《儀節》：用皂色）；幞頭（《輯要》①：幞頭出於隋唐，非古冠，以時樣紗帽代之無妨。大山曰：用今生進所著軟巾）、公服（《疑禮通考》：用時樣紅黑團領。大山曰：用今生進所著襴衫）、革帶（即品帶，今當代以生進所著鈴帶）、鞋。《輯要》：今俗或於再加用儒巾、青道袍，三加用笠子、紅黑團領，以此拜母拜廟，此乃儒士常服，恐亦無害。"（91/246）又，"篋叟曰：'襴衫、皂衫本非古制，今又國俗無此兩服，今用時服陳之恐便。'〇按，冠服自三代以下，隨時隨變，今爲采錄以備參考"。（91/248）

（27）李應辰《禮疑續輯》："竹庵曰：'用色中衣爲童子服，初加幅巾、深衣，再加軟巾、襴衫，三加紗帽、團領，蓋長兒婚日冠禮，故從便如是（《類輯續編》）。'老洲（吳熙常）曰：'冠禮器服，初加緇巾、深衣，再加幞頭、襴衫，三加草笠、道袍，即近世通行之規。然記曰三加彌尊，諭其志也。釋之者曰始加緇巾，不忘

---

① 《輯要》即《家禮輯要》，其作者爲鄭重器。

本也；再加皮弁，朝服也；三加爵弁，祭服也。不忘本，然後能事君，事君然後能事神也。今夫緇巾、深衣，古制也；幞頭雖非古之弁，猶是宋明遺制也。草笠則不過俗制之最賤者，倡優披隸太僕廝養之所著也，豈宜於禮儀從事之地，而尚何諭志之可言哉？迷兒之冠首也，議於一二長老，三加用金冠、朝服、襴衫之後，繼以朝服，正合彌尊之義耳（答權敬之）。'李氏曰：'有問於尤庵，曰再加笠子，服常服。既得聞命云云。則尤庵許用常服矣，常服恐指世俗道袍也（《家禮增解》）。'"（93/61）

（28）綏山《廣禮覽》："陳冠服：襴衫、鈴帶、靴、皂衫、革帶、鞋、深衣、大帶、絛帶、履、櫛具、網巾……幞頭、草笠、緇布冠、笄、幅巾，各以一盤盛之，蒙以帕，以桌子陳於西階下。"（94/571）又，"執事者以冠巾盤升一等，東面授賓……冠者適房釋四襆衫，服深衣，加大帶，納履，出房南向立。"（94/574）又，"執事者以草笠盤進，賓降二等受之……冠者適房，釋深衣，服青袍、革帶、繫鞋，出房立。"（94/575）又，"贊者徹草笠，執事者受笠入房，賓乃跪加幞頭，興，復位。冠者亦興，賓揖，冠者適房，釋青袍，服襴衫，加帶，納靴，出房立。"（94/576）

（29）李震相《四禮輯要》："諸具：緇布冠、深衣、大帶（具絛）；帽子（今稱笠子，或用儒巾）、道袍（《家禮》皂衫）、青絛帶；幞頭、襴衫、鈴帶（今生進所著襴幞之帶）；履、鞋、靴。"（95/273）又，"初加：（冠者）適房，釋四襆衫，服深衣，加大帶，納履，出房正容南向立……再加：執事者以儒巾盤進，賓降二等受之……冠者適房，釋深衣，服道袍、青絛帶，納皮鞋，出房立良久……三加：執事者以幞頭盤進，賓降沒階受之……冠者適房，釋道袍，服襴衫、鈴帶，納黑靴，出房南面立良久。贊徹櫛。"（95/276—278）

（30）柳重教《四禮笏記》："始加：執事者以冠巾盤進……冠者適房，釋四襆衫，服深衣，加大帶，納履。"（97/117）又，"再加：執事者以帽子盤進，詣西階下，東向立……冠者適房，釋深衣，服皂衫（用道袍）、革帶，繫鞋，出房立。"（97/118）又，"三加：執事者以幞頭盤進……冠者適房，釋皂衫，服襴衫，加帶，納靴，出房立。"（97/119）

（31）都漢基《四禮節略》："三加具：冠（緇布冠，簪具，或程子冠）、巾（幅巾或儒巾）、笠（草笠或黑笠，纓具）、網巾（飾具）、青袍、帶（綠或黑）、履、笏（紅袱具）。"（97/203）

（32）鄭載圭《四禮疑義或問》："或問：'三加冠服，我東諸先生之論互有異同，無一定之規，當奈何？'曰：'三加冠服，依倣《家禮》行之，則似無拘礙，我東中葉禮服猶多未備，古諸賢變通行之，其論不一。然今則緇冠、幅巾、深衣，可謂家有。帽子、皂衫，《家禮》有無官通服，如今之笠子、道袍。而笠子，《丘儀》亦名帽子。幞頭、公服，《家禮》有官者服，如今紗帽、朝服，制雖不同，意則一也。正蘆沙先生所云"師其意，不師其文"處。南溪言：《丘儀》《問解》皆謂公服，今制非有官者不可用，恐難違此。然孔子曰：雖天子之元子，猶士也，其禮無變，天下無生而貴者故也。'"（97/390）

（33）郭鍾錫《禮疑問答類編》："'初加用古制，再加用時制，三加用官服，則是三加彌尊之義也。而《家禮》再加之服，在今則亦非時服也。再加用笠子、道袍，三加用幞頭、襴衫何如？'答：'時服非盡合於彌尊之義，再加笠子代以儒巾恐當（答李敬夫）。''三加冠服，宋制已不可用矣。《五禮儀》之團領公服，栗谷之紗帽、角帶恐皆不合於冠禮無攝盛之義。沙溪之程冠、笠子、儒巾，又皆全用時服，恐又有欠於不忘古之本意。今依大山說，初再加則用緇冠、深衣、笠子、道袍，三加則依《儀節》用儒巾、襴衫何如？''大山亦云三加用軟巾、襴衫（答李善載）。'"（100/126—127）

（34）《六禮笏記》："始加：執緇冠者升二等，東面授賓，遂退，復位……贊者以冠者適房，釋采衣，服深衣，加大帶，納履……再加：賓乃跪，加軟巾，興，復位……贊者以冠者適房，釋深衣、大帶、履,服道袍,加組帶,著鞋……三加:賓乃跪,加襆頭,興,復位……贊者以冠者適房,釋道袍、組帶、鞋,服襴衫,加鈴帶,納靴。"(100/616—619)

(35)張錫英《四禮汏記》:"始加,服深衣、大帶、履。再加,服青袍、條帶、鞋。三加,服襴衫、鈴帶、靴(今生進服,始加不忘古也,再三加用時服,而漸加彌隆之義)。東領,北上。酒注、盞盤、醴、脯醢,陳於服北,櫛、帨,掠陳於戶內。緇布冠、笠子(或儒巾)、襆頭,各一盤盛之,蒙以帕,陳於西階下,執事者一人守之……冠者興,賓揖之。適房,釋四襈衫,服深衣,加大帶,納履,出房,正容南面立良久……(笠子)冠者興,賓揖之。適房,釋深衣,服道袍、條帶,納皮鞋,出房立如初……(襆頭)冠者興,賓揖之。適房,釋道袍,服襴衫、鈴帶,納靴,出房立。"(105/9—12)

(36)張錫英《九禮笏記》:"執事者以緇布冠盤,升西階一等,東面授賓……冠者興,賓揖之。適房,釋四襈衫,服深衣,加大帶,納履,出房,正容南向立良久……再加:執事者以儒巾盤進,賓降二等受之……冠者興,賓揖之。適房,釋深衣,服道袍,加革帶,繫鞋,出房,南面立。三加:執事者以襆頭盤進,賓降沒階受之……冠者興,賓揖之。適房,釋道袍,服襴衫,加鈴帶,納木靴,出房南面立。"(105/516—517)

(37)盧相稷《常體便覽》:"執事者以冠盤進至,賓降階一等……冠者適房,釋四襈衫,服深衣,加大帶,納黑履,出房,南面立……再加:執事者以巾盤(幅巾)進至階,賓降二等受之……冠者適房,釋深衣,服青衫,加黑絲帶,出房南面立……執事者笠子盤進至階,賓降沒階受之……贊者徹幅巾,賓乃跪加笠子,執事者撤櫛入於房,賓興,復位,揖,冠者適房,服道袍,加黑絲帶,出房,南面立。"(106/21—23)

(38)李鈺均《家鄉二禮參考略》:"執事者以緇布冠盤,升西階一等,東面授賓……冠者興,賓揖之。適房,釋四襈衫,服深衣,加大帶，納履，出房，正容南向良久……再加：執事者以帽子盤進，賓降二等受之……冠者興，賓揖之。適房，釋深衣，服皁衫，加革帶，繫靴，出房，南面立……三加：執事者以幞頭盤進，賓降没階受之……冠者興，賓揖之。適房，釋皁衫，服襴衫，加鈴帶，納木靴，出房南面立。"（106/525—528）

（39）宋俊弼《六禮修略》："始加緇布冠、深衣、大帶、履；再加笠子、青道袍、條帶、鞋；三加軟巾、襴衫、鈴帶、靴。"（108/101—102）

（40）張允相《家禮補闕》："執事者以冠巾盤進，賓降一等受冠笄……冠者適房，釋四𧞤衫，服深衣，加帶，納履，出房，正容南面立良久……再加帽子，服皁衫革帶，繫鞋（按，俗用程冠、大袖、周衣亦無妨，或用儒巾、道袍）……三加幞頭，公服革帶，納靴執笏。若襴衫，納靴（按，俗用紗帽、官服無妨，用冕亦好）。"（109/186—87）

（41）安鼎吕《常變要義》："按，始加用緇冠、深衣、大帶、履，再加用笠子、青道袍、青條帶、鞋，三加用紗帽、公服、品帶、靴，既是時用之服，又有漸加彌尊之義。"（111/74）

（42）沈宜德《家禮酌通》："《集考》曰：'有官無官，據冠者之父言，而其服則冠者所服也。我國則士夫家常服乃笠子、道袍、絲或革帶，而始冠者有著黃草笠，故今以代皁衫、帽子。'"（114/80）又，"不肖按，草笠、青袍雖時服，元非禮服也。初加用深衣、幅巾；再加用襴衫、幞頭；三加用朝服，或紗帽公服；恐得宜。若窮鄉難辦，則一用草笠、道袍亦無妨。猶多難辦，則當引沙溪説，初加用程冠（布幅染黑造之），再加用草笠，三加用儒巾，仍著青袍亦宜。"（114/86）

按："冠禮"三加冠、服，古今異制，誠難準禮。東國先賢的論説互有異同，無一定之規。然而禮家所重者，以時爲大，變通行之。今將《叢書》所涉諸先生之説彙集聚總，録於下表（見表3—1），以備後考。未曾確指者，暫且空缺。表前特舉司馬光《書儀》、朱熹

《家禮》、馮善《集説》、丘濬《儀節》對"冠禮"三加的選擇，以突出因地域及國情的差異，中國與半島所尚服飾的不同；此外，在國家禮法層面，以《大明集禮》《國朝五禮儀》爲對象，以突出士人在踐行"冠禮"的過程中，對國禮的融通。

表3—1　　　　　　　　冠禮"三加"中朝對比

學人/專著	初加 頭	初加 身	初加 足	再加 頭	再加 身	再加 足	三加 頭	三加 身	三加 足
司馬光	巾	四䙆衫、腰帶（或衫、勒帛）		帽	旋襴衫、腰帶		幞頭	公服或襴衫	靴
朱熹	緇冠、幅巾	深衣、大帶	履	帽子	皂衫、革帶	鞋	幞頭	公服或襴衫、革帶	靴
馮善	網巾			冠笄或幅巾			頭巾		
丘濬	緇冠、幅巾	深衣、大帶	履	帽子	直領衣、絲縧	布鞋或皮鞋	生員：儒巾；餘人：平定巾	生員：襴衫、皂絲縧；餘人：盤領袍、絲縧	皂靴
《大明集禮》	幅巾	深衣、大帶		帽子	襴衫、腰帶		幞頭	公服	
《國朝五禮儀》	笠子	圓領、條兒	靴	紗帽	圓領、角帶	靴	幞頭	公服	靴
李滉	程冠	深衣							
李珥	笠子			儒巾			紗帽、角帶		
金長生	程冠			笠子			儒巾	紅黑團領	

續表

學人/專著	初加			再加			三加		
	頭	身	足	頭	身	足	頭	身	足
安玑	笠子	直領衣、革帶	繫鞋	儒巾	紅團領、綵條帶	黑履	有角紗帽	黑團領、角帶	
宋浚吉	某冠	直領道袍、五綵絛		笠子	紅團領、某帶		頭巾	黑團領、革帶	
宋時烈	緇冠	玄色服		笠子			儒巾	皂衫(如黑團領)	
尹宣舉				笠子			儒巾		
尹拯	緇冠、幅巾	深衣	履	笠子	黑團領	鞋	儒巾	紅團領	
朴世采	緇冠	深衣、大帶	履	笠子			儒巾	紅團領、革帶	靴
辛夢參				儒巾			笠子		
李縡	緇冠、幅巾	深衣、大帶	履	帽子	黑團領或道袍、革帶	鞋	儒巾或軟巾	襴衫、條帶或鈴帶	靴
李瀷	緇冠	深衣	黑履	皂巾	青衫	革履	笠子	道袍	靴
李象靖	緇冠	深衣		笠子	青道袍		軟巾	襴衫	
金鍾厚				笠子	道袍				
徐昌載	緇冠	白上衣、大帶	麻葛鞋	笠子	青衫、青絲絛	唐鞋	儒巾	襴衫、皂絲絛	靴
夏時贊	緇冠、幅巾	深衣、大帶	黑履	笠子	道袍、條帶	鞋	儒巾	團領、條帶	靴
金禹澤	幅巾			草笠			儒巾		

續表

學人/專著	初加 頭	初加 身	初加 足	再加 頭	再加 身	再加 足	三加 頭	三加 身	三加 足
丁若鏞	貧士：緇冠；顯貴：緇冠	貧士：青敝衣、大帶；顯貴：青道袍、大帶		貧士：黃草笠；顯貴：烏紗帽	貧士：青道袍、大帶；顯貴：綠團領、角帶		貧士：烏紗帽；顯貴：玄爵弁	貧士：團領；顯貴：緇衣、纁裳	
魏道侃	幅巾	深衣、大帶	黑履	帽子	道袍、革帶	鞋	儒巾	黑團領、黑條帶	靴
韓錫斅	程冠			笠子			儒巾		
洪直弼	幅巾	深衣		襆頭	襴衫		草笠	青袍	
宋來熙	緇冠			笠子			紗帽		
許傳	緇冠	深衣	黑履	幅巾	青衫、黑絲帶		笠子	道袍、黑絲帶	
鄭重器				儒巾	青道袍		笠子	紅黑團領	
吳熙常	緇冠、幅巾	深衣		襆頭	襴衫		草笠	道袍	
綏山	緇冠、幅巾	深衣、大帶	履	草笠	青袍、革帶	鞋	襆頭	襴衫、鈴帶	靴
李震相	緇冠	深衣、大帶	履	儒巾	道袍、青條帶	皮鞋	襆頭	襴衫、鈴帶	黑靴
柳重教	緇冠、幅巾	深衣、大帶	履	帽子	道袍、革帶	鞋	襆頭	襴衫、帶	靴
鄭載圭	緇冠、幅巾	深衣		笠子	道袍		紗帽	朝服	
郭鍾錫	緇冠	深衣、大帶	黑履	軟巾	道袍、組帶	白鞋	襆頭	襴衫、鈴帶	靴

續表

學人/專著	初加			再加			三加		
	頭	身	足	頭	身	足	頭	身	足
張錫英	緇布冠	深衣、大帶	履	笠子或儒巾	(青)道袍、條帶	皮鞋	幞頭	襴衫、鈴帶	靴
盧相稷	緇冠	深衣、大帶	黑履	幅巾	青衫、黑絲帶		笠子	道袍、黑絲帶	
李鉐均	緇冠	深衣、大帶	履	帽子	皂衫、革帶	靴	幞頭	襴衫、鈴帶	木靴
宋俊弼	緇冠	深衣、大帶	履	笠子	青道袍、條帶	鞋	軟巾	襴衫、鈴帶	靴
張允相	緇冠	深衣、大帶	履	程冠或儒巾	周衣或道袍	鞋	紗帽	襴衫或官服	靴
安鼎呂	緇冠	深衣、大帶	履	笠子	青道袍、青條帶	鞋	紗帽	公服、品帶	靴
沈宜德	幅巾	深衣		幞頭	襴衫		紗帽	公服	

《開元禮》《唐書》《宋史》禮儀志皆不載庶人冠禮，唯《宋史·輿服志》錄朱子定冠禮之説。朱子冠禮之制在於古禮有據的基礎上，多取法溫公《書儀》與宋人俗尚。古禮中初加緇布冠，服玄端、玄裳，著黑履；再加白鹿皮所製皮弁，服素衣、素裳，著白履；三加黑紅色細布製成的爵弁，服玄衣、纁裳，著纁履。趙宋一代，司馬溫公《書儀》始加巾、服四袂衫；再加帽，服襴衫；三加幞頭，服公服。司馬氏三加冠服與古禮不同，而三加祝辭却全然沿襲《士冠禮》。溫公首次將古代冠服進行了切合時宜的變通處理，以宋時世人流行的幅巾、帽、幞頭代替緇布冠、皮弁、爵弁。《書儀》對古代冠服現代化的運用被朱熹《家禮》所繼承，此後朱子又將冠禮服裝及足部的穿著進行了更換及補充。以下從冠、衣、足三部分細析之。

（1）從頭冠上説，首先，《家禮》初加緇布冠、幅巾，服深衣，著黑履。朱子初加秉持尚質重古、不忘本的理念，沿用了古禮初加的緇布冠，並在緇冠之上加著幅巾。幅巾即以整幅布製成的男子頭巾，始於漢末，質料多爲縑帛，其形初爲四方形，由於長寬與布幅相等（約二尺二寸）而得名。《三國志》裴松之注引晉傅玄《傅子》："漢末王公，多委王服，以幅巾爲雅，是以袁紹、崔豹之徒，雖爲將帥，皆著縑巾。"[1] 魏晉以來，扎巾被視爲儒雅風流之舉，其使用範圍不再限於庶黎，而是更多用於士人以及達官顯貴。宋代以後，幅巾與深衣相配，成爲士大夫禮見朝會、祭祀、冠婚等場合的交際服飾。《家禮》通禮中詳載了幅巾的製法"用黑繒六尺許，中屈之。右邊就屈處爲橫輒，左邊反屈之。自輒左四五寸間，斜縫向左，圓曲而下，遂循左邊至於兩末，復反所縫餘繒，使之向裏。以輒當前裹之。至兩鬢旁，各綴一帶，廣二寸，長二尺，自巾外過頭頂後，相結而垂之"。使用幅巾時由前向後包縛髮髻，將幅巾上兩小帶在腦後繫結，餘幅自然垂後。朝鮮學者曹好益、金長生、尹拯、許傳、李縡等皆有關於幅巾歷史、製法、使用的論辯，以金長生《家禮輯覽圖説》中收錄《性理大全補注》對於《家禮》幅巾的闡釋最爲詳盡，且《家禮輯覽圖説》還收有幅巾"平鋪作輒圖""斜縫向左綴帶圖""裹頭垂帶圖"，巾額、輒子、垂帶的製法一目了然。觀上文《叢書》三加冠服圖表可知，在冠禮初加環節，大多數學者采用《家禮》緇冠、幅巾的制度，以寓存古之義。朝鮮幅巾的佩戴者多爲學子、儒士，其使用範圍較爲普遍，並非難得、難製之物。朝鮮時期的幅巾實物、圖繪存留較多（見圖3—30），皆可作爲我們研究幅巾形制的參考。

其次，《家禮》再加帽子，然朱子並未對帽子式樣多作闡發。唯《朱子語類》有云："今來帽子做得恁高，硬帶做得恁地重大，既不便於從事，又且是費錢。皁衫更費重。某從向時見此三物，疑其必廢，如今果是人罕用。"[2] "帽子"簡稱"帽"，古作"冒"，亦古人

---

[1] 陳壽撰，裴松之注：《三國志》卷1《魏書·武帝紀》，中華書局1959年版，第54頁。

[2] 朱熹：《朱子語類》卷91《禮八》，朱傑人、嚴佐之、劉永翔主編《朱子全書》第17册，上海古籍出版社、安徽教育出版社2010年版，第3065頁。

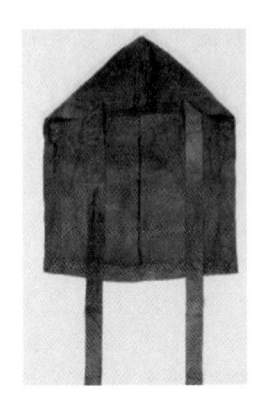

圖 3—30　李朝 "幅巾"
（1. 貢緞幅巾，韓國國立民俗博物館藏，編號：77567；2. 李縡著幅巾像）

常用之首服。由臨潼鄧家莊遺址出土新石器時代的戴帽陶俑可知，早在五六千年前人們就已將帽子作爲禦寒的工具。早期帽子以圓頂爲主，爲北方少數民族所戴，漢民族頭衣多爲冠、巾。南北朝以後，戴帽從北方擴散至全國各地區。帽子大多根據取材、用途、款式的差異而得名，史籍中常見有暖帽、大帽、小帽、草帽、烏紗帽、絹帽等。宋時士人流行戴烏紗製作而成的高硬便帽，此種帽子在形制上與巾類似，如因蘇軾佩戴而風靡的"東坡帽"（又稱"東坡巾"）。至明一代，朱子所謂的帽子製式已不可考，如丘濬《儀節》冠禮下按語："所謂帽子、皁衫者，其制不可考。惟文公《語錄》有云前輩士大夫家居常服紗帽、皁衫、革帶，又云文公冠禮先裹巾、次裹帽，又云今來帽子做得恁地高硬……今果人罕用也。由是數言推之，則帽子必是以紗爲之。溫公時猶以軟幅裹頭，至文公時始爲高硬之制。後與皁衫俱不用於世也。然此亦非古服，乃是一時之制，在當時已不用，今不用之亦可，故擬代以時制。但今世所戴帽子有二等，所謂大帽者，乃是笠子，用以蔽雨日之具，是決不可用。惟所謂小帽者，以皺紗或羅或緞爲之，此雖似褻服，然今世之人通貴賤以爲燕居常服。今世除此二帽之外，別無他帽，必不得已用以再加，其紗制似亦

可用。"朱子再加選用宋時常服，丘濬則代以明時俗用的"小帽"。與中國習用不同，以金長生、宋時烈、尹拯、李象靖爲主的朝鮮大儒，在其著述或禮論中主張再加"笠子"。"笠子"與丘濬《儀節》述及的"大帽"（見圖3—31）形似，曹好益《家禮考證》中曾云："頃年島夷之變，天朝遣兵來救，觀其所著帽子，如國俗所謂笠子者，謂之大帽子；有桶頂無簷，若國俗所著在笠子裏者，謂之小帽子；皆以毛爲之，以此推之，則丘説可知。"① 笠子在中國又可稱作笠帽，通常以竹篾、莎草、棕櫚葉柄爲材料編製而成，還可在上面蒙附布帛，然後抹以桐油。笠子的形狀有螺形、斗形等，其頂部隆起呈方形或半圓形，上小下大，帽簷有寬式、窄式兩種。笠子多用作遮陽禦雨之具。回溯笠子（입자）在半島的歷史，其原始形態是從慶尚北道慶州市金鈴冢（5世紀後半葉至6世紀初）出土的笠形白樺皮帽。而最早見於文獻記載的是《三國遺事》新羅元聖大王"夢脱幞頭著素笠"。至高麗時代，笠子作爲官吏的官帽，具有標誌顯著身份和官職的社會意義。朝鮮時代，笠子是成年男子頭戴的冠帽，不論貴賤通著笠子。與中國注重笠子蔽日、雨的功能性不同，李朝文人逸士將笠子視作日常出行、交際、行禮的雅服，存留下來的李朝風俗畫中常可見到頭著笠子的士人形象（見圖3—32②）。李朝早期笠子爲圓頂、廣簷狀，成宗二十年（1485年）始，半島的笠子逐漸變成平底、圓柱體、廣簷的基本形制，根據顏色有黑笠、朱笠、白笠等區別，而從製作材料上又有真絲笠、馬尾笠、布笠、草笠、竹笠的不同，笠簷綴有固定下巴用的纓帶，纓帶的材質根據身份不同有布帛纓、竹纓、珠纓的差别。《叢

---

① ［韓］曹好益：《家禮考證》，《韓國禮學叢書》第4冊，民族文化圖書出版社2008年版，第255頁。
② 該圖爲朝鮮時代畫家姜熙彥的《士人詩吟圖》（1740年），圖中所畫爲書生以文會友聚會時的情景。《士人詩吟圖》是姜氏《士人三景》（另兩幅是《士人揮毫》《士人射藝》）之一，是對士人生活的記錄。

書》中《士儀》有云"笠子,即大帽子也,俗稱黑漆笠"①,可知以馬尾鬃毛製成的黑笠(見圖3—33)是李朝國人最爲常見的笠帽。關於笠子的製作,李震相《四禮輯要》圖下(見圖3—34)注有"細析竹皮,縱橫交織爲圓平,中凸、圓桶,通底受首,裹紵紗漆之,桶旁綴纓"②。可作爲文獻的參考。

最後,《家禮》三加爲幞頭。幞頭亦作襆頭,它是由幅巾衍變而來的首服,亦稱爲軍容頭、折上巾、軟裹、頭巾,唐代始稱爲幞頭。北周武帝時對幅巾作了改進,在四方形帕上裁出四腳(或謂四帶),裹髮時以巾帕覆頂,後兩腳自後至前結繫於額,前兩腳從前額包覆置腦後打結,所餘帶自然飄垂。四腳幞頭較幅巾相比,繫縛更爲方便且髮髻不易分散,因此最先在軍旅中傳播。山西太原北齊婁睿墓出土的壁畫所繪製裹幞頭的人物形象(見圖3—35),是目前見到最早的圖像資料。早期幞頭軟而不挺,晚唐後出現的幞頭以銅鐵絲、

圖3—31 大帽圖(《三才
圖會·衣服》)

圖3—32 士人著笠圖
(姜熙彦《士人詩吟》圖局部)

---

① [韓]許傳:《士儀》,《韓國禮學叢書》第80册,民族文化圖書出版社2011年版,第216頁。
② [韓]李震相:《四禮輯要》,《韓國禮學叢書》第95册,民族文化圖書出版社2011年版,第9頁。

第三章　朝鮮時代"冠禮"所涉"諸具"疏證　297

圖3—33　馬尾毛製黑笠（韓國教員大學教育博物館藏，編號：36）

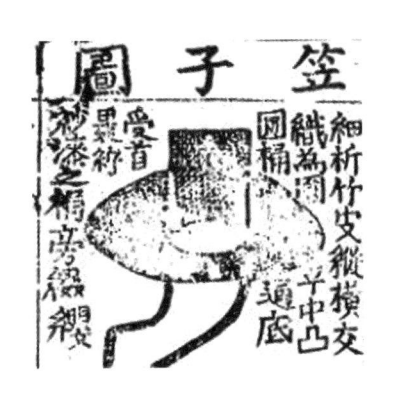

圖3—34　笠子圖（《四禮輯要》95/9）

木料爲骨，襯以紙絹，其上再裹巾帕，稱爲"硬裹"。進入五代，幞頭的樣式日新月異，漆紗替代了原來的巾帕，額上兩脚或捨棄或虚設爲裝飾品，腦後的兩脚亦以鐵絲、竹篾等架構。宋代起，幞頭可用於常服亦可用於公服，更甚者用於朝服。幞頭已成爲官帽的一種。使用的廣泛導致幞頭品類迭出、形制各異，其區別主要集中在顱後兩脚，宋沈括《夢溪筆談》載："幞頭一謂之'四脚'，乃四帶也。二帶繫腦後垂之，二帶反繫頭上，令曲折附頂，故亦謂之'折上巾'。唐制，惟人主得用硬脚，晚唐方鎮擅命，始僭用硬脚。本朝幞頭有直脚、局脚、交脚、朝天、順風，凡五等，惟直脚貴賤通用之。"① 高麗王朝，幞頭的使用最爲盛行，然而李氏朝鮮時期，幞頭雖然作爲王世子和百官的官服在《經國大典》中被記載，但隨着使用人群的減少，幞頭在生活中逐漸消失。此外，幞頭與公服相配作爲《家禮》三加，如上文宋俊弼於《六禮修略》中所云"蓋宋時朝官，或郊祀覃恩，或遺表恩澤，子孫雖在繈褓，得以授官，故有此制。而後世未有不冠而官者，公服似不可用"。宋氏認爲冠後纔有入

---

① 沈括：《夢溪筆談》卷1《故事一》，《歷代筆記叢刊》，上海書店出版社2009年版，第3頁。

仕做官的資格，因此作爲官吏制服的公服不應出現在三加行列，連帶著與公服相配的幞頭亦不應用於三加。因此，丘濬《儀節》、金沙溪《疑禮問解》皆言"今制非有官不可用公服，乃以儒巾代之"。《叢書》中多數學者以儒巾代幞頭，作爲三加冠，其代表人物有金長生、宋時烈、尹拯、夏時贊等。儒巾是讀書人佩戴的一種頭巾，宋時使用者多爲文人隱士，明時爲未及第生員的服飾，戴儒巾時常身著襴衫。明王圻《三才圖會》云："儒巾，古者士衣縫掖之衣，冠章甫之冠，此今之士冠也，凡舉人未第者皆服之。"[①] 明王三聘《古今事物考》則曰："儒巾，國朝所製，今國子生所戴是也。"[②] 在半島，儒巾（유건）是儒生在室內所戴的頭巾，或曰"民字巾""民字冠"，蓋其形如民字而得名。其制或竹結而裹以緇布，或糊紙爲之而著漆，體樣端平不甚尖斜，有時還可在儒巾下垂綴兩根軟帶，以做固定之用。在質料上，朝鮮儒巾與中國不同，中國儒巾以藤絲或者麻布爲裹，外以黑色緞紗包裹；李朝儒巾則以半島土產的苧麻紡織而成。從保存下來朝鮮時期的圖片資料（見圖 3—36）及儒巾實物（見圖 3—37）可大略知道，朝鮮儒巾皆爲黑色，通高 20 釐米左右，多以堅韌有光澤且半島易得的苧麻爲原料製作而成。從上文《叢書》三加冠服表可知，冠禮三加所用頭衣議論最爲多歧，除儒巾外，還有學者認爲三加可用幞頭、紗帽、笠子、軟巾等，其原因一方面在於不同階層的冠禮所用冠服不同，另一方面是由於李朝中葉半島開始流行將冠禮與婚禮合併舉行，將冠禮作爲婚禮的附加或前奏曲，因此時常采用婚禮盛服作爲冠禮的服飾。

[①] 王圻、王思義編集：《三才圖會》，上海古籍出版社 1988 年版，第 1502 頁。
[②] 王三聘輯：《古今事物考》卷 6，上海書店出版社 1987 年版，第 118 頁。

第三章　朝鮮時代"冠禮"所涉"諸具"疏證　299

圖 3—35　北齊婁睿墓壁畫局部　　　圖 3—36　草堂權煜（1658—
　　　　（山西博物院藏）　　　　　　　　　　1717 年）著儒巾像

圖 3—37　李朝"儒巾"
（1. 韓國濟州民俗自然史博物館藏麻製儒巾，編號：1089；2. 韓國大田廣域市市立博物館藏馬尾製儒巾，編號：478）

　　《家禮》三次所加之冠分別是緇布冠與幅巾、帽、襆頭，更換的衣服分別爲深衣、大帶、履；皁衫、革帶、鞋；公服或襴衫、革帶、靴。《家禮》三加冠、服爲宋代行禮的時服，與李朝國制民情相疏離。冠禮的重心在於三加頭冠的不同，上文已詳析了李朝士人三加常用冠與《家禮》的差別，而與之相匹配的服飾、鞋靴，此下大略闡之。禮家所重，以時爲大，"程朱既不能盡復周禮，退栗亦不能盡復宋禮，唯其未嘗見禁於時制俗例之大體"，若製了古服却不常著，近似於僞。在初加環節，朱子以深衣、緇冠、幅巾、履爲制，緇冠、幅巾、深衣可謂李朝家有、常備的禮服，故被沿用在半島士庶初加中。然再加、三加的服飾，群賢述論不一，正如《家禮補疑》徵引篪叟（鄭萬陽）之言"襴衫、皂衫本非古制，今又國俗無此兩服，今用時服陳之恐便"。多數朝鮮學者選用笠子作爲再加，世人著笠時常常身穿道袍，因此道袍適宜作爲再加服飾。道袍是朝鮮時代士大夫、儒生喜穿的長袍外套，貧民則不能穿。穿著道袍的文獻記錄最早見於《宣祖實錄》，其形制衣身分爲四幅，背後開叉，衣長垂至腳面，袍身顏色多爲白、青兩種。穿著道袍時腰部常纏繫有細縧帶，縧帶的顏色據使用場合和身份而不同。三加之制者，先輕而後重，三加時受冠者身份或爲館學生或爲官員，因此第三次入房換穿的服飾更是隨時隨變，《五禮儀》擬定爲"公服"，却是針對文武官員而言，不能適用於全部民衆。此外，據表3—1可知還有道袍、團領、襴衫、朝服、冠服、公服等差異，然三加時衣身所穿服飾，與儒巾相配者究竟爲何，禮家各異其説，未能適從，今暫且采録於表，以備後考。

4. 乃禮賓（簡稱"禮賓"）

【幣】

《家禮》朱子本注："主人以酒饌延賓及儐贊者，酢[①]之以幣而拜謝之。幣多少隨宜，賓贊有差。"楊復《附注》："（司馬溫公曰）主人酢賓束帛、儷皮。注：束帛，十端也。儷皮，兩鹿皮也……今慮貧家不能辦，故務從簡易。"

《叢書》：（1）《家禮考證》："十端：十端即五兩，一兩即一匹，四十尺。每匹從兩端卷至中，則五匹爲五個兩卷子矣。每卷二丈謂之匹，指匹偶之云也。束帛十端，禮之通例。凡言束者，皆以十爲數。十個爲束，貴成數也。見《疏義》。儷皮，按，有幣則有庭實。束帛，幣也。儷皮：庭實也。國君朝聘用虎豹之皮，君於臣，臣於君，及卿大夫以下交際皆用麋鹿之皮。"（4/265）

[①] "酢"附録本、增注本、補注本寫作"酬"，"酢"爲"酬"改換聲符而形成的俗字，《字彙》《正字通》等皆有明證，然今以孔子文化大全本《家禮》爲定本，故依其作"酢"。

（2）《家禮源流》："贊者醻之以幣（《士冠禮》注：'飲賓客而從之以財貨曰酬，酬所以申暢厚意也。'）而拜謝之。幣多少隨宜（丘氏曰：'按《書儀》曰端匹丈尺臨時隨宜，凡君子使人必報之。至於昏喪相禮，當有以酬之。若主人實貧，禮者亦不當受也。'），賓贊有差。"（14/225—226）

（3）《南溪先生禮說》："問：'幣帛貧不能辦，將何物而酬之耶（李行泰丙寅）?' 答曰：'幣不必帛，今俗用紙墨之屬似亦可矣。'"（21/207）

（4）《疑禮通考》："幣多少隨宜（按，貧不能備，則用紙幣亦可）。"（34/224）

（5）《四禮便覽》："諸具（禮賓）：席、卓、饌、酒瓶、酒架、酒注、盞盤、幣（布帛隨宜，紙束亦可）、盤（三）、俎。"（40/51）

（6）《家禮集考》："醻之以幣而拜謝之，幣多少隨宜，賓贊有差。（按，酬幣之並及贊者自開元始矣，此書承上延賓及儐贊者而總言酬幣拜謝，然其下止言賓贊有差，且《書儀》於酒饌並舉賓及儐贊，而其下言酬賓及贊者以幣，則幣蓋不及於儐者，特辭有未盡耳。）"（52/251）

（7）《冠禮考定》："執事以盤奉幣（幣多少隨宜，不必用帛，紙墨之屬亦可。〇《士冠禮》醻賓束帛、儷皮）進主人，主人受而獻賓，賓受以授從者。"（57/99）

（8）《家禮增解》："南溪曰：'幣不必帛，今俗用紙墨之屬似亦可矣。'（右幣或用紙墨）"（58/460）

（9）《九峰瞽見》："禮賓之具：酒、饌、賓幣、贊幣、儐幣。丈尺，貧富隨宜，今世用紙幣，古禮未聞，然尚愈於全廢矣。"（63/96）

（10）《四禮類會》："幣或用紙墨。"（66/21）又，"《士冠禮》：'主人醻賓，束帛、儷皮。'注：'束帛，十端也。儷皮，兩鹿皮也。'疏：'十端即五兩，一兩即一匹，四十尺。每匹從兩端卷至中，則五匹爲五箇兩卷子矣。凡言束者，皆以十爲數。'〇鄭氏曰：'每卷二丈，合之則四十尺。謂之匹，猶匹偶之匹。古人每匹作兩筒卷子。'○《既夕禮》：'制幣疏，朝貢及巡狩禮皆以丈八尺爲制，幣用制者，取以儉爲節。昏禮幣二丈，取成數。○《儀節》按，《書儀》端、匹、丈、尺，臨時隨宜。'（右幣之制）"（63/320）

（11）《士儀》："陳設之具：帝幕、屏風、席、堊……幣（用以酬賓，稱家有無）、饌。"（80/211）

（12）《艮齋先生禮説》："三加禮幣，賓用厚白紙三束，贊用二束。或以筆墨代之（苟非貧士，不當以此爲例）。"（98/609）

（13）《增補四禮便覽》："執事者以盤奉幣。（幣各有差。○主人降席，就兩楹間，賓以下皆降席。○新增，寒岡曰[①]：'幣帛貧不能辦，用紙墨之屬似亦可矣。'）"（99/36）

（14）《禮疑問答類編》："'冠禮酬賓，《附注》有十端帛、兩鹿皮。又曰，歸賓俎，今慮貧家不能辦，故務從簡易云。然則束帛、儷皮，已徹於當時，而但設賓俎爲禮否云云。''《附注》所云即《書儀》之文，而《書儀》亦有端匹丈尺隨宜之語，與此《本注》所謂多少隨宜者無異焉。則富者當從其多，貧者當從其少。如其極貧而不能辦丈尺之幣，則當遵南溪之説，代以紙墨之屬亦無妨。君子勞人以事，必有報之，豈可闕之。但歸俎之節，《本注》無文，貧者不必辦，富者行之亦無妨（答李舜瞻）。''束帛十端，得無過侈之嫌否？''古人以五兩十端爲制幣禮之中也，然力苟不及，則不必依數（答劉舜忠）。'"（100/138）

（15）《四禮集儀》："酬賓以幣（《儀疏》）、布（《便覽》）、帛（《儀禮》。紙墨亦可，南溪），多少隨宜。"（101/57）

（16）《家鄉彙儀》："酬幣（幣今用紙墨亦可，多少隨宜，賓與贊償有差）。"（112/452）

[①] 黃泌秀《增補四禮便覽》中"幣帛貧不能辦，用紙墨之屬似亦可矣"，黃氏引此句爲寒岡鄭述之語。今稽考半島文史資料，未曾於鄭氏論著中見及。而南溪朴世采則有此説，多家學者皆有轉引，因此，可知此語應爲朴氏之論。

第三章 朝鮮時代"冠禮"所涉"諸具"疏證 303

按：待主人率領已取字的冠者告慰祠堂先祖，拜見父母、族人、尊長後，冠禮的流程已大體結束。主人需以酒食來款待賓客，並向特邀的主賓、儐、贊奉送"幣"作爲酬謝。《家禮》中"乃禮賓"一節秉承溫公《書儀》而來，楊復《附注》更是直引溫公注語，將"幣"釋爲"束帛""儷皮"，而《書儀》所定亦於古有據。《儀禮·士冠禮》："主人酬賓，束帛、儷皮。"鄭玄云："飲賓客而從之以財貨曰酬，所以申暢厚意也。束帛，十端也。儷皮，兩鹿皮也。"① 賈公彥疏："束者十端，每端丈八尺，皆兩端合卷，總爲五匹，故云束帛也。"

《説文·巾部》："幣，帛也，從巾、敝聲。""幣"的古義爲繒帛，即作爲饋贈禮物的精美絲織品。春秋戰國時期，在冠、婚、聘享等禮儀活動中，以名貴的束帛、儷皮等物贈勞賓客。"幣"是各項禮儀活動的重要媒介之一，它由最初的絲織品擴展到車馬、黄金、珠玉類禮物，進而由禮品義引申出財貨義。《士冠禮》《書儀》及《家禮》一脈相承，以"束帛""儷皮"作爲酬賓的"幣"。據曹好益《家禮考證》簡述之，"束帛，十端"，"端"爲古代量詞，表示布帛的長度單位，約爲兩丈。依照古時摺疊布帛的方法，將二端布（即四丈）從兩頭向中間對卷，合稱爲"兩"，亦稱爲"匹"。十端即五兩（五匹），謂之一"束"，也即捆成一束的五匹帛（見圖3—38②）。布帛十端，乃禮儀中的常規慣例，"十"爲數之終極。"儷皮"中"儷"爲"兩、雙"之意，儷皮即兩張鹿皮。在實際的禮儀交際中，以其他獸皮代替麋鹿的皮毛亦是可行的。以束帛、儷皮作爲禮幣來酬賓，一則由於百姓皆能負擔，而非像金玉之屬僅限於上層社會，二則出於主人勸賓飲酒並表示濃厚情誼的需要。

---

① 朱熹：《儀禮經傳通解》卷1《士冠禮第一》，朱傑人、嚴佐之、劉永翔主編《朱子全書》第2册，上海古籍出版社、安徽教育出版社2010年版，第63頁。
② 該圖摘自錢玄、錢興奇《三禮辭典》，鳳凰出版社2014年版，第407頁。

束帛

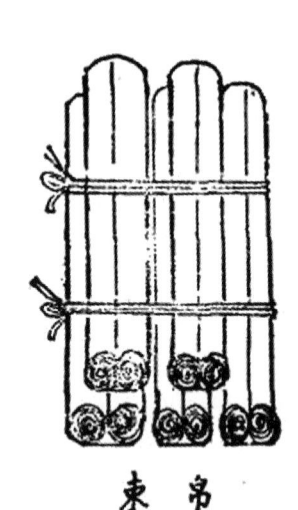

圖 3—38　束帛圖（《三禮辭典》）

　　朱子曾說"大抵古禮不可全用"①，於今時、今世不可行者自當改換。束帛、儷皮之制距李朝早已久遠，朝鮮學者秉持朱子之說，新增半島俗用的"紙墨"等文房用品爲幣，並權衡"紙墨""布帛"兩者隨宜選擇。該說首創於南溪朴世采，朴氏在《南溪先生禮説》中云"幣不必帛，今俗用紙墨之屬似亦可矣"。而後李縡《四禮便覽》、徐昌載《冠禮考定》、金禹澤《九峰瞽見》、朴文鎬《四禮集儀》多與朴氏之説同意，明確紙墨之屬可代布帛。另外，鄭萬陽、鄭葵陽《疑禮通考》及田愚《艮齋先生禮説》、黃泌秀《增補四禮便覽》、郭鍾錫《禮疑問答類編》則指出"筆墨紙張"代幣帛並非隨意而没有限制的，如田愚所説"苟非貧士，不當以此爲例"。在充分考量庶民生活實際的基礎上，富裕或稍貧的家庭可適當減少布帛的尺數，而赤貧難以自給的家庭，纔允許以紙束、筆墨來代替。

---

① 朱熹：《朱子語類》卷 84《禮一》，朱傑人、嚴佐之、劉永翔主編《朱子全書》第 17 册，上海古籍出版社、安徽教育出版社 2010 年版，第 2883 頁。

第二節 《叢書》對《家禮》冠禮"諸具"的衍變及創發

　　《通典》曾云："冠者表成人之容，正尊卑之序。"具有濃厚儒家色彩的冠禮，是人生儀式的開端。在中國傳統文化體系中，憑借不同的衣飾符號來區分兒童及成人。三加戴冠，是成長的再一次濃縮，象徵著社會對男性獨立、成熟特質及其家庭、社會地位的認可。中國唐宋之後，鮮有能行冠禮之家。相較而言，自半島以《家禮》為經緯確立冠禮以來，百年間未曾滅跡。而對於《家禮》中瞀瞀莫知的儀物，李朝學者衷集求索，秉持著兼存與增刪並重的原則，因國而異，因時而改，因事而變，對"冠禮"諸具做出了合乎朝鮮國情的調和與銜接。與上文"通禮"章相類，從三方面涵蓋《叢書》對《家禮》冠禮"諸具"的衍變及創發：其增設者，如參照丘濬《儀節》而采用的"笲""網巾"；其裁汰者，如明制已改換，李朝更不知何物的"頭䰇"與"掠"；其衍變者，或改易俗稱，如以"遮日"名"帟幕"；或代以時用，如以"氅衣""中赤莫"替"四䙆衫"；或引徵考訂，補充未詳之物，如"勒帛"既非"行縢"，又非"裹肚"，而是束衣之帶。全章所涉諸具，列表如下（表3—2）。

表3—2　　　　　　　　冠禮"諸具"衍變及創發

儀節	《叢書》	《家禮》	變化方式	變化內容
陳設	遮日	帟幕	名稱衍變	"帟幕"即帷帳之屬，《家禮》用其阻隔以區分堂、房。而"遮日"是李朝對於帷帳類用具的特殊稱謂，即用寬幅布製成用來遮擋陽光的帳篷，其等同於《家禮》的帟幕。

續表

儀節	《叢書》	《家禮》	變化方式	變化內容
陳設	白土、白善土、白堊土、色土	堊	補充説明	韓國學者多引中國古籍，將"堊"釋爲白土、白善土等，或是直接在諸具中出列"白土"以代"堊"。然並未釋明何爲"白土"，據考可知，白土即《儀節》所謂"石灰"。
陳冠服	無	䊵	删汰	䊵即頭䊵，指用來束髮固髻的頭繩。其縛結在髮髻的根部，餘者下垂爲飾，以黑白二色爲主。丘濬《儀節》中已將其廢棄，《叢書》沿襲《儀節》。李朝學者俗稱的"唐歧""唐紒"以及《國朝喪禮補編》中的"頭䊵圖"與《家禮》所謂的"頭䊵"並非一物，而是半島學者由於不明其制，而做出的錯誤闡發。
陳冠服	網巾	掠	改換	首先，半島學者引徵典籍文獻對"掠"進行闡發，可知"掠"即"掠頭"。"掠頭"、"幧頭"（即"㡏頭"）、"網巾"其狀相似，其用類同，都是覆頭斂髮之用，區别主要在於適用的時代不同，幧頭爲漢魏時制，掠頭爲宋時制，而網巾爲明時制。以"網巾"代"掠"，源自丘濬《家禮儀節》。李朝所用網巾與明時中國網巾形制及材料皆不盡同，且增添了裝飾用的"風簪"，不同官品的"圈子"質料不同，網巾可用於冠禮、喪禮、祭禮中，適用範圍更加廣泛。
陳冠服	笥	無	增設	《家禮》無"笥"，李朝學者多依丘濬《儀節》而設之。其形制爲方形的竹木器，用以盛放飯食及衣物。《冠禮》所需"笥"四，一個用來貯放梳筐、網巾，另外三個分别放置三加所用的衣帶及鞋履。
序立	氅衣或中赤莫	四襈衫	補充説明/改換	"四襈衫"中國歷代形制不一，李朝學者則大體酌定其基本式樣：方領或圓領；對襟、圓袂；衣領、袖端、下齊、衣身四開衩處皆有緣邊。若不使用"四襈衫"作爲將冠者之服，可替以朝鮮士人日常穿用的氅衣或中赤莫，或采用《士冠禮》所擬定的"采衣"（即彩衣）。

第三章　朝鮮時代"冠禮"所涉"諸具"疏證　307

續表

儀節	《叢書》	《家禮》	變化方式	變化內容
序立	勒帛	勒帛	補充説明	由於"勒帛"是宋金時期中國士人家居服飾中慣用的束衣帶，朝鮮學者對其較爲陌生，故而在闡釋時産生了衆多訛誤，部分學者將它訓解爲束脛用的"行縢"，還有學者將它與喪禮襲具中包裹尸腹的"裹肚"混同。然而以柳長源《常變通考》、李宜朝《家禮增解》等爲代表的禮書，正確闡釋了"勒帛"作爲束衣帶，其使用位置、顔色、形制等方面
初加	緇布冠、幅巾、深衣、大帶、黑履	緇布冠、幅巾、深衣、大帶、履	補充説明	冠禮三加彌尊，《家禮》初加用古、緇冠、深衣、大帶、履，是繼承周制緇冠、玄端、玄裳而來。此外，《家禮》還承襲了《書儀》初加的幅巾。雖然《五禮儀》、李珥認爲初加爲笠子，金長生以程冠爲初加，然而大多數李朝學者則依然沿用《家禮》的緇冠、幅巾、深衣、大帶、履，且深衣、緇冠、幅巾爲半島士人習用、易得之物，用於初加較爲妥帖。《叢書》中諸賢對"深衣""幅巾""緇冠"等初加之物的製作方法進行了細緻的探討和補充説明
再加	笠子、道袍、條帶、鞋	帽子、皂衫、革帶、鞋	改換	禮家所重，以時爲大。朱子再加以時制俗例爲大體，采宋時士人慣用的帽子、皂衫、革帶、鞋入禮。然宋時服制已不適用於半島民俗，在朝鮮衆學者看來，士大夫常著者多爲笠子，即丘濬《儀節》所謂的"大帽"，著笠子時，常身穿青色或白色的道袍，配以彩色細縧帶。稽考衆禮書，以笠子、道袍、縧帶作爲再加的服飾較爲適宜

續表

儀節	《叢書》	《家禮》	變化方式	變化內容
三加	儒巾（或紗帽）、襴衫（或公服）、鈴帶、靴	幞頭、公服（或襴衫）、革帶、靴	改換	三加所用冠服見於《儀節》《五禮儀》或衆多禮著者，各有所宜。據《叢書》可知，冠帽有儒巾、幞頭、紗帽、笠子等不同，服飾亦有道袍、團領、襴衫、朝服、冠服、公服等差異。正如《明齋先生疑禮問答》中所說，初加用古，再加用常服，三加用盛服，先後有序。三加彌尊，因此作爲最後一次所加的冠服，未入仕的生員應頭戴儒巾，品官則應佩戴紗帽。至於三加時衣身所穿服飾，與儒巾、紗帽相配者究竟爲何，禮家各異其説，未知何所適從，今暫且采録於本表，以備後考。要之，冠禮三加本無一定之規，或隨時而改，或因事而變，或隨國而異。對於《家禮》所言的儀節規法，可師其意，不必盡從其制，應變通行之
禮賓	紙、筆、墨	幣（束帛、儷皮）	改換	明確指出朝鮮俗用以"紙墨"代替"布帛"，首創於朴世采《南溪先生禮説》。而後鄭萬陽及鄭葵陽《疑禮通考》、李縡《四禮便覽》、徐昌載《冠禮考定》、田愚《艮齋先生禮説》等多沿襲朴説，且提出了替換的前提條件，即多適用於極貧的家庭

# 第四章

朝鮮時代"婚禮"所涉"諸具"疏證

《中庸》有訓曰:"君子之道,造端乎夫婦。及其至也,察乎天地。"①作爲以血緣關係爲紐帶建立起來的宗法社會,男女婚儀是一切人倫關係的發端。與禮之最重者"喪祭"所涉"送往"相對,婚禮的"迎來"包含外姓成員的加入,以希其奉箕箒、司中饋、主蘋藻、誕子孫,承續萬世宗祧。在中國古典的士大夫禮中,男娶女嫁的程序由納采、問名、納吉、納徵(也即納幣)、請期、親迎的"六禮"爲主導。至宋代,庶人婚禮從禮儀程序及禮制規定兩方面對"六禮"省並,"並問名於納采,並請期於納成"②,所存納采、納吉、納徵、親迎"四禮"。南宋朱熹《家禮》將民間婚禮進一步損益爲納采、納幣、親迎"三禮",以此奠定了元明清三代近六百多年間婚禮的儀章規制。然而,無論是三禮、四禮或六禮,"僅爲名稱之省略,於實質上並無增減"③,傳統六禮的內容仍然是一切衍生物的

---

① 朱熹:《四書章句集注》,《新編諸子集成(第一輯)》,中華書局1983年版,第124頁。
② 脫脫等:《宋史》卷115《志第六十八·禮十八》,中華書局2000年版,第1845頁。
③ 陳鳴盛:《家禮目式》,轉引自陳顧遠《中國婚姻史》,上海文藝出版社1987年版,第152頁。

基礎。

在締結婚姻上，半島的禮儀綱目與中國民間婚禮多有相似，然又獨具風采。在《家禮》尚未傳入的高麗時期，以入贅性質的"男歸女第""婿留婦家"的率婿婚制爲主導。李氏王朝時期，世宗十七年（1435年）淑慎翁主與坡原君尹泙婚禮，第一次采用了親迎儀式，《朝鮮世宗實錄》云"本國'親迎'自此始"①。然而與王室爲中心的宮廷婚禮恪守《家禮》的親迎婚制不同，平民士庶階層則延續傳統的率婿婚。大臣奇遵遞呈中宗的奏文中曾說道："婚禮，萬世之始也。我國親迎之禮，只行於上，而不行於下。不正萬世之始，而能治人道者，安有是理哉？"②率婿婚使人們對親族的範圍、父系母系的區分變得模糊，另外子女可以平等繼承財產、輪流祭祀，庶子及外孫甚至可以奉祀，嚴重影響了以父系血統爲核心家族制、宗法制的建立。16世紀中葉明宗帝（1534—1567年）時，在女家成婚並生活的婚俗逐漸演變爲"半親迎"禮，即於女方家舉行"奠雁""交拜""合卺"的禮儀並留宿，第二日新郎、新婦一並至男家"拜謁舅姑"。如李圭景《覽寢宴辨證說》中云："明廟時，士林稍變其制。婿初到婦家，婦出而行禮，交拜合卺。明日婦謁舅姑，謂之'半親迎'。"③折中的"半親迎"禮雖然在一定程度上破壞了傳統婚禮的既有程序，却爲民間社會全面推廣親迎式婚禮起到了過渡性的作用。此外，在部分地區，冠、笄禮常與婚禮合二爲一，婚禮前日舉行冠笄儀式，冠、笄與婚服不相區分。進入17世紀，伴隨着禮訟與黨政的滲透，以及以《家禮》研究與實踐爲基礎

---

① 《世宗實錄》卷67，《李朝實錄》第8冊，日本學習院東洋文化研究所1956年版，第410頁。

② 《中宗實錄》卷23，《李朝實錄》第20冊，日本學習院東洋文化研究所1959年版，第760頁。

③ ［韓］李圭景：《五洲衍文長箋散稿·人事篇·論禮類》，首爾東國文化社1959年版，第376頁。李濟臣《清江先生鯸鯖瑣語》中所引略同《五洲衍文長箋散稿》："近來士族家，於吉夕即依《家禮》行事者，謂之'真親迎'。既夕就女家交拜卺宴，明日謁舅姑者，謂之'半親迎'。"可作旁參。

的儒教文化的擴散，以"親迎"爲中心，強調名分論、正統論的婚姻模式向下傳遞至平民社會，朝鮮婚姻制度發生質的改變。基於《家禮》且具有鮮明"尊周"特色，編纂整理成的《四禮便覽》，其中涵蓋的議婚、納采、納幣、親迎等儀式爲衆人采納並一直延續至今。

本章中以《家禮》"納采""納幣""親迎""婦見舅姑"四項爲序次，在下文證考廳事儀物的過程中，不再拘泥於繁文縟節，而是著重擇選諸具集中排布的儀節，一物而諸説互出者並録之，在上不悖於李朝國制，下合於人情的前提下，力求對各物具有明晰的闡發。

第一節　婚禮"諸具"疏證

一　納采

據《家禮》所言，男子年十六至三十，女子年十四至二十，符合結婚年齡。兩人自身以及主婚人皆無一年以上的喪期，經過媒妁從中斡旋，待女方同意議親後，男家方可行"納采"之禮。"納采"指納其（女方）[①] 采擇之禮，即世俗所謂的"言定"。然而在朝鮮的婚俗中，成婚於女方家，士庶階層多略去"納采"中"告祀宗廟"等儀節，而是男方通過遞送"請婚書""四柱單子""衣樣單子"，女方回復"許婚書""涓吉單子"的形式，來表達男女雙方締結婚約的禮義。今下大略依《家禮》的程序，出列朝鮮禮俗中所需物具。

[①] 程頤云："納采，謂壻氏爲女氏所采，故致禮以成其意。"（程顥、程頤：《河南程氏文集》卷10，《二程集》，中華書局2004年版，第620頁）

1. 主人具書。（簡稱"具書"）

【牋紙】

《家禮》朱子本注："主人即主昏者，書用牋紙，如世俗之禮。若族人之子，則其父具書告於宗子。"

《叢書》：（1）《家禮便考》："《丘儀》：'某郡姓某啟（不稱親者，方議而未成），某郡某官執事。伏承尊慈，不鄙寒微，曲從媒議，許以令愛貺室僕之男某（或某親之子某）。茲有先人之禮，謹專人納采，因以問名。敢請令愛爲誰氏出，及其所生年月日時，將以加諸卜筮。伏惟尊慈，俯賜鑒念，不宣。年月日某郡某姓啟。'○《五禮儀》：'具銜姓名，時維孟春，台候（二品以上稱台候，三品稱重候，四品至六品通稱雅候，七品以下稱裁候）多福。某之子某，年已長成，未有伉儷，謹行納采之禮，不宣。'○問：'書式，時俗所用，只以祝文，無稽甚矣，《丘儀》明示式例，遵用可乎？'退溪答曰：'不記其文，然用之甚宜。'……牋紙（《丘儀》狀紙①）。"（26/369—370）

（2）《疑禮通考》："納采之具：牋紙，裁用皮封，令善寫者書之。以櫝盛之，無櫝則別以新件袱裹之。按，世俗通昏之書或用小紙，如寒暄短禮之爲，殊非謹禮之意，須別樣致敬可也。○按，納采只是納其采擇之禮，俗世俗所謂言定。而今人誤作采段看，反以納幣通稱納采，殊可歎。"（34/294—295）又，"納幣之具：牋紙，用精品紙張"。（34/299）

（3）《四禮便覽》："諸具（納采）：牋紙，盛以函，袱具，下同。"（40/72）

（4）《禮疑類輯》："問：'書式用丘氏《儀節》乎（具鳳齡）？'退溪曰：'用之甚宜。'尤庵問：'昏書式不著於《家禮》，今當何從？'沙溪曰：'當以《丘儀》參酌用之。'"（45/321）

---

① 《丘儀》未有"牋紙"爲"狀紙"之辭，《家禮便考》所引不知爲何本，暫且存疑。

第四章 朝鮮時代"婚禮"所涉"諸具"疏證 313

（5）《常變通考》："案，《韻府群玉》蜀妓薛濤好製小詩，惜紙幅大，狹小之謂之薛濤牋。牋紙蓋謂小幅紙也。"（56/652）

（6）《九峰瞽見》："納采之具：男家牋紙、酒果、祝、女家答牋紙、酒果、祝、茶酒、饌幣隨宜、問名別幅紙。"（63/147）

（7）《喪禮輯解》："婚禮及雜禮：（納采）主人（即主婚者）具書（書用牋紙。〇盛以函，裹以袱）奉以告祠堂。"（70/623）

（8）《士儀》："男氏昏具：牋紙，今云簡紙，用以具納采、請期、納幣之書及復書者……〇紙用稍大者而已，不必侈大也。"（80/240）又，"主人即主昏者，書用牋紙，如世俗之禮。"（80/247）

（9）《家禮補疑》："納采之具：牋紙，長一尺許，裁用皮封，令善寫者書之，今俗又作外封。"（91/280）又，"納幣之具：牋紙，用精品紙，長二尺許，裁用皮封"。（91/288）

（10）《四禮節略》："男婚具：婚書紙（袱，金剪紙①、謹封紙具）、兩端（青紅絲具）、芙蓉香、內外袱（各一，金剪紙、謹封紙二具）、函（鎖鑰纓具）、支機（白木具）。"（97/209）

（11）《四禮儀》："主人具書（主人即主昏者）。〇書用牋紙（盛以函。〇袱具。〇下同）。"（112/37）

（12）《四禮撮要》："男昏具：昏書紙（謹封紙具）、函（鑰具）、玄纁（青紅絲具）、福同享、袱（牋紙具）、支機（白木具）。"（115/49）

按：朱子於納采禮中延承了《書儀》男女雙方交換文書的程序，增加了婚姻關係的嚴肅性與莊重感。此外，在"納采"與下文"納幣"的過程中男方書寫婚書、女方復書，以及雙方遞呈"四柱單子"或"涓吉單子"，必不可少的物具是"牋紙"，"牋紙"同"箋紙"。《說文》無"牋"字，《龍龕手鏡·竹部》云：

---

① 《四禮節略》中婚書紙由"謹封紙"即信封、封條所用紙，"金剪紙"即書寫婚書正文內容的紙，這兩部分構成。"金剪紙"即"金牋紙""金箋紙"，半島古籍文獻中常見。"金箋紙"是在紙張製作工藝中，用膠粉施以金銀粉或金銀箔，使紙張呈現赤金或青金兩種色調，給人以富麗堂皇的視覺效果。

"箋，子前反，表也。與'牋'同。""牋"是"箋"改換義近的形符而形成的或體，今兩字皆爲正字。

"牋紙"是指用來書寫信函或題詠詩文的特殊用紙，一般擇選質地精美的紙張。半島用紙多爲"高麗紙"，又稱"韓紙""三韓紙""繭紙"等。明人屠隆《考槃餘事》云："高麗紙，以綿繭造成，色白如綾，堅韌如帛，用以書寫，發墨可愛。此中國所無，亦奇品也。"[1] 高麗紙以蠶繭所造，應爲國人誤識，清聖祖玄燁曾指出："世傳朝鮮國紙，爲蠶繭所作，不知即楮皮也……朕詢之使臣，知彼國人取楮樹去外皮之粗者，用其中白皮搗煮，造爲紙，乃綿密滑膩，有似蠶繭，而世人遂誤傳耶。"[2] 李朝學者李圭景亦在《紙品辨證說》中云："而我東紙品，古有'繭紙'，名重天下矣。自昔不用他料，但取楮穀，而以繭名紙者，楮紙之堅厚潤滑如繭，故稱以繭紙者也。"[3] 綜上可知，朝鮮紙以楮皮爲原料，紙質堅厚滑澤，外觀鮮潔，色白如繭，紙張纖維細長，上有簾條粗紋。

除"牋紙"的質地、製作原料外，《叢書》中鄭萬陽及鄭葵陽《疑禮通考》、許傳《士儀》、張福樞《家禮補疑》三家對"牋紙"的解釋最爲詳確。首先，從形制上說，"納采"或"納幣"書寫婚書用的"牋紙"皆由兩部分構成：一是作爲封皮或書面使用。以《家禮輯覽圖說》中"昏禮納采具書式"（見圖4—1）爲例，信封上方書寫女方主人的郡縣、職官、姓名，即"某郡某官執事"；下方書男方姓氏及"謹封"字樣，即"某郡姓某謹封"。或以現存性齋許傳爲其孫許秤遞呈女方的"納幣書"爲例（見圖4—2），封皮上

---

[1] 屠隆：《考槃餘事》卷2，鳳凰出版社2017年版，第45頁。此外，明人文震亨《長物志》及清人谷應泰《博物要覽》中有同樣說法。

[2] 愛新覺羅·玄燁著，李迪譯注：《康熙幾暇格物編譯注》，上海古籍出版社2007年版，第84頁。

[3] ［韓］李圭景：《五洲衍文長箋散稿·人事篇·器用類》，首爾東國文化社1959年版，第667頁。

端寫有"上狀某郡某官執事",下端本有"忝親姓某謹封",可略爲"謹封"①。二是作爲書寫具體婚辭内容的正文紙箋,文書的式例《家禮》不著,首見於丘濬《儀節》。而後《五禮儀》亦有載録,然而與《儀節》不同,李朝學者多參酌兩者,隨宜裁用。另外,許傳《士儀》云"牋紙,今云簡紙","簡紙"意爲"摺紙爲書牘之用者,名曰簡紙"②,即用長幅紙張摺疊成的書信,類似於中國裝幀中的經摺裝,然後放置於信封内。

其次,從尺度上説,婚書的紙張不宜狹小,否則無法盡訴謙敬寒暄之語。但又不宜侈大,否則過於鋪奢浪費。《家禮補疑》曰"牋紙,長一尺許",可作爲紙張長度上的參考。

圖4—1　納采具書式(《家禮輯覽圖説》5/540,左側"面簽"即封皮,右側爲具體書式)

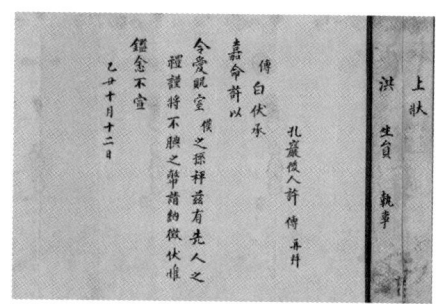

圖4—2　朝鮮半島納幣書樣(韓國國立中央博物館藏,編號:8443)

最後,關於承載婚書的容器,李縡《四禮便覽》云:"牋紙,

---

①　李朝前期婚書格式多參考金長生《家禮輯覽圖説》,後期則多以李縡《四禮便覽》爲標準。許傳所寫納幣書式即是參考《四禮便覽》而來,可參看《四禮便覽》第86頁,納幣時雙方婚姻關係已確立,故稱"忝親",在尚未確立的納采階段,封皮下端僅書"某郡姓某謹封",或省爲"謹封"即可。

②　[韓]丁若鏞:《與猶堂全書》第5集《政法集》卷27《牧民心書》卷12,韓國民族文化推進會編《韓國文集叢刊》第285輯,景仁文化社2002年版,第579頁。

盛以函，袱具。"金恒穆《喪禮輯解》、鄭琦《四禮儀》亦沿用李縡之說。納采時，男方需將"請婚書"以及寫有男子生辰年月時的"四柱單子"，一並裝入"函"（即匣子，見"納幣"節），外面多裹以紅色的布料（即"袱"，見"納幣"節）呈送女方。

【四柱單子】

《叢書》：（1）《家禮或問》："今之俗禮無媒氏，特因親舊，或直通其意，兩家意合言定之後，婦家請新郎生年月日時四柱，擇日送單子。婿家其後更請衣樣，蓋爲裁衣故也。"（29/485—486）

（2）《二禮鈔》："嘉禮酌儀：○鏞案，古者納采之禮行於廟中，朱子易之以告廟。古禮使者口傳致辭，朱子易之以書牘，皆所以順俗而合情也。今驟括爲文曰：'伏承嘉命，許以婚姻之好，某有先人之禮，謹獻庚帖，庸替納采之儀（庚帖，俗謂之四柱單子，即壻之生年月日也。今俗並錄生時，無義。今擬只書年月日）。'答書曰：'伏承嘉命，貺以庚帖，某不敢辭，謹茲祗受，伏唯鑑念。'"（69/633）

（3）《士儀》："四柱單子（別用一牋書之）：某年某月某日某時（即生年月日時也）。按，《士昏禮》納采用雁，而《家禮》不用雁……今俗定昏之後，只書男子生年年月日時於牋紙，名曰'四柱單子'，使奴僕送於女氏之家，以代納采之禮。而無一字致書之儀，殊非重其禮敬其事之道也，依古具書，而依俗送單，則一舉而兩盡矣，女氏之家亦宜有答書。"（80/248—249）

（4）《廣禮覽》："昏禮諸具（全用俗例）：送四柱單子，婿家先送壻生年月日時單子，俗稱柱單。用大簡紙一幅，皮封書'四柱'二字，簡面中疊，書云'某年某月某日某時'。以白紙斜裹，又以杻木劈其半而納單子於其間，以紅綫繫其下，仍以其餘從上繫其上端。使人致於女家，女家饋之以饌，給例錢五錢。"（94/585）

（5）《六禮修略》："按，從俗授婿氏柱單於此時（納采具書），則納采下恐當有'其生年月日具如別幅'九字。四柱單子：（《士儀》）某年某月某日某時（注，即生年月日時。○按，今俗牋紙中央真楷書'四柱'，左旁書年月日，右旁書某郡姓著署，封皮書'四星'二字）。"（108/152）

（6）《常變要義》："納采：納采書式○奉以告祠堂○四柱名帖式○女氏奉書告祠堂○復書式。"（111/15）又，"四柱名帖式：某年某月某日某時生。○按，此本謂女氏名，而今俗用壻之名帖"。（111/92）

（7）《四禮要選》："俗制，四星式：某年干支某月某日某時，年月日某姓著啣（銜）。"（111/341）

按：在中國定婚環節中，男女雙方交換寫有生辰八字、家庭狀況的"庚帖"，以期通過問卜得吉無克。與中國不同，朝鮮傳統婚禮"納采"階段，兩家互通書信，男家需單方面將"請婚書"及附有結婚男子年庚的"四柱單子"一並遞送女家，即許傳《士儀》所謂的"依古具書，而依俗送單，則一舉而兩盡矣"。"四柱單子"與中國的"庚帖"用途大體相似，俗稱爲"四星單子""柱單""四柱""四星""庸帖"，即以天干地支標示男子出生年、月、日、時的信函。綏山《廣禮覽》及宋俊弼《六禮修略》兩書對"四柱單子"的形制、書寫內容有具體的描述，現參以李朝存留下來的"柱單"實物，將"四柱單子"的形態與特徵簡言如下。

四柱紙張通常約長40釐米，寬30釐米。將紙張摺疊爲5節或7節，就當中一節由上至下以正楷墨書準新郎的年庚八字，若有善書者可適當添加謙敬之辭。或是如《六禮修略》般，於信紙中央書寫四柱干支，其左添寫信的時日，其右加書寫者的職官稱呼（如圖4—3）。

將此字條裝入牋紙製成的信封中，皮封正面題有"四柱"或"四星"或"星帖"（如圖4—4），背面或封口處題有"謹封"等字

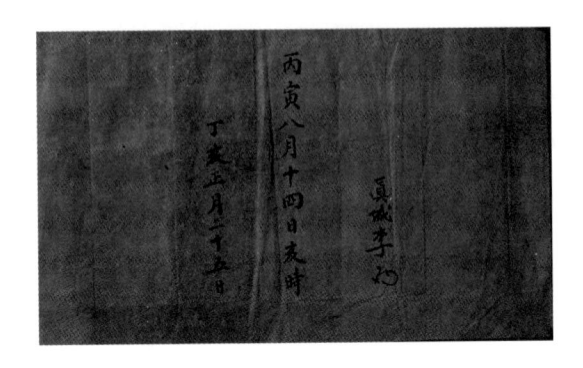

318　《朱子家禮》在朝鮮傳播中的"諸具"疏證

圖4—3　無封皮"四柱單子"
（文書橫長38.7釐米，縱寬22.7釐米，韓國清涼山博物館藏，編號：1730）

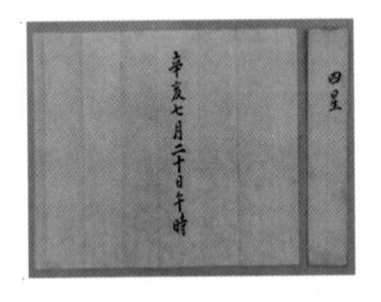

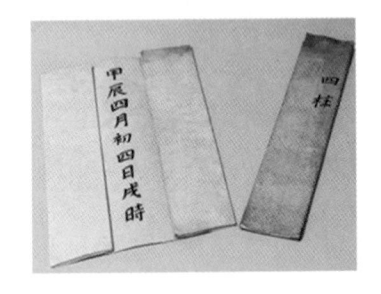

圖4—4　有封皮"四柱單子"
（1. 封皮標"四星"，文書橫長45釐米，縱寬28釐米，韓國國立民俗博物館藏，編號：29731；2. 封皮標"四柱"，文書橫長52.1釐米，縱寬38釐米，韓國祥明大學博物館藏，編號：262）

樣。此後把杻木（即檍樹）① 的枝條劈開一半，夾在四柱單子正中，

---

①　綏山《廣禮覽》所謂"杻木"，李圭景《栖戲辨證説》中多釋作"荆木"。（見《五洲衍文常箋散稿·人事篇·技藝類》："其骰四板荆木。東國土名杻木也。"）《便轎機辨證説》中又釋作"紫荆木"。（見《五洲衍文常箋散稿·人事篇·器用類》："實紫荆，似是我東俗名杻木也。"）《荆幡桑匕辨證説》中釋作"牡荆"。（見《五洲衍文常箋散稿·人事篇·器用類》："方技術，多用牡荆，而荆我東俗稱杻木者也。"）然而丁若鏞在《雅言覺非》"杻荆"條考辨云："杻者，檍也。荆者，楚也。東俗以荆爲杻，荆筍曰杻籠，荆繩曰杻繩，非矣。"（見［韓］丁若鏞《與猶堂全書》第1集《雜纂集》卷24《雅言覺非》卷1，韓國民族文化推進會編《韓國文集叢刊》第281輯，景仁文化社2002年版，第513頁）丁氏認爲杻木即檍木，且糾正了李朝學者將其識爲荆木的錯誤認識。

以青紅綫（今俗常用）纏繞杻條兩頭，使其束縛在四柱單子的上下左右四端，於末端打結（如圖4—5）。或是如《廣禮覽》所述，以紅綫捆扎杻木的下端，從下到上繞幾圈後打結（如圖4—6）。遞送及承受"四柱單子"的雙方都十分重視，男方擇選吉日遣使者將"請婚書"和"四柱單子"以布帛包裹放置精美的匣子中送達女家，女方需適當饋於使者饌食及錢幣作爲酬謝。"四柱單子"一般由女方終生保管，逝世時一同埋葬於棺槨之中。

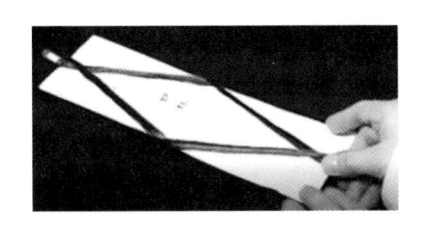

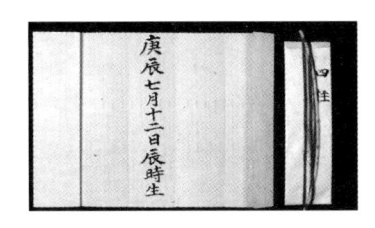

圖4—5　青紅綫捆束柱單四端　　圖4—6　紅綫由下至上捆束柱單

【涓吉單子】

《叢書》：（1）《士儀》："卜昏日（擇日謂之涓吉）。按，古禮同牢合卺必行於婿家，故期日由婿家來，此陽倡之義也。《家禮》無請期，略之也；非無日也，楊氏補之是也。然我東則昏禮行於女家，故必自女家擇日，以請於婿家，習俗已久便成禮節，不可猝變也。（古者請期在納徵之後，今俗皆於納徵之前行之。○退溪曰：'請期一節似不可廢。'）主人具書遣使，並涓吉單子。書式：某再拜白，既受命矣，惟是三族之不虞，謹涓吉日以請昏期，可否惟命，伏惟鑒念，不宣。涓吉單子式（俗例用簡紙書之，外面書'涓吉'二字）：奠雁某年某月某日，納幣同日先行。"（80/253—354）

（2）《廣禮覽》："昏禮諸具（全用俗例）：擇日，女家擇昏日送於婿家。用大簡紙一幅，皮封書'涓吉'二字，幅內疊書'奠雁某月某日並行'，列書云'納幣同日先行'。封裹如柱單，送於婿家，婿家亦如女家受柱單之例。"（94/586）

（3）《六禮修略》："請期書：（補）某郡姓某白，某姓某官執事，伏承尊命，許以重禮，及是三族之無憂，謹涓吉日，以請婚期，可否惟命是聽（按，擇日之禮，女家行之，而仍請衣樣，則此下恐當有'衣身尺度並望下示'八字），伏惟鑒念，不宣，謹狀。年月日某郡姓名再拜。涓吉單子：（《士儀》）奠雁某年某月某日（按，與柱單式同，但改'四星'爲'涓吉'）。"（108/159—160）

（4）《常變要義》："請期書式：某再拜白，既受命矣，惟是三族之不虞，謹涓吉日以請昏期可否，惟命，餘同上。涓吉單子式：吉禮某（干支）年某月某日干支。"（111/93）

（5）《四禮要選》："俗制：涓吉式：奠雁某年某月某日干支，年月日某姓著啣（銜）。"（111/341）

按：朱子省六禮中的問名、納吉，止存納采、納幣、親迎，楊復《附注》云："親迎以前更有請期一節，有不可得而略者。"中國婚禮中重陽而卑陰，行婚一眾儀節多由男方決定，而朝鮮土俗長期受"男歸女家"形式的浸染，擇定婚期的權益由女家主導，且請期一節調整於納幣之前。在男方呈送"請婚書"及"四柱單子"後，女方經術數家勘核雙方年庚、推衍命理，將所擇吉日以書函告知男方。"涓吉"意爲選擇吉利的時日，也稱"涓辰""諏日""諏吉"。"涓吉"一詞出自左思《魏都賦》"涓吉日，陟中壇，即帝位，改正朔"。通告男方所擇行婚吉日的信函即"涓吉單子"，也稱"擇日單子"。

"涓吉單子"的書寫格式與"柱單"相類，今以《士儀》《廣禮覽》爲例，參以李朝涓吉單子實物（見圖4—7），简述之：需把紙張摺疊爲5條或7條，在正中處書寫"奠雁某年某月某日"，於其左附加"納幣同日先行"。俗制簡省時，亦可祇書所擇吉日以及即書寫人的姓名和書寫時間。信函皮封書"涓吉"，反面寫"謹封"，裏封式樣如"四柱單子"。"涓吉單子"與"許婚書"一並送於婿家。

二 納幣

"納幣"即古禮中的"納徵"，以"幣"爲婚姻之證，亦稱爲

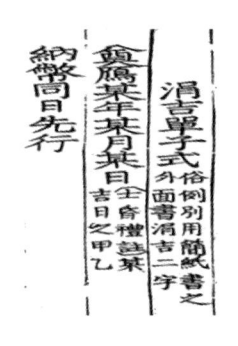

第四章　朝鮮時代"婚禮"所涉"諸具"疏證　321

圖4—7　涓吉單子

（1. 涓吉單子式，《士儀》80/254；2. 李朝所存涓吉單子實物，橫長47釐米，縱寬38.5釐米，韓國國立民俗博物館藏，編號：5240）

"文定"，俗稱"過定"。納采之後送彩禮、禮單、婚書至女家，女方受物禀祠後復書，雙方婚姻關係終定。在婚約成立的兩個必要條件：聘財、婚書中，聘財是最爲重要的。納幣所送資妝因時代、方域、社會階層不同而異，其種類、數量或奢靡或質樸，爲了納幣程序的統一規範性，歷代禮書對於"納幣物目"大多有所限定。李氏朝鮮的聘幣與中國相比存在差異，今列舉如下。

【幣】

《家禮》朱子本注："幣用色繒，貧富隨宜，少不過兩，多不踰十。今人更用釵釧、羊酒、果實之屬亦可。"

《叢書》：(1)《家禮考證》："《禮》：'納徵，玄纁、束帛、儷皮，如納吉禮。'注：'徵，成也，使使者納幣以成昏。禮用玄纁者，象陰陽備也。束帛，十端也。'《周禮》曰：'凡嫁子娶妻，入幣純（即緇字）帛無過五兩。'……鄭氏鍔曰：'《記》言男女無幣不交不親，昏禮可必用幣，幣以將厚意，亦禮之所寓也。緇帛五兩，富者無過乎此，貧者亦可以及焉，禮之中制也。'問：'古人納幣五兩，只五匹耳，恐太簡，難行否？'朱子曰：'計繁簡，則是以利言矣。且吾儕無望於復古，則風俗更教誰變。'曰：'溫公用鹿皮，如何？'曰：'大節是了，小小不能皆然，亦没緊要。'○按，此少不過兩，

謂二匹，非五兩之兩。多不踰十，謂十匹，非十端之十。然必言兩，必言十者，亦取此義也。"（4/286—289）

（2）《家禮輯覽》："《補注》按，《雜記》：'一束，束五兩，兩五尋。'注：'此謂昏禮納徵也。一束，十卷也。八尺爲尋，每五尋爲匹。兩端卷至中，則五匹爲五箇兩卷，故曰束五兩。鄭氏曰四十尺謂之匹，猶匹偶之匹，言古人每匹作兩箇卷子。'○《五禮儀》：'幣用紬或布。二品以上，玄三纁二。三品以下至庶人，玄纁各一。'"（5/115）

（3）《疑禮通考》："納幣之具：幣，玄一纁一，多少隨所備，貧則或用儷皮。"（34/299）又，"幣用色繒（《士昏禮》：'納徵，玄纁、束帛，二端相向卷而束之。儷皮首在左，毛在內。'陳淳問：'溫公用鹿皮如何？'朱子曰：'大節是了，小小不能皆然，亦沒緊要。'），貧富隨宜，少不過兩（玄一、纁一），多不踰十（玄五、纁五）。"（34/300）

（4）《禮書劄記》："《士婚禮》：'納徵，玄纁。'注：'玄六、纁四。玄纁，天地之正色。'○束帛、儷皮。注：'束帛，十端也。儷，兩鹿皮。'《記》：'皮帛必可制。'《周禮》：'凡嫁子娶妻，入幣純帛無過五兩。'注：'幣用緇，婦人陰也。娶禮必用其類，五兩十端也。必言兩者，蓋取其配合之名。'……按，色繒者便是玄纁。少不過兩者，取儷皮之義。多不踰十者，取束帛之義。又按，《士昏記》曰：'皮帛必可製。'疏：'可製爲衣物。'皮即古鹿皮，用鹿皮之義未詳，故朱夫子曰'用鹿皮沒緊要'，然則今不可用也。"（36/548—549）

（5）《四禮便覽》："諸具（納幣）：幣，俗用色絲，每段各束兩端。"（40/84）

（6）《星湖先生家禮疾書》："納幣：禮有所謂玄纁一束者，有五兩者，有十端者，有玄六、纁四者，有三玄、二纁者，其義一也。十端爲一束，而五兩爲十端，蓋從兩端卷至中合成一匹。匹者，兩也，合二端成一匹也。以兩而言，則成三玄二纁也。以端而言，則成玄六纁四也。《雜記》云：'納幣一束，束五兩，兩五尋。'注：'八尺曰尋，一兩五尋，則每卷二丈合之四十尺，今謂之匹也。'按，貧者用兩，兩者與下十字照看，非禮所謂五兩之兩，蓋玄纁各用半匹，疑若不成儀制。或謂《周禮》'庶人用緇色，無纁'，故不能具玄纁，而只用一匹云爾。然而葬禮云'玄纁各一'，一者即上文玄六纁四之一也。寧用半匹，而不可不具陰陽之義，且當從二十尺爲制也。按，《說苑·修文篇》天子束帛五匹，玄三纁二，各五十尺。諸侯玄三纁二，各三十尺。大夫玄一纁一，各三十尺。元士玄一纁一，各二丈。下士綵纓各一匹，庶人布帛各一匹，此與古制少異，恐是漢法然也。《家禮》之玄一纁一，各二丈，即用元士之禮耳。今國制幣用紬或布，二品以上玄三纁二，三品以下至庶人玄纁各一。紬、布，皆國之所出也。《禮》居山者不以魚鱉爲禮，居澤者不以麋鹿爲禮，今居其地用紬布斯可矣。更用釵釧之屬，非謂廢幣而用此也，亦許從俗而加此耳。古者天子加以穀圭，諸侯加以大璋，大夫以下不言所加，且果實嫌於女贄，恐不必用。"（41/95—98）

（7）《星湖禮式》："納幣，《禮》云'皮帛必可製'。帛以四十尺爲匹，夫約準今二十尺。不如是，用不便，用木綿布二匹，一玄一纁，包以綵袱，盛以小漆函，函亦用綵袱包之。"（41/425）

（8）《家禮集考》："金伯剛曰：'此書所謂少不過兩，恐是以兩匹言，而非如古禮之以一匹爲兩耳。'○《開元禮》曰：'一品以下束帛、乘馬，六品以下束帛、儷皮。'《通典》曰：'上古人食禽獸之肉，而衣其皮毛。周氏尚文，元衣纁裳，猶用皮爲韠，所以納徵用元纁、儷皮，充當時之所服耳。秦漢以降，衣服制殊，今俗用五色，得禮之變也。'《書儀》注曰：'既染爲玄纁，則不堪他用。且恐貧家不能辦，故但雜色繒五匹。'"（52/306）

（9）《常變通考》："案，兩之爲一匹，十之爲五匹，制幣之常法。而《考證》以兩爲二匹，十爲十匹可疑。豈或以玄纁二色不可不備耶。《周禮》'納幣用緇'，則雖一匹恐無不可也。少不過，猶言少不下也。"（56/655）

(10)《家禮增解》:"《爾雅》:'玄纁,天地之正色。'○《書儀》:'幣既染爲玄纁,則不堪他用。且恐貧家不能辦,故但用雜色繒。'……按,《士婚禮》疏:'五兩是爲三玄二纁,則是合兩卷爲一而數之。一兩爲一匹,三與二合爲五匹也。'《家禮》葬時之贈幣則玄六纁四,是亦五匹。而但分兩卷而各數之,六與四其卷雖十,而匹實五也。然則此昏幣之曰兩、曰十,亦是贈幣分兩卷各數之例。而其兩則一匹也,其十則五匹也。一匹兩卷故曰兩,十卷亦然矣。或曰兩爲兩匹,十爲十匹者誤矣……用紙愈全廢,問:'貧乏者用玄纁紙二張如何?'尤庵曰:'納幣用紙未聞,然尚愈於全廢耶。'"(58/510)

(11)《九峰瞽見》:"納幣之具:繒用玄纁。鄭氏曰:'四十尺謂之匹,匹猶匹偶之匹,言古人每匹作兩箇卷。'○今俗玄繒以紅絲結之,纁繒以青絲結之,紅袱裏。"(63/163)又,"納幣,富則十段,貧則兩段。而古禮玄色,俗用青色。纁色同也。青色采段以紅唐絲繞中央結束,裏以紅唐紙。纁色采段以青唐絲繞中央結束,裏以青唐紙。貧不能辦,則或紬或綿,染色青紅用之。絲與紙亦染色用之。青紅兩段以紅袱裏之,盛於函中。芙蓉香一雙置於傍,婚書裏以青紗袱,置於采段上。以片竹橫之,使不搖動。鎖函並開金①,又裹紅袱,以壯紙作圓封,書'謹封',三袱上各封之。綿布二十尺,或十八尺,繞結函兩頭,以備函負持去。"(63/165)

(12)《二禮鈔》:"鑷案,束帛者,五匹也。古者謂匹爲兩,蓋一匹之帛,實有兩端。十端者,五兩也。五兩之中,玄三纁二,參天而兩地也。今之棉布,不讓繒帛,貧士之家,斷當用之。但二匹之布,貧士猶然病之。朱子曰'少不過兩,多不踰十',則朱子許以一兩,析之爲玄纁矣。況束布一匹,可當古帛之二匹哉!至貧之家,宜以一匹之布,析之爲兩,二十尺爲淡青,二十尺爲淡紅,猶可以

---

① "開金"韓語稱之爲"개금",指"鍵""鑰匙"開鎖的器具,以鐵、錫、銅等製成。

行禮也。有無過禮，寡不備文，古之道也。近世會賢坊鄭氏，世傳鹿皮二領，雖富貴之家，只得用此爲幣，無敢用繒帛，亦美法也。"（69/637）

（13）《喪禮輯解》："婚禮及雜禮：幣用色繒，貧富隨宜，少不過兩，多不踰十（俗用色絲，每段各束兩端）。"（70/624）

（14）《竹僑便覽》："鄉俗婚禮：玄三纁二，無備者則各一爲可。"（76/362）

（15）《禮疑問答·四禮辨疑》："納幣，若依禮文，備玄纁、束帛則甚好。而非窮貧所可辦，勿用紋緞，以紬與綿布染青紅，隨力備用爲宜。"（79/148）

（16）《士儀》："男氏昏具：幣（玄纁各一，納徵時所用）。"（80/240）又，"《禮式》：'帛以四十尺爲匹，準今二十尺，用木綿布二匹，一玄一纁'。又，'古之幣每一匹從兩端卷至中爲兩卷子，故五匹爲十端，今所云兩端者本於此，蓋吉禮以二十尺爲一段，匹爲四十尺。'○《隨錄》：'凡婚姻幣帛，從人服飾饌食之節，皆定其式，痛禁奢侈之弊。'"（80/256）

（17）《全齋先生禮說》："昏時不用綾羅與洋布：昏時不用綾羅錦繡，閔擴齋、吳老洲所行，故愚嘗從之。納幣以紬或以綿布，而不以緞屬。至於西洋木，出自禽獸無君無父之地，平時猶不可近身，況婚姻所以正始乎（與申汝綏）。"（86/54）

（18）《家禮補疑》："納幣之具：幣（玄一纁一，或用儷皮）。"（91/288）

（19）《廣禮覽》："納幣諸具：函、玄纁（或用青紅，或緞或羅）……先鋪四幅袱於函中，次納玄纁，分左右安置。次納昏書紙於當中，納芙蓉香於左右。斂袱掩之，合函蓋鎖之，以開金結綏於鎖。以五幅袱裹函，而以四角金剪紙結單紐，而出其四角於封紙之上，而垂之置之機上。擔之以木，前一日三更，量送納於女家。"（94/587—589）

（20）《艮齋先生禮說》："昏幣用細苧（貧則代以綿布），毋得

用錦緞。"（98/609）

（21）《四禮集儀》："幣用色繒（《書儀》；玄纁，《儀禮》；紬布各一，《五禮儀》）貧富隨宜（《家禮》），必可制（《疑禮》）爲衣（《儀疏》）。各用色絲束兩端，盛以函，具袱（《便覽》）。用牋紙具書（《家禮》），盛以函（《會典》），具袱（《便覽》）。其日（《開元》），主人以書幣函授使者（今補）。"（101/87）

（22）《四禮纂笏》："幣用色繒兩匹。今人或有用色絹、圓衫、釵環之屬亦可。"（107/62）

（23）《四禮要選》："婚禮時具：使者、從者（壻家僕隸）、擔幣者（用笠子、珠纓、圓領）、幣（俗用色絲，每段各束兩端）、函（盛幣、盛書）、袱（隨函各具）。"（111/561）

（24）《四禮儀》："幣用色繒。○用色繒，每股各束兩端。○盛以函。"（112/45）

（25）《四禮撮要》："男昏具：昏書紙（謹封紙具）、函（鑰具）、玄纁（青紅絲具）。"（115/49）

按：《叢書》中諸家禮論主要涉及以下兩方面：第一，半島婚俗所用"幣"究竟爲何物？據《儀禮·士昏禮》載："納徵，玄纁、束帛、儷皮，如納吉禮。"鄭玄注："用玄纁者，陰陽備也。束帛，十端也。"古時士人婚禮的"幣"即黑、紅兩色的絲絹兩端合卷，共五匹；附加成對的鹿皮。最初婚禮用"幣"，其象徵意味多於物質指向性。然而漢代之後，聘財嫁資以多爲尚，買賣婚的性質日益嚴重。宋時，爲使庶民婚配不因經濟條件的困乏所限，司馬光《書儀》倡導恢復古禮，"納幣，用雜色繒五匹爲束，兩鹿皮"，並自注云："纁既染爲玄纁，則不堪他用。且恐貧家不能辦，故但雜色繒五匹，卷其兩端合爲一束而已。"[①] "繒"即《儀禮》所謂"帛"，兩者皆可用作古代絲織品的通稱。此外，司馬氏"雜色繒"擴大了《儀

---

① 司馬光："司馬氏書儀"，《叢書集成初編》，上海商務印書館1936年版，第32頁。

禮》中黑、紅二色的限制。朱熹《家禮》在沿用《書儀》之外，減免了"鹿皮"，且規範了色繒上限及下限的幅度與數量，即"幣用色繒，貧富隨宜，少不過兩，多不踰十"。而後，丘濬《儀節》以《家禮》爲準繩，未有改換。李朝納幣婚儀的器物在遵循《家禮》的前提下，以《儀禮·士婚禮》爲主，其國家禮儀大典《國朝五禮儀》中明確指出："幣用紬或布。二品以上，玄三纁二。三品以下至庶人，玄纁各一。"《五禮儀》用幣既凸顯了嚴格的等級性，又在施用中具有了一定的靈活性。《叢書》中，《家禮輯覽圖說》有"納幣"圖（見圖4—8）可作參考。此外，《疑禮通考》《星湖禮式》《二禮鈔》《士儀》《家禮補疑》《家禮補闕》皆以《五禮儀》中"玄一纁一"説爲定，將其作爲貴賤貧富通用之禮。從製作玄纁的原材料來説，《五禮儀》選擇半島土産的紬或布，《星湖禮式》中云"用木綿布"，《全齋先生禮説》《艮齋先生禮説》又説道不可用綾羅錦繡或洋布，皆是對《五禮儀》的補充，凸顯了禮尚儉、貴有行的原則。其次，從布料色澤來説，"玄"本指黑中隱約赤、青之色，泛指黑色。

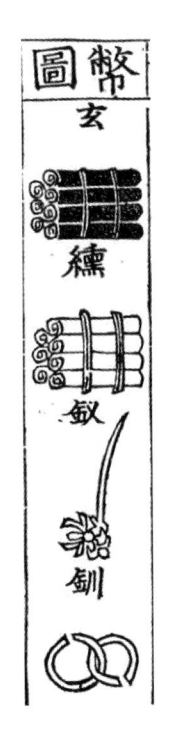

圖4—8 幣圖（《家禮輯覽圖説》5/541）

"纁"爲淺絳色，且赤中帶黄。沈括《夢溪筆談》云："玄，赤黑，象天之色；纁，黄赤，象地之色。"[1] 清人孫詒讓《周禮正義》曰：

---

[1] 沈括：《夢溪筆談》，《歷代筆記叢刊》，上海書店出版社2009年版，第239頁。

"《周髀算經》云：'天青黑，地黃赤。'青黑即玄色，黃赤即纁色也。"① 從色彩觀上出發，天爲陽，地爲陰，以天地之正色，象徵陰陽之交、男女婚媾，是自古以來色彩玄理與陰陽五行結合的產物。在朝鮮禮俗中，玄纁二色常以"青紅"爲替，正如《九峰瞽見》云："古禮玄色，俗用青色，纁色同也……貧不能辦，則或紬或綿，染色青紅用之。"《二禮鈔》《禮疑問答·四禮辨疑》《廣禮覽》《四禮撮要》亦有以"青紅"代"玄纁"之辭。

第二，以布帛爲"幣"，其限如何？《家禮》所謂"少不過兩，多不踰十"，"兩""十"又爲何指？據"冠禮"章"幣"節考證已大略知道，量詞尺、丈、端、兩、束，是一套具有量值進制關係的長度單位，其中，"端""兩"是專用於布帛的單位量詞。古代布匹，十尺爲一丈，兩丈爲一端，兩端爲一兩，一兩即一匹，五兩（即五匹）帛捆扎爲一束②。《周禮·地官·媒人》："凡嫁子娶妻，入幣純帛，無過五兩。"鄭玄注："五兩，十端也。必言兩者，欲得其配合之名。十者，象五行十日相成也。"且司馬氏《書儀》："納幣用雜色繒五匹爲束。"《語類》中"問：'古人納幣五兩，只五匹耳，恐太簡，難行否？'朱子曰：'計繁簡，則是以利言矣。且吾儕無望於復古，則風俗更教誰變。'"③ 由上可知，作爲納幣物材的絹帛布匹，以五兩即十端爲上限，富貴者亦不得過此。而對於《家禮》"少不過兩"之"兩"，衆説莫衷一是，曹好益《家禮考證》、金在洪《四禮纂笏》認爲"兩"謂兩匹。而李瀷《星湖先生家禮疾書》、柳長源《常變通考》、丁若鏞《二禮鈔》皆對上説進行了駁斥，其

---

① 孫詒讓：《周禮正義》卷16，中華書局1987年版，第605頁。
② 作爲測量布帛所使用的長度單位量詞，尺、丈、端、兩、匹其中的關係，具體可參看盧嘉錫主編，丘光明等著《中國科學技術史·度量衡卷》，科學出版社2001年版，第19—20頁；劉世儒《魏晉南北朝量詞研究》，中華書局1965年版，第225—227頁。
③ 朱熹：《朱子語類》卷89《禮六》，朱傑人、嚴佐之、劉永翔主編《朱子全書》第17册，上海古籍出版社、安徽教育出版社2010年版，第3000頁。

該切處如下：以不同的布帛單位衡量，其說自不相同。三玄二纁，陽奇陰偶，即是以"兩"爲尺度；玄六纁四，即是以"端"爲尺度。布帛最多不能逾越十端之制，與之相對，至少應不低於兩端（即一匹）。一端爲玄、一端爲纁；即二十尺青黑色布帛，二十尺淺絳色布帛，此數貧窶者亦可備及。要之，《家禮》中"兩""十"是以"端"爲量度單位的統計值。納幣之制，應以隨力備用爲宜，不應以重利華奢爲趨向，富者勿過、貧者可及，纔是禮之中制。

另外，據《四禮便覽》《九峰瞽見》等書載，對於準備好的玄纁兩色幣帛（俗用青、紅二色），各卷成一個筒子，兩端分別以絲綫束縛，青色絹帛束以紅絲，紅色絹帛束以青絲，統一裹納在紅袱中，然後放置於匣內，以便擔幣人運載。

【函】

《叢書》：（1）《家禮附贅》："幣用漆函，裹以青袱（俗用紅袱）。"（8/290）

（2）《疑禮通考》："今人幣帛必用函。《三禮圖》：'篚盛幣帛。'○《儀節》女家陳書幣條：'執事舉書案於廳上，禮物陳庭中，有幣帛則以置階前或卓子上。'告祠堂條：'用盤子盛書、幣帛置香案上。'（按，古人必有盛帛之器，無篚則代用函，恐無妨。）"（34/248—249）又，"納幣之具：幣、牋紙、函（朱漆爲之，所以盛幣者）、袱（二，一所以裹玄纁者，一所以裹函者）、帛（或綿布，所以結函者）、使者……○《三禮圖》，今俗以函代篚。"（34/299）

（3）《四禮便覽》："諸具（納幣）：擔幣者。函，二，一盛幣，一盛書。袱，隨函各具。"（40/84）

（4）《星湖禮式》："納幣，《禮》云'皮帛必可製'。帛以四十尺爲匹，夫約準今二十尺。不如是，用不便，用木綿布二匹，一玄一纁，包以綵袱，盛以小漆函，函亦用綵袱包之。"（41/425）

（5）《九峰瞽見》："納幣之具：繒用玄纁……○函，裹以紅袱，書以謹封。羊、酒、果實、具書紙、復書紙、茶酒饌幣隨宜，並同納采之具。"（63/163）又，"納幣，富則十段，貧則兩段……貧不能辦，則或紬或綿，染色青紅用之。絲與紙亦染色用之。青紅兩段以紅袱裏之，盛於函中……鎖函並開金，又裏紅袱，以壯紙作圓封，書'謹封'，三袱上各封之。綿布二十尺，或十八尺，繞結函兩頭，以備函負持去。"（63/165）

（6）《士儀》："男氏昏具：牋紙、盛服、酒饌布帛、幣、函（盛幣者，木函，黑漆，具鎖鑰）、紅袱三（裏幣及函，又以小袱裏雁，乃《家禮》色繒交絡之意）、負布（俗用白綿布爲襨，負函而進）、炬、燭（俗用紗籠）、生雁（以色繒交絡之，無則刻木爲之，裏以紅袱）、紗帽、團領、品帶、黑靴、馬具鞍。"（80/240）

（7）《家禮補疑》："納幣之具：幣、牋紙、函（朱漆爲之，所以盛幣者）、紅袱（二，一所以裏玄纁者，一所以裏函者）、帛（十二尺，或綿布，所以結函而負者）、使者。"（91/288）

（8）《廣禮覽》："納幣諸具：函、玄纁（或用青紅，或緞或羅）……先鋪四幅袱於函中，次納玄纁，分左右安置。次納昏書紙於當中，納芙蓉香於左右。斂袱掩之，合函蓋鎖之，以開金結綏於鎖。以五幅袱裏函，而以四角金剪紙結單紐，而出其四角於封紙之上，而垂之置之機上。擔之以木，前一日三更，量送納於女家。"（94/587—589）

（9）《四禮笏記》："主人具禮書及幣，各以函盛之，使子弟爲使者如女氏，從者一人持書幣隨之。"（97/137）

（10）《四禮節略》："男婚具：婚書紙……內外袱（各一，金剪紙、謹封紙二具）、函（鎖鑰纓具）、支機（白木具）。"（97/209）

（11）《四禮集儀》："幣用色繒……各用色絲束兩端，盛以函，具袱（《便覽》）。用牋紙具書（《家禮》），盛以函（《會典》），具袱（《便覽》）。其日（《開元》），主人以書幣函授使者（今補）。"（101/87）

（12）《四禮纂笏》："幣用色繒兩匹，婿氏主人具書，以□函盛

幣及書，使使者奉函以進，侍者受函，女氏主人開函視幣及書。"（107/62）

（13）《四禮要選》："婚禮時具：使者從者、擔幣者、幣、函二（盛幣盛書）、袱（隨函各具）。"（111/561）

（14）《四禮儀》："納幣，幣用色繒。○用色絲，每段各束兩端。○盛以函。"（112/45）

（15）《四禮撮要》："男昏具：昏書紙（謹封紙具）、函（鑰具）、玄纁（青紅絲具）、芙蓉香、袱（牋紙具）、支機（白木具）。"（115/49）

按："函"於《叢書》中常寫作"圅""凾"兩形。考其變化，函的古文爲"圅"，即《説文》篆書"圅"隸變後的形體，今以"函"爲正字，故而將"圅"視爲異體。而"凾"是"函"由於書寫中筆畫的變異而形成的俗體，魏晉時期碑刻已見，《字學三正》《字彙》中明確指出"函，俗作凾"。納采階段"函"已作爲盛裝男方請婚書及女方許婚書的器物出現，惜半島婚俗爲求節省財力、人力常略去納采環節，故而今將"函"於納幣節細析之。

函（함）是指用以盛服裝、首飾、文書等正方形或長方形的箱匣。其高爲15—50釐米，正面寬度爲40—130釐米，側面寬爲20—60釐米。根據用途及所盛物品來分，有婚函、印函、冠帽函、冠服函等類别。憑製作材料區分，又有梧桐函、竹張函、鮫皮函等不同。李朝時期"函"作爲小型家具，其裝飾、色彩、形態、紋樣等各式各樣。具體來説，函常爲螺鈿漆器，器身及邊緣雕刻有華麗而複雜的圖案，函蓋與器身以金屬製成的鎖鑰相連接，函匣内部以韓紙鋪設。古時婚禮用以納幣的容器爲"筐"，今俗則以"函"代"筐"。據《叢書》各家考證可知，"函"爲木胎，髹朱色漆（見《疑禮通考》《家禮補疑》）或黑漆（見《士儀》），函蓋部以鎖鑰開合，且鑰匙上還裝飾有穗狀的纓帶（見《廣禮覽》《四禮節略》）。納幣所需"函"數爲二（見《四禮便覽》《士儀》《四禮笏記》《四禮要選》），一爲婚書函，其狀較小；一爲幣函，其狀較大。函匣外面包

裹以彩色袱布，並以白綿布打結以便背負。今以李朝時期存留下來婚函實物（見圖4—9）爲圖示參考。

圖4—9 李朝"函"
（1. 黑色漆函，韓國成均館大學藏，編號：376；2. 紅色漆函，韓國國立民俗博物館藏，編號：52092）

【袱】

《叢書》：（1）《家禮附贅》："幣用漆函，裏以青袱（俗用紅袱）。"（8/290）

（2）《疑禮通考》："納幣之具：幣、牋紙、函（朱漆爲之，所以盛幣者）、袱（二，一所以裏玄纁者，一所以裏函者）……"（34/299）

（3）《四禮便覽》："諸具（納幣）：擔幣者。函，二，一盛幣，一盛書。袱，隨函各具。"（40/84）

（4）《星湖禮式》："帛以四十尺爲匹，夫約準今二十尺。不如是，用不便，用木綿布二匹，一玄一纁，包以綵袱，盛以小漆函，函亦用綵袱包之。"（41/425）

（5）《九峰瞽見》："函，裏以紅袱，書以謹封。羊、酒、果實、具書紙、復書紙、茶酒饌幣隨宜，並同納采之具。"（63/163）又，"鎖函並開金，又裏紅袱，以壯紙作圓封，書'謹封'，三衸上各封之。綿布二十尺，或十八尺，繞結函兩頭，以備函負持去"。（63/165）

（6）《士儀》："男氏昏具：牋紙……函（盛幣者，木函，黑漆，具鎖鑰）、紅袱三（裏幣及函，又以小袱裏雁，乃《家禮》色繒交

絡之意）。"（80/240）

（7）《家禮補疑》："納幣之具：幣、牋紙、函（朱漆爲之，所以盛幣者）、紅袱（二，一所以裹玄纁者，一所以裹函者）。"（91/288）

（8）《四禮節略》："男婚具：婚書紙……內外袱（各一，全剪紙、謹封紙二具）……女婚具：遮日……袱（紅紫各二）。"（97/209）

（9）《四禮集儀》："幣用色繒……各用色絲束兩端，盛以函，具袱（《便覽》）。用牋紙具書（《家禮》），盛以函（《會典》），具袱（《便覽》）。其日（《開元》），主人以書幣函授使者（今補）。"（101/87）

（10）《四禮要選》："婚禮時具：使者從者、擔幣者、幣、函二（盛幣盛書）、袱（隨函各具）。"（111/561）

（11）《四禮撮要》："男昏具：昏書紙（謹封紙具）、函（鑰具）……袱（牋紙具）。"（115/49）

按：包裹或覆蓋物體所用的方形布塊即"袱"，袱可以用來包裹"幣"（即玄纁，或青紅絲緞），亦可用來裹束"函"或"雁"，其數量不限，根據使用的需要或增或刪。盛放婚書及幣的箱匣，若不以布帛扎束，不利於僕隸搬運，因此"函"外一般都有包縛用的"袱"相配套。婚禮時，袱的色澤多爲象徵陰陽的青、紅爲主。由於紅色具有强烈的視覺效果，且長期以來具有辟邪、吉祥等明顯的象徵性意義及標識性，因此世人又以"紅"色袱的使用爲最盛。《九峰謷見》中大略言及"袱"的扎束方式，即將袱四角統縛於中，以壯紙（장지，半島出産的一種紙，質地厚硬）作封條，上書"謹封"字樣（見圖4—10）。除納幣環節外，親迎階段裹雁時亦需用到"袱"，下文不復贅述。

三 親迎

"親迎"儀式在婚禮過程中最爲繁雜，一般涵蓋鋪房、醮子、醮

圖 4—10 函外裹 "袱" 具 "謹封" 紙

女、奠雁、婿婦交拜、合卺、主人禮賓等諸多環節。《家禮》與朝鮮婚俗最爲相異處，在於"親迎"步驟的采用或廢棄。今下以《家禮》儀節爲名目，半島士庶婚禮之不同夾述其中。

1. 厥明，壻家設位於室中。（簡稱"婿家設位"）

【卺】

《家禮》朱子本注："設倚卓子兩位，東西相向。蔬果、盤盞、匕筯如賓客之禮，酒壺在東位之後。又以卓子置合卺一於其南……○卺音謹，以小匏一判而兩之。"又，劉璋《補注》："《儀禮》疏云卺，謂牢瓢。以一匏分爲兩瓢謂之卺，壻之與婦各執一片以酳，故云合卺而酳。"

《叢書》：（1）《家禮考證》："陸佃曰：'長而瘦上曰瓠，短頸大腹曰匏。'"（4/294）又，"卺，破匏也。"（4/313）又，"《郊特牲》曰：'器用陶匏，尚禮然也。'注：'此謂太古之禮器。'疏曰：'共牢之時，俎以外但用陶匏而已。三王作牢用陶匏，言太古無共牢之禮，三王之世作之，而用太古之器，重夫婦之始也。唐虞以上曰太古。'程氏復心曰：'半用爲瓢，全用爲匏。'"（4/314）

（2）《家禮輯覽》："匏，《韻會》：'蒲交切，瓠也。'"'陸佃曰：'長而瘦上曰瓠，短頸大腹曰匏。'"（5/121）

（3）《明齋先生疑禮問答》："問：'昏禮卺杯之義（再從子智

教）。'答：'《記》器用陶匏，尚禮然也。'注：'此太古之禮器也。用太古之器，重夫婦之始也。'《昏義》：'合卺而酳，所以合體，此即用卺之義也。'問：'今俗夫婦合卺，係以紅絲，相換交飲，是有據歟（宋命賢）?'答：'卺以小匏一判而兩之，是不異爵之義也。分置婿婦之前，斟酒各飲而已焉，有相換交飲之理乎？'"（16/156—157）

（4）《南溪先生禮說》："問：'今俗卺杯以紅絲繫之，亦有所據否（李世璞癸亥）？'答：'紅絲於禮無之，不敢爲說。'"（21/223）

（5）《家禮便考》："《字彙》：'匏與瓟同，瓠也，可爲飲器。瓠音胡，瓦器也。'又'瓠、瓟，葫蘆也。'陸佃曰：'長而瘦上曰瓠，短頸大腹曰匏。'程復心曰：'半用爲瓢，合用爲匏。'"（26/397）

（6）《疑禮通考》："設位之具：卓子二、盥盆二、帨二……卺（二，以小匏一判而兩之。○按，今俗以青紅絲繫而連之）。"（34/301）

（7）《禮書劄記》："《士昏禮》：'實四爵合卺。'……《經禮》曰：'謂卺爲牢瓢者，同牢禮時所用故云爾。'南溪問：'卺杯紅絲亦有所據否？'答：'於禮無之，不敢爲說。'"（36/584—585）

（8）《四禮便覽》："諸具（婿家設位）：席（即地衣）、椅二（即坐交椅，俗用方席）、交拜席……卺桮（用以爲第三斟者，俗或承以小盤。《家禮本注》以小匏一，判而兩之）。"（40/89）

（9）《家禮增解》："又以卓子置合卺一（《儀節》酒注）於其南……○卺音謹，以小匏一判而兩之。（陸佃曰：'長而瘦上曰瓠，短頸大腹曰匏。'）"（58/524）

（10）《二禮輯略》："短頸大腹曰匏。"（62/578）

（11）《竹僑便覽》："治農：匏，正月掘地作坑，填以油麻及爛草等，二月下旬種之，每日早清糞水澆之，蔓長用裭上棚。《詩》云'八月斷瓠'。"（76/400）

（12）《常變纂要》："卺杯換飲之非：明齋曰：'卺是不異爵之

義，分置婿婦之前，斟酒各飲而已焉，有換飲之理？'"（78/284）

（13）《士儀》："女氏昏具：衾、枕、氈……卺盃、匙箸楪、器皿（俎以外皆用陶匏）。"（80/241）又，"別以小盤設玄酒、醴酒、清酒及卺盃、盞盤，置兩卓之南。（《儀禮》疏：'卺，牢瓢，以一匏分爲兩瓢，婿婦各執一片。'）〇卓前設雙燭（俗用紅燭）。〇凡饌器用陶匏。（《士昏禮》〇疏：'俎以外其器用陶匏而已。'〇《郊特牲》：'三王作牢用陶匏。'注：'用太古之器，重夫婦之始也。'〇今之磁器，此古陶瓦潔白可用）。"（80/261—262）

（14）《溪書禮輯》："合卺用瓢，用紅絲。答：'瓢之用不用，在所商決。紅絲循俗，恐亦無甚害理。'"（84/697）

（15）《家禮補疑》："設位之具：盥盆二、帨二、燭一雙、酒壺二、盤盞二、卺（二，以匏判而兩之）、筯二雙。"（91/293）

（16）《廣禮覽》："主人又揖而前導，壻答揖而隨之。至醮席西向立，婦東向立。婦再拜，婿一拜，婦又再拜，婿又一拜。婿婦皆跪，取卺繫紅絲分置婿婦之前，斟酒交舉訖，婿婦入室中相向坐。"（94/589）

（17）《禮疑問答類編》："古禮則三酳皆祭皆卒爵，而《家禮》從簡，再斟、三斟並不祭，今可依此。但初斟之有祭而無舉飲，當是闕文，今須補入爲可。紅絲之聯綴於卺杯，此俗陋，非禮意也（答郭君玉）。"（100/149）

（18）《四禮集儀》："厥明婿家設位於室中……又以卓（《家禮》）置酒注（《書儀》）合卺（《儀禮》）二於其南（《書儀》），承卺以小盤（《便覽》）。"（101/94）

（19）《四禮汰記》："又設酒壺一、爵四、卺二（一匏判爲二片者）。"（105/71）

（20）《常體便覽》："厥明，婿家鋪席設屏，對置二床，東西相向（婿東婦西），各陳饌（饌器皆用陶匏，今之磁器）。"（106/42）

（21）《四禮纂笏》："又以卓子置合卺一於其南（卺音謹，以小匏一判而兩之）。"（107/46）又，"又取卺分置婿婦之前，斟酒

(《儀節》婿婦各執其一。○按，今俗以一條紅絲兩端係巹相換交飲恐非禮意)。"（107/53）

（22）《四禮要選》："昏禮時具：使者、從者、擔幣者……酒瓶、玄酒瓶、酒注、盞盤、巹杯（第三斟）。"（111/561）

（23）《四禮撮要》："女昏具：遮日、揮帳、彩屏……巹杯。"（115/49）

（24）《四禮要覽》："諸具（婿家設位）：席（即地衣）、椅二（俗用方席）、交拜席……酒注、盞盤（用以爲初斟、再斟者）、巹桮（用以爲第三斟者，俗或承以小盤。○《家禮本注》：'以小匏一判以兩之'）。"（117/152）

按："巹"字釋義，中朝兩國並無相悖處。將匏剖切爲兩瓢即巹，《國朝五禮儀序例·嘉禮·尊爵圖說》及《家禮補闕》中皆有"巹"圖，以示參考（見圖4—11）。匏即葫蘆，味苦不可食用，其形頸短而大腹，可用於舀水或作盛酒器。"合巹"又稱合瓢，是指新婚夫婦用巹具酒，於新婚夜以酒漱口後少量飲之。合巹是親迎階段最重要的程序，後世也可用以代指"成婚"。合巹之儀源於先秦象徵著夫婦二人此後合體相親、恩愛互敬、同甘共苦、同心同德。唐時，作爲專用婚禮飲酒器的"巹"逐漸被杯盞替代，以酒漱口或微飲，也演變爲一飲而盡。在宋代，合巹的內容變化爲"交杯"，巹代之以日常酒器，兩杯盞底部或柄部須用彩色絲綫連接，新人交臂對飲；或夫婦互換傳杯共飲。如司馬光《書儀》中合巹之器仍爲"匏"，而北宋末《政和五禮新儀》時則"以常用酒器代之"。再如宋人王得臣《麈史·風俗》云："古者婚禮合巹，今也以雙杯彩絲連足，夫婦傳飲，謂之'交杯'。"[1] 南宋吳自牧《夢粱錄·嫁娶》載："命妓女均雙盃，以紅綠同心結綰盞底，行交巹禮畢，以盞一仰一覆，安於床下，取大吉利意。"[2] 此外，作爲"瓢"替代物的合巹

---

[1] 王得臣：《麈史》，上海古籍出版社1986年版，第75頁。
[2] 吳自牧：《夢粱錄》卷20，商務印書館1939年版，第188頁。

杯，唐宋文獻中習見，其形制具體爲何？明胡應麟《甲乙剩言·合卺杯》中有細緻的描述："都下有高郵守楊君，家藏合卺玉杯一器，此杯形制奇怪，以兩杯對峙，中通一道，使酒相過。兩杯之間，承以威鳳，鳳立於蹲獸之上，高不過三寸許耳。"① 明陳繼儒《妮古錄》亦載："京中見雙管漢玉杯，下穴一酒眼過酒，有鴛鴦及熊蟠其上，乃合卺杯也。"② 一些流傳至今的合卺杯實物，如西漢中山靖王劉勝妻墓出土青銅合卺杯、明代青玉英雄合卺杯、清乾隆玉鷹熊合卺杯等（見圖4—12），皆能從器型中窺見胡、陳二氏所述合卺杯其貌。

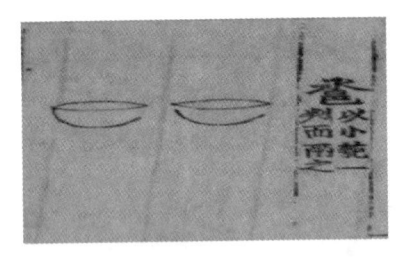

圖4—11 李朝"卺"圖（1.《國朝五禮儀序例》；2.《家禮補闕》109/232）

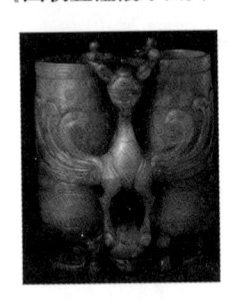

圖4—12 合卺杯
（1. 西漢中山靖王劉勝妻竇墓的青銅合卺杯，現藏中國社會科學院考古研究所；2. 明代青玉英雄合卺杯，北京故宮博物院藏；3. 清乾隆時期玉鷹熊合卺杯，北京故宮博物院藏）

---

① 胡應麟：《甲乙剩言》，中華書局1991年版，第7頁。
② 陳繼儒：《妮古錄》，盧輔聖主編《中國書畫全書》第3冊，上海書畫出版社1993年版，第1059頁。

《叢書》中對於婿家設位時桌上所擺放的"卺",李朝學者的關注點在於,第一,是否以彩色絲綫相纏繫。《疑禮通考》《溪書禮輯》《廣禮覽》等皆提及,李朝風俗常以青絲或紅絲將飲酒器相連接,林應聲《溪書禮輯》云"紅絲循俗,恐亦無甚害理"。然而《南溪先生禮説》《禮疑問答類編》《四禮笏記》認爲禮書中並未記載卺以彩綫聯綴的條件,順庵先生安鼎福在《婚禮酌宜》中曾指出"以紅絲一條,繫兩卺而斟酒,稱解紅絲。且紅絲之説,出於稗家,誕不可從"。可見以綫拴繫卺爲民間俗陋,兩班士大夫多不苟從。第二,新人合卺時是否需要交相換飲。《禮記·昏義》孔穎達疏説"合卺則不異爵,合卺有合體之義",把一個葫蘆剖開爲二,夫婦分執,就是爲了體現不貳爵、夫妻一體的意味,若相互換飲則破壞了禮儀的本旨,因此《明齋先生疑禮問答》《常變纂要》《四禮笏記》明確指出"卺杯換飲之非",夫婦二人不應換卺飲酒。第三,半島俗禮用来代"卺"之器爲何。"卺"爲秦漢時期婚禮專用飲酒器,上段所述唐宋後中國已換用常見的合卺杯、杯盞等器物,半島國俗亦同。《四禮便覽》《四禮要選》《四禮撮要》《四禮要覽》中將"卺杯"列爲物具,作爲同牢合卺時第三次飲酒所用,俗家還常以小盤承托酒杯。惜並未有李氏王朝合卺杯實物流傳,而今僅能從中國合卺杯物樣中考察其形制。

2. 初昏,壻盛服。(簡稱"婿盛服")

【花勝】

《家禮》朱子本注:"世俗新壻帶花勝,以擁蔽其面,殊失丈夫之容體,勿用可也。"

《叢書》:(1)《家禮考證》:"《山海經》:'昆崙之丘,有人戴勝,虎齒,有尾,穴處,名曰西王母。'勝,世傳西王母冠名。《漢書·司馬相如傳》:'西王母暠然白首,戴勝而穴處。'注:'顏師古曰:勝,婦人首飾也。漢代謂之華勝。'杜子美《人日》詩:'樽前柏葉休隨酒,勝裏金花巧耐寒。'注:'《荆楚歲時記》人日剪綵爲花勝以相遺,起於晉代。或鏤金薄爲人勝,以像瑞圖之形,賈充李夫人曲①云：像瑞圖金勝之形。'蘇子瞻《元日》詩亦曰：'年年幡勝剪宮花。'注：'《荆楚歲時記》正月其日爲人日，鏤金薄爲人，以貼屏風，亦戴之頭鬢。又造花勝相遺。'又按，子瞻《春日賜幡勝》詩亦曰：'鏤銀錯落翻斜月，剪綵繽紛舞慶霄。'是宋時以賜群臣，而其制亦略可想見矣。蓋以西王母之故，而至於君臣以爲慶，世俗又轉以爲新婿之慶者歟。"（4/295—296）

（2）《家禮源流》："《荆楚時記》：'人日剪綵爲花勝相遺，後人因貼首以爲飾。'《相如傳》注：'勝者，婦人首飾，漢時曰華勝。'"（14/279）

（3）《明齋先生疑禮問答》："問：'婚禮婿盛服，注帶花勝，是何物歟（姜鄷）？'答：'花勝是首飾，未知其制，而《荆楚歲時記》人日剪采爲花勝相遺，後人因以貼首爲飾……漢代曰華勝云。'"（16/612）

（4）《家禮輯解》："退溪曰：'疑非花勝擁蔽也，別作一物以蔽之。'○按，《荆楚記》：'正月人日，鏤金薄爲人，戴之頭鬢。'既戴於頭鬢，則面自蔽，恐非別一物也。"（25/240）

（5）《家禮便考》："花勝，《字彙》：'式正切，旛勝，婦人首飾。'……退溪曰：'帶花勝猶掐也，花即幡勝，如今立春領賜侍臣者也。擁蔽其面疑恐非花勝，別作一物以蔽之也。'"（26/399）

（6）《家禮集考》："世俗新婿帶花勝（按，'帶'蓋'戴'字之訛，《書儀》可見。○《漢書》注：'勝者，婦人首飾。'）擁蔽其面，殊失丈夫之容體，勿用可也（《書儀》考異作注而文少異，'帶'作'戴'）。"（52/329）

（7）《常變通考》："案，《書儀》曰：'花勝必不得已，且戴花一兩枝，勝一兩枚可也。'是花與勝恐非一物。"（56/656）

按：《家禮》朱子本注乃沿承司馬氏《書儀》，《書儀》"婿盛

---

① 《家禮考證》引"賈充李夫人曲云"中"曲"爲"典"之誤字，"典"即《典戒》（或作《典誡》）。

服"下小注云:"世俗新婿盛戴花勝,擁蔽其首,殊失丈夫之容體。必不得已,且隨俗戴花一兩枝,勝一兩枚,可也。"《書儀》與《家禮》其文少異,《書儀》"戴"與《家禮》"帶",兩字通用,不必强辨;至於"花勝"一物遮掩位置"首"或"面",亦相差不遠;司馬氏妥協從俗,朱子則棄俗勿用。至於"花勝"究竟爲何,其考如下。

"花勝"亦作"華勝",爲"勝"下屬類别之一。"勝"作爲名詞,其特殊義項指"古代的一種首飾",最初爲婦女專用。文獻記載中,最早見於《山海經·西山經》:"西王母其狀如人,豹尾,虎齒而善嘯,蓬髮戴勝,是司天之厲及五殘。"東晉郭璞注:"蓬頭,亂髮;勝,玉勝也。"[1] "勝"本爲西王母所戴髮飾,亦是其最鮮明的頭飾標志物。無論是古籍記述還是文物圖繪,所涉西王母形象,幾乎都脱離不開"戴勝"的共性。據大量漢代銅鏡、畫像磚、畫像石及雕塑中保留的西王母像(見圖4—13),以及朝鮮樂浪古墓出土的"玉勝",湖南長沙五一路漢墓出土的"金勝"等遺物(見圖4—14),大致稽考出"勝"的質料及形制。漢魏時期製勝的材料以金、銀、玉爲主,其造型中心爲一孔隙(或圓或方),上下兩端附有相對的梯形翅翼,整體裝飾有各類幾何紋飾。"勝"一般成對使用,左右各一,借助簪釵(或一根橫梁,即"杖")從孔隙透穿,横插髮髻之中,使其垂懸於鬢邊太陽穴處。由於最初"勝"爲西王母所戴,西王母作爲長生不老的靈人代表,故而"勝"亦具有了驅邪、納福、吉祥等意義。

隨着時代的發展,"勝"的質料、造型、用途都有了顯著的變化。從用料上區分,有琢玉而成的"玉勝";雕鏤金銀而成的"金勝""銀勝";內用木片、硬紙爲胎,外裹絹帛的"織勝",如《太平御覽》載:"金勝一枚,長五寸,形如織勝。"[2] 此外還有以寶石

---

[1] 袁珂:《山海經校注》卷2,上海古籍出版社1980年版,第50頁。
[2] 李昉等:《太平御覽》卷719《服用部二一·花勝》,中華書局1960年版,第3185頁。

圖4—13　戴勝的西王母

（1. 儀徵西漢墓出土西王母玉兔博局紋鏡，揚州博物館藏；2. 山東沂南東漢墓出土畫像磚拓片；3. 河南偃師辛村漢墓出土新莽時期墓室壁畫）

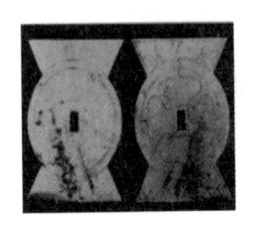

圖4—14　出土的"勝"

（1. 朝鮮樂浪古墓出土東漢玉勝；2. 湖南長沙五一路漢墓出土"金勝"，湖南省博物館藏；3. 江蘇省邗江縣二號東漢墓出土品字形金勝，南京博物院藏）

製作的"寶勝"，以稀疏且柔軟的絲織品"羅"製成的"羅勝"等。從形狀上説，宋明文獻中常見"方勝"，以金銀玉石等材質雕琢成兩菱相疊交的形狀，取其福澤綿延、同心相結的寓意。浙江省衢州市南宋史繩祖墓出土有此種雙菱套接的藍色玻璃方勝；明代汪興祖墓曾亦有此形（見圖4—15）。還有以彩綢、五色紙或鏤刻金銀箔爲人形的"人勝"，南朝風俗每逢正月七日爲人日，將人勝插於髮際以示慶祝。如《荆楚歲時記》云："正月七日爲人日①，以七種菜爲羹。剪綵爲人，或鏤金薄爲人，以貼屏風，亦戴之頭鬢。又造華勝以相遺，登高賦詩。"②"勝"與"人日"節令結合起於晉，盛行於唐宋。

---

① 道教以爲，正月一日至六日，天地生雞、狗、豬、羊、牛、馬，七日始生人。正月初七，天氣清明，人繁衍安泰。

② 宗懍著，姜彥稚輯校：《荆楚歲時記》，嶽麓書社1986年版，第9頁。

在唐代每至人日朝會，滿朝文武皆戴人勝，吟詩作賦，以此增強節日的歡慶氣氛。1965年新疆吐魯番阿斯塔那唐墓中出土了"人勝剪紙"（見圖4—16），其形爲七人相連站立狀。一説用以招魂，一説圈圍髮髻之用。唐墓人勝的出土爲我們提供了可貴的形象資料。除人日外，還有與立春節序相應，以彩繒或彩紙製成旗幟狀的"旛勝"（同"幡勝""旙勝"），又稱"春旛"。孟元老《東京夢華録·立春》載："春日，宰執親王百官皆賜金銀幡勝，入賀訖，戴歸私第。"① 吴自牧《夢粱録·立春》亦云："宰臣以下，皆賜金銀幡勝，懸於幞頭上，入朝稱賀。"② 宋代，除民衆自行佩戴外，皇帝還將"旛勝"作爲賞賜頒賜朝臣。

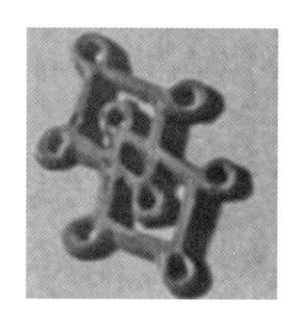

圖4—15　方勝

（1. 史繩祖墓出土南宋方勝，衢州市博物館藏；2. 張家洼汪興祖墓出土明初金方勝，南京市博物館藏）

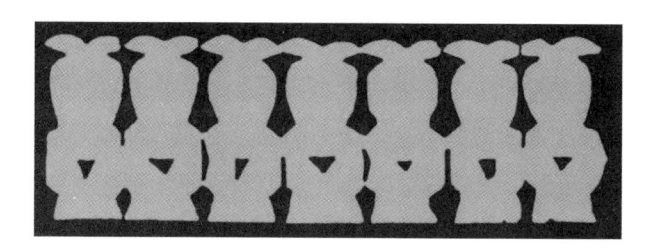

圖4—16　人勝剪紙（新疆吐魯番阿斯塔那盛唐至中唐墓出土）

---

① 孟元老：《東京夢華録》卷6，中華書局1982年版，第163頁。
② 吴自牧：《夢粱録》卷1，商務印書館1939年版，第2頁。

最後，對於《叢書》出現的"花勝"（即"華勝"），亦是"勝"造型中的一種，是指在勝上裝飾以花樣，或直接將彩絹、金玉、色紙等製作成花草狀，插於髻上或綴於前額正中。舊時還會在花勝上點綴上羽毛或金葉，使之更加栩栩如生。《漢書·司馬相如傳》"戴勝而穴處兮"，顏師古注云："勝，婦人首飾也。漢代謂之'華勝'"。①《釋名·釋首飾》中："華勝，華象草木華也。勝言人形容正等，一人著之則勝也。蔽髮前爲飾也。"②《後漢書·輿服志》曰："太皇太后、皇太后入廟服……簪以瑇瑁爲擿，長一尺，端爲華勝，上爲鳳凰爵，以翡翠爲毛羽，下有白珠，垂黃金鑷。"③ 川渝地區墓中出土有大量漢魏時期簪戴花勝的陶俑（見圖4—17），由此可知至遲漢時花勝已廣泛使用。"花勝"已脫離了早期"勝"的形象及寓意，在一定程度上相當於"簪花"的作用，亦是"像生花"的別稱，即代替受時令限制的鮮活花卉，以常開不敗、經久耐用的優勢插戴髮端。漢之後直至明清，花勝一直流行不衰，有宋一代，插花或戴花勝，適用男女且老少咸宜。女子戴於髮股中，男子則多插於冠帽的兩側。另外，男性頭戴花勝通常用於中舉入仕、娶妻親迎，頭裹小帽、簪花騎馬、披紅戴綠，一副風流的裝扮。如宋孟元老《東京夢華錄·娶婦》所述："婿具公裳，花勝簇面。"④ 此與《書儀》《家禮》載新婿盛服戴花勝相同。

《叢書》中《家禮考證》《家禮源流》《家禮輯解》等著述，引中國《山海經》《漢書》及杜甫詩、蘇軾詩等古籍資料，大略介紹了"勝"的起源、作用及其與節令的關係，所涉"勝"的類別有"人勝""旛勝""金勝""花勝"四者。然而由於半島婚禮多循高

---

① 班固：《漢書》卷57《司馬相如傳》，中華書局1962年版，第2598頁。
② 劉熙：《釋名》卷4，《叢書集成初編》第1151冊，中華書局1985年版，第75頁。
③ 范曄撰，李賢等注：《後漢書》志第三十《輿服志》，中華書局1965年版，第3676頁。
④ 孟元老：《東京夢華錄》卷5，中華書局1982年版，第144頁。

圖 4—17　戴花勝的陶俑

（1. 四川成都市郫都區宋家林東漢墓出土"陶持鏡俑"；2 四川雙流王山硿崖墓出土東漢陶俑；3. 重慶市忠縣涂井墓出三國蜀漢"樂舞陶俑"；三者皆爲四川省博物院藏）

麗舊俗，將《家禮》種種儀法皆棄置不用，且兩代相隔久遠、民風國俗異制，對於"花勝"文獻闕徵，衆人惶惑，故考釋難免出現錯訛。如《明齋先生疑禮問答》中尹拯對於後學提問，答道"花勝是首飾，未知其制"；而退溪則將"花勝"釋作"旛勝"，且認爲遮蔽其面者並非"花勝"，而是他物。柳長源《常變通考》更是將"花勝"兩分爲"花"與"勝"兩物，舛誤甚遠。綜上，"勝"爲男女所用頭面飾品，始於漢代，其形狀各異、歷代有別。且用料不一，常以金銀、玉石、彩紙、羅絹製成。按照其形制、用途、質料的不同，名稱亦不同。主要有金勝、銀勝、寶勝、織勝、方勝、人勝、旛勝、花勝等。"花勝"其形類花草，爲唐宋婚禮遺風，半島並未采納。

【盛服】

楊復《附注》："先生曰：'昏禮用命服乃是古禮，如士乘墨車而執雁，皆大夫之禮也。冠帶只是燕服，非所以重正昏禮，不若從古之爲正。'黃氏瑞節曰：'士昏禮謂之攝盛，蓋以士而服大夫之服，乘大夫之車，則當執大夫之贄也。'"

《叢書》：（1）《寒岡先生四禮問答彙類》："盧懼仲問：'……

新婿所著冠服當用何物？側聞張德晦初迎相，承尊命用公服云，公服不可得，則玄端、紗帽何如？'答：'……冠服從俗用黑團領、紗帽不妨。昔者張德晦之來娶也，用公服。此因見古禮中有用公服之語而爲之，然自今思之，似不甚穩當，不若從俗用黑團領，反爲便宜也。如何如何……意者只是吾東人俗中之禮，久而成例耳，今有好禮之家，據古不用，姑（固）善，如不免從俗而用之，亦復何妨？'"（2/60—61）

（2）《家禮考證》："命服，大夫服也。按，《周官·大宗伯》一命受職，下士、中士再命受服……故大夫之服謂之命服，士而命服即攝盛也。士未仕而昏，用命服，禮乎？程子曰：'昏姻重禮，重其禮者當盛其服。況古亦有是，今律亦許假借。'曰：'無此服而服之，恐僭。'曰：'不然，今之命服，乃古之下士之服也。古者有其德則仕，士未仕者也，服之其宜也。若農商則不可，非其類也。'或問：'正月欲行親迎，欲只用冠帶如何？'朱子曰：'昏禮用命服乃是古禮，如士乘墨車而執雁，皆大夫之禮也。冠帶只是燕服，非所以重正昏禮，不若從古爲正。'"（4/296）

（3）《家禮輯覽》："《五禮儀》：'有職者，不拘時散，公服。文武兩班子孫與及第生員，紗帽、角帶。庶人，笠子、條兒。其不得備紗帽、角帶者，笠子、條兒亦可。衣服皆用綿紬、木綿亦可。'"（5/122）

（4）《家禮輯說》："寒岡答盧㦖仲曰：'冠服從俗，用黑團領、紗帽不妨。'"（24/303）

（5）《家禮便考》："《大明集禮》：大夫以上親迎，冕服、纁裳。士親迎爵弁，纁裳緇袘。唐品官儀：服皆用本職冕服，一品袞冕，二品鷩冕，三品毳冕，四品繡冕，五品玄冕。宋與唐同。國朝各用本職朝服，三品以上子昏假五品服，五品以上子假七品服，六品以下子假八品服。又曰：品儀無官者用假服。又庶人昏儀，假幞頭、公服，或皂衫衣、折上巾。又曰：壻服常服，或假九品服。婦服，花釵、大袖。"（26/398）

(6)《家禮或問》："芝山曰：'士而命服，攝盛也。'今則兩班皆假一品冠服，庶人弟著笠子，雖公私賤亦或有濫著帽帶、團領者，亦足以觀世變也。"（29/558）

(7)《疑禮通考》："親迎之具：帽、帶、黑團領。"（34/301）

(8)《禮書劄記》："按，《家禮》只言盛服，不言服名，不過是常時祠堂所著耶？不明指爲大夫之服，未詳。"（36/579）

(9)《四禮便覽》："諸具（壻盛服）：紗帽、團領、品帶、黑靴（並國俗用此）。"（40/90）

(10)《家禮集考》："愚按，此書之言盛服，據參禮，則士當以衫幞，而朱子他時之論如此，當以此爲正……愚按，此近於古禮爵弁，而合乎程朱命服之義，當從之。今俗別製紗袍，非禮。而帶一品之犀帶，則過僭矣。"（52/328）

(11)《家禮增解》："雖士庶婿當攝盛，則此所謂盛服，恐指祠堂章有官者幞頭、公服而言也。○《三禮儀》按，攝盛當從《附注》。○尤庵曰：'婿服既曰攝盛，則當用大夫服。而若"胸背"，則存之亦可，去之亦可。'"（58/525）

(12)《九峰瞽見》："親迎之具：婿盛服，古服爵弁，纁裳緇袍，時服紗帽、章服、角帶、靴。"（63/181）又，"按，今俗婚禮不從《儀節》者，十居八九，而不以爲非禮。至於盛服條，古服之爵弁、玄冕，今無可論，一從《五禮儀》之時服。而不著紗帽、角帶，只著笠子、條兒，則不曰娶妻，而曰卜妾。笠子亦在不能備而娶妻也，然則古服之爵弁、玄冕不能備而娶妻，則亦云'卜妾'耶？著笠子而娶亦在，時王之制耳"。（63/196）

(13)《二禮鈔》："古禮婿服爵弁、纁裳、緇袍……東俗婿服紗帽、緋袍、犀帶（一品服）。"（69/640）

(14)《禮疑問答·四禮辨疑》："男子冠昏衣服，道袍則用苧布（或麻布），而中赤幕（古無此名，而今俗稱）、袍襖（似今小敞衣）、袴襪之屬，皆用綿布。赤古里（今俗稱衣）、汗衫則或用紬。而並以綿布無妨。赤衫、單袴之婚時必用麻布者，暑月猶可以。而寒則義不必循俗。幅巾用黑色紗繒爲可，以紬染皂亦可。星州三從祖，每以皂色紬，作揮項及笠纓，常時恆著。可見家規之尚儉矣。"（79/147）又，"壻服飾，既從攝盛，用大夫之服，則雖崇品貂犀之具，不必爲拘，而未易求得，則用黑團領、烏角帶。亦不妨"。（79/149）

（15）《士儀》："男氏昏具：牋紙、盛服（使者所著，從俗從便）……紗帽、團領、品帶、黑靴（並用大夫之禮，攝盛也）、馬具鞍。"（80/240）

（16）《居家雜服考》："或曰今俗婚假時，壻服紫袍、犀帶是國制，大君王子服也……所謂攝盛者，獨士婚禮壻乘墨車，鄭氏以爲大夫之車也，其他冠服只是攝己之盛服，於己之私事也。曾非攝尊者、貴者之服也。紫袍、紅衫既非古之禮服，則己不足欽羨而效爲之矣。又況國制既盛極貴之品服，則士庶人何敢僭用不稱之制乎？又況婚姻之禮辭無不腆無辱（不爲虛謙），摯不用死，皮帛必可製者（必可製爲衣物），貴質直而教婦以誠信也。夫衣服者，稱己身而爲之制也，安有出錢賞服，暫時假飾，如登場戲子，做像衣冠之爲，而謂之禮也者乎？"（85/321—322）

（17）《家禮補疑》："親迎之具：帽、帶、黑團領。"（91/297）

（18）《禮疑續輯》："壻服飾：本庵曰：'《五禮儀》有職者不拘時散……條兒（《五禮儀》言止此），此近於古禮爵弁，而合乎程朱命服之意，當從之。今俗別製紗袍非禮，而帶一品之犀帶，則過僭矣（《類輯續編》）。'"（93/87）

（19）《廣禮覽》："昏禮諸具：○章服（或出貰或新製）、紗帽（裌角具）、耳掩（貂皮，自十月初一日至正月晦日用之）、犀帶、黑靴、青扇、黃囊（黃豆赤豆八核綿花衣香）、紫紬氅衣（即夾子內拱白紬）、綠絛、白馬。"（94/589）

（20）《四禮節略》："男婚具：……黑衣（七）、朱笠（貝纓具）、緇揮項、團領（胸背具）、黑靴、紫廣帶、侍陪、紗帽（裌角具）、貂耳掩、紫紗團領、紫敞衣（或紫戰服）、犀帶、黑靴、青

扇、白馬、鞍（白木左牽具）、雁（袱、金剪紙、紅絲、白紙具）、雨傘。"（97/209）

（21）《四禮集儀》："初昏，婿盛服（命服），紗帽、團領、品帶、黑靴（《便覽》）。"（101/94）

（22）《四禮要選》："婚禮時具：（婿服）紗帽、團領、品帶、黑靴。"（111/561）

（23）《四禮儀》："婿盛服（國俗用紗帽、團領、品帶、黑靴）。"（112/51）

（24）《四禮撮要》："男昏具：……黑衣（七）、朱笠（纓具）、團領、紫廣帶、黑靴、紗帽、色扇、馬（白木左牽鞍具）、雁（色繒所以交絡雁者）。"（115/49）

（25）《四禮要覽》："初昏，婿盛服。○《大全》用命服。○紗帽、團領、品帶、黑靴（並國俗用此）。"（117/153）

（26）《四禮儀》："《附注》：'用命服。'○《五禮儀》：'有職者公服，文武子孫生員紗帽、角帶，庶人笠子、條兒。'按，《儀禮》注：'士乘墨車，攝盛。'當從《附注》。"（120/25）

按：《家禮》祇言婿盛服，而不言服名，楊復《附注》引朱子說，婚禮盛服應從古禮，攝盛用大夫之命服。《儀禮·士昏禮》："主人爵弁、纁裳、緇袘，從者皆玄端。"鄭玄注："爵弁而纁裳，玄冕之次。大夫以上親迎冕服。"婚禮中士庶禮服，應頭戴無旒、用葛布或絲帛所作、赤而微黑色的爵弁；身穿黑色上衣、淺絳色的絲裳；著黑色的大帶。此外，或謂"盛服"即祠堂章"正至朔望參"下所舉的幞頭、公服、帶、靴等，即朱子所在宋世之服，李衡祥《家禮便考》中對宋明時新郎禮服闡述較詳。綜之，若新婿爲品官，可用本品官服，若爲品官子孫或庶人，亦許假借公服以示尊隆。如《宋史·士庶人婚禮》："三舍生及品官子孫假九品服，餘並皂衫衣、折上巾（即幞頭）。"又，《宋史·輿服志》云："淳熙中，朱熹又定祭祀冠婚之服，特頒行之，凡士大夫家祭祀冠婚則具盛服，有官者幞頭、帶、靴、笏，進士則幞頭、襴衫、帶，處士則幞頭、皂衫、帶，無官者通用帽子、衫、帶。又不能具，則或深衣或涼衫。"[1] 明時新郎禮服與宋時大體相承，可服常服或是假九品公服，如《大明會典》云："品官子孫假九品服，餘皂衫、折上巾。"

《家禮》爲宋時之論，與東人習制不符，雖有好禮之家秉承朱子説，然却並不依朱説製服，不若從李朝國制或俗尚服飾而用之。對於半島新婿盛服，衆學者多有論説，主要有以下幾種模式：其一，國家禮典所著，《國朝五禮儀‧嘉禮‧宗親文武官一品以下昏禮》載："婿盛服：有職者，不拘時散，公服。文武兩班子孫與及第生員，紗帽、角帶。庶人，笠子、絛兒。其不得備紗帽、角帶者，笠子、絛兒亦可。衣服皆用綿紬、木綿。"《九峰謷見》《三禮儀》《家禮輯説》《四禮汰記》等禮著皆以《五禮儀》爲宗。《五禮儀》將新婿盛服依身份等級分爲三類：職官、兩班、庶人。就公服制度來説，高麗禑王（1365—1389 年）革除胡服、襲承明制，1387 年 6 月開始嚴格實施"冠服通制"，其中包括一品至九品官員的朝、祭、公服。據《高麗史》載："十三年六月，始革胡服。依大明制，自一品至九品，皆服紗帽、團領，其品帶有差。"[2] 而李氏朝鮮的"百官服飾制度"制定於世宗八年（1426 年），睿宗時又集大成於《經國大典》中，朝鮮公服基本與高麗時期類同，由紗帽、團領、胸背（即"補子"，服飾前胸後背處依品級綴有飛禽走獸圖像的徽識）、品帶等組成。文武兩班及生員所服與品官服飾亦通，著紗帽、角帶（皮革混合絲綢布帛包裹而成），庶人百姓則服以常見材料製成的笠子和絲帶。在製衣布料上，半島主要所用爲粗綢和絲綿。其二，以鄭逑、李縡、許傳爲代表的禮學大家對東國俗用盛服的探討。《寒岡先生四禮問答彙類》中鄭逑認爲俗用"黑團領、紗帽"；《四禮便覽》李縡認爲婿盛服爲"紗帽、團領、品帶、黑靴"，許傳《士儀》、洪在寬

---

[1] 脱脱等：《宋史》卷 115《志第六八‧禮十八》，中華書局 2000 年版，第 1845 頁；《宋史》卷 153《志第一〇六‧輿服五》，第 2391—2392 頁。

[2] ［韓］鄭麒趾：《高麗史》卷 72《志》卷第 26《輿服一》"冠服"條，首爾大學奎章閣藏本。

《四禮要選》、鄭琦《四禮儀》、具述書《四禮要覽》皆同李縡所舉。學者之討論大體與《五禮儀》暗合，不同處僅在於《五禮儀》按照等級差別區分婚服，而學者則統一將品官紗帽、團領、品帶、黑靴作爲士庶通用的婚禮男子時服。此外，據《朝鮮王朝實錄》記載，自太祖至英祖朝，庶民服色中有紅、紫的禁制。一來紫緋二色作爲染料極爲珍貴，二來紅、紫是統治階層專用的顏色。然而丁若鏞《二禮鈔》"嘉禮酌儀"中云："東俗婿服紗帽、緋袍、犀帶。"朴珪壽《居家雜服考》及都漢基《四禮節略》有婿服"紫袍""紫紗團領"的記錄。可見雖有國法禁令，習俗却難以遽變。

3. 壻出，乘馬。（簡稱"婿乘馬"）

親迎當日，男方家人夙興始，擺設室隅所需物具。主人告拜祠堂先祖，行"醮子"禮，男子跪聽訓誡，禮畢，帶領從者往迎新婦。

【馬】（【墨車】並論）

楊復《附注》："先生曰：'昏禮用命服乃是古禮，如士乘墨車而執雁，皆大夫之禮也。冠帶只是燕服，非所以重正昏禮，不若從古之爲正。'黃氏瑞節曰：'士昏禮謂之攝盛，蓋以士而服大夫之服，乘大夫之車，則當執大夫之贄也。'"

《叢書》：（1）《家禮考證》："墨車，《禮》：'主人乘墨車。'注：'婿爲婦主，故曰主人。墨車，漆車。士而乘墨車，攝盛也。'疏：'《周禮·巾車》大夫乘墨車，士乘棧車。注：墨車革鞔而漆之，棧車但漆而已。'"（4/297）

（2）《家禮輯解》："朱子曰：'古人親迎必乘馬。'"（25/251）

（3）《家禮便考》："《通典》乘墨車，伊川《昏儀》、朱子《趙壻儀》①、《大明集禮》、《丘儀》、《五禮儀》皆乘馬，《五禮儀》曰：'主人使其屬送之。'"（26/406）

---

① 《趙壻儀》即朱子《文集》卷69所收《趙婿親迎禮大略》，"趙"即"趙師夏"，爲朱子門人，亦爲朱子長孫女婿。

(4)《家禮或問》:"《儀禮》、《通典》、唐制皆乘墨車,而伊川《昏儀》、朱子《趙壻儀》、《大明集禮》、《丘儀》、《五禮儀》皆曰乘馬,何歟?……《通典》:'後漢立輅併馬。唐三品以上革車(輅),四五品木輅,五品非京官乘青通幰犢車,六品以下青編(偏)幰犢車。從者公服,乘車。'宋與唐同,大明乘馬,我東元不用車,自當乘馬。"(29/563)

(5)《疑禮通考》:"乘墨車。《周禮·宗伯》:'服車五乘,孤乘夏篆,卿乘夏縵,大夫乘墨車,士乘棧車,庶人乘役車。'注:'墨車不畫也。'○《士昏禮》:'乘墨車,從車二乘。'注:'墨車,漆車。士而乘墨車,攝盛也。'"(34/253)又,"親迎之具:墨車,國俗不用車,當以鞍馬代之。"(34/301)

(6)《四禮便覽》:"諸具(壻乘車):執雁者、生雁……馬(鞍具)、燭籠四、炬。"(40/94)

(7)《九峰瞽見》:"親迎之具氈褥、帳、幔、帷……馬具鞍、交床、鞍籠。"(63/181)

(8)《士儀》:"男氏昏具:牋紙、盛服……馬具鞍。"(80/240)

(9)《家禮補疑》:"親迎之具:帽、帶、黑團領、墨車、雁、女從者。"(91/297)

(10)《廣禮覽》:"昏禮諸具:章服、紗帽……白馬(軍門行下)左牽。"(94/589)

(11)《四禮節略》:"男婚具:……白馬、鞍(白木左牽具)、雁(袱、金剪紙、紅絲、白紙具)、雨傘。"(97/209)

(12)《四禮撮要》:"男昏具:昏書紙、函、玄纁……馬(白木左牽鞍具)、雁(色繒所以交絡雁者)。"(115/49)

(13)《四禮要覽》:"諸具,執雁者(納幣時擔幣者)、生雁(壻執以爲贄者。○《家禮本注》:'以生色繒交絡之,無則刻木爲之。')、袱(用以裏雁者)、馬(鞍具)、燭籠四、炬。"(117/153)

按:古禮等級差別森嚴,不可輕易僭越,否則被視作犯上。然其特殊處在於"攝盛"習俗,尤其在婚禮中,爲求體面風光、彰顯貴盛，男女車服常越等代用，新婿盛服、新婦盛飾、奠雁以及乘車，都有打破禮制界限"攝盛"之舉。在周禮的體系中，公務車根據乘坐人員職爵的高低，質材及裝飾規格各異，《周禮·春官·巾車》："服車五乘：孤乘夏篆，卿乘夏縵，大夫乘墨車，士乘棧車，庶人乘役車。"可見，墨車爲大夫日常所乘，鄭玄注云"墨車不畫也"，孫詒讓《正義》云"車輿黑漆之，轂則徒漆，無刻文又無畫文也"。所謂墨車（見圖4—18），即整車漆以黑色，無刻畫的圖紋；車廂處以革爲飾。士人平時所乘的車爲"棧車"，即用竹木編製車身，外部不包裹皮革之飾，漆之，雖輕便却易坏壞。《儀禮·士昏禮》："主人爵弁，纁裳緇袘，從者畢玄端。乘墨車，從車二乘，執燭前馬。婦車亦如之，有裧。"

圖4—18 墨車圖
(1. 摘自《周禮文物大全圖》；2. 李朝墨車圖《家禮補闕》109/232)

舊時男女婚禮，士可以憑攝盛之俗，暫時提升一等車服常制，假大夫之墨車前往女家，這一制度一直延續至唐。入宋後，婚禮雜俗興起，親迎時由古禮的婿婦皆用馬車，改爲新娘乘轎、新郎騎馬，而《家禮》"乘馬"既是秉承司馬氏《書儀》内容，亦是宋時婚俗的客觀反映。親迎男子騎馬之規，一直延續至明清，甚至傳播到半島文化圈，《國朝五禮儀·嘉禮·宗親文武官一品以下昏禮》亦同《家禮》"婿乘馬"。《叢書》中除《家禮補闕》沿用古禮用"墨車"外，《家禮或問》《疑禮通考》《四禮便覽》《士儀》《四禮要覽》等禮書，皆闡明了李朝婚俗不用車，以備好的鞍馬作爲新郎迎親工具的習俗。

4. 遂醮其女而命之。(簡稱"醮女")

【姆】

《家禮》朱子本注："女盛飾，姆相之，立於室外，南向……姆導女出於母左。"又，《家禮》正文："姆奉女出，登車。"

《叢書》：(1)《家禮考證》："《禮》注：'婦人年五十無子，出而不復嫁，能以婦道教人者，若今時乳母。'疏：'七出之中餘六出，是無德行不堪教人。故無子出，能以婦道教人者，以爲姆。既教女，因從女向夫家也。'《喪服》：'大夫子有三母，子師、慈母、保母。其慈母闕，乃令有乳者養子，謂之爲乳母，死爲之服緦麻。師教之，乳母直養之而已。漢時乳母則選德行有乳者爲之，並使教子，故引以證姆也。'司馬公曰：'乳母必擇良家婦人稍温謹者，乳母不良，非惟敗亂家法，兼令所飼之子性行類之。'"(4/301—302)

(2)《家禮輯解》："陳氏曰：'姆，女師也。'"(25/246)

(3)《疑禮通考》："姆導女。《禮》：'姆宵衣在右。'注：'婦人年五十無子，出而不復嫁，能以婦道教人者，若今時乳母。姆亦玄衣在女右，當詔以婦。'《禮》疏：'漢時乳母則選德行有乳者爲之，並使教子，故引之爲證也。'姆在女右者，《少儀》云：'詔辭自右，地道尊右之義也。'"(34/255)

(4)《四禮便覽》："諸具(醮女)：姆，即女師，若今乳母，以背子、長衣之類爲其盛服，用玄色。"(40/98)

(5)《家禮集考》："《士昏禮》曰：'姆纚、笄、宵衣在其右……宵，讀爲綃。姆亦玄衣，以綃爲領。姆在女右，當詔以婦禮。女從者，姪娣也。'○《書儀》注曰：'姆以乳母或老女僕爲之。'愚按，姆不言服，自《書儀》，而此書又略其在右之儀矣。其從者，後世雖無姪娣，亦有婢侍，故《開元》若《書儀》，皆云：'而此書亦略其文也。'《五禮儀》言主人使其屬送之。"(52/340)

(6)《九峰瞽見》："又按，《丘儀》擇乳母或老女僕一人爲姆。是日，女盛飾，姆相之，立於室外。又擇侍女一人爲贊。○姆，《儀

第四章 朝鮮時代"婚禮"所涉"諸具"疏證 355

禮圖》作母,《家禮》本文從女。"(63/210)

(7)《居家雜服考》:"按,今俗嫁女則先招首母,首母者,工於粧抹首面,且有首飾衣服與人貰用,故謂之首母。今年俗謬認爲《士婚禮》之姆者,非也。"(85/319)

(8)《四禮集儀》:"姆(《儀禮》;乳母,《儀注》;或老女僕,《書儀》)在其右,奉女立於室户外,南向。"(101/96)

(9)《四禮要選》:"昏禮時具:使者、從者……醮女姆(女師)。"(111/561)

(10)《四禮儀》:"姆(擇乳母、老女僕爲之)相之,立於室外,南向。"(112/54)

(11)《四禮要覽》:"諸具(醮女):姆,姆即女師,若今乳母。"(117/154)

(12)《四禮儀》:"姆,《儀節》擇乳母或老女僕。"(120/27)

按:親迎中新娘的身旁右側,有一個值得注意的人物,即"姆",其職責是輔助新娘婚儀中行婦禮,使之不出差忒。《説文》:"姆,女師。"在女子未嫁之前,"姆"除了教授少女家務常識,更重要的是教導少女德、言、容、功。此外,《士昏禮》鄭玄注:"婦人年五十無子,出而不復嫁,能以婦道教人者,若今時乳母矣。"鄭注表明作爲"姆"的條件是年長且賢淑有德行,一般是由女子的乳母擔任。女師和乳母的相似性在於訓誡教育未出閣的女子遵守婦道。聞一多《詩經通義》:"女師之職,略同奴婢,特以其年事長而明於婦道,故尊之曰師,親之曰姆(母)耳。"① 在《士昏禮》中還規定了姆所穿的服裝規格爲"宵衣",即黑色的絲帛服;其位置在"女右"。司馬光《書儀》略去了姆應服的著裝,增加了可以作爲"姆"的人物,即"以乳母或老女僕爲之","老女僕"亦可充當姆的角色。《書儀》中對於"姆"的闡釋並未被《家

---

① 聞一多:《詩經通義》,朱自清、郭沫若編輯《聞一多全集》第2册,開明書店1948年版,第111頁。

禮》承續，《家禮》文略，故而對於姆服、位置、人員條件皆未論及，然而其後的丘濬《儀節》則沿用《書儀》的論述，姆即"乳母""老女僕"。

朝鮮婚禮中"姆"的身份限定與中國大體相同，《四禮便覽》論述最詳，《四禮要選》《四禮儀》中亦有略說。可知"姆"的職責即女師，其身份有乳母、女僕構成；其服循俗，身著黑色的背子、長衣（即女子出門時裹頭掩面、其長曳地之衣）。而朴珪壽《居家雜服考》則糾正了世俗認爲"首母"即"姆"的錯誤認識，"首母"（슈모）即粧婆，首母爲俗稱，她負責婚禮時新娘的梳妝打扮以及衣服穿戴，並非有教導之責的"姆"。

【盛飾】

《家禮》朱子本注："女盛飾，姆相之，立於室外，南向……母送至西階上，爲之整冠斂帔命之曰：勉之敬之，夙夜無違爾閨門之禮。"

《叢書》：（1）《家禮考證》："《禮》：'母施衿結帨。'程子曰：'今謂之整冠飾。'帔，裙也。胡德輝《蒼梧雜志》婦人禮服有橫帔、直帔者，是陳魏之間謂裙爲帔。"（4/303）

（2）《家禮輯覽》："《士昏禮》：'女次，純衣纁袡，立於房中，南面。'注：'次，首飾也，今時髢也。《周禮·追師》掌爲副、編、次。純衣，絲衣。女從者畢袗玄，則此衣亦玄矣。袡，亦緣也。袡之言任也，以纁緣其衣，象陰氣上任也。'"（5/124）又，"《韻會》：'帔，披義切，君帔也。'《事物紀原》：'三代無帔，秦有披帛，以縑帛爲之；漢即以羅；晉永嘉中，制絳暈帔子；開元中，令三妃以下通服之。是披帛始於秦，帔始於晉矣。今代帔有二等，霞帔非恩不得服，爲婦人之命服，而直帔通用於民間也。唐制，士庶子女在室搭披帛，出適披帔子，以別出處之義，今士族亦有循用者'"。（5/126）

（3）《疑禮問解》："帔制，諸家說與《詩》注不同，更詳之。

○《會通》納幣章曰：'一品以下霞帔，庶民藍、青、素、霞帔。'○《淳于棼傳》云：'冠翠鳳冠，衣金露帔。'○《詩》：'帔之僮僮。'注：'首飾也。'○韓愈氏曰：'著冠帔。'"（6/100）

（4）《家禮附贅》："帔狀如大帶，自項繞肩垂前當胸，有繫相著，長與裙齊。《事物紀原》曰：'帔有二等，女子在室搭帔帛，出適披帔子以別之。霞帔非恩賜不服，爲婦人之命服，而直帔通用於民間耳。'"（8/297）

（5）《明齋先生疑禮問答》："問：'華冠、袡衣，婦人冠服，見於參禮條者詳矣。昏禮亦曰冠帔，亦曰裙衫，因此推之，可知其概。蓋婦若從婿攝盛，似當用假髻、大衣、長裙，然《儀》《家》二禮並無其文，則恐用冠子、背子，或冠子、大衣、長裙爲當。背子既曰本國蒙頭衣，大袖既曰本國長衫，則其制不難知矣⋯⋯今罷此制，而用華冠、袡衣，恐甚不然。何者？婦人冠子起於後代，而純衣纁袡乃周制也，既非《儀禮》，又非《家禮》，一今一古，揍合而成之，亦不及於牢床之用特豚黍稷，雖乖於今，猶全於古也。此事恐當更詳而歸正如何。○俗服亦難深斥，蓋其制似本於大衣、長裙，而首飾亦本國歷朝所用故也，但因此益肆妖奢之習，是則不可不痛斥耳（朴持平世采）。'答：'來教所謂非《儀》非《家》，一今一古揍合而成之者，則是也。然《儀禮》之所謂次，《家禮》之所謂大衣、長裙，既未詳其制，而國俗之辮髮爲首飾，實近胡風。紅色爲長衫亦非雅服，故意不如此服之謹嚴而近古也。昨蒙面命有用冠之意，若首用冠，而衣用大袖、長裙，則爲合於《家禮》而無揍合之弊矣。然大袖、長裙之真制，既不可得，而只用上衣下裳而已，則或無近於太簡耶。以爲太簡而或未免用今之紅衫，則其揍合今古，反不如用古之用法式耶。此事一流於俗，則自不覺入於妖奢之習矣，更望深省。'"（16/149—150）

（6）《南溪先生禮説》："女飾當以時服爲主。所謂時服者，似是出於宋時大衣、長裙之制，其首飾亦古副、編、次之遺意。但俗姆誤爲跪狀，不可猝變，是可嘆也。向來前輩以花冠、純衣纁袡行

之，雖有所據，亦未必合於《家禮》，斟酌古今之意，未知孰勝也。"（21/226）

（7）《三禮儀》："《五禮儀》：'衣服用綿紬、木綿。'按，盛飾當用時服。"（23/521）

（8）《家禮或問》："本注女盛服，盛服何服歟？……疏：'不言裳者，以婦人服不殊裳也。'《內司服》注云：'婦人尚專一，德無所兼，連衣裳不異其色是也。褖衣是士妻助祭之服，尋常不用繡爲袡，今用之，故云盛。婚禮爲此服，王后以下初嫁皆有袡也。'《通典》曰：'《儀禮》純衣繡袡。唐花釵、翟衣，一品花釵九樹九等。二品八樹八等，三品七樹七等……六品以下花釵大袖之服，品官子娶婦花釵、大袖、采與唐同。大明花釵、翟衣各隨夫之本品，三品以上子假五品服，五品以上假七品服，六品以下假八品服。'《五禮儀》衣服用綿紬木棉。今俗舉頭美紅長衫，無者於汝美唐衣，或用花冠。姪娣亦與從者同服。"（29/565—566）又，"母送之西階，爲之整冠斂帔，帔者何物歟？……諸説之不同如此，雖未知的是何物，程子曰今謂之整冠斂帔則裙也，退溪曰婦人首飾，當從程訓爲是"。（29/567）

（9）《禮書劄記》："《經禮》假髻、大袖、長裙果如今俗所用乎？注：有整冠之文，當用冠。"（36/580）

（10）《四禮便覽》："古者昏用袡衣，玄衣而繡緣，義有所取，今俗用紅長衫甚無謂，好禮之家當製用袡衣，以爲變俗復古之漸矣。"（40/98）又，"諸具（醮女）：姆、贊者、席、冠（尤庵曰：'注有整冠斂帔之文，當用冠。'）、袡衣（色玄，連衣裳不異色，用綾綺之屬爲之，以素紗爲裏，以繡緣衣下，袂長二尺二寸，袂口一尺二寸，指尺，一名純衣。○按，歷考禮書，袡衣、宵衣、褖衣同是一衣，而其制可據者，不過玄衣不殊裳，以素紗爲裏，袂長二尺二寸，袂口一尺二寸，而袡則有繡緣爲異耳。尤庵有兩説，一則以爲袡制未能考，欲用古制，則連上衣下裳而緣之以紅。一則以爲袡亦是深衣，而但緣用紅色爲異，今亦未敢信其必然……蓋婦人質略，尚專一，德無所兼，故古者婦人服，必連衣裳不異色。至秦始皇，方令短作衫，衣裙之分自秦始也。今世之短衣長裳，即莫嗣所謂服妖者。《家禮》以大衣、長裙爲盛服，朱子既因時制而從之，則賢於今服遠矣，而猶失尚專一之義。又起隋唐之世，則不可謂先王之法服矣。故此編於喪禮女人襲衣，有所論説。舉似褖衣而猶以深衣爲首者，以褖衣制度之分明可據，不如深衣，故不得已爲從先進之論也。茲著新制於下，覽者詳之。○玄衣素裏，衣身用黑絹二幅，中屈下垂，通衣裳長可曳地，綴内外衿，亦通衣裳而衣身通廣，令可容當人之身，衣身兩邊接袖處，度二尺二寸爲袖，斜入裁破，腋下一尺，留一尺二寸爲袼，袼下兩邊並前後幅及初衿旁，皆反摺直下翦去之。又用三幅長可自袼，下至衣末，交解裁之爲六幅，一頭尖一頭闊，尖頭向上闊頭向下，二綴於左旁袼下一尺之下，二綴於右邊亦如之。二各綴一於内外兩衿旁亦如之。並衣身下垂者前後合四幅，内外衿下垂者二幅，則爲裳十二幅，聯之而平其下齊，領則如俗所謂唐領者以綴之。袖各用一幅長四尺四寸許，中屈爲二尺二寸許，綴於衣身兩旁。縫合其下爲袂，而袂端不圓，袂口一尺二寸，縫合袂口下一尺。大夫妻，袂長三尺三寸，袂口一尺八寸)、帶（用錦爲之，制如男子之帶，廣二寸許。○尤庵曰：'帶亦如深衣之帶，而以紅緣其紳之旁及下。')、帔（用色縑爲之，其制對衿無袖開旁，長與裙齊，旁及裔末皆有緣，如蒙頭衣、無袖背子之類。中國婦人加於衣上，謂之霞帔，爲命婦服)、裙（即裳，在衫下者)、衫子（用以承上衣者，見上冠禮笄序立條）"。（40/98—101）

（11）《星湖先生家禮疾書》："今俗純衣、纁色、廣袖、長裾謂之紅衫，其制固不違於不殊衣裳之文，而與玄衣纁衻者不合，然成俗既久，不可猝變……帔狀如大帶，自項繞肩垂前當腦，有繫相著，長與裙齊，秦有披帛，晉有帔子，爲在室適人之別。"（41/106—107）

（12）《星湖禮式》："女之盛飾亦不得已用裝婆俗樣，蓋其首飾用假髻，衣用紅錦、長裾、廣袖。按，《周禮》：'追師爲副編次。'

注云:'副,覆首爲飾,若今步揺。編,編列髮爲之,若今假髻髢也。'假髻《家禮》所許,隨便用之無妨。《士婚禮》疏云:'婦人衣裳不異其色。'今之紅錦長衫,雖與玄裳纁袡差别,循俗用之亦可。然窮鄉難辨,雖不備無妨。"(41/434—435)

(13)《家禮集考》:"《文獻通考》大袖連裳,見通禮參。《開元禮》曰:'六品以下女花釵、大袖之服,庶人連裳服。'愚按,《家禮》於參既以假髻、大衣爲盛服,而此止言盛飾,至戒女有整冠斂帔,則是用冠子、背子而盛珠翠之飾而已……今制婿用公服,而婦無定制,俗用卷髻、紅長衫,卷髻有髲之遺意,若又用參禮,官尊者妻之大袂連裳服,則庶合於士昏次純衣之義矣。或用袡,則於婿服《五禮儀》之帽帶爲不相稱耳。"(52/339)

(14)《近齋禮説》:"笄禮淡黄帔之帔,諸家説不同,或謂之裙,或謂之被。被,首飾,如《詩》云'被之僮僮'是也。以《會通》所載一品以下霞帔,庶民藍、青、素、霞帔觀之,又似衣服,非徒婦人所著。沙溪於此亦未的斷,當更詳之(答洪直弼)。"(57/191)

(15)《家禮增解》:"按,或曰國俗之辮髮爲首飾,實近胡風。紅長衫亦非雅服,意不如花冠、袡衣之謹嚴而近古。若首用冠,而衣用大袖、長裙則爲合於《家禮》。然大袖、長裙既未詳其制,只用上衣下裳而已,則無或近於太簡。○愚按,纁袡者,取陰氣上任之義,與婿服緇袘陽氣下施之義相應矣。然則必婿服緇袘,然後方可婦服纁袡矣。不然而徒用纁袡,恐未免爲半上落下之歸矣。南溪所謂冠子、大衣、長裙恐爲定論。"(58/534) 又,"《儀節》命婦珠冠、背子、霞帔。○《家禮》忌祭婦人有白大衣、淡黄帔之文,帔與大衣相對,則大衣即大袖,黄帔即黄長裙也。《書儀》時祭婦人盛服亦云大袖、裙帔,則帔之爲裙明矣。然此條下文有裙衫之文,一物而或曰帔或曰裙可疑,然畢竟是一物"(58/537)

(16)《九峰瞽見》:"親迎之具:女盛服古服次、副笄、純衣纁袡;漢服芙蓉冠;唐服步揺,插翠釵,裙襦、大袖;隋服仙裙、大衣、背子。時服冠帔、華冠、帶。"（63/181）又，"古禮婦人有冠，東俗婦人無冠，士大夫家婚姻，或用花冠或用簇頭於右，古有據否"。（63/212）又，"今制婿用公服，則婦亦用卷髻、紅章服恐無妨。○尤庵曰：'袡之別於他服者，其重在於紅緣矣，欲從古制則連上衣下裳而緣之以紅。'"（63/209）

（17）《禮疑劄記》："親迎婦盛飾：婦盛飾，即參禮之婦人盛服，假髻、大衣、長裙。在室者冠子、背子。及中門內整裙衫之類，只云盛飾，蓋宋時盛服而殊未分曉。蓋《家禮》大袖即《備要》之圓衫，則對襟、後長前短，又於袖端以彩帛施數層，謂之燕香袖，詭異不經，而不可用於行禮之禮服。今嫁時緣衣即袡衣，爲正服，而其制亦歷考禮書，袡衣、宵衣、緣衣同是一衣，而其制之可據者，不過玄衣不殊裳，以素紗爲裏，袂長二尺二寸，袂口尺二寸，而袡則但有纁緣爲異耳。"（70/88）

（18）《禮疑問答·四禮辨疑》："女子婚嫁衣服，亦皆用綿布，惟赤古里或用色紬。裳則以綿木染青紅無妨。"（79/147）又，"婦服飾。則《家禮》假髻、大衣、長裙，殊未分曉。或云假髻如《周禮》副編次，大衣長裙如本國背子長衫，而猶難詳考。今之首飾，似是古副編次之意，而形容太繁詭，未知其果合古制。亦非鄉居窮巷之所可猝求。則冠子代以簇頭或華冠，長衫則代以唐衣或圓衫亦宜"。（79/150）又，"古者婦人不冠，以簪固髻而已。故笄禮之儀，亦不過梳髮作髻而插簪。自漢唐以來，始有鳳冠、花冠之說，而未詳其制，近世則各家異用。故自舅家行冠禮於于歸之後，而非古笄禮之意也。吾家則婦人冠禮，分髮爲兩絞，合而略垂於頭後。而因於頭上，卷作小髻，用鐵絲楪作下層。而從後連續旋繞爲圓蓋，更立曲柱於下層，而撐其盖前稍高起。裹之以髢，戴安於頭髻，而橫插篦簪之屬，綴黑色綃緞於後而垂尺餘。撐前之處，或飾以石雄黃玉版等物。此果做於何制，做於何時，而今則行之已久，因成家規矣。然笄者，簪也。非冠也，通稱曰笄，似無意義。曾無冠名指定，可訝"。（79/152—153）

（19）《士儀》："袡衣圖。婦人嫁時盛服也，制同深衣而用玄爲衣裳，用絳爲緣，帶則以白絹爲之，緣以絳。襐衣圖。制統於袡衣而但衣裳用黑絹，其裏用白絹，緣用纁，其帶亦如深衣帶而緣以赤色。"（80/68—69）又，"嫁時盛服：帔（《事物紀原》晉制紅暈帔子，開元中令王妃以下通服，帔有二等，霞帔爲夫人命婦，直帔通於民間。○宋孝宗朝有司進眞紅大袖、紅羅裙、紅霞帔、褙子，用紅羅衫子用紅紗）、冠笄（《事物記原》皇帝制爲冠冕，而婦人首飾無文，至周始有副笄而已。○《補注》婦人不冠，以簪固髻而已）。"（80/243）又，"首飾用假髻，上服用袡衣，無則從便循俗可也"。（80/265）

（20）《居家雜服考》："或曰今俗婚假時，婿服紫袍、犀帶是國制，大君王子服也。婦服假髻、紅衫，是大君王子妻外命婦一品服也。婚禮攝盛，古禮則然，故今之士庶亦皆攝盛而用此服，固非悖於義也……紫袍、紅衫既非古之禮服，則已不足欽羨而效爲之矣。"（85/321）又，"其衣今人皆謂圓衫是婦人禮服，其制綠色爲之，長襟廣袖，兩骻缺開，袖端以紅白黃各寸許相次爲緣，未知起自何時，於禮無據。陶庵李先生（文正公諱縡）《四禮便覽》所謂圓衫對襟，後長前短，又於袖端以衫帛施數層，謂之燕香袖，詭異不經，若去燕香袖，前後無長短得與裙齊，則爲有袖背子"。（85/324）

（21）《禮疑續輯》："婦服飾。竹庵曰：'所謂紅長衫即古禮純衣纁袡之遺意，而失其制。青質紅緣之說，載《尤庵集》中。今雖不能備此儀，若以圓衫、紅裙代純衣纁袡而用之，則此諸紅長衫之不經亦似有間。首飾用今所用大首或圍髢，俱無不可。見舅姑時，則古用纚笄宵衣，今之簇頭里、鳳釵、唐衣即其遺意（《類輯續編》）。'○按，我國婚禮婦服色非俗制，則元制不可謂之法服，愚意用深衣則大善，其次袡衣亦可，無已則《家禮》所載大衣、長裙猶賢於今制也。"（93/88）

（22）《四禮輯要》帔。按，《蒼梧雜誌》以裙爲被，而《家禮》此下有整裙衫之文，蓋其制上如背子，下如長裙裳，以覆髮中以蔽面，下以避塵，故其衣巾從皮。《詩》所謂'被之祁祁'，髮上

之覆，而《雜誌》所謂橫帔，《儀節》霞帔即所謂直帔歟。"（95/295）

（23）《四禮節略》："女婚具：命服首飾（從俗。○或圓衫、大帶、唐衣、花冠、花簪）、紅裳。"（97/210）

（24）《四禮集儀》："女盛飾，玄衣、纁袡（《儀禮》），花冠、錦帶（《便覽》）。"（101/96）

（25）《四禮汰記》："女盛飾，纁袡（袡衣之制見上）。"（105/69）

（26）《四禮要選》："婚禮時具・醮女。帔（長與裙齊）、裙（裳在衫下者）。"（111/561）

（27）《四禮儀》："盛飾，純衣纁袡。"（112/54）又，"帔，用色繒爲之，其制對衿無袖開旁，長與裙齊，旁及裔末皆有緣，如蒙頭衣、無袖背子之類。中國婦人加於衣上謂之霓帔，爲命婦服"。（112/56）

（28）《四禮常變纂要》："女盛飾，冠子、大衣、長裙。"（113/95）

（29）《四禮撮要》："女昏具：命婦首飾，從俗，或圓衫、大帶，或唐衣、華冠、華簪。"（115/49）又，"女盛飾，華冠、袡衣，無則大衣、背子、圓衫"。（115/60）

（30）《四禮要覽》："諸具（醮女）：冠（見上冠禮筓陳服條。○尤庵曰注有整冠歛帔之文當用冠）、帔（用色縑爲之，其制對衿無袖開旁，長與裙齊，旁及裔末皆有緣，如蒙頭衣、無袖背子之類，中國婦人加於衣上謂之霞帔，爲命婦服。○或作被）。"（117/154）

（31）《四禮儀》："《五禮儀》衣服用綿紬木綿。按，盛飾當用時服。"（120/27）

按：婚禮中新娘盛飾，《叢書》引學者之論辯主要集中於穿戴服飾究竟爲何，當選李朝時服？或是從《家禮》用宋制？或是從《儀禮》用周制？《家禮輯覽》《家禮或問》引《士昏禮》中嫁女所服"女次，純衣纁袡，立於房中，南面"，其禮義爲"婦人尚專一，德無所兼，連衣裳不異其色"。古禮中新娘頭飾爲"次"，服飾爲"純衣纁袡"，純衣①又稱宵衣、褍衣、袸衣。整體而言女子頭戴眞假髮混同編織的假髮，衣著淺絳色衣緣的黑色衣服，上衣下裳相連，顏色統一不異。李縡《四禮便覽》對半島俗用的紅長衫進行了批判，並號召好禮之家復古用"袡衣"（見圖4—19），且爲袡衣的製作制定了新的規範。他認爲袡衣用黑絹二幅製成，黑色衣表、素色衣裏，以絳色緣衣下之邊，衣長曳地，袖長二尺二寸等。另外，李縡還對禮服中的"帶""帔""裙"進行了注解及闡發。如帶廣二寸許，以赤色緣邊；帔製對衿、無袖、緣邊，長和裙齊。宋時烈、許傳所謂"袡衣"的釋義大體與《四禮便覽》相同，許傳《士儀》認爲婦人嫁時盛服有假髻、袡衣、帔、帶，若袡衣難以備辦，則可循俗用紅長衫。康逵《禮疑剳記》、李應辰《禮疑續輯》認爲婦服不應從俗用時制，應采古禮用"袡衣"爲最善。朴文鎬《四禮集儀》、張錫英《四禮汰記》、鄭琦《四禮儀》中亦將"袡衣"列爲盛飾諸具。除從古禮用袡衣外，部分學者認爲應據《家禮》所述爲正服，《家禮》祠堂章參禮一節列有婦人盛服：假髻、大衣、長裙。婚禮朱子本注又有"整冠斂帔"之文，可知女子服飾有假髻、衣裙、冠帔。《明齋先生疑禮問答》引南溪朴世采說，若新婿從《家禮》用幞頭、公服，則新婦服飾亦相應從《家禮》。李宜朝《家禮增解》亦以南溪說爲定論。然而《叢書》中以《家禮》爲準繩規範婦人婚服者鮮見，其原因，一則如明齋尹拯所云大衣、長裙製式難以詳考；二則如李縡所言大衣、長裙是朱子因時所製，與婦人服色尚專一的禮義相違。

除上述部分學者采古禮或《家禮》爲新婦婚裝外，多數李朝學者以俗用時服爲準。如朴世采《三禮儀》認爲"盛飾當用時服"；

---

① 《儀禮》"純衣纁袡"，其中"純"，鄭玄注："純衣，絲衣也。餘衣皆用布，惟冕與爵弁服用絲耳。"孔穎達《禮記》疏："純衣者，謂絲衣，則玄衣纁裳也。"而清王引之《經義述聞·純衣》謂純當讀爲"黗"，指黃黑色。"純"爲衣服質料或爲顏色，諸說不一，本書從鄭、孔之說爲正。

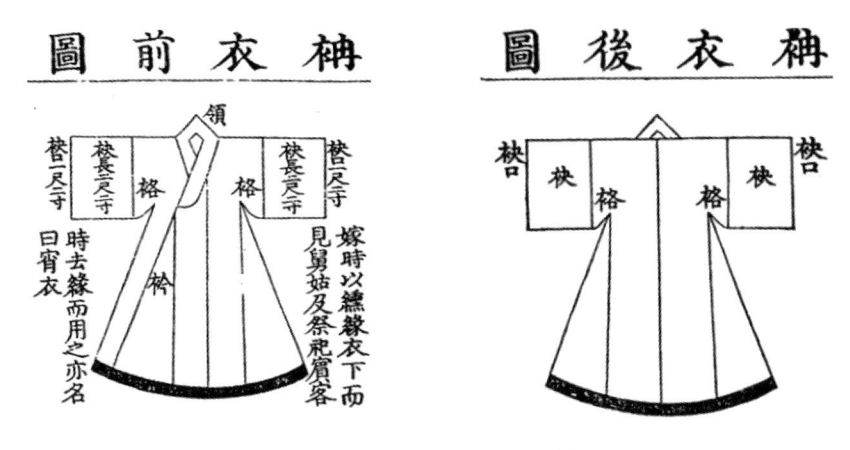

第四章　朝鮮時代"婚禮"所涉"諸具"疏證　365

圖4—19　神衣前後圖（《四禮便覽》40/122）

李衡祥《家禮或問》以"紅長衫"或"唐衣""花冠"；李瀷《星湖先生家禮疾書》以"紅衫（即紅長衫）""假髻""帔"；金鍾厚《家禮集考》以"卷髻""紅長衫"；金禹澤《九峰瞽見》以"華冠"或"簇頭（即簇頭里）""卷髻""紅章服""帔""帶"；宋來熙《禮疑問答·四禮辨疑》以"華冠"或"簇頭"、"唐衣"或"圓衫"；朴珪壽《居家雜服考》以"假髻""紅衫"。綜之，從首飾上説，《家禮》有冠、假髻，而辮髮爲假髻有胡風之遺，且東俗婦人不服冠，因此婚禮中新娘常戴"簇頭里"。"簇頭里"（족두리，見圖4—20，又稱爲"簇兜""簇冠""足道里""簇兜里""足頭里""簇頭伊"），原是古蒙古貴族婦人的頭飾，高麗時期用於貴婦禮服中，朝鮮時期新婦婚禮時佩戴。其材質多采用竹木、棉絮等輕便的材料，外面以華貴的黑色綢緞包裹，上常鑲綴有金銀圈、珊瑚珠、玉板等，其造型常見有圓柱、瓶形，通常高一尺左右。從服裝上説，新娘服圓衫、紅裙，圓衫（見圖4—21）即大袖、長衫，其式樣爲對襟，前襟長至膝蓋，後襟較前襟更長，腋下開衩，袖子寬且長，袖口根據等級身份采用不同色澤的袖邊，然後銜接有布帛作的白袖，衣身底襟稍圓，因此而得名。圓衫在顏色、紋飾、製作工藝方面有嚴格的等級差別，一般黃圓衫爲王后的禮服；紅圓衫爲王妃禮服；

而綠圓衫應用廣泛,翁主、命婦、貴族婦女、百姓大婚皆以綠圓衫爲禮服。就《叢書》來說,民間俗用常僭越穿紅長衫。就衣料材質來說,多用《五禮儀》《禮疑問答·四禮辨疑》所謂"綿紬""木綿",兩者皆爲半島土產,常見易得,可適用於多數人家。此外,曹好益《家禮考證》、李宜朝《家禮增解》以裙爲帔,其實不然。《家禮附贅》《四禮便覽》《星湖先生家禮疾書》中對"帔"有詳說,其狀如大帶,自頸部繞肩佩掛在胸前,其長與裙齊,緣邊。宋時"霞帔"是命婦昭明身份的標誌,宋後逐漸消失。在朝鮮半島,雖然眾學者對"帔"進行了解釋,然而"帔"與李朝風俗不同,因此並不採用。

圖4—20 李朝"簇頭里"(韓國國立民俗博物館藏,編號:5631)

圖4—21 李朝"圓衫"

5. 姆奉女出,登車。(簡稱"奉女登車")

【轎】

《家禮》朱子本注:"壻舉轎簾以俟,姆辭曰:未教,不足與爲禮也。女乃登車。"

《叢書》:(1)《家禮考證》:"《禮》:'壻御婦車,授綏。姆辭不受。'注：'婿御者，親而下之。綏，所以引升車者。'疏：'令婿御車，即僕人禮，僕人合授綏，姆辭不受，謙也。'○《書儀》：'今無綏，故舉簾代之。'轎，程子所謂擔子是也。《漢書·嚴助傳》：'輿轎踰嶺。'注：'薛瓚曰：轎，竹輿車，今江表作竹輿以行。'"（4/309）

（2）《家禮便考》："《士昏禮》：'婦車亦如之，有裧。'注：'亦如之者，車同等。士妻之車，夫家共之。大夫以上嫁女，則自以車送之。裧，車裳幃，《周禮》謂之容。車有容，則固有蓋。'疏：'婦車之法，自士以上至孤卿，皆與夫同，有裧爲異。至於王后及三夫人、諸侯三公夫人，皆當乘翟車，九嬪與孤妻同用夏篆，世婦與卿大夫妻同用夏縵，女御與士妻同用墨車也。'《大明集禮》：'車輅。《儀禮》墨車有裧，後漢立輻併馬，唐制三品以上革車，四五品木輅，五品非京官職事者乘青通幰犢車，六品以下青偏幰犢車。從者公服，乘車。婦車各準其夫。'宋與唐同，國朝婦乘轎子。○《五禮儀》：'王妃大輦、小輦，制見《序例》。王女及大君夫人、士大夫妻，皆乘轎，而轎制各異，擔夫亦有等差。'"（26/417）

（3）《疑禮通考》："《士昏禮》：'乘墨車，婦車亦如之，有裧。'注：'亦如之者，車同等，士妻之車，夫家共之。'○《書儀》：'《禮》壻御婦車授綏，姆辭不受，今無綏，故舉轎簾代之。'轎，程子所謂擔子是也。"（34/260）

（4）《四禮便覽》："諸具（奉女登車）：從者、轎（簾具）、帕、贄。"（40/103）

（5）《家禮集考》："《程子禮》曰：'婿出乘馬，前引婦車。'注：'婦車，迎婦之車，今或用擔子。'愚按，《士昏》婦車繼上主人從車而言，則當是在諸從者之後，而程禮之言前引，亦謂婿車前乎婦車也。《書儀》《家禮》於奉女登車條，乃言氈車、擔子及轎，但不知自何具之。今俗用金飾屋轎，八人舁者，是王女所乘，則攝盛之過僭者歟。"（52/336）

（6）《九峰賫見》："親迎之具：氈、褥、帳、幔、帷……車（俗用轎，珠簾）、燭。"（63/181）又，"今不用車，以今之轎子代古之車也。"(63/221)又,"(《書儀》)注:今婦人幸有氈車可乘,而世俗重擔子輕氈車,借使親迎時暫乘氈車,庸何傷哉。然人亦有性不能乘車,乘之即嘔吐者,如此則自乘擔子。其御輪三周之禮更無所施,姆亦無所用矣(○按,今無氈車,自有乘轎,則三周之禮恐亦難施也。○又按,婿乘車大門外,婦西階下乘車恐宜。)"。(63/223)

(7)《四禮類會》:"親迎之具:盛服、雁、燭(二,以上婿之事)、盛飾、轎(並簾)、燭(二,以上婦之事)。"(66/241)

(8)《士儀》:"東俗用轎不用車。"(80/268)

(9)《廣禮覽》:"新禮諸具:金轎,貰錢三兩。燈籠二雙。轎軍十名。"(94/599)

(10)《四禮要選》:"婚禮時具。○奉女登車:從者、轎、帕、贄、幣、盤、袡。"(111/562)

(11)《家禮酌通》:"《集考》曰:'此以當時之轎而名,從古之車也。'"(114/116)

(12)《四禮要覽》:"諸具:從者、轎(簾具)、帕、贄。"(117/155)

按:由上文中"馬(墨車)"項稽考可知,古禮親迎時婿、婦所乘交通工具皆爲馬車。《儀禮·士昏禮》云"婦車亦如之,有袡"。新婦馬車依其夫身份而有等差之別,婿乘墨車,婦人同等,應攝盛用墨車,比之添"袡"(即有車蓋、車帷)而已。宋時婚俗與古禮相異,男子改乘馬、婦人乘轎,因此《家禮》每以車言,實則指婦人之轎。此外,新娘登車時,新郎需親自把乘車用的繩索(即"綏")遞給新娘,助之升車。棄車用轎後,男子無授綏之節,故易爲執轎簾俟女登車。《家禮》所謂"轎",即司馬光《書儀》及伊川先生"成婚"下舉隅的"擔子"(又作"檐子")[1]。

---

[1]《伊川先生文·禮》"成婚"下云:"婿受命於所尊,出乘,前引婦車(受命而出,乘馬前引婦車,迎婦之車也。今或用擔子),執燭前馬。"(程顥、程頤:《河南程氏文集》卷10,《二程集》,中華書局2004年版,第621頁)

第四章 朝鮮時代"婚禮"所涉"諸具"疏證 369

今總考"轎"源流及演變如下,明陸容《菽園雜記》云:"古稱肩輿、腰輿、板輿、筍輿、兜子,即今之轎也。"① 除此之外,"轎"還可稱爲"步輿""編輿""籃輿""擔子""兜籠"② 等。古無"轎"字,其形制源自肩輿,即人力肩扛的代步工具,目前所見最早的肩輿出土自河南固始侯古堆春秋吳句敔夫人墓(見圖4—22③),該肩輿爲木製結構,有頂、門及四人擡的槓桿,其形類似車廂,又似亭屋。唐代肩輿習稱爲"擔子""兜籠",一般常限於年老、疾病或貴族婦女乘坐,衆人仍以騎馬乘車爲主。其形制已較完備,唐後期還出現了垂簾。然由於唐人席地而坐的習慣,故而肩輿內部多是平底木板,人在其中盤坐或跪坐(見圖4—23)。五代末後周時期,始有"轎"之名,其後逐步取代了"肩輿"的稱呼。宋人王銍《默記》載:"藝祖(宋太祖)初自陳橋推戴入城,周恭帝即衣白襴乘轎子出居天清寺(世宗節名,而寺其功德院也)。"④ 北宋時轎子專供皇室及官員使用,是權利及地位的象徵。高宗趙構南渡後廢除乘轎的禁令,轎子大興。《宋史·輿服志》中載有宋代轎子的形制:"其(轎子)制:正方,飾有黄、黑二等,凸蓋無梁,以篾席爲障,左右設牖,前施簾,舁以長竿二,名曰竹轎子,亦曰竹輿。"⑤ 隨着高足家具的盛行,轎子亦受到波及,此時的轎子已改爲全遮式,側面開窗,內設高腳座椅。明清兩代承襲唐宋舊制,轎子成爲上至朝廷下至民間日益普及的交通用具。婚禮時所用"轎"與日用略不同,又稱爲"花擔子""花轎",其空間較爲寬闊且裝飾華

---

① 陸容:《菽園雜記》卷11,《歷代筆記小説大觀》,上海古籍出版社2012年版,第87頁。
② "轎"的別稱,見厲荃輯,關槐增纂《事物異名録》卷17,嶽麓書社1991年版,第260—261頁。
③ 此圖摘自周成《中國古代交通圖典》,中國世界語出版社1995年版,第133頁。
④ 王銍:《默記》,《歷代筆記小説大觀》,上海古籍出版社2012年版,第130頁。
⑤ 脱脱等:《宋史》卷150《志第一〇三·輿服二》,中書華局2000年版,第2344頁。

麗，紅色帷幔上多繡福祿鴛鴦、和合二仙、喜上梅梢等花樣，製作工藝精細。除髹漆外，還采用貼金、彩繪、雕鏤等手法，轎夫人數多用4人。北宋中期以後始有以花擔子（花轎）迎娶新婦的風氣，宋孟元老《東京夢華錄·娶婦》："至迎娶日，兒家已車子或花擔子發迎客引至女家門，女家管待迎客，與之彩緞。"① 綜上，"轎"最初稱"肩輿"，選材爲多香樟、楠木、梓木、銀杏等木料，由轎廂、轎頂、垂簾、帷幔、擡轅部分組成，一般由2—8人肩荷，憑尺寸、裝飾、轎夫人數來區分尊卑等級。

圖4—22 肩輿（即"轎"）
（春秋吳國句敢夫人墓出土復件）

圖4—23 唐人乘"肩輿"圖
（甘肅敦煌莫高窟唐代壁畫局部）

《九峰瞽見》《士儀》中指出東人本不用車，故男子慣常乘馬、女子坐轎。轎在半島多稱爲"轎輿"，有駕轎、步轎等分別。現在尚未明確轎子最早於何時傳入半島，然而在高句麗安岳三號墓壁畫《主人圖》《婦人圖》中有坐在豪華轎子上主人和婦人的形象，可見至遲在朝鮮的三國時代半島已有轎子的存在。宋人徐兢《宣和奉使高麗圖經》中收錄有"采輿""肩轝"在內高麗時代轎子的形制。李氏朝鮮時代，根據官階的不同，設有不同規格的"轎輿之制"。總

---

① 孟元老：《東京夢華錄》卷5，中華書局1982年版，第144頁。

之，半島轎子的種類、式樣、用途各異，其存留下來的實物材料十分豐富（見圖4—24）。有喪禮所用笠狀"草轎"；用來搬運皇室玉册、金寶所用的"龍亭子"；前後各兩人肩扛、婚禮所用的"四人轎"；王室禮儀中運送貴重物品所用的"彩輿"；以及轎轅固定在馬上，由馬牽引的"騎轎"等。正如《家禮便考》《家禮集考》《廣禮覽》所說，婚禮親迎時王妃、王女、大君夫人、士大夫、庶民等所用轎各不相同，然而由於半島親迎禮廢棄已久，民間俗用多有僭越，常見以金飾轎頂、用8人轎軍擔轎，采用王女的轎制。此外，《家禮補闕》繪製的"轎簾"圖（見圖4—25）即"騎轎"，以馬引轎，與常用轎夫擔轎不同，今可作爲旁參。

圖4—24 朝鮮"四人轎"（韓國國立民俗博物館藏，編號：31860）

圖4—25 轎簾圖（《家禮補闕》109/232）

6. 主人出迎，婿入奠雁。（簡稱"奠雁"）

【雁】

《家禮》朱子本注："主人迎壻於門外，揖讓以入，婿執雁以從，至於廳事。"又"凡贄用生雁，左首以生色繒交絡之，無則刻木爲之。取其陰陽往來之義。程子曰：取其不再偶也"。

《叢書》：(1)《寒岡先生四禮問答彙類》："盧懼仲問：'……生雁非南土所易得，或用木雁如何？'答：'雁不得其真，借用生鵝不妨。鵝即今之家育者，又無則古人令刻木用之矣。'"（2/61）

(2)《家禮考證》："昏禮有六，五禮用雁，納采、問名、納吉、請期、親迎是也，惟納幣不用雁，以其自有幣帛可執故也。《周禮·大宗伯》：'以禽作六贄，卿執羔、大夫執雁、士執雉、庶人執鶩，工商執雞。'此昏禮無問尊卑，皆用雁……丘氏曰：'昏禮六禮皆用雁，《家禮》惟用之親迎者，從簡省也。'"（4/304—305）又，"《士昏禮》：'贄不用死。'注：'贄，雁也。'疏：'凡贄亦有用死者。士贄雉，雉，死贄也。用死亦是士禮，恐用死雁，故云不用死也。'今《家禮》贄用生雁，即不用死之義。左首即左頭奉之之義。以色繒交絡之，即飾以布、維以索之義。生如所謂生綃、生絹之生。生色繒，未熟而染之者。必用生者，贄生之義。用色者，疑亦以續之義，即所謂攝盛者不言其色，皆可用也。"（4/307）又，"丘氏曰：'按，《白虎通》昏禮贄不用死雉，故用雁也。刻木爲雁近於死，無則代之以皂鵝。蓋鵝形色類雁，足皆腕（蹼）屬，故借以代之。或謂交絡爲兩雁，非是。'又曰：'李涪《刊誤》曰：雁非時莫能致，故以鵝替之。《爾雅》云：舒雁鵝，鵝亦雁之屬也。'按，涪，唐人，則唐時已用鵝替雁矣。或者不當用鵝，當替以巾帕，無所據。"（4/308）

（3）《家禮附贄》："校訂：……或云雁既用生，故繒亦用生。贄雁左首者，《曲禮》執禽者左首，蓋受禽當以右手執其首，故授禽者左其首，爲其便於受也。"（8/299）

（4）《家禮源流》："龜峰曰：'《家禮》只用雁於親迎，從簡也。'"（11/307）

（5）《明齋先生疑禮問答》："問：'昏禮贄雁以生色繒交絡之……當於何處絡之耶（權綠）？'答：'古詩有生色之語，亦恐不必五色也。交絡有何處所，只以繒包雁而束之於頸耳。'……問：'贄雁左首何義？'答：'《曲禮》禽鳥也，首尊，主人在左，故橫捧而以首授主人。'"（16/148—149）

（6）《疑禮通考》："無生雁則用鵝。丘氏曰：按，《白虎通》……又曰：'古者執贄相見，大夫用雁，士用匹。故《儀禮》謂昏禮用雁爲下達，蓋言士亦通執大夫所執之雁也，是即所謂攝盛也。《家禮》仍《書儀》，取其順陰陽往來之義，又引程子不再偶之言，質之《儀禮》，似非古意。今若主二說所取之義，則壻所奠必用雁，決不可以他物代之，無則刻木爲之可也。若主《儀禮》攝盛之義，則執贄爲禮，於昏禮無所取，苟類似之物亦可用以代之矣。矧雁之爲物不常有於四時，而閩廣之地亦所不到，鵝形類於雁，借以代之亦無害，刻木爲雁，近於用死，恐非嘉慶之禮所宜也。'"（34/259）又，"親迎之具：雁，用生者，左首以色繒交絡之，無則刻木爲之，丘氏以鵝代之"。（34/301）

（7）《四禮便覽》："諸具（壻乘馬）：執雁者、生雁（壻執以爲贄者。○《家禮本注》以生色繒交絡之，無則刻木爲之）、袱（用以裹雁者）。"（40/94）

（8）《星湖先生家禮疾書》："《語類》問：'壻執雁，或謂不再偶，或云取其順陰陽往來之義。'朱子曰：'士昏禮謂之攝盛，蓋以士而服大夫之服，乘大夫之車，則當執大夫之贄，前說恐傅會。'據此則《家禮》所載鄭氏及程子兩說，乃初年所定也……《曲禮》云執禽者左首。愚恐受者當以右手執其首，故授禽者左其首爲便於受也……生如生絲之生，生色繒即色繒之不漚熟者。雁既用生，故繒亦用生……或曰禮云贄不用死，刻木近於死。愚謂二生一死皆贄也，而死乃士之禮，安在乎不用死，今不用雉而用雁，故曰不用死也。用雁則宜用生，故刻木而象其生物，蓋欲其不用死也。或又引《爾雅》雁舒鵝之之無雁處宜用鵝也，然舒鵝者即雁之別名，非鵝與雁通稱也，只從《家禮》刻木爲是。"（41/107—110）

（9）《星湖禮式》："贄：刻木爲雁，俗皆借用，甚不可，裏用綵袱。"（41/425）

（10）《九峰瞽見》："親迎之具：氈、褥、帳……雁代木雁。"（63/181）又，"士庶人皆得用雁，亦攝盛之意也。贄不用死，故越雉而用雁（○按，士執雉，大夫執雁，越雉者，士不執雉而越等用大夫雁也。）……左頭，頭陽也。○下大夫相見以雁，飾之以布，維之以索……以色繒（○《書儀》飾以繢）交絡之（今俗以紅袱包雁，書謹封於背上）"。（63/218）

（11）《士儀》："男氏昏具：生雁（以色繒交絡之，無則刻木爲之，裹以紅袱）。"（80/240）

（12）《全禮類輯》："用鶩之非。《增解》按：《曲禮》庶人之贄匹，注：'匹讀爲鶩，野鴨曰鳧，家鴨曰鶩，不能飛騰，如庶人之終於守耕稼也。《通解》既有雖庶人不用匹之說，世或以家鴨代雁則誤矣。'"（88/483）

（13）《家禮補疑》："親迎之具：帽、帶、黑團領、墨車、雁（生者，《士相見禮》：'下大夫相見以雁，飾之以布，維之以索。'注：'飾謂裁縫衣其身，維謂係聯其足。'無則刻木爲之，《儀節》木雁近於用死，以鵝代之）、女從者。"（91/297）又，"《五禮儀》則執雁者在婿之右差後，今俗皆依此行之"。（91/300）

（14）《廣禮覽》："昏禮諸具：章服、紗帽………雁夫（擔函人，具服色）、生雁（纖營行下，或貰一錢）、紅紬單幅袱（四角金剪紙）。"（94/589）

（15）《四禮節略》："男婚具：婚書紙、兩端、芙蓉香……雁（袱、金剪紙、紅絲、白紙具）、雨傘。"（97/209）

（16）《四禮集儀》："徒役執燭前馬照道，生雁用生色繒交絡之（無則刻木爲之，《書儀》），裹以袱，吏僕一人盛服執雁前行。"（101/96）

（17）《儀禮集傳》："《家禮》曰：'凡贄用生雁，左首以五色繩交絡之，無則刻木爲之。'《儀節》曰：'雁，非時莫致。唐時已用鵝替雁。'朱子曰：'下達，自上達下也。凡贄，大夫用雁，士執雉。今自士至庶人，人皆得用雁，蓋昏禮攝盛，得用貴者之贄，是上達下也。'又曰：'用雁，只攝盛之義，非取於陰陽往來也。'"（102/125）

（18）《四禮要選》："婚禮時具：〇奠雁。執雁者（即擔幣者）、生雁（或刻木）、袱（裹雁）。"（111/561）

（19）《四禮撮要》："男昏具：昏書紙、函……雁（色繒所以交絡雁者）。"（115/49）

(20)《四禮要覽》:"諸具:執雁者(納幣時擔幣者)、生雁(壻執以爲贄者。〇《家禮本注》:'以生色繒交絡之,無則刻木爲之。')、袱(用以裹雁者)。"(117/153)

(21)《四禮儀》:"主人迎壻於門外(按,執雁者在壻之右差後)揖讓以入,壻執雁(用生,左首以生……色繒交絡之,無則刻木爲之)以從,至於廳事。"(120/28)

按:新郎到女家後,自西階入室,北向跪,置雁或其替代物於地,稱爲奠雁。雁即鴻雁,又稱大雁,其形與鵝略似,足、尾短,頸、翼長;善飛翔,春天北去,秋天南往,不失節時;雁屬鳥類,多爲一夫一妻制,終身一侶(見圖4—26)。《士昏禮》六禮中除納徵外,其餘皆以雁爲贄,納徵多有絲帛、首飾、財物,因此不需用雁。而《家禮》簡省,僅用於"親迎"節。"雁"之用,在此有幾點需說明:將雁作爲贄禮的原因,執雁的方式,以何物交纏覆蓋雁,無雁則以何替。

圖4—26 李朝"雁"圖(1.《家禮輯覽圖說》5/543;2.《家禮補闕》109/232))

其一,擇雁作爲贄禮,是朱子因襲司馬氏《書儀》之說。《書儀》納采節下有注:"用雁爲贄者,取其陰陽往來之義。"另外還引程顥說,雁有不再偶之義。而《叢書》中《家禮考證》《疑禮通考》《星湖先生家禮疾書》《九峰瞽見》《儀禮集傳》五書對上說產生了疑議,他們認爲以雁爲贄源自攝盛,與士庶可穿大夫服、乘大夫車類似。《周禮・春官・大宗伯》中"以禽作六摯(同'六贄'),以等諸臣。孤執皮帛,卿執羔,大夫執雁,士執雉,庶人執鶩，工商執雞"。《禮記·典禮》亦云："凡摯……大夫雁。"此外，朱子曾説："昏禮用雁禮，謂之攝乘（盛）。蓋以士而服大夫之服（雀弁），乘大夫之車（墨車），執大夫之摯。蓋重其禮，故盛其服。"① 丘濬在《儀節》"昏禮餘注"下辨析道，若取陰陽往來或不再偶之因，則新婿所執祗能爲雁，不可代以旁物。若取攝盛之因，類雁之物皆可代之，因此丘氏便以皂鵝爲替。綜上，細審李朝學者之闡發，親迎用雁源於攝盛説可信。朱子《家禮》采《書儀》及程子兩説，應是其早年所定，與晚歲觀點衝突。《家禮》爲士庶通禮，親迎用大夫禮，即是攝盛。在此基礎上，衆學者從禮義及象徵角度附會，認爲用雁具有以下幾層含義：一則雁爲陽鳥，隨陽而處，似婦人從夫；二則木落南翔，冰泮北徂，不失時、不時信；三則飛行有序，老壯居先、幼孱隨後，不逾規矩；加之雌雄終身相守，不再匹偶，寓意男女忠貞不渝、從一而終。這些與婚姻的内涵以及對婦人婚後的期待相貼合，因此親迎無論尊卑階層皆用雁。

其二，關於執雁的方式。《家禮》朱子注云："左首以生色繒交絡之。"《家禮考證》《家禮附贅》《明齋先生疑禮問答》《星湖先生家禮疾書》闡發了執雁的方式及意義，鳥獸以頭爲尊，主人在左，左爲陽，首亦象徵陽，"左首"即雁頭朝左端主人方向。進獻方式是：新婿左手執雁頭横捧授置於席，主人侍者授之，雁首在其右手。半島婚俗中增加了"雁夫"②的角色，雁夫即執雁者，多以僕隸擔任。《國朝五禮儀》載雁夫在婿右側稍後處，至女家後雁夫先將雁授予新婿，新婿受雁，雁首在左，然後再由婿授女方。

---

① 此處朱子説爲朝鮮本《語類》所增，見朱熹《朱子語類》卷85後所附"校勘記"（朱傑人、嚴佐之、劉永翔主編《朱子全書》第17册，上海古籍出版社、安徽教育出版社2010年版，第2909頁）。

② 安鼎福：《婚禮酌宜》云："俗又使一人黑笠木纓，黑袍烏，執雁左首而行，名'雁夫'，以綵絲絡雁首。"（[韓]安鼎福：《順庵先生文集》卷14《雜著·婚禮酌宜》，《韓國文集叢刊》第230輯，景仁文化1999年版，第73頁）

其三，以何物交絡裹雁。《家禮》以"生色繒"，即用未經漂煮的彩色絲帛纏縛大雁。《明齋先生疑禮問答》進一步指出，彩絲最終束於大雁頸部。據《家禮考證》《家禮附贅》考述，生色繒者即絹帛未熟而染色。雁用生，繒與之相應用生爲佳。此外，《四禮便覽》《星湖先生家禮疾書》《九峰瞽見》《士儀》等多部禮書有云，朝鮮婚禮中常以"袱"（即方形的布料）包裹雁（見圖4—27），袱色多以象徵嘉吉的紅色爲主。[1]

圖4—27 以"袱"裹雁

圖4—28 木雁（1. 韓國江陵烏竹軒市立博物館藏，編號：1420；
2. 龍仁文化遺跡展示館藏，編號：45）

---

[1] 半島常見以青布、紅布爲"袱"包裹木雁，紅色象徵新郎，青色象徵新娘。

其四，無雁則以何替。《家禮》承《書儀》采生雁或木雁，丘濬《儀節》認爲刻木爲雁，近似於死，不宜用於吉慶的場合。因此不用木雁，無生雁代以皂鵝，且唐時已有用家鵝替雁的先例。湯鐸《文公家禮會通》亦云："有則用，無則不必刻木，以鵝代之亦可……俗人不以雕刻爲難，特以新人抱一死物爲不吉之兆。"[①] 李朝學者對於用或雁、木雁、家鵝作爲贄，持不同意見。多數學者采用《家禮》說，以生雁或木雁爲定，如《星湖禮式》《士儀》《四禮集儀》《四禮要選》《四禮要覽》《四禮儀》等。部分學者認爲無生雁用家鵝替換無妨，無家鵝則刻木成雁形，如《寒岡先生四禮問答彙類》《疑禮通考》所述。此外，《全禮類輯》明確糾正了世俗以家鴨代雁的錯誤。大雁作爲飛禽，難以捕捉，加之並非隨時、隨處可得，因此今考朝鮮土風民俗，多以木製小雁爲主，木雁或髹皂漆，或保留木胎本色，上多刻畫花紋，或添以彩繪。李朝存留下來的木雁實物十分豐富（見圖4—28），可推想當時以木雁爲贄的風尚。

四　婦見舅姑

1. 明日夙興，婦見於舅姑。（簡稱"見舅姑"）

在新人同牢合卺後的第二日清晨，新婦盛服拜見公婆，半島多穿"唐衣"。朝鮮時代人們往往把從中國傳來的服飾通稱爲"唐衣"，其形制通常爲窄袖、側面開衩、長近膝的女子常服。除唐衣外，或用大衣、長裙。公婆東西相向坐於廳堂中（俗家舅姑並南面坐堂中），新婦分別向公婆行拜禮並獻上贄幣，在拜舅姑、舅姑禮婦等一系列程序結束後，新婦作爲家庭成員的身份得到了確認。

【贄幣】

《家禮》朱子本注："婦進立於阼階下，北面拜舅，升，奠贄幣於卓子上。舅撫之，侍者以入。婦降，又拜畢，詣西階下，北面拜

[①] 湯鐸：《文公家禮會通·昏禮·奠雁》，日本京都大學科學研究所藏本。

姑，升，奠贄幣。姑舉以授侍者。婦降又拜。"

《叢書》：（1）《家禮考證》："按，男女之贄不同，《春秋·莊公二十四年》秋八月丁丑，夫人姜氏入。戊寅，大夫宗婦覿，用幣。《左傳》公使宗婦覿用幣，非禮也。御孫曰：'男贄，大者玉帛，小者禽鳥，以章物也。女贄，不過榛栗棗脩，以告虔也。今男女同贄，是無別也。'……婦人之贄取其義亦深，而《家禮》用幣非古人之意，恐或從俗而然也。"（4/323）

（2）《家禮輯覽》："《曲禮》：'婦人之摯，椇榛脯脩棗栗。'注：'贄同執物，以爲相見之禮也。椇形似珊瑚，味甜美，一名石李；榛似栗而形小；脯即今之脯也；脩用肉煅治，加薑桂乾之。脯形方正，脩形稍長，並棗栗六物，婦初見舅姑，以此爲摯也。'……《春秋注》：'腶脩者，脯也。《禮》婦人見舅以棗栗爲贄，見姑以腶脩爲贄，見大父至尊兼而用之。棗栗取其早自謹敬，腶脩取其斷斷自修也。'……《五禮儀》：'棗栗無則用時果，腶脩無則用乾肉。'"（5/135）

（3）《疑禮問解》："《白虎通》云：'凡肉脩，陰也。棗取其乾，早起栗戰，慄自正也。'○《禮輯》曰：'《家禮》改用幣者，近世以幣帛爲敬，故舉其所貴者爲禮。'○《會通》曰：'幣，絹帛也，量婦家貧富，或絹或布，隨宜用之，不拘多小。'"（6/104）

（4）《家禮附贅》："又據《士昏禮》贄用棗栗腶脩，無用幣之文。《春秋》莊公二十四年，《公》《穀》《胡》傳，皆以婦人用幣爲非禮，然則《家禮》之用幣，因俗未改者也。"（8/304）

（5）《明齋先生疑禮問答》："問：'升奠贄幣，采嘗據《問解》所引《禮輯》之說，以謂贄是虛字，幣即代古棗栗腶脩者也。及考《家禮諺解》，質之尤齋（即宋時烈），皆云兩用，古贄今幣。然則《禮輯》所謂改用幣者，何以看破耶。下文或言無贄，或言不用幣，似是只用贄只用幣，以見殺於舅姑之義。而尤齋云單言贄者，幣亦舉之，恐不然（朴持平世采）'答：'高明初見所謂贄是虛字，幣即代古之贄云者，合於《禮輯》，而《家禮》本意似亦如此。下文或言贄或言幣者，或是文字之未勘者耶。若曰兼用古贄今幣，則應有一言以明兼用之義者。若曰或只用贄或只用幣，則婦之於婿黨，婿之於婦黨，必以贄與幣之間置輕重焉。尤有不可知者，函丈之諭及高明之見，俱未敢信也，未知如何。'"（16/158）

（6）《疑禮通考》："按，禮抄長子婦則玄一端、棗一器，獻舅位前；纁一端、棗一器，獻姑位前。衆婦則無幣，以贄兩器獻於舅姑前，行禮如是，循俗行之或可，而但舅姑俱用棗恐未必然，舅用棗栗、姑用腵脩，始不失禮意，更詳之。"（34/274）又，"見舅姑之具：棗栗一盤，獻舅前之贄。腵脩一盤，獻姑前之贄。《家禮》改用幣，《會通》幣即絹帛，或絹或帛，隨宜用之。按，循俗用帛或可，而窮家猝難辦，依古禮舅用棗栗，姑用腵脩可也。"（34/306）

（7）《禮書劄記》："《會通》幣，絹帛也……《五禮儀》棗栗無則用時果……《經禮》有贄且有幣，單言贄者，幣亦舉之矣。又曰雖或用幣，非必布帛，紙束亦可。"（37/25）

（8）《四禮便覽》："諸具（奉女登車）：……贄（棗栗腵脩）、幣（隨宜）、盤（用以盛贄幣者，隨品各具）、袱（用以裹贄幣盤者，隨盤各具）、燭籠四。"（40/103）

（9）《星湖先生家禮疾書》："《士昏禮》贄用棗栗腵脩，無用幣之文……如納幣許用釵釧果實之屬等，是爲可廢。不若依古禮，於舅用棗栗，於姑用腵脩爲得。"（41/116）

（10）《星湖禮式》："婦再拜於舅前，侍者授贄棗盤。受婦盤進奠於桌上，侍者舉以入。婦又再拜，又拜姑，奠贄脯如前，姑舉以授使者，婦又再拜。《禮》云筭棗栗筭腵脩……今從俗之用棗脯……棗取盈楪，脯用十脡而已。"（41/426）

（11）《禮疑類輯》："同春問：'昏禮婦奠贄幣，贄幣何物耶？'沙溪曰：'禮經諸說可考。'……尤庵曰：'古禮見舅姑時只用贄，《家禮》兼用贄幣，然世俗單用贄，從俗恐無妨。《禮》曰：婦人之贄，棗栗腵脩，所謂腵者，捶脯施薑也。古禮及《家禮》贄之器數無文，而世俗並盛棗栗腵脩於一器，從俗恐無妨。若從《家禮》而並用贄幣，則不得不各盛一器矣。雖或用幣，非必布帛也，紙束亦可。昔年尼山尹參判家行昏禮時，亦用紙爲幣矣。據古禮，則棗栗奠於舅，腶脩奠於姑（答或人）。'"（45/350—351）

（12）《家禮集考》："愚按，《書儀》自依古用棗栗腶脩，而至壻見婦之父母用幣，此書之婦亦用幣，似或賺連壻見之文，而恐非古重別男女之意。今俗却依古用棗，而於姑用乾雉爲合義矣。"（52/381）

（13）《常變通考》："幣即絹帛或布。案，《左傳》及《白虎通》女贄不過棗栗腶脩，《家禮》'升，奠贄幣'者，非贄幣兼用，似是文字之賺連未勘者，而《會通》《禮輯》俱言用絹帛，恐未然。○宋翼弼曰：'以義合者，必有贄。親迎及婦見舅姑皆有贄。'"（54/541）

（14）《家禮增解》："據古單用贄。○愚按，古禮男贄大者玉帛，女贄不過棗脩，則《士昏禮》婦贄但用棗栗腶脩者，正也。《家禮》之兼用幣，雖從俗禮而乃用男贄之大者，未知於禮意如何也。世俗之單用贄，實得古義，從之恐宜。"（58/552）

（15）《九峰瞽見》："婦見之具：桌子二……棋（形如山珊瑚，味甘美，一名石李）、榛（似栗小）、脯（即今之脯也，脯形方正）、脩（用肉煅治，加薑桂，乾脩形橢長）、棗、栗、笲（竹器，有衣）、時果、乾肉。"（63/242）又，"按，下文以單言贄、單言幣觀之，則此文贄幣兩用恐無疑。又按，男贄玉帛禽鳥，今俗舅用棗，姑用乾雉合義否？"（63/247）

（16）《四禮類會》："婦見舅姑之具：贄二、幣二、桌子二。"（66/242）

（17）《二禮鈔》："婦降自西階，至中庭立。贊者授笲（棗栗器），婦執笲，升自西階，進至舅前，坐奠于卓，舅坐撫之（撫棗栗，以表嘉悅）……婦又退，至西階上，立（東嚮立）。贊者授笲（腶脩器），婦執笲，進至姑前，坐奠于卓，姑坐撫之（古禮姑舉以授人）……○又按，腶者，鍛也。脩者，長也。鍛治而加薑、桂曰腵條，割而爲乾，腊曰脩也。今俗唯一棗、一膱（即乾雉），以獻舅姑，蓋從簡也。貧士之家，不得棗脯者，雖用一栗、一鱐，未爲失也。棗栗腵脩，只是物名，賈疏取其諧聲，各言字義，拘曲甚矣。"（69/645）

（18）《常變纂要》："東巖曰：'《左傳》及《白虎通》，女贄不過棗栗腵脩。'"（78/285）

（19）《士儀》："女氏昏具：衾、枕、甄……贄（棗栗脯脩）、贄盤、芹菜（廟見所奠）。"（80/241）又，"《要儀》：'今俗用雉。雉不去頭，合兩足而乾之，形甚怪，又非婦人之贄也，不若從古用棗脩。'〇按，《春秋》注說，婦贄舅以腵脩，贄姑以棗栗，與《士昏禮》異矣。蓋古者贄必隨有而用之，無舅姑之別耶。今俗只用棗爲舅贄，用雉爲姑贄，然雉非古也，用脯甚便，脯則十脡可也。"（80/274—275）

（20）《家禮補疑》："婦見舅姑之具：棗栗（士昏禮以獻舅）、腵脩（士昏禮以獻姑）、錚盤（二，所以盛贄者，《士昏禮》用笲，今以錚盤代之）、桌子。"（91/308）

（21）《禮疑續輯》："問：'見舅姑用棗栗腵脩，而今俗只用棗與乾雉云云（或人）。'竹庵曰：'只用棗不用栗，禮未備也。乾雉即所謂膱，古者士相見用膱，見舅用之，亦甚苟簡，然腵脩未易備，則代用亦恐愈於廢也。腵與脩亦二物，今或用國家所用片脯，亦非古，且私用片脯，有邦禁矣（《類輯續編》）。'"（93/93）

（22）《廣禮覽》："婦入門，舅姑坐大廳，東西向各置一盤於前，覆以紅紬袱。婦北向立，四拜，進幣棗盤，姆受而置諸盤，舅撫之。婦退，又四拜。次進乾雉或片脯於姑，姑亦如之。拜訖，又遍拜內外諸尊長。"（94/591）

（23）《四禮汰記》："婦執笲……奠贄幣于舅席（棗栗，取其早自謹敬。幣或布或帛隨宜）……奠贄幣于姑席（腵脩，取其早自修正。脯加薑桂曰脩，無則用乾肉）。"（105/72）

（24）《四禮要選》："婚禮時具。〇奉女登車：從者……贄（棗

第四章 朝鮮時代"婚禮"所涉"諸具"疏證 383

棗腵脩)、幣(隨宜)、盤(盛贄)、袱(裹贄)。"(111/562)

(25)《四禮儀》:"侍女以盤盛贄以進。○婦盥悅受贄(笲棗栗)奠於桌上。○舅撫之。○侍者以入。○婦還又拜。○姆引婦進立於姑席前,北面拜。○奠贄(笲腵脩)於桌上。○姑舉以授侍者。"(112/59)

(26)《四禮常變纂要》:"世俗單用贄,盛棗栗於一器,無棗栗則用時果。"(113/99)

(27)《四禮撮要》:"婦進立於阼階下,北面拜舅(從者以棗栗笲授婦),升,奠贄幣於卓子上。舅撫之,侍者以入。婦降,又拜畢,詣西階下,北面拜姑(從者以腵脩笲授婦),升,奠贄幣。姑舉以授侍者。婦降又拜。(《士昏禮》只用贄。○尤庵曰:'用贄,代以紙束亦可。')"(115/64)

(28)《四禮要覽》:"諸具(奉女登車):從者……贄(棗栗腵脩)、幣(隨宜)、盤(用以盛贄幣者,隨品各具)、袱(用以裹贄幣盤者,隨盤各具)、燭籠四(俗又用炬)。"(117/155)

按:"贄"與"摯""質"相通,指世人有事相見時手中所執的禮物,以玉器、禽鳥爲主,其目的是表明賓主身份地位,以示對旁人的尊重。而"幣"義項之一,指用作祭祀或贈勞賓客等的禮品,主要有皮帛、車馬、玉器等。"贄""幣"兩者作用相同,即饋贈的禮物;傳遞方式亦同,需要授受雙方的共同參與;使用的物品大體相類或多有交叉。因此"贄""幣"義近連用成詞,泛指各種禮品,抑或側重表"贄"意。①《家禮》新婦敬獻公婆以便確立親族關係的"贄幣"即表示"贄"。《儀禮·士昏禮》中婦見公公,贄用"棗栗";見婆婆,用"腵脩"。司馬氏《書儀》依承古禮,用棗栗腵脩。楊寬先生於《"贄見禮"新探》中曾云:"氏族制末期男子從事狩獵,常以獵得禽獸爲禮物;女子從事采集,常以采得果實爲禮物。

---

① 如《漢語大詞典》中"贄幣"即泛指禮品,華夫《中國古代名物大典·禮俗類下·雜俗部》"贄幣"條,將"贄幣"視爲"贄"。

後來貴族男子以鹿、雉等爲'贄',女子以乾果、乾肉爲'贄',當時沿襲原始風習而來。"① 而《家禮》僅云"奠贄幣","贄"之外,另增"幣"字,並未注明"贄幣"是兩物或是一物,且究竟爲何。丘濬《儀節》全盤承襲朱子之説,未作勘正。而湯鐸《家禮會通》云:"幣,絹帛也,量婦家貧富,或絹或布,隨宜用之,不拘多少。"② 湯氏首次將"贄幣"中"贄"視作虚字,表單一的"幣"意,指玄纁布帛。《叢書》中朝鮮禮學家多秉持湯氏説,如曹好益《家禮考證》、安珦《家禮附贅》、鄭萬陽和鄭葵陽《疑禮通考》、金鍾厚《家禮集考》皆認爲,《家禮》改用幣並非古人之意,應是從俗造成的。而另有部分學者認爲《家禮》"贄幣"應當作不同的兩種物品對待,以"贄"代指"棗栗腶脩",以"幣"代指"布帛"或俗用的"紙束"。婦獻舅姑時"贄"與"幣"同時使用,贄兩器、幣兩器(古禮用竹器"笲",朝鮮俗用"盤")。該説以尤庵宋時烈及陶庵李縡爲代表,從者甚多,主要有南振道《禮書劄記》、金禹澤《九峰瞽見》、李遂浩《四禮類會》、洪在寬《四禮要選》、具述書《四禮要覽》。

筆者以爲上述兩説皆不確,正如柳長源《常變通考》所説,《家禮》"奠贄幣"並非"贄""幣"同用,而是文字兼連未勘造成的。《家禮》下文"婦見於諸尊長"中"如見舅姑之禮……無贄"可知,"贄幣"即單用"贄","幣"爲衍字。古禮中新婦見舅以棗栗爲贄,棗栗皆爲果品;見姑以腶脩爲贄,腶脩指捶搗加上薑桂香料的乾肉。從禮義上分析,棗栗以諧音,取早自謹敬之意;同理腶脩取"斷斷自修",含有自我約束、恪守婦德之意。針對朝鮮半島俗用來説,《國朝五禮儀·嘉禮·宗親文武官一品以下昏禮》載"棗栗無則用時果,腶脩無則用乾肉";李瀷《星湖禮式》、丁若鏞《二禮鈔》中從俗用棗、脯,棗量取滿楪,脯以十條爲數;金鍾厚《家

---

① 楊寬:《古史新探》,中華書局1965年版,第353頁。
② 湯鐸:《文公家禮會通·昏禮·婦見舅姑》,日本京都大學科學研究所藏本。

禮集考》、金禹澤《九峰瞽見》選用棗、乾雉；《禮疑續輯》引竹庵尹能觀説、綏山《廣禮覽》認爲除棗外，乾雉和脯可替用。綜上，敬獻公公的棗栗，或依《五禮儀》用時果，或從簡用棗；獻予婆婆的腶脩，可以換爲同類别且不添加額外香料的乾雉肉，或擴大肉品選擇範圍，乾肉（脯）亦可。雖然朝鮮俗用與《家禮》文本不符，然而依據婦家經濟程度選擇合適的"贄"，遠勝於廢禮而不用。

第二節 《叢書》對《家禮》婚禮 "諸具"的衍變及創發

安鼎福《婚禮酌宜》篇旨曾説："國俗婚禮最爲沽略，循襲已久，或有難變者。夫風氣之變而古今殊制，此《家禮》所以作也。我東與中華俗習懸殊，由宋至今，亦逾五百有餘歲，其間自有不可强而相合者。"[①] 婚禮之體存在於婚事動静當然之間，然其方法却依時代而變遷，並隨地域環境、經濟資財狀況及外來因素等影響而各不相同。高麗時期，婚禮的主要形式是程序簡單的率婿婚，就婦家成禮，婚後長期從妻居住，生子後養於妻家，此風一直延續至李氏朝鮮。以《家禮》爲圭臬建立起的李朝禮法體系，於婚禮的傳播上却步履維艱。文化群體接受的不平均性，决定了以《儀禮》爲標準的"六禮"實施，僅存於王室成員間；貴族及兩班士大夫根據人力及財力，或擇"六禮"，或依"三禮"；士庶階層受限於經濟負擔及傳統婚俗習慣，即便是簡化後《家禮》的成婚儀節亦未能完全貫徹。這種多元化的選擇方式，使得大多學者憑借從俗且不違禮的協調態度，對《家禮》的婚禮進行改動及創新。儀節及程序的改變，必然牽涉物具人員的調整，因此本節延續以

---

① ［韓］安鼎福：《順庵先生文集》卷14《雜著·婚禮酌宜》，《韓國文集叢刊》第230輯，景仁文化社1999年版，第73頁。

往章節，將《叢書》與《家禮》諸具之乖別統歸下表（表4—1），以期於參差處窺得衍變之大略。

表4—1　　　　　　　　　婚禮"諸具"衍變及創發

儀節	《叢書》	《家禮》	變化方式	變化內容
納采	牋紙	牋紙	補充説明	"牋紙"即"箋紙"，李朝所用多爲高麗紙，色白且厚韌。"納采"和"納幣"男方請婚書及女方復書、四柱單子、涓吉單子皆用"牋紙"製成，紙張尺度應根據需要而適中，不應狹小或侈大。牋紙常裹以袱，盛於函中
納采	四柱單子	無	增設	"四柱單子"即寫有將婚男子生辰八字的信函。封皮標有"四柱"或"四星"等字樣，書式俗家多以《士儀》《廣禮覽》爲定。"四柱單子"以杻木夾束，纏繞以青紅綫，裹以袱中。在納采環節，男方需將請婚書及四柱單子由使者遞呈女方，以供卜筮之用，這是成立婚約的前提條件之一
納采	涓吉單子	無	增設	受朝鮮婚俗習慣的影響，婚禮的擇日由女方決定，在接受男家送達的四柱單子後，女方將卜問所得吉日以信函通告男方，此即"涓吉單子"，又稱"擇日單子"
納幣	玄纁（《五禮儀》）或青紅兩色絹布（俗用）	色繒（或釵釧）、羊酒、果實	改換	朝鮮婚俗所納之"幣"，以《儀禮·士昏禮》爲參照。《五禮儀》中規定以黑、紅二色的絹布製成，至多玄三纁二，少則玄纁各一。民間士庶則常以青、紅色的布帛各一段爲"幣"。另外，對於布帛的量度單位，應以"端"爲標準，最少一端、纁一端（各20尺），合爲一匹。最多五匹（即十端），陽奇陰偶，故玄六端（即三匹）、纁四端（即二匹）
納幣	函	無	增設	"函"是指木製且髹漆，外有各色紋路及裝飾的特殊箱盒。代以古禮中用以裝幣帛的"筐"。納幣所用函數量一般爲二，分別裝婚書（禮狀）和絲帛
納幣	袱	無	增設	"袱"與"函"常相伴使用，是函外用作包裹的布料，其色以青、紅兩色爲主。《叢書》中常將"袱"作爲納幣諸具之一出列，以《四禮便覽》爲代表

第四章 朝鮮時代"婚禮"所涉"諸具"疏證 387

續表

儀節	《叢書》	《家禮》	變化方式	變化內容
婿家設位	巹（或巹杯）	巹	補充說明	將一匏剖分爲二瓢稱爲"巹"，中國宋明以後合巹時常以彩絲繞繫兩瓢，新婚夫婦交替換飲，或是用常見的杯盞代替"巹"。李朝俗尚與中國相同，然而一衆禮學家對於彩絲捆束兩瓢、新人換飲等婚俗進行了駁斥。認爲不以絲纏、不交互飲酒才是正禮
婿盛服	無	花勝（俗用）	刪汰	"勝"爲男女所用頭面飾品，始於漢代，其形狀各異、歷代有別。且用料不一，常以金銀、玉石、彩紙、羅絹製成。"花勝"亦作"華勝"，爲"勝"下屬類別之一，其形類花草，新婚盛服戴花勝爲唐宋婚禮遺風。李朝學者對於"花勝"文獻闕徵，衆人惶惑，故考釋難免出現錯訛。且半島婚禮多循高麗舊俗，就《家禮》種種儀法皆棄置不用，故而"花勝"亦未采納
婿盛服	紗帽、團領、角帶（或笠子、絛）	命服（《附注》）	改換	楊復《附注》引朱子説，認爲婚禮盛服應從古禮，攝盛用大夫之命服。還有部分學者認爲朱子所舉"盛服"爲祠堂章的"幞頭、公服、帶、靴"。半島婚俗中，對於新婚所穿服飾，國制（《五禮儀》）及禮學家所考大體相符，大多攝盛以品官的"紗帽""黑團領""靴""角帶"爲主，部分尚儉、貧寒的庶人家庭則采用"笠子""絛"
醮女	裑衣（或圓衫）、紅裙、簇頭里	盛飾（大衣、長裙、冠帔）	改換	《叢書》中對於新婦所穿婚服，李緯、宋時烈、許傳依古禮，以新製"裑衣"爲定；此外，半島禮學家普遍采用：簇頭里、圓衫、紅裙的時用俗服，《五禮儀》還闡述了時服的材質：綿紬或木綿
奉女登車	轎	車	補充說明	《家禮》以古禮爲正，故曰"姆奉女登車"，"車"實指宋時俗用的"轎"，朱子自注中"婿舉轎簾以俟"可以爲證。半島自古無乘車的習俗，因此親迎中新婦乘轎。民間轎夫常以4人爲制，然而世人往往僭禮，采用王女轎制：金轎、擔夫8人

續表

儀節	《叢書》	《家禮》	變化方式	變化内容
奠雁	生雁（或木雁、或生鵝）	生雁（或木雁）	補充説明	李朝學者補充了以下幾個方面：一將雁作爲贄禮的原因：並非單純順陰陽往來、終身不再匹偶，而是由於婚禮播盛，士庶采大夫贄用；二執雁的方式：新婿左手執雁頭横捧置席，主人侍者受之；三以何物交纏覆蓋雁：朝鮮婚禮中常以"紅袱"包裹雁；四無雁則以何替：可替以木雁，或采丘濬《儀節》之説用家鵝
見舅姑	棗栗腶脩	贄幣	補充説明	李朝學者對"贄幣"的釋義持不同意見，部分認爲其單一表"幣"意，如《家禮考證》《家禮附贅》《疑禮通考》等，其源頭在於明人湯鐸的《家禮會通》；部分認爲"贄幣"爲兩物，一是指棗栗腶脩的"贄"，一是指布帛紙束的"幣"，其説以宋時烈、李縡等爲代表。上説皆誤，《家禮》"贄幣"實單指"贄"，"幣"爲衍文或虚字。朝鮮俗用的"贄"，敬獻公公可用時果，或單用棗；獻於婆婆可用乾肉（即脯）或乾雉肉

第五章

朝鮮時代"祭禮"所涉"諸具"疏證

朴文鎬在《四禮集儀》中曾說："祭先本天性，如豹獺皆知報本。凡事死當厚於奉生，凡祭主於盡愛敬之誠而已。"[①]《禮記·祭統》亦云："（祭者）追其不及之養，而繼其未盡之孝也。"禮莫重於喪祭，祭禮於五禮中屬吉禮，它與家族生活緊密相關，其内涵思想是基於血緣、親情的"孝"。虔誠地由近及遠祭祀考妣及歷代先祖，定時敬奉食物。事死如生的祭祀禮儀所隱含的功能及現實意義有三，一則追念未盡之孝養，培養報本之心；二則強化宗族認同感及倫理道德意識；三則體現了對自我及逝去生命個體的終極關懷。

《家禮》"祭禮"細目有四時祭、初祖、先祖、禰、忌日、墓祭六部分，四時祭包含曾、高、祖、禰四世八位神主，冬至祭初祖（即始祖，厥初生民之祖），立春祭先祖（始祖以下，高祖以上），季秋祭禰，三月上旬擇日墓祭。《家禮》祭禮多參用司馬氏、程氏禮而來，其中祭初祖、先祖更是直接承自程頤祭祀制度。然而朱熹《答葉仁父》書曰："始祖、先祖之祭，伊川方有此説，固足以盡孝

[①] ［韓］朴文鎬：《四禮集儀》，《韓國禮學叢書》第101册，民族文化圖書出版社2011年版，第513頁。

子慈孫之心，然嘗疑其禮近於禘祫，非臣民所得用，遂不敢行。"①《家禮》"初祖"條下，楊復《附注》云："問始祖之祭。朱子曰'古無此。伊川先生以義起。某當初也祭，後來覺得似僭，今不敢祭。'又曰'始祖之祭似禘，先祖之祭似祫，今皆不敢祭。'"《家禮》爲朱子初年本，故保留初祖、先祖的禮節條目，然此兩者與朱子晚年定論相悖，被朱子後來棄用。相較之下，李氏朝鮮的祭禮主要分爲祠堂祭、四時祭、禰祭、忌日祭、墓祭五種，祠堂祭已移於首章"通禮"節，初祖、先祖祭秉持朱子晚歲之論，刪汰不存。四時、禰、忌日、墓祭，其名目及祭祀對象雖殊，儀式及使用物具則類同。故而本章以"四時祭"爲例，對其儀式過程中所需器物、酒果脯醢等食物擺設，作出具體翔實的稽考。

第一節　祭禮"諸具"疏證

1. 時祭用仲月，前旬卜日。（簡稱"卜日"）

【环珓】

《家禮》朱子本注："置卓子於主人之前，設香爐、香合、环珓及盤於其上。"

《叢書》：(1)《退溪先生喪祭禮問答》："答鄭子中。卜以环珓，古所未聞。而後世用之。其問於神明之意，則與古奚異。然其爲物，不能如蓍龜之靈，則安能保其必得神明之告而不差乎？只緣龜卜不傳，蓍草又不可得，則不得已而用其次。故其於筮占，亦用竹算，意亦如此耳。"(1/111—112) 又，"（鄭逑）問：'時祭，或前旬擇日、或例用分至、或例用上丁，不知誰最得宜。所謂环珓，即今之何物？若仲月有故，則季月當不祭否？'答：'《家禮》卜日注，温

---

① 朱熹：《晦庵先生朱文公文集》卷63《書·答葉仁父》，朱傑人、嚴佐之、劉永翔主編《朱子全書》第23册，上海古籍出版社、安徽教育出版社2010年版，第3061頁。

第五章　朝鮮時代"祭禮"所涉"諸具"疏證　391

公及朱子說已明，不必更求異況。環珓今不知爲何物，以意造作而用，反涉不虔乎。過時不祭，禮經之文。'"（1/318）

（2）《寒岡先生四禮問答彙類》："'所謂環珓，即今之何物？'退溪答：'環珓今不知爲何物，以意造作而用，反涉不虔乎。'"（2/206）

（3）《喪禮備要》："環珓：所以卜者，或用竹根，长二寸，判而为之。"（4/726）又，"朱子曰：'司馬公云只用分至亦可。'○按，《禮》注春過春不祭，夏祭過夏不祭。據此仲月若有故，則季月亦可祭。'"（4/771）

（4）《家禮輯覽》："環珓：《四聲通解》：'環珓，卜具，竹環珓判竹根爲卜之具，或作筊筊。'○或云用竹根，長二尺，判爲二爲之。"（5/411）

（5）《家禮源流》："《輯覽》：'《韻書》卜具，竹環珓判竹爲之。或作筮筊，或云用竹根長二寸，判爲二爲之……主人炷香薰珓：《易筮儀》置香爐炷香致敬，將筮，合五十策，兩手執之，薰於爐上。'"（15/208）

（6）《明齋先生疑禮問答》："問：'卜日今無環珓，以何物代之歟（宋命賢）？'答：'《韻書》稱判竹爲之，或用竹根，其長二寸，此可遵行（用二片，而以竹之表裏爲俯仰也）。'"（16/475）

（7）《南溪先生禮說》："問：'環珓筮日之儀廢矣。於其當月上旬、下旬例擇，其或丁或亥而用之，亦可謂不失卜日之義耶（李時春辛酉）。'答：'雖無環珓而用丁亥，《備要》已言之。環珓之制此本未曾深究，《韻書》稱判竹爲之，或用竹根，其長二寸。然則其制可略想矣。所謂一俯一仰，既無所指的，此必以竹之表裏爲俯仰也。然東俗鮮有用此者，雖間用卜日者或用筮儀之制，不然並只以或丁或亥之日爲定，先期告廟而已，準此行之宜無不可。且古者卜三旬，不吉，則全廢其祀。至橫渠先生以爲卜雖不吉，祀不可全廢。若再卜不吉，則直用下旬之日。而朱子嘗從其說故云云也。'"（23/175—176）

（8）《家禮輯解》："環珓：或云用竹根，判爲二爲之……按今

俗不卜日，但隨上中下旬內丁日例行禪事，然旣定禪日，則亦依此禮告本龕可也。"（25/591）

（9）《家禮便考》："《大全·答張敬夫書》：'初定儀時祭用分至，則冬至二祭相仍，亦近煩瀆（瀆）。今改用卜日之制，尤見聽命於神，不敢自專之意。'……〇《五禮儀》：'二品以上上旬，六品以下中旬，七品以下下旬，並卜日。'〇宋龜峯與栗谷書論《擊蒙要訣》曰：'時祭之用二分二至，不必大書爲式，亦恐非朱子意也。'或問時祭仲月、清明之類，或值忌日則如之何。朱子曰却不思量到，此古人所以貴於卜日也。然則今不可舉是日爲式也。再書時祭之用二分二至，朱子旣論其非，而尚曰程子之式強欲行之，恐亦未可也。"（28/387）

（10）《家禮或問》："卜筮擇地：……吾東地師專以選擇《要訣》爲法，而不曉占法，朱子《筮室儀》詳於《周易》綱領，可取而行之也。大明儲詠有《代蓍法》，亦在於便考，從俗擇之……近世以錢擲爻，欲其簡便，要不能盡卜筮之道。自昔以錢之有字爲陰，無字爲陽，故兩背爲拆二畫也，兩面爲單一畫也。朱文公以有字爲面，無字爲背，凡物面皆屬陽，背皆屬陰，反舊法而用之，故建安學者悉正其説……而朱子以後以前占法皆驗雖似可怪，古固有瓦卜、石卜、珓①珓卜、牛蹄卜之，許多古規觀梅風角無物不占而亦皆有驗，此則尤可見，易理之無窮惟在於占之真妄、解之明暗，不必盡拘於筮物也。"（31/256）

（11）《四禮便覽》："諸具（祭器）：环珓，《書儀》取大竹根判之。《備要》長二寸，周尺。〇或用貝，磨作圓二片。"（40/508）又，"諸具（卜日）：环珓，用以卜日者。盤，用以盛环珓者。"（40/530）

（12）《星湖先生家禮疾書》："古者筮日則必以蓍，後人代以环珓，如今俗凡卜以擲錢代揲蓍也。然則环珓者，必錢之類，而以玉

---

① 《家禮或問》中"珓珓"，應是"环珓"之書寫訛誤。

爲之，辨其俯仰也。魏仲先有《竹环珓》詩云：'雖制破筠根，還同一氣分。吉凶終在我，翻覆謾勞君。'此則又以竹代之，如筮之有筳篿也。此推之，雖代擲錢又似無妨。按，《東史》恭愍王六年，王卜遷都漢陽動靜，王探环得静字。更命李齊賢卜之，乃得動字。此則意者，如今之閻子之類，而通謂之环珓，更詳之。"（41/344）

（13）《禮疑類輯》："环珓之制：尤庵曰：'环珓之制既非難備者，又不必俯易而仰難。正如今俗歲時析木爲戲之具，俯仰均矣。今俗無端不用，未可曉也（答或人）。'"（48/209）

（14）《家禮集考》："环，《字書》作桮，曰桮珓，本巫人所以占吉凶者。用竹根長二尺，判作二。古者以玉爲之。《石林燕語》曰：'高辛廟有竹环珓，以一俯一仰爲聖筊。'《書儀》冠筮日注曰：'卜筮在誠敬，不在蓍龜，不能曉者，用环珓亦可。其制取竹根判之。或用兩錢擲盤，一俯一仰爲吉，皆仰爲平。'又按，《書儀》薰蓍見時祭。"（53/395）

（15）《常變通考》："時祭中卜日條，《書儀》設香合、祭蓍於其上，或無能筮者，以环珓代之。"（56/232）

（16）《家禮增解》："环一作瓌。○《書儀》环珓其制取大竹根判之，或止用兩錢。○《四聲通解》：'环，卜具，环珓判竹根爲之，或作笨筊。'○《輯覽》：'用竹根長二尺，判爲二爲之。'○退溪曰：'卜以环珓，古所未聞，而後世用之，其問於神明之意，則與古奚異，然其爲物不能如蓍龜之靈，則安能保其必得神明之告而不差乎。只緣龜卜不傳，蓍草又不可得，則不得已而用其次，故其於筮占，亦用竹算，意亦如此耳。'○尤庵曰：'环珓之制既非難備者，又不必俯易而仰難，正如今俗歲時析木爲戲之具，今世無端不用未可曉也。'"（60/178）

（17）《家禮彙通》："《韻書》曰：'环，卜具。珓，竹环珓，判竹根爲卜之具。'或作笨筊，或云用竹根長二尺，判爲二爲之。"（61/635）

（18）《喪禮備要補》："大祥之具：环珓止判而爲之之義，《字彙》：'珓，吉考切，音教，珓以卜吉凶也。'《易》有陰珓有陽珓，朱子曰：'珓法者四象之數，自四而八而六十四俱括於中。'○珓之從玉者，示珍重也，非必以玉爲之（詳見玉部）。"（74/317）

（19）《竹僑便覽》："諸具：環珓（爲卜者）。"（76/222）

（20）《士儀》："《家禮》用環珓於祠堂門外，炷香擲珓於盤，以一俯一仰爲吉。今俗不用珓卜，只擇三旬中無故日。○環珓，《韻書》判竹爲之，其長二寸，用二片以竹之表裏爲俯仰，或作筊筴。"（81/92）

（21）《喪禮便覽》："大祥之具：環珓（所以卜者，或用竹根長二寸判以爲之）。"（84/140）

（22）《全齋先生禮説》："時祭用分至與卜日。時祭之用分至，孟銑《家祭儀》也；或丁或亥卜日，《家禮》本文也。二者俱無不可，而從《家禮》恐好，如難於環珓之卜，只以某日行事之意，前期三日告由以行亦無妨（答朴斅鎮）。環珓之制。環珓，古者以玉爲之，高辛廟又竹環珓，《書儀》云取大竹根判之，《備要》云長二尺，然則其形之不圓而長可知。《便覽》云或用貝磨作圓二片，此則未知出於何書耳（答李善一）。"（86/260—261）

（23）《家禮補疑》："《韻會》環珓判竹爲之，或用竹根，其長二寸，用二片，以竹之表裏爲俯仰，或作筊筴。"（92/47）

（24）《喪禮要解》："環珓，《韻書》判竹爲之，或用竹根，其長二寸，用二片，以竹之表裏爲俯仰，或作筊筴。○宋翼弼曰：'盤徑一尺二寸，周三尺六寸，底蓋相合。'"（92/499）

（25）《四禮輯要》："廟外諸具：環珓，取大竹根二寸判之。"（95/141）又，"環珓，《書儀》取大竹根判之，或止用兩錢。《書儀》皆仰爲平，皆俯爲凶。尤庵曰環珓既非難備者，又不必俯易而仰難，今世無端不用未可曉。"（96/221）

（26）《禮疑問答類編》："環珓今不知爲何物，《書儀》取大竹根製之或作筊筴，退陶謂龜卜無傳，蓍又不可得，故不得已而用其次（答鄭文顯）。古人卜必灼龜，環珓即卜日之龜也，則熏珓是灼龜之義，熏以香煙所以開達其神氣（答劉舜思）。"（100/400）

第五章　朝鮮時代"祭禮"所涉"諸具"疏證　395

(27)《儀禮集傳》:"古禮用蓍筮日,《家禮》命以環珓,今俗並廢環珓,非禮也。又按,《韓魏公祭式》凡正祭,以春分、夏至、秋分、冬至並元日。而司馬公又謂用二分二至,而朱子許之。然朱子又謂若用分至者,冬至二祭相仍煩瀆,改用卜日之制,今當從朱子。"(103/224—225)

(28)《四禮汰記》:"環珓,判竹根爲之,長二寸,用二片,以竹之表裏爲俯仰,或作笨筊。"(105/263)又,"《家禮》環珓後世遂不講,但擇月内三丁,非古也。"(105/336)

(29)《家禮酌通》:"按今無卜日之儀,只以丁亥行之,當用吉事先近日之義。以初丁行之,而有故則中丁、後丁無不可耳。"(114/395)又,"愚按,後世卜筮之禮廢,而環珓之制亦無傳焉。率用分至定合從省,而況張子所謂取陰陽往來、氣之中、時之均者。取義亦精,不猶愈於強行不習之儀,反有不虔之嫌乎。分至若值有故,直用或丁或亥,而皆隨依《要訣》前期三日告廟,如此書告吉之儀。"(114/426—427)

(30)《二禮便考》:"大祥之具:環珓,所以卜者,或用竹根長二寸判而爲之。○明齋曰:'用二片而以竹之表裏爲俯仰也,尤庵曰不必俯易而仰難,正如今歲時爲戲之具,俯仰均,今不用未可曉。'"(118/443)

按:"杯珓"最早見於喪禮"禫"下"卜日"條,今歸於祭禮中詳析之。本書所引《性理大全》本《家禮》"杯珓"皆作"環珓";而《四庫全書》本作"杯珓";《叢書》中多作"環珓""環珓""笨筊""筌筊"。以下從形、義兩方面概述該詞意義。《性理大全》本所載"環珓","环"爲"環"的訛俗字形,文字書寫時常在末筆增橫畫或點筆畫而致俗,"笨"增筆作"筌"同理。"環珓"一詞唐宋時期古籍常見,多作"杯珓",如韓愈《謁衡嶽廟遂宿嶽寺題門樓》:"手持杯珓導我擲,云此最吉餘難同。"[1] 北

---

[1] 卞孝萱、張清華編選:《韓愈集》,鳳凰出版社2014年版,第112頁。

宋魏野《詠竹杯珓子》:"誰知破筠根,還同一氣分。吉凶終在我,翻復謾勞君。"① 黎靖德本《朱子語類》中亦提及"杯珓"四次②。"杯珓"一詞變體衆多,除"杯"可變化爲"柸""梧""盃""環""珓""笭""筶"外,"珓"亦有"筊""教""籈""校"四形。其中,"柸""盃""梧"是"杯"的異體;"环"是"環"的簡體,而"珓"又爲"环"的異體;"籈"爲"珓"的異體。"杯"與"环""筶","珓"與"筊",字形從"玉"或從"竹""木"表示事物用料質地不同而已。"杯珓"最早見於《唐韻·效韻》:"珓者,杯珓也,以玉爲之。"《集韻》及《類篇》中並未説明其質料,單舉其用途"巫以占吉凶器者"。宋葉夢得《石林燕語》載:"太祖皇帝微時,嘗被酒入南京高辛廟,香案有竹杯筊,因取以占己之名位。以一俯一仰爲聖筊。自小校而上,至節度使,一一擲之,皆不應。"③ 宋程大昌《演繁露·卜教》:"後世問卜於神,有器名盃珓者,以兩蚌殼投空擲地,觀其俯仰,以斷休咎。自有此制後,後人不專用蛤殼矣,或以竹、或以木,略斫削使如蛤形,而中分爲二,有仰有俯,故亦名盃珓。盃者,言蛤殼中空可以受盛,其狀如盃也。珓者,本合爲教,言神所告教,現於此之俯仰也。後人見其質之爲木也,則書以爲校字。《義山雜纂》曰'殢神擲校'是也。校亦音珓也。今野廟之荒涼無資者,止破厚竹根爲之,俗書'竹下安教'者是也。至《唐韻·效部》所收則爲珓,其説曰'珓者,盃珓也,以玉爲之'。《説文》《玉篇》皆無珓字也……然則自漢至梁,皆未有此珓字,知必出於後世意撰也。《干禄書》凡名'俗字'者,皆此類也。至其謂'以玉爲之',決非真玉。玉雖堅,不可颺擲,兼野廟之巫,未必力能用玉也,當是擇蚌殼瑩白者爲之,而人因附玉以

---

① 魏野:《草堂集》,陳思編、陳世隆補《兩宋名賢小集》卷20,文淵閣《四庫全書》本。

② 關於《朱子語類》中對"杯珓"的統計及闡釋,見甘小明《〈朱子語類〉校勘十則》,《巢湖學院學報》2011年第4期。

③ 葉夢得:《石林燕語》卷1,中華書局1985年版,第1頁。

爲之名。凡今珠璣琲瑯，字雖從玉，其實蚌屬也。夫惟珓、校、筊既無明據，又無理致，皆所未安，予故獨取宗懍之説也。懍之《荆楚歲時記》曰：'秋社擬教於神，以占來歲豐儉，其字無所附並，乃獨書爲教，猶言神所告於颶擲乎見之也。'此説最爲明徑也。又《歲時記》注文曰：'教，以桐爲之，形如小蛤。言教，教令也。其擲法，則以半俯半仰者爲吉也。'此其所以爲教也。"① 作爲占卜的專屬用具，《唐韻》《石林燕語》《演繁露》中説明杯珓的材質有蚌殼、玉、竹、木幾種，以《演繁露》所述最爲詳確。程氏據字書記録的先後次序推斷，杯珓産生於南朝梁之後，初時以兩片蚌殼製成，因其形中空可受容似杯，故而名杯珓，後又有以玉、竹根、木斫削琢磨而成。且程氏以爲文字的變化，是隨著後人占卜所用質料的不同而變化的。其字形源頭應是"教"，即求教於神明，希冀得到神明的指引或告誡，以期順利完成某事。由於竹木材料的易得，以及玉石高貴、更加符合人們審美的傾向性，因此"教"被"珓""筊""籈""校"所替代②。綜上所述，從文字形、義上説，杯（盃、桮、柸）珓（筊、籈）、環（环、珤）珓、笅（筊）珓，文字之間多爲異體或改換義符的關係，究其原因是因爲器物製作材質的不同而造成的③，其形體雖異然意義相同，皆指神前卜問吉凶所用的兩片似杯狀的卜具。今以文獻中最早出現且最常使用的"杯珓"爲文字定式。

就使用時段及使用方法而言，杯珓的萌芽時間未有確論，或如程大昌所説於南朝梁之後，又或如近代學者周紹良研究所説起源

---

① 程大昌：《演繁露》卷3，文淵閣《四庫全書》本。
② 周翠英《〈演繁露〉詞語探源述評》（《東方論壇》2016年第6期）中探討了珓、校、筊、籈的詞義源頭，認爲來自"教"，可以參看。
③ 部分學者認爲"杯珓"爲正確寫法，而"环珓"是"杯"受"珓"偏旁類化的影響而形成的（甘小明《〈朱子語類〉校勘十則》，《巢湖學院學報》2011年第4期），筆者以爲"杯珓"和"环珓"不存在孰是孰非或正、俗的區別，"杯"改"木"從"玉"，也並非是受"珓"偏旁類化的影響，而應是根據實際使用材料的不同，改換義符形成的。

自漢時①，尚待考證。杯珓的使用没有什麽嚴格的規定，以《書儀・冠儀》（《叢書集成初編》本）小注爲例："古者大事必決於卜筮，灼龜曰卜，揲蓍曰筮。夫卜筮在誠敬，不在蓍龜。或不能曉卜筮之術者，止用杯珓亦可也。其制取大竹根判之，或止用兩錢擲於盤，以一仰一俯爲吉，皆仰爲平，皆俯爲凶。後婚喪祭卜筮準此。"卜時先將杯珓捧至胸前合攏，訴説所卜的事項後將珓抛擲地下，投擲次數爲奇數的三次或五次，然後觀其反正（即陰陽）以決事之吉凶，其擲法以兩片一俯（陰）一仰（陽）爲吉，皆俯爲凶，皆仰爲平。以珓作爲占卜工具，盛行於宋元時期，該時段的史籍文獻、文學作品，如宋費袞的筆記《梁溪漫志・烏江項羽神》、宋朱翌《灊山集・歲乙丑餘年四十有九矣因誦太白四十九年非一往不可復之句次其韻》、元鄭光祖《鍾離春智勇定齊》、元張國賓《合汗衫》等，多記載有擲珓（或杯珓）、打珓等占卜吉凶的術數。而明之後杯珓的使用逐漸消減，而今"福建、廣東、臺灣甚至華北等地，乃至海外華人寺廟，杯珓都是寺廟必備的祈求用具"②（見圖5—1）。此外，《漢語大字典》《中華字海》《漢語大詞典》《辭海》等字典辭書中雖收"杯珓""梧笅"的條目，却並未見其説明與"環（环、珱）珓""笨（筊）珓"等詞的關係，應酌情添補。

以《叢書》爲考察對象，李朝學者關於"杯珓"文字形體的記録並不如中國如此多樣，主要以玉旁、竹旁爲主。《家禮》四時祭環節，在每個季度第一個月的下旬，主人焚香熏杯珓，用杯珓

---

① 周紹良：《紹良書話》，中華書局2009年版，第294頁。
② 王見川、皮慶生：《中國近世民間信仰（宋元明清）》，上海人民出版社2010年版，第103頁。按：周紹良《紹良書話》中認爲清之後"杯珓"的使用逐漸衰竭，曲文軍《"擲珓"習俗考》（《民俗研究》2002年第4期）亦同周氏論說。而《中國近世民間信仰》中引田野調查的結果，認爲清後至今，杯珓仍廣泛應用於寺廟之内。趙志毅《"擲"習俗補正》（《民俗研究》2003年第3期）文中亦有對江蘇如東縣擲珓場所、儀式等方面的考證。今從《中國近世民間信仰》一書的結論。

占卜舉行祭祀的日期。具體卜問每季仲月（即二月、五月、八月、十一月）上、中、下旬丁日或亥日何日爲吉。對於中國宋元時期常見的占卜工具"杯珓"，鄭述發出了"今之何物"的疑問，李滉認爲"环珓今不知爲何物，以意造作而用，反涉不虔"，對於不熟悉的事物不應該憑借臆想製造使用。而金長生《喪禮備要》、尹拯《明齋先生疑禮問答》、柳長源《常變通考》、金鼎柱《喪禮便覽》、張福樞《家禮補疑》、李震相《四禮輯要》、張錫英《四禮汰記》對杯珓的材料、長度、作用給出了明確的解釋，其材料是竹子的根部，將竹子根部剖分爲長約二寸（4釐米）的兩部分，以竹子的表裏爲評判俯仰的標準。取竹子根部製成杯珓的方法，源自温公《書儀》。除竹根外，李縡《四禮便覽》云："或用貝，磨作圓二片。"金長生《家禮輯覽圖説》有圓形"貝"製，以及竹根作的杯珓兩圖形（見圖5—2）。還需説明的是，金長生《家禮輯覽》與《喪禮備要》引述的長度單位衝突，《家禮輯覽》爲"二尺"，《喪禮備要》爲"二寸"，今考杯珓大小應便於手持，二尺（40釐米）的長度超出了易持易用的範圍。另外杯珓多以盤承托，盤子直徑多在十幾釐米左右，二尺的杯珓更不便置盤，因此應以《喪禮備要》"二寸"爲準尺。金鍾厚《家禮集考》、任憲晦《全齋先生禮説》"長二尺"所誤與《家禮輯覽》同，亦應訂正爲"二寸"。朴世采《南溪先生禮説》中認爲，東俗鮮少有用杯珓進行占卜，且卜日的儀式逐漸被世人廢棄，應選用仲月三旬中丁日或亥日進行祭祀，或直接以下旬爲定；同樣，辛夢參《家禮輯解》、許傳《士儀》、任憲晦《全齋先生禮説》、沈宜德《家禮酌通》亦主張不卜日，擇無故之丁日或亥日行禮即可；李衡祥《家禮便考》引李珥《擊蒙要訣》中時祭用春、秋分和夏、冬至，時祭選用二分二至爲朱子早年説，後改爲卜日之制。李珥及沈宜德《家禮酌通》仍用分至，原因在於杯珓的廢棄不用。張錫英《四禮汰記》中認爲擇"月內丁日"。司馬温公《書儀》認爲杯珓可用兩錢代替，李衡祥《家禮或問》、李瀷《星湖先生家禮疾書》亦認爲擲錢無妨。

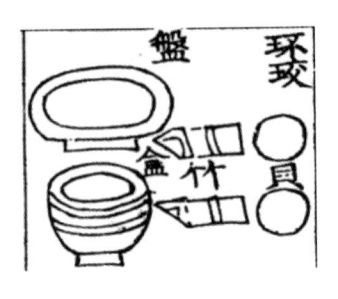

圖 5—1　中國今用"杯珓"　　　　圖 5—2　金長生擬"杯珓"圖
　　　　　　　　　　　　　　　　　　　（《家禮輯覽圖說》5/526）

2. 前一日設位陳器。（簡稱"陳器"）

四時祭時，高、曾、祖、考及其配偶共八位神主，按照由西至東的順序供奉於正寢中。據《家禮》朱子注文"各用一椅一桌"可知，每位設饌一桌，廳堂中並排擺放有八張方桌。然而尋常人家的廳堂多數較爲狹窄，實難容排四代之祭，因此同一世的考、妣共爲一桌的方式大約從宋代起逐漸流行。丘濬《儀節》云"今人家廳事多狹隘恐不能容，今擬考妣兩位共一桌設饌"，且丘氏另增"兩位並設饌圖"，而朝鮮《國朝五禮儀序例》"大夫士庶人時享圖"中亦是將考妣兩位共一桌。①《叢書》中鄭經世、許傳、金鼎柱、金秉宗等從時王之制，以考妣同桌爲定式。而栗谷李珥、沙溪金長生、尤庵宋時烈等則嚴守《家禮》之法，考妣各桌。此外，大多學者既保留了《家禮》同桌制，亦不排斥兩位共桌制，而是根據堂宇狹隘及家境貧寠或富足而定。

【香匙】

《家禮》朱子本注："火爐、湯瓶、香匙、火筯於西階上，別置桌子於其西，祝版於其上。"

《叢書》：（1）《家禮附贅》："香匙，香必細末，使易焚，所以

---

① ［韓］申叔舟等：《國朝五禮儀序例》卷1，日本早稻田大學藏本。

用匙也。"（8/595）

（2）《南溪先生禮說》："問：'時祭條陳器註，所謂香匙、香筯者何物（梁處濟）？' 答：'似皆用香之物，蓋以所焚之香有二制，故也。'"（23/177）

（3）《禮書劄記》："香匙、香筯。按，一本'香筯'之'香'作'火'，火筯似是。謂之香匙，則古人用香屑可知。"（39/349）

（4）《四禮便覽》："諸具（陳器）：香案、香爐、香盒、香匕、火筯。"（40/534）

（5）《星湖先生家禮疾書》："香必細挫爲屑使易焚，如蕭蘭之屬，故用匙。"（41/361）

（6）《疑禮類說》："凡祭陳器，設香匙、火筯，則用其匙挹取香屑載於香爐中而焚火明矣。"（41/554）

（7）《家禮集考》："按，香匙以香用屑故。"（53/465）

（8）《家禮增解》："香匙，按，《儀節》有香爐並匙之文，匙必用於焚香。"（60/317）

（9）《士儀》："香案、香爐、香盒、香匙（宋時香必作屑故用匙，東俗細切不用匙）。"（81/199—200）

（10）《家禮酌通》："按，湯瓶以不用茶，亦當去之。香匙，今用木香，則亦不須也。"（114/433）

按：《四禮便覽》所載"香匕"即"香匙"。《說文·匕部》："匙，匕也，從匕是聲。"《說文解字注》："《方言》曰：'匕謂之匙。'蘇林注《漢書》曰：'北方人名匕曰匙。'玄應曰：'匕或謂之匙。'"自漢代開始，"匕"與"匙"指同一器物，即挹取液體或粉末狀固體的小勺。兩者由於各地方言及使用場合的差異，造成了名稱上的不同。香匙爲匙類之一，是焚香時所需的香具。宋陳敬《陳氏香譜·香品器》云："香匙，平灰、置火，則必用圓者；分香、抄末，則必用銳者。"① 明周嘉冑《香乘·燒香器》："香匕。平灰置

---

① 陳敬：《香譜》卷3，江蘇鳳凰文藝出版社2019年版，第320頁。

火，則必用圓者；移香抄末，必用銳者。"① 由上可知，香匙的形制爲細長柄、底部呈現圓形或畚箕形（該形又稱爲"香鏟"），通常被用於取香末或整理香灰。其質料多爲銅製或檀木製，貴重者也可用金、銀、玉等製。《叢書》中並未涉及李朝香匙形制、製作材料的任何信息，僅知香匙是焚香末（即香屑）時所用，與香爐、香盒常配合出現。若所焚香料爲瓣香或香塊，則不需要使用香匙。

【鹽楪】

《家禮》朱子本注："設酒注一、酹酒盞一、受胙盤一、匕一、巾一、茶合、茶筅、茶盞托、鹽楪、醋瓶於其上。"

《叢書》：(1)《退溪先生喪祭禮問答》："問：'《家禮》祭饌有醋楪，弊家三年之中，只象平日用醬代之。後日家廟常祭當如何？又饌有鹽楪而不言設處，丘氏《儀節》則鹽醋二楪並設於前一行，而亦不設醬。醬者，食之主也，於祭不設，抑有何義（金敬夫）？'答：'只一依《家禮》文，鹽醋俱設，其設處當從丘氏，然凡飲食之類，古今有殊，不能必其盡同，以今所宜言之，鹽不必楪設，各就其器而用之。醬則恐不可不設也，所謂象平日用醬代之者得之。'"(1/75—76)

(2)《寒岡先生四禮問答彙類》："《家禮》陳器下有設鹽楪之文，至於設饌、進饌之時，皆無用鹽之處，獨《儀節》鹽醋俱設。鄙意煎鹽之尚，貴天產也，朱子之設鹽楪而不用，似與玄酒之義同，而瓊山輒以己意入於圖中，恐非朱子本意。"(2/197)

(3)《禮疑類輯》"鹽醋醬：沙溪曰：加鹽之方，按，《少牢饋食禮》：'尸祭酒、啐酒。賓長羞牢肝，用俎，縮執俎，肝亦縮。進末，鹽在右。'以此推之，可見古亦用鹽。又時祭炙肝獨不言加鹽者，有何義耶？按，《特牲饋食禮》賓長以肝從，疏此直言肝從，亦

---

① 周嘉胄：《香乘》卷13，劉幼生編校《香學匯典（中）》，三晉出版社2014年版，第582頁。

當如《少牢》'賓長羞牢肝，用俎，縮執俎，肝亦縮，進末，鹽在右'，此亦不言者，文不具也。以此觀之，時祭肝炙亦須加鹽也，所以不言者，亦是文不具也（《家禮輯覽》）。南溪曰：'鹽楪凡饌似皆當用，然不如炙肝時之有據。其獨言於初祖祭者，亦容有吾見之義（答金榦）。'問：'丘氏《儀節》鹽醋二楪並設於前一行，而亦不設醬，弊家用醬代醋楪云云（金宇顒）。'……尤庵曰：'鹽楪、醋楪之專設恐是古禮，如是各於魚肉，設鹽於其器者似褻（答李選）。'"（48/247—249）

（4）《家禮集考》："鹽蓋爲炙加，本於《少牢》鹽右，而初獻進炙不言鹽，《輯覽》謂文不具也，今俗炙用油醬則不須並用鹽也。"（53/465）

（5）《家禮增解》："又按，《士虞禮》有右鹽之文，《家禮》時祭及初祖祭皆有鹽楪及加鹽之文，據此進炙則當加鹽。又據時祭等禮，兄弟之長當進之。"（60/24）又，"設酒注一、酹酒盞一……鹽楪（用加炙肝及肉）、醋瓶（爲醋楪之用）於其上。"（60/317）

（6）《八禮節要》："鹽楪，用加肝炙。"（62/375）又，"內執事者奉炙肉楪加鹽以進。"（62/381）

（7）《禮疑問答》："問：'豉、醬之列于豆間，非禮也。然退溪云，丘氏二楪之設，當依禮文。鹽姑已之，醬不可闕，何必一去之爲快耶？（男學淵）'答：'《周禮·籩人》之文（《天官》屬），形鹽居八籩之一，未聞正豆、正籩之外，又用附耳之器也……凡立制、立文，務要嚴正均齊，添一疣不得，插一楪不得，方是聖人之意、先王之法，一或以私意參錯之，則黃河之決，由於螘孔，可不愼歟？豉醬一小鍾，雖若至微，苟一添之，於是乎芥醬也，醋醬也，蜂蜜也，鹽屑也，猥瑣雜物，紛然並起，大亂之本也……○醬是總名，豉醬不可稱醬。或稱清醬，可也。'"（69/511—512）

（8）《喪禮備要補》："問：'醋瓶、鹽楪陳器時有之，而祭時別無用之之文。'屛溪曰：'醋楪之醋，似是以醋瓶之醋盛於楪而用之。鹽楪，陳器時設之，而《備要》初獻下注，炙楪鹽在右云，恐是以

此鹽楪之鹽用之耳（見《本集·答李日齊書》）。'"（74/488）

（9）《喪祭儀輯錄》："鹽楪，用加炙肝及肉。"（79/610）

（10）《士儀》："祭饌：鹽楪一，《少牢》肝用俎，縮，進末，鹽在右。注，縮從也，鹽在肝右……○按，祭必用鹽，貴五味之本也。寒岡則云：'設而不用，與玄酒同。'星湖則云：'先設則用各楪，進饌則只加於炙肝。'恐皆未穩。《家禮》既曰鹽楪，又曰加鹽與盤，則此必以楪加於盤也，豈有先各楪而後加肝之理乎。若加之於肝，則便消而爲水矣。《士虞禮》右鹽，注，右鹽與俎近北便尸取之，疏肝鹽併不容相遠，蓋既曰右而又曰北，則與肝別器而設於肝右近北也，然則與明水之設有異矣。○丘氏祭饌有鹽楪，設於匙筯之南，與醋楪別爲一列。○退溪曰：'只依禮文鹽醋俱設。'○尤庵曰：'鹽楪專設。'"（81/258—259）

（11）《禮疑續輯》："醯醋醬。屏溪曰：'醋楪之醋，以瓶盛於楪而用之。鹽楪《備要》初獻下注，炙楪鹽在右云，以此鹽楪之鹽用之（《類輯續編》）。'南塘曰：'醋制百毒調衆味，故特設。鹽用加於炙肝，故既設而不復設於進饌之時（《類輯續編》）。'"（94/101）

（12）《四禮常變纂要》："鹽楪（用加炙肝及肉者）。"（113/311）

（13）《家禮酌通》："按，茶合等物，今不用茶，則并當去之。鹽爲炙加也，説見下，醋當代以醬亦見下。"（114/432）

（14）《四禮要覽》："鹽楪（用加炙肝祭肉）。"（117/450）

按：鹽楪又作鹽碟，即底部淺平，用來盛放鹽粒的小盤子。關於鹽楪的形制與日用小楪並無二致，今將其單列的原因在於，朝鮮學者就祭禮中鹽楪是否可設於桌進行了論辯。《家禮》有鹽楪却未言其設處，卷首圖中"每位設饌之圖"（見圖5—3）亦未見鹽楪。至丘濬《儀節》"兩位並設饌圖"（見圖5—4）鹽楪與醋楪並設於近北第二行，金敬夫以此問退溪李滉，退溪云鹽不必專設於楪，可以直接鋪撒在饌食之上。尤庵宋時烈亦秉持此種觀點。而沙溪金長生、

第五章　朝鮮時代"祭禮"所涉"諸具"疏證　405

南溪朴世采、星湖李瀷、鏡湖李宜朝、獨茂齋夏時贊、屏溪尹鳳九、南塘韓元震等人更進一步指出，鹽應用於炙肝，其法源自古禮，《家禮》不言用鹽，文不具也。然而，寒岡鄭逑則認爲《家禮》設置鹽楪，在於看中鹽爲天産的地位，但其並不參與進獻，更不必擺列在桌，與下文"玄酒"設而不用義同。

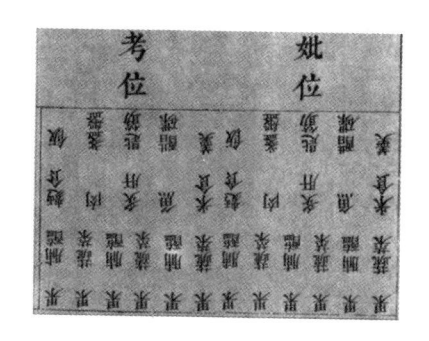

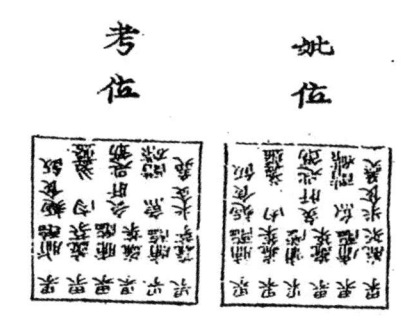

圖5—3　《家禮》每位設饌之圖　　圖5—4　《家禮儀節》兩位並設饌圖

要之，筆者以爲鹽之於饌，必不可少，《儀禮·少牢饋食禮》云："賓長羞牢肝，用俎，縮執俎，肝亦縮。進末，鹽在右。"而《家禮》初獻儀節中"執事者炙肝於爐，以楪盛之"。鹽先設於楪，進饌時加於炙肝之上，不必單列於饌桌，較爲穩妥。

3. 厥明夙興，設蔬果酒饌。（簡稱"設蔬果酒饌"）

【匙筯】

《家禮》朱子本註："設盞盤、醋楪於北端，盞西楪東，匙筯居中。"又，"侑食"條下朱子本註："主婦升，扱匙飯中西柄，正筯。"

《叢書》：（1）《六禮疑輯》："金而精問：'祭圖陳饌尚左，而扱匙則西柄，似有尚右用右手之意，何也？'退溪李氏答曰：'祭饌尚左之説恐未然，蓋食以飯爲主，故飯之所在即爲所尚。如平時陳食左飯右羹，是爲尚左；而祭則右飯左羹，是乃尚右；所謂神道尚右者然也。而今云尚左,非也。扱匙西柄,果如所疑。人之尚左,食用右手。則神之尚右,似當用左手矣。然尚(嘗)思得之,所謂尚左尚右,但以是方爲上耳。非謂尚左方則手必用右,尚右方則手必用左也。故雖陳饌以右爲上,而手之用匙依舊,只用右手何害焉。'"(20/485) 又,"(松江)問:'扱匙飯中西柄之義,須是令匙背向西,如生人舉匙抇飯之爲乃合。而或云令匙内向北,如生人所扱,而微偃匙柄於西可也,恐是非西柄之義。'宋氏翼弼答曰:'前説飯在匙上將食之狀,後説以匙取飯之狀,後説似是。'"(20/498)

(2)《南溪先生禮説》:"所謂正筯者,似指其正置於楪上,首西尾東也。今詳南北曰縱,東西曰横,凡祭饌皆横設,正筯亦然。"(23/199—200)

(3)《禮書劄記》:"(金而精)又問:'祭時上筯於羹,何如?'答:'古人羹有菜者,用筯以食。上筯於羹,不妨。'又曰:'匕則言扱之之所,筯則不言正之之所,禮事亡如事生,從吾東俗而正之於卓上可也。'又曰:'正之於羹器。'《輯覧》曰:'退溪説恐未然,《家禮》之意,若正之羹器,則何獨於匕特言扱之,筯則無。恐正之於匙楪中。'……又曰:'龜峯扱匙微偃之説,只是取以匕取食之意,而今詳南北曰縱,東西曰横,凡祭饌皆横設,正筯亦然。獨於匙縱扱,則恐未安。'"(39/383)

(4)《禮疑類輯》:"問:'扱匙西柄(金光五)。'遂庵曰:'古禮無匙筯,今人扱匙正筯,乃虞祭象生時,仍以不變。'"(48/286)

(5)《喪祭儀輯録》:"南溪曰:'中置匙筯,蓋以匙筯爲諸饌之主,故也。'"(79/612)

按:如上文"香匙"條所考,"匙"與"匕"同。"筯"《説文》未收,然《説文·竹部》收録有"箸","筯"爲"箸"字之異體,《干禄字書·去聲》云:"筯、箸,上通下正。"《玉篇·竹部》云:"筯,直據切,與箸同。""筯"爲"箸"改换聲符而形成的後起俗字,今兩字皆爲正字。故而《家禮》文本

中"匙筯"又可作"匕箸""匙箸"，意指勺子和筷子，由於兩者均爲取食用具，故常常連用。朝鮮最古老的勺子是新石器時代末咸鏡北道羅津出土的骨製品，而公州武寧王陵則出土有百濟時期的"筯"。半島"匙筯"（시저）的質料早期主要是青銅，後來逐漸演變成銀、銅合金等，上流階層多使用銀餐具，而普通百姓則主要使用黄銅製品。"匙"的形制頭部呈橢圓形、中間凹陷，有一長柄與頭部相連；"筯"爲扁方形，底部變窄。《家禮輯覽圖説》金長生繪製有"匙筯"圖，李朝留存下來的"匙筯"實物也十分豐富（見圖5—5）。

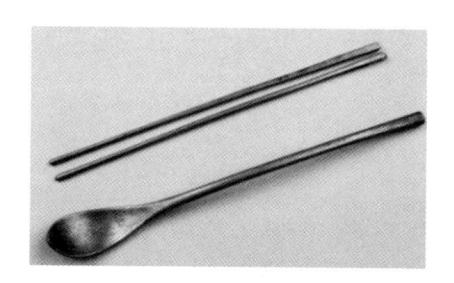

圖5—5　匙筯（1.《家禮輯覽圖説》5/526；2. 李朝銅合金匙筯實物，朝鮮國立民俗博物館藏，編號：1318）

古禮無"匙筯"，今人設"匙筯"及"扱匙正筯"意爲象生，事死以生。由《家禮》注文及本章上節摘錄"每位設饌之圖"可知，"匙筯"位於"盞盤"東、"醋楪"西，處在各桌最北一行中央的位置。而關於"匙筯"，《叢書》所引諸賢之議論多集中在"扱匙正筯"的具體意指。就"扱匙"來説，朴世采、宋翼弼、李混三人之辨稍異。宋翼弼答松江鄭澈禮問，他主張"扱匙微偃"，即將匙南北縱置，柄稍稍安卧於西邊。而李混、朴世采則以爲匙應東西横置，且朴氏直接批駁了宋説。

筆者以爲在爲祖先助饗酒食之興的"侑食"環節，"扱匙西柄"與下文將要論述的"正筯"皆指東西而言。"扱匙"指將勺子插入飯中,"西柄"指匙柄西向,示意祖先將食之狀。總之,李滉、朴世采禮説較爲妥帖。而"正筯"之所,據退溪李滉答金而精説,"筯"應擺放在"羹"上,用筯食羹;沙溪金長生駁斥了退溪説,並進一步認爲"匙筯"有楪承之,應在楪上調整"筯"的位置;南溪朴世采更是明確指出"正筯"是指將筯頭西尾東横放在楪中。今考應以朴氏説更爲恰當,《家禮》已明言插匙於飯中,若設筯於羹上亦會明言。《家禮》未涉,可知正筯應在桌或楪中進行。人道尚左,神道尚右,神位以西爲上,故應將筷子頭西尾東放置。

【玄酒】

《家禮》朱子本注:"設玄酒及酒各一瓶於架上。玄酒,其日取井花水,充在酒之西。"

《叢書》:(1)《家禮輯覽》:"《鄉飲酒義》:'尊有玄酒,教民不忘本也。'注:'古之世無酒,以水行禮,故後世因謂水爲玄酒。不忘本者,思禮之所由起也。'○《禮運》注:'每祭必設玄酒,其實不用之以酌。'醫書:'平旦第一汲者爲井華水。'"(5/384)

(2)《家禮便考》:"《禮運》:'玄酒在室。(注:太古無酒,用水行禮,後王重古,故尊之名爲玄酒。祭則設於室内而近北。)玄酒以祭。'○《明堂位》:'夏后氏尚明水,殷尚醴,周尚酒。'疏:'《儀禮》設尊尚玄酒,是周亦尚明水也。《禮運》云澄酒在下,則周不尚酒,故注云言尚非也。方氏曰明水者,取於月之水,故謂之明水,則淡而無味。醴則漸致其味,酒則味之成者。'"(28/155)

(3)《四禮便覽》:"井華水,《備要》即平朝第一汲水。"(40/374)

(4)《星湖先生家禮疾書》:"玄酒舊疏只云井水,《家禮》云井華水,新朝第一汲者是井華水也。不欲經宿,取其新汲,貴新也。神農以上以水爲玄酒,故用之者不忘本也。"(41/313)

(5)《家禮集考》:"按:古禮唯餞尸有玄酒,《開元》無尸,故無玄酒,至《書儀》乃取古餞尸之用,而設於此也。○《郊特牲》

曰：'醴之美，玄酒明水之尚貴，五味之本也。'《禮運》：'玄酒在室。'疏曰：'色黑故謂之玄，《鄉飲酒義》曰："尊有玄酒，教民不忘本也。"'注：'大古無酒，用水而已。'井花水，《本草》曰：'井花水，平朝第一汲者。'"（53/309）

（6）《竹僑便覽》："玄酒，平朝第一汲水，俗井華水也。"（76/195）

（7）《梅山先生禮說》："祭用玄酒教人不忘本也，自卒哭而通行於四時祭，如時祭之文，而可證其當用也。"（78/120）

（8）《喪禮要解》："井花水（即平明第一汲水）充玄酒。（東巖曰：'《士虞記》卒哭之祭，既三獻有餞尸之禮。尸出門，更設幾席具，三獻用玄酒，非卒哭正祭有之。然今禮玄酒實本於此，故附之。'○陳氏曰：'太古無酒用水，後王重古，故尊之名爲玄酒，其實不用之以酌。'）"（92/469）

（9）《二禮通考》："每祭必設玄酒，其實不用之以酌，教民不忘本也。古世無酒，以水行酒，故後人謂水爲玄酒。○井花水，臨時汲來，勿用宿水可也。"（119/597）

按：玄酒之用，首見於《家禮》喪禮"卒哭"下，一直通行至四時祭。正如《家禮集考》所言，《開元禮》中無玄酒，至司馬光《書儀》祭禮始有"執事者設玄酒一瓶"之文，且下文小注"其日取井華水"。《家禮》全然繼承《書儀》，將玄酒用於"四時祭"及此後"初祖"條。《叢書》中諸學者論述集中在"井花水"爲何，設玄酒之禮義所在這兩個方面。

首先，玄酒爲古時用以替酒而用的清水，並非一切水皆可充當玄酒，《家禮》強調爲"井花水"。"井花水"同"井華水"，金長生、李縡、李瀷等徵引中國醫書《本草綱目》或文典，明確指出"井花水"是祭祀當天早晨第一次汲取的井水，醫典認爲此水味道甘平，具有清熱、鎮靜、安神的作用。此外《星湖先生家禮疾書》《二禮通考》再次強調，祭祀用的井水不能經宿，貴其新汲。其次，《家禮輯覽》《家禮便考》等著述引《禮記》及其注疏探討了以玄酒入祭祀的禮義所在。玄酒是中國酒文化的源頭，上古時期無酒，常常以水行禮，後世有酒仍用玄酒，不僅在於它是五味之本，更是希望通過玄酒教導民衆不忘根本，進而推衍至思考禮儀的本源。雖然祭祀時玄酒常常擺放在酒架上，位於酒的西邊，然觀《家禮》文辭並無使用之處，故而玄酒雖設，其實不用以酌獻。

【酒】

《家禮》朱子本注："設玄酒及酒各一瓶於架上。玄酒，其日取井花水，充在酒之西。"

《叢書》：（1）《疑禮問解》："祭用燒酒，不用桃與鯉。問：'今俗桃及鯉魚、燒酒不用於祭祀，未知何義。或云膏煎之物，用之亦未安，果皆有據耶（宋浚吉）？''桃及鯉魚不用於祭，見《家語》及黃氏說。燒酒則出於元時，故不見於經傳，我國文昭殿日祭，夏月則用燒酒。栗谷亦謂喪中朝夕祭，夏月則清酒味變，用燒酒甚好。'"（6/579）

（2）《家禮附贅》："《禮運》注：'酒之一宿爲之醴齊。'即今甘酒是也。溫公所謂私家無醴者，謂醴重酒輕，故惟公家用之，私家不敢用也，非謂其法不傳也。"（8/274）

（3）《家禮便考》："《周禮》辨三酒之物，三曰清酒。注，清酒祭祀之酒。同春問：'燒酒不用於祭何義？'沙溪曰：'燒酒出於元時，故不見於經傳。我國文昭殿日祭，夏月則用燒酒。栗谷亦謂喪中朝夕祭，夏月則清酒味變，用燒酒亦好云。'"（26/134）

（4）《家禮或問》："酒自何始創？只用清不用燒酒何義？而酒注、酒瓶、悅巾、盥洗指何物歟？《說文》：'酒，就也，所以就人性之善。'又曰：'造也，吉凶所造起。'《釋名》：'酒，踧也，入口咽之皆踧其面。'又祭酒尊親之號，祭時惟尊長醉酒。《史注》夷狄禹臣作酒，杜康作秫酒。《周禮》酒正掌酒之政令，以式法授酒材，辨五齊之名。一曰泛齊，成而滓浮泛泛然，如今宜城醪。二曰醴齊，醴猶體也，成而汁滓相將，如今恬酒。三曰盎齊，盎猶翁也，成而翁翁然葱白色，如今酇白。四曰緹齊，緹者成而紅赤，如今下酒。五曰沉齊①。自醴以上濁，故縮酌，盎以下差清。又辨三酒之物，一曰事酒，有事而飲也。二曰昔酒，無事而飲也。三曰清酒，祭祀之酒也。鄭玄謂：'事酒，酌有事者之酒，其酒則今之醳酒。昔酒，今之酋久白酒，所謂舊醳者也。清酒，今之中山冬釀，接夏而成。'"（29/212—213）

（5）《近齋禮說》："三年內用燒酒，犬豬不用，桃鯉並論。三年內祭奠用燒酒，則犬豬肉當用之，況犬則古禮薦廟用之者乎。至於桃鯉雖三年內未見，其必可用也（答洪直弼）。"（57/281）

（6）《家禮增解》："問：'祭酒用清酒、用醴酒，或用平生所嘗嗜，如何？'退溪曰：'屈到嗜芰，遺言要薦，君子有譏。'"（60/341）

（7）《二禮鈔》："爵之實，古有五齊（即盎齊、醴齊之類），今止用清酒。喪奠，或用醴酒（栗谷於夏月，許用燒酒，燒酒芳烈，正合祭用）。"（69/603）

（8）《四禮祝辭常變通解》："燒酒不用，雖有或者之說，而燒酒既出於元時，則不見於古經者，無足怪也。且我國文昭殿日祭，夏用燒酒，夏月行祭者遵而用之可也。"（70/277）

（9）《喪禮輯解》："祭饌物式：酒，合用清醬，宜用燒酒。"（70/617）

（10）《梅山先生禮說》："禮無三獻異酒之文，未論酒品濃澹，當用有氣臭者。凡祭祀之禮最重灌鬯，其氣臭交感，自有難形之妙。燒酒則可，而醴酒則不可也。設玄酒者，取不忘本，非酌獻也（答姜進奎）。"（78/104）

（11）《士儀》："《郊特牲》云：'醴酒之美。'蓋醴是酒之本也，而清酒乃後世之致味者也。若清酒未辦，則醴酒固可用也。《星湖祭式》不用酒而用醴。○燒酒出於胡元，暴君欲殺諫臣而惡其名，作燒酒，強飲之致其死，時人名曰凶酒。今人或用之祭祀，甚未安。

---

① "五曰沉齊"後鄭玄注未引完整，其後應接"沉者成而滓沉，如今造清矣"。

苟爲無酒，則寧用玄酒而此不可用也。"（81/248）

（12）《喪祭輯要》："祭需：酒，米麴所釀，古用玄酒不忘本之意，百禮之行非酒難行，酒之爲味雖各色，最上者爲清。燒酒出於元時，不見經傳。"（86/564）

（13）《禮疑續輯》："近齋曰：'祭酒貧家難釀清酒，勿論大小祀，只用一宿醴爲宜。而此亦以思其所嗜之義，祖先有嗜酒，則於當位忌日，必釀用清酒，沽酒則不用（《汰哉錄》）。'"（94/99）

（14）《聞韶家禮》："祭酒用清酒，前期二十日，以白米三斗，司重親監淨洗，主婦率衆婦親蒸精釀。"（110/108）

（15）《四禮撮要》："祭饌物式（出遜愚祭饌式）：造果一器……酒（合用清酒，夏則宜用燒酒）。"（115/26）

按：祭祀之禮最重灌鬯，酒氣味交感，是溝通神明的媒介，因此獻祭時尤當至誠。正如上文所說，玄酒雖設，却不用於酌，因此三獻時需要以旁酒替代。《叢書》中學者從兩方面探討了祭祀用酒：其一，燒酒是否可以用於祭祀。同春宋浚吉以民俗常見"燒酒不用於祭祀"問詢沙溪，金長生解釋其原因：燒酒出自元代，朱熹著《家禮》的宋時未有燒酒，故不載於經傳。且沙溪金氏引李朝文昭殿祭祀情況及栗谷李珥説，認爲夏月時候天氣炎熱，清酒容易變質，燒酒濃烈不易變味，用之亦可。與金氏持同樣意見的有，朴胤源《近齋禮説》、丁若鏞《二禮抄》、魏道侃《四禮祝辭常變通解》、金恒穆《喪禮輯解》、洪直弼《梅山先生禮説》、尹羲培《四禮撮要》。然而部分學者持不同意見，他們認爲祭祀祇可用清酒，而不能用燒酒。代表有李衡祥《家禮或問》、許傳《士儀》。許傳進一步解釋到，燒酒又名凶酒，最初是暴君殺死諫臣的工具，用之祭祀，甚未安。在沒有清酒的情況下，寧可用玄酒。此外，李應辰《禮疑續輯》、金秉宗《聞韶家禮》僅指出祭用清酒，然並未提及用燒酒是否可行。其二，關於酒的品類。《家禮附贅》《家禮便考》《家禮或問》三書，引中國《周禮》《禮運》《説文》《釋名》等典籍，闡述到：酒根據釀造時間的長短以及清濁程度，有"三酒五齊"之分，酒的味道雖然各異，却以清酒爲最上品，因此禮書中以清酒用來祭祀。

在解釋祭祀用酒的情况，以及燒酒是否能用於祭祀之前，我們需要大略了解朝鮮半島酒的由來及歷史。半島最早有關酒的記載見於史學家李承休著的《帝王韻記》，書中追溯了高句麗始祖朱蒙的誕生，天地的兒子解慕漱宴請河伯的三個女兒，並强行灌酒，最終與其大女兒柳花成婚，進而生下了朱蒙。高麗時期的酒大體分爲清酒、濁酒、燒酒三種類型，清酒、濁酒都是由穀物（主要指小麥、稻米）發酵而成，區别主要在於過濾與否。徐兢《宣和奉使高麗圖經》："國無秫米，而以秔合麴而成酒，色重味烈，易醉而速醒。王之所飲曰良醖，左庫清法酒，亦有二品。貯以瓦尊，而以黄絹封之。大抵麗人嗜酒，而難得佳釀，民庶之家所飲，味薄而色濃，飲歡自如，咸以爲美也。"① 這裏所謂的酒是指以大米及酒麴釀造的清酒，而民庶所飲應爲濁酒。高麗忠烈王時期從蒙元傳入了蒸餾的制酒技術，這種經由蒸餾法釀造出來酒精濃度較高的酒即燒酒。蒙古軍隊曾經駐扎過的安東、開城、濟州島後來都成爲了有名的燒酒產地。朝鮮時代蒸餾法進一步發展，燒酒常常被當作藥來飲服。《芝峰類説》："燒酒出於元時，而唯爲藥用，不堪放飲，故俗謂小杯曰燒酒盞。近世士大夫豪奢縱飲，夏月用燒酒大杯爛飲，以盡爲醉爲度，多致暴死。"② 據《朝鮮王朝實録》記載，在成宗、英祖等朝多次頒佈禁酒令，來避免因飲燒酒過量而傷身喪生的情况。由此可知，朝鮮時期燒酒幾乎家家有之。燒酒的普遍性致使其廣泛用於祭祀環節，特别是在温度較高的夏日，燒酒味純色香，保存時間更長，故而在供奉有太祖和神懿王后韓氏神主的文昭殿祭祀中，獻祭亦用燒酒。由上推之，燒酒入祀並非不可。

---

① 徐兢：《宣和奉使高麗圖經》卷32《器皿三·瓦尊》，《叢書集成初編》，中華書局1985年版，第109頁。

② ［韓］李睟光：《芝峰類説》卷19《食物部·酒序》，首爾大學奎章閣藏本。

第二節　《叢書》對《家禮》祭禮"諸具"的衍變及創發

祭禮是禮儀制度的最早形式，《禮記·祭統》云："凡治人之道莫急於禮，禮有五經，莫重於祭。夫祭者，非物自外至者也，自中初生於心也。"祭主於敬，而見於子孫進退屈伸之間。除了參與人員的因素外，根據季節選擇時令的饌品，依從規章次第將酒果脯醢等祭需品擺放至饌桌，一器一饌皆是寄託了對祖先的哀思及感恩之情。祭禮的核心內涵是"孝"，在不違反孝的前提下，祭饌的擺設位序及數量，不必盡泥於古，稱家之有無、量力行之即可。桌上置放的饌肴也不必完全遵從《家禮》每位設饌的規定，而可參照死者生時的飲食習慣。總之，半島祭禮諸具與《家禮》對比變化情況見諸表5—1。

表5—1　　　　　　　　祭禮"諸具"衍變及創發

儀節	《叢書》	《家禮》	變化方式	變化內容
卜日	环珓（環珓、笁筊、筶筊）或兩錢	珓	補充說明/改換	《叢書》中"杯珓"多作"环珓""環珓""笁筊""筶筊"等形。文字形體的差異或因字形的異體，或因改換義符而造成的。李朝學者對於"杯珓"的態度有三：一是補充說明，如金長生《喪禮備要》、尹拯《明齋先生疑禮問答》、柳長源《常變通考》等對杯珓的長度、材質、作用進行了細緻描述：二寸、竹根、占卜用。李縡《四禮便覽》又有圓形的貝作杯珓。二是捨棄不用，不采用卜日制度，直選三旬中的丁日或亥日。其代表是朴世采《南溪先生禮說》、辛夢參《家禮輯解》、許傳《士儀》等；或是選用二分二至日，代表是李珥及沈宜德。三是以擲錢代用，其源頭是司馬光《書儀》，李衡祥《家禮或問》、李瀷《星湖先生家禮疾書》承司馬氏所說。

第五章　朝鮮時代"祭禮"所涉"諸具"疏證　415

續表

儀節	《叢書》	《家禮》	變化方式	變化內容
陳器	香匕（香匕）	香匙	補充說明	香匕即香匙，香匙爲焚燒香末所用，和香盒、香爐配套使用。李氏朝鮮所用香料多爲香屑，常以香匙取用。
陳器	無	鹽楪	删汰	朝鮮學者就祭禮中鹽楪是否可設於祭桌進行了論辯。李滉、宋時烈認爲鹽不必專設於楪，可以直接鋪撒在饌食之上；金長生、朴世采、李瀷、李宜朝等人進一步指出，鹽用於炙肝。然而，寒岡鄭述則認爲"鹽"不參與進獻，更不必擺列在桌。筆者以爲，設鹽源自古禮，進饌時加於炙肝上即可。
設蔬果酒饌	匙筯	匙筯	補充說明	《叢書》中李滉、金長生、朴世采、宋翼弼四人，關於"扱匙西柄"具體所指，以及於何處"正筯"，這兩個問題進行了論辯，言明了《家禮》缺略處。可知"扱匙西柄"與"正筯"皆以東西而言，將匙子插入飯中，勺柄西向，將筯頭西尾東放置於楪或桌上，都是爲了助饗先祖、方便其取用。
設蔬果酒饌	玄酒	玄酒	補充說明	《叢書》中諸學者對"玄酒"的論述及補充，集中在"井花水"爲何，設玄酒之禮義所在這兩個方面。由金長生、李瀷等人考辨可知，井花水即祭祀當日清晨第一次汲取的井水。另外，設玄酒於祭祀，爲了使民不忘行禮的根本。
設蔬果酒饌	燒酒	酒	改換	學者從兩方面探討了祭祀用酒：其一，燒酒是否可以用於祭祀。金長生、李珥、丁若鏞等認爲夏月可用燒酒代替清酒，且王室祭祀中燒酒已見。但是李衡祥、許傳等認爲，祭祀祇可用清酒，不不能用燒酒，在沒有清酒的情況下，寧可用玄酒。其二，關於酒的品類。朝鮮時期，酒主要有清酒、濁酒、燒酒三類。鑒於李氏王朝燒酒幾乎家家有之，使用的普遍性以及燒酒在溫度較高的夏月更易保存的特點來看，燒酒用於祭祀三獻是可行的。

結　　語

　　以上五章概述了有朝鮮特色的禮書著録項——"諸具"的形成始末，並將通、冠、婚、祭四禮舉行過程中所需的禮器、物用進行了至爲詳盡的考證。

　　通過對《韓國禮學叢書》窮盡式整理，結合中朝其他文獻、考古資料的利用，本書所疏證的朱子《家禮》"諸具"在類别上可分爲九類。第一類宮室建築（材料）：祠堂、廚庫、堊、敘立屋（序立屋）；第二類占相：杯珓；第三類紡織品：幣、袱、贄幣；第四類冠服鞋履：邊子、采屨、氅衣、道袍、幅巾、幞頭、花勝（華勝）、勒帛、笠子、掠、帽子、缺胯（骻）衫、儒巾、四䙆（袴）衫、唐只（唐紒、唐歧）、網巾、網巾圈（貫子）、纚、中赤莫、簇頭里；第五類人員：姆；第六類飲食：餅湯、茶、赤豆粥、花煎、角黍、松餅、霜花、水團、引餅、蒸餅；第七類器皿：茶托、茶筅、茶盞、大盤、粉盞、㿿、酒注、茅沙盤、筯、湯瓶、香匙、香盒、香爐、鹽楪、盞托、盞盤；第八類日用：承塵、床、地衣、函、笏、交椅、轎、牋紙、涓吉單子、龕、簾、茅沙、墨車、鋪陳、四柱單子、刷子、席、香、椅、帟幕、遮日、櫛、祝版、燭臺、桌、座面紙、坐褥；第九類動植物：馬、茅束、牲、雁。

　　對於這九類"諸具"，在疏證上"平均用力"一無可能，二無必要。有的器物複雜，如"杯珓"，文字上異體迭出，或作"環珓"、或作"筶筊"、或作"筶笅"，且質料、形制不明，中朝兩國皆無法勾勒出其清晰的流傳使用路徑。再如"勒帛"，爲中國宋金時期庶黎常用之束衣帶，但朝鮮學者對其十分陌生，因此產生了"行縢""裏肚"等多種謬釋。諸如此類問題，需爬梳大量文獻資料纔能釐清，故用力多。有的器物簡單，如中朝兩國常見的"笥"，其質料不出竹木，雖大小不一，但形制固定，衆禮書記載較爲明晰，故用力少。有的器物雖特殊，但其功能、用途往往單一，如"花勝"，李朝婚俗多循高麗舊禮，花勝不爲所用，因而諸賢對花勝的訓釋多有訛誤，長期不明。然而中國自漢代起，"人勝""旛勝""花勝""金勝"作爲頭飾，出現在人們的日常生活中，文字圖像材料豐富，故而論證起來並不費力。有的器物雖常見，但功能複雜，禮儀活動中使用場景繁多，故而在疏證難度上較"花勝"之類的"特殊"器物往往更高。如常用作饋贈物的"幣"，冠、婚二禮皆見，用於禮賓、納幣、見舅姑的環節，然禮賓幣多以筆、墨、紙替代；納幣所用爲青、紅各一段的布帛；贄幣中獻"舅"以棗栗，獻"姑"以腶脩。

20世紀六七十年代，末代"衍聖公"孔德成曾希望以照片、膠片等影像方式復原《儀禮》。爲此，孔德成借在臺灣大學等高校、科研機構講學之機，組織起了專門的學術團隊。與事者多以考古學、民俗學、古器物學等新興學科知識，結合傳世文獻典籍等，對《儀禮》所涉各儀節名目進行了較爲系統的考察。除禮儀儀式外，禮器名物無疑是其中的研究重點。"其（禮）行之難，非盡情之難，難於盡其文而已。"毫無疑問，"諸具"就屬於"難盡之文"。"諸具"之"難盡"主要體現在三個方面：

首先是禮書難讀。早在東漢鄭玄之時，"三禮"中所涉宮室服飾、器物度數等，時人不識，已號稱"難讀"。後世云"《易》好說，禮難通"，良有以也。至於《家禮》，一如前述，世人對其真僞的疑慮，版本的蕪雜，都影響了其在中國的流傳和研究。其次是"器以致用"。"諸具"的誕生本身即有強烈的實用色彩，利用古今禮書、工具書、研究論著對每一件器物簡單的定名、溯源，於徹底地了解"諸具"而言，意義有限。在動態的"禮"中考"器"，從静態的"器"中梳"禮"，纔是"諸具"疏證的價值所在。再次是跨文化交流。文化的傳播具有選擇性，"接受了外國的某項文化特質的社會，很可能以與群體自己的傳統相和諧的方式來對它加以消化吸收"①。朱子《家禮》源自中國，但對其進行深入研究的却主要是韓國學者。作爲中國學者，要清晰地描述出"諸具"中某一事某一物究竟會在何種情況下被傳播，爲何以"這一種"方式而非"那一種"方式傳播，被傳播的文化會被本土文化作怎樣的修改，"與傳統相和諧"的平衡點在哪裏等，仍有很大難度。

以上三點，既是"諸具"疏證的難點，從某些角度來看，也可以説是本書的"不足"。狹義的訓詁學以語言的訓釋爲中心，而許嘉璐先生則主張語言及用語言表現的"名物""典章""文化""風習"等皆在訓詁學訓釋的範圍之内。他認爲"現代的訓詁學就應該在更高的層次上把訓詁學與社會學、文化學等等結合起來"，以便"更好地保持和發揚傳統訓詁學的民族特色""使訓詁學獲得更廣闊的應用領域""使訓詁學注意到深層的語言背景，因而可以深入地分析文獻語言的演變規律"。② 對韓國朱子《家禮》中"諸具"的考證正是在這一"宏觀意義上的訓詁學方法"指引下的探索和嘗試。高水平的訓詁學著作自然可以匹配許先生所列的三個"好處"，但反過來説，這樣的訓詁學方法對使用者同樣提出了極高的要求，無論是讀透禮書、"器以致用"，還是在跨文化交流的背景下準確把握"諸具"各項的名稱、源流，使用場合、方法與變通，都不是簡單的工作。必須通過艱難的文獻閲讀過程，從語言文字中勾稽出每一種器具、物用的内涵與外延，並盡可能利用考古學、社會學、人類學、民族學、民俗學等多學科的知識和資源觀照所研究的對象。對筆者而言，這是一個艱巨的考驗，任重道遠，還需假以時日，或能將許先生的主張付諸實踐，令韓國朱子《家禮》中的"諸具"疏證終爲

---

① ［美］C. 恩伯、M. 恩伯：《文化的變異》，杜彬彬譯，遼寧人民出版社 1988 年版，第 541 頁。

② 許嘉璐：《關於訓詁學方法的思考》，《北京師範大學學報》（社會科學版）1988 年第 3 期。

完帙。

　　文化是經整合而成的，"構成文化的諸要素或特質不是習俗的隨機拼湊，而是在大多數情況下相互適應或和諧一致的"①。朱子《家禮》播遷至朝鮮，必然與其本土文化排異、交織，並最終融合。從"諸具"來看，朝鮮士庶刪削朱子《家禮》中不合時、地之宜的器具、物用，改用本國易得、合宜者，或從名稱、位置、尺度、形制、隆殺等角度對相同物具加以變通，都是重新"整合文化"的表現。子曰："麻冕，禮也，今也純，儉，吾從眾。"朱子《家禮》的價值並不因禮文、諸具的損益而減少，理性地認識到彼此文化之間的優點，在"互學"與"相融"中求同存異，對於豐富我們本國的文化同樣是有利的。

---

　　① ［美］C. 恩伯、M. 恩伯：《文化的變異》，杜彬彬譯，遼寧人民出版社1988年版，第43頁。

附錄一

本書取用《韓國禮學叢書》表

說明：

1. 禮圖：下表中若禮書中包含禮圖則記爲"有"，反之則闕如。

2. 編號：所列編號是韓國慶星大學校韓國學研究所將禮書結集出版時重新裝訂成册的册號。（《韓國禮學叢書》第1—60册由民族文化圖書出版社於2008年出版，第61—120册則在2011年出版）1册之下含1種或多種禮書。

朝代	書名	作者	生卒年	版本	禮圖	編號
中宗 (1506—1544) 仁宗 (1545—1545) 明宗 (1545—1567)	奉先雜儀	李彦迪	1491—1553	木		1
	退溪先生喪祭禮問答	李滉	1501—1570	木		
	童子禮	金誠一	1538—1593	木		
	喪禮考證			寫		
	五服沿革圖	鄭逑	1543—1620	木		2
	寒岡先生四禮問答彙類			石		
	五先生禮説分類前集			木		
	五先生禮説分類後集			木		3
宣祖 (1567—1608)	家禮考證	曹好益	1545—1609	木	有	4
	喪禮備要	金長生	1548—1631	木	有	
	家禮輯覽			木		5
	家禮輯覽圖説			木	有	
	疑禮問解			木		6
	疑禮問解拾遺			木		
	家禮諺解	申湜	1551—1623	木	有	7
	四禮訓蒙	李恒福	1556—1618	木		8
	家禮附贅	安玖	1569—1648	木	有	

續表

朝代	書名	作者	生卒年	版本	禮圖	編號
光海君 (1608—1623) 仁祖 (1623—1649) 孝宗 (1649—1659)	讀禮隨鈔	金尚憲	1570—1652	木		9
	疑禮問解續	金集	1574—1656	木		
	古今喪禮異同議					
	禮經類纂	許穆	1595—1682	木		10
	二先生禮説	李惟樟	1624—1701	木		
	家禮源流（1—6）	俞棨	1607—1664	木	有	11
	家禮源流（7—11）				有	12
	家禮源流（12—14）					13
	家禮源流續錄					
	癸巳往復書					
	家禮源流（1—10）	尹宣舉	1610—1669	木		14
	家禮源流（11—17）				有	15
	家禮源流本末					
	明齋先生疑禮問答	尹拯	1629—1714	木		16
	六禮疑輯前集（1—10）	朴世采	1631—1695	木	有	17
	六禮疑輯前集（11—15）					18
	六禮疑輯後集（1—3）					
	六禮疑輯後集（4—12）					19
	六禮疑輯別集					20
	南溪先生禮説（1—6）					21
	南溪先生禮説（7—13）					22
	南溪先生禮説（14—20）					23
	三禮儀				有	
	禮儀補遺	鄭鎰	1634—1717	木		24
	家禮輯説	柳慶輝	1652—1708	木		
	家禮輯解	辛孟參	1648—1711	石	有	25
	家禮便考（1—4）	李衡祥	1653—1733	木		26
	家禮便考（5—9）					27
	家禮便考（10—14）					28

續表

朝代	書名	作者	生卒年	版本	禮圖	編號
顯宗 (1659—1674) 肅宗 (1674—1720)	家禮或問（1—4）	李衡祥	1653—1733	寫		29
	家禮或問（5—8）					30
	家禮或問（9—13）					31
	家禮或問（14—18）					32
	家禮附錄			寫		33
	改葬備要	鄭萬陽	1664—1730	木		34
	疑禮通考（1—7）	鄭葵陽	1667—1732	木		35
	疑禮通考（8—12）					
	疑禮通考別集					
	禮書劄記（1—5）	南道振	1674—1735	木活		36
	禮書劄記（6—12）					37
	禮書劄記（13—20）					38
	禮書劄記（21—26）					39
	四禮便覽	李縡	1680—1746	木	有	40
	星湖先生家禮疾書	李瀷	1681—1763	寫		41
	星湖禮式			寫		
	疑禮類說（1—2）	申近	1694—1764	古活		42
	疑禮類說（3—11）					
	疑禮經傳通解補（1—5）	韓元震	1682—1751	木		43
	疑禮經傳通解補（6—11）					44
	疑禮類輯（1—4）	朴聖源	1697—1767	活	有	45
	疑禮類輯（5—11）					46
	疑禮類輯（12—18）					47
	疑禮類輯（19—24）					48
	決訟場補（1—8）	李象靖	1711—1781	木		49
	決訟場補（9—10）					50
	安陵世典	李周遠	1714—1796	木		
	五服名義	俞彦鏶	1714—1783	古活		51
	家禮集考（1—4）	金鍾厚	1721—1780	木		52
	家禮集考（5—7）					53

附錄一　本書取用《韓國禮學叢書》表　423

續表

朝代	書名	作者	生卒年	版本	禮圖	編號
景宗 （1720—1724） 英祖 （1724—1776）	常變通考（1—8）	柳長源	1724—1796	木		54
	常變通考（9—19）					55
	常變通考（20—30）					56
	冠禮考定	徐昌載	1726—1781	木		57
	近齋禮説	朴胤源	1734—1799	全史字		
	家禮增解（1—4）	李宜朝	1727—1805	木	有	58
	家禮增解（5—10）					59
	家禮增解（11—14）					60
	家禮彙通	鄭煒	1740—1811	木活		61
	士小節	李德懋	1741—1793	全史字		62
	八禮節要	夏時贊	1750—1828	木	有	
	二禮輯略	權思學	1758—1832	木活	有	
	九峰瞽見（1—4）	金禹澤	1743—1820	寫		63
	九峰瞽見（5—8）					64
	九峰瞽見（9—13）					65
	四禮類會	李遂浩	1744—1797	木		66
	喪禮四箋（1—8）	丁若鏞	1762—1836	鉛活		67
	喪禮四箋（9—16）					68
	喪禮外編					69
	喪儀節要				有	
	禮疑問答					
	二禮鈔				有	
	禮疑剳記	康迬	1714—1798	寫		70
	四禮祝辭常變通解	魏道佾	1763—1830	寫	有	
	滄海家範	王德九	1788—1863	寫		
	喪禮輯解	金恒穆	19世紀— 20世紀初	鉛活	有	
	儀禮九選	趙鎮球	1765—1815	寫		71
	儀禮九選別編			寫		72
	家禮證補			寫		

續表

朝代	書名	作者	生卒年	版本	禮圖	編號
正祖 (1776—1800)	喪禮備要補（1—4）	朴建中	1766—1841	寫	有	73
	喪禮備要補（5—12）					74
	備要撮略條解			木活		75
	初終禮要覽			活		
	竹僑便覽	韓錫斅	1776—?	寫	有	76
	梅山先生禮說（1—5）	洪直弼	1776—1852	木活		77
	梅山先生禮說（6—7）					78
	常變纂要	朴宗喬	1789—1856	木		
	禮疑問答・四禮辨疑	宋來熙	1791—1867	寫		79
	喪祭儀輯録	金翊東	1793—1860	木	有	
	士儀（1—10）	許傳	1797—1886	木	有	80
	士儀（11—21）					81
	士儀節要				有	
純祖 (1800—1834) 憲宗 (1834—1849) 哲宗 (1849—1863)	三菴疑禮輯略	尹健厚	18世紀後半葉	木活		82
	式禮會統	洪養默	1764—19C	寫		
	二禮演輯	禹德鄰	1799—1875	寫		83
	二禮祝式纂要			木活		
	喪禮便覽	金鼎柱	18C	寫		
	讀禮録	申錫愚	1805—1865	寫		84
	溪書禮輯	林應聲	1806—1866	木		
	居家雜服考	朴珪壽	1807—1877	寫		85
	全齋先生禮說	任憲晦	1811—1876	木活		
	喪祭輯要（又名：愚溪禮說）	姜鋱	1819—1886	木活		86
	全禮類輯（家禮1—7）	柳疇睦	1813—1872	寫		87
	全禮類輯（8—16）					88
	全禮類輯（17—27）					89
	全禮類輯（28—38）					90
	家禮補疑（1—3）	張福樞	1815—1900	木		91
	家禮補疑（4—別集）					92
	喪禮要解	崔祥純	1814—1865	木活		

續表

朝代	書名	作者	生卒年	版本	禮圖	編號
純祖 (1800—1834) 憲宗 (1834—1849) 哲宗 (1849—1863)	禮疑續輯（1—17）	李應辰	1817—1891	鉛活		93
	禮疑續輯（18—24）					94
	禮疑續輯附錄（1—4）					
	廣禮覽	綏山	不詳	寫		
	四禮輯要（1—8）	李震相	1818—1886	木		95
	四禮輯要（9—16）					96
	祭禮通考・服制總要	柳重教	1832—1893	木活		
	四禮笏記			寫	有	
	臨事便考	李明宇	1836—1904	鉛活	有	97
	四禮節略	都漢基	1836—1902	寫	有	
	四禮祝式	宋秉珣	1839—1912	木		
	四禮疑義或問	鄭載圭	1843—1911	木活		
	艮齋先生禮説	田愚	1841—1922	木活		98
	增補四禮便覽	黃泌秀	1842—1914	木	有	99
	喪祭類抄			木	有	
	禮疑問答類編	郭鍾錫	1846—1919	石		100
	六禮笏記			木活	有	
	四禮集儀	朴文鎬	1846—1918	木活		101
	士禮要儀	趙昺奎	1846—1931	木	有	
	儀禮集傳（1—5）	張錫英	1851—1926	木活		102
	禮儀集傳（6—11）					103
	儀禮集傳（12—17）					104
	四禮汰記			木活		105
	九禮笏記			木	有	
高宗 (1863—1907)	常體便覽	盧相稷	1854—1931	木		106
	曲禮幼肄	李圭畯	1855—1923	木		
	家鄉二禮參考略	李鉐均	1855—1927	石	有	
	四禮纂笏	金在洪	1867—1939	木活	有	107
	常變祝辭類輯			木活		

續表

朝代	書名	作者	生卒年	版本	禮圖	編號
高宗 (1863—1907)	六禮修略（1—8）	宋俊弼	1869—1943	石	有	108
	六禮修略（9—10）					
	家禮補闕	張允相	1868—1946	影印	有	109
	四禮提要	柳永善	1893—1960	鉛活		
	聞韶家禮	金秉宗	1871—1931	寫	有	110
	常變要義	安鼎呂	1871—1939	木活		111
	四禮要選	洪在寬	1874—1949	木活	有	
	四禮儀	鄭琦	1878—1950	石	有	112
	常變祝輯			寫		
	家鄉彙儀	李鍾弘	1879—1936	石	有	
	廟儀			石	有	
	四禮常變纂要	金致珏	19世紀後半葉	石	有	113
	常變輯略	權必迪	1860前後— 1940前後	影印	有	
	家禮酌通	沈宜德	？—1849	寫		114
	懸吐士小節	白斗鏞	1872—1935	活		
	士小節之節	河性在	1901—1970	活		
	四禮撮要	尹羲培	？—19世紀	木	有	115
	禮疑纂輯	慎在哲	1803—1872	寫		
	禮笏	宋在奎	？—20世紀初	活	有	
純宗 (1907—1910)	告祝輯覽	朴政陽	19世紀後期 —20世紀	活		116
	四禮常變祝辭	全達準	19世紀後期— 20世紀	活		
	諸禮祝輯	李機衡	20世紀 前半葉	活	有	
	喪祭禮抄	姜夏馨	1861—？	木	有	
	四禮要覽	具述書	20世紀初	石		117
	懸吐詳注喪祭禮抄	南宮濬	19世紀— 20世紀	新活		
	二禮便考	未詳	未詳	寫		118

续表

朝代	书名	作者	生卒年	版本	礼图	编号
纯宗 (1907—1910)	沙明两先生问解	未详	未详	写	有	119
	四礼释疑	未详	未详	写		
	二礼通考	未详	未详	写	有	
	朝汉四礼十三节	李升洛	未详	铅活		
	四礼仪	未详	未详	木活	有	120
	学礼遗范	申铉国	1869—1949	石	有	
	疑礼考征	未详	未详	写		
	补遗丧祭礼抄	白斗镛	1872—1935	木	有	

附錄二

中國、李氏朝鮮尺度表

一　中國尺度表

根據吳承洛《中國度量衡史》①、曾武秀《中國歷代尺度概述》②、國家計量總局主編《中國古代度量衡圖集》③ 及丘光明、邱隆、楊平先生《中國科學技術史（度量衡卷）》④ 中關於中國歷史各朝尺度的考證，可將各個時期尺度情況彙總如下：

中國	
時代	折合尺長（cm）
周	22.5
戰國（秦）	23.1
西漢	23.1
新（王莽）	23.1
東漢	23.1
三國	24.2

---

① 吳承洛：《中國度量衡史》，商務印書館 1937 年版。
② 曾武秀：《中國歷代尺度概述》，《歷史研究》1964 年第 3 期。
③ 國家計量總局主編：《中國古代度量衡圖集》，文物出版社 1984 年版。
④ 丘光明、邱隆、楊平：《中國科學技術史（度量衡卷）》，科學出版社 2001 年版，第 447 頁。

續表

中國	
時代	折合尺長（cm）
西晉	24.2
東晉	24.5
南朝	24.6—24.7
北朝	25.6（前）30（後）
隋	29.5
唐	30.6
宋	31.4
元	35
明	32
清	32
今市尺	33.3

二 李氏朝鮮尺度表

根據金柄夏《韓國經濟思想史》"度量衡制度論"一節[①]，可知高麗時代，遵循中國度量衡制度，以周尺爲標準尺。然而高麗朝以後民間私制的度量衡泛濫，彼此存在若干差異。李朝世宗試圖規範度量衡，二十八年初（1446年）新製的營造尺被分到地方，度量衡統一得以具體化。《經國大典》中以黃鐘尺爲基準，將周尺、營造尺、造禮器尺、布帛尺的標準確立了下來。《經國大典》規定："度之制十釐爲分，十分爲寸，十寸爲尺，十尺爲丈。以周尺準黃鐘尺，則周尺長六寸六釐。以營造尺準黃鐘尺，則長八寸九分九釐。以造禮器尺準黃鐘尺，則長八寸二分三釐。以布帛尺準黃鐘尺則長一尺三寸四分八釐。"（《國朝五禮儀·度圖説》所載與《經國大典》同）李朝後期對度量衡的討論主要集中在英祖朝，英祖二十六年（1750年）製作新的尺度，度量衡制度雖然發生了某些變化，但大體上與

---

① ［韓］金柄夏：《韓國經濟思想史》，厲帆譯，陝西經濟出版社1993年版，第114—123頁。

編纂《經國大典》時相同。今以《經國大典》爲標準，將李朝時期各尺度情況彙總如下。

尺度的種類	《經國大典》（以黃鐘尺爲標準）	折合尺長（cm）
黃鐘尺	1	34.48
周尺	0.606	20.62
營造尺	0.899	30.80
禮器尺	0.823	28.63
布帛尺	1.348	46.66

除上述尺度外，還有所謂指尺。它是指將中指作爲度量的工具，以中指中節的長度爲一寸，十寸爲尺，因此稱爲"指尺"。世宗時期，將指尺用作土地丈量的憑依。李朝指尺長度約爲 19.41cm。今韓尺 1 尺約爲 36.56cm。

附錄三

朝鮮所涉《家禮》"諸具"彙總

说明：

"●"所示爲《家禮》中朱子標示章節的粗體大字；"◆"所示爲《家禮》正文朱子標示各主要儀節的黑體大字；括號後的各個節次，是依據朱子正文所提煉出的，涉及各諸具的類項。

●通禮

◆（一）祠堂

（1）祠堂：祠堂、廚庫（或兩櫃）、敘立屋、周垣、外門

（2）爲四龕：龕、桌、座面紙、神主、簾、香案、香爐、香盒、香

（3）祭器：床、席、椅、坐褥、桌、座面紙、盥盆、火爐、燭、燭臺、帨巾、盆臺、巾架、香案、香爐、香盒、香、香匙、火箸、盞托、茅束、茅盤、祝版、紙、硯、筆、墨、杯珓、杯珓盤、酒瓶、酒注、盞盤、玄酒瓶、楪、盤、碗、匙、箸、潔滌盆、拭巾

（4）晨謁：深衣、香

（5）朔望參：新果、大盤、桌、熟水、盞托、酒、盞盤、酒瓶、酒注、茅束、茅沙、茅盤、香卓、盥盆、帨巾、盆臺、巾架、笏、香、香爐、香盒、紗帽、團領、品帶、靴、襴衫、笠子、深衣、假髻、大衣、長裙、冠子、背子

（6）俗節：湯餅、藥飯、花煎、艾餅、蒸餅、水團、麥餅、霜

花、引餅、棗栗糕、豆粥、臘肉、大盤、蔬菜、果

(7) 有事告：祝、祝版、祝文紙（餘同上朔望參）

(8) 追贈改題：執事者、善書者、香卓、淨水、粉、粉盞、刷子、紙、硯、墨、筆

◆（二）深衣制度

白細布、衣、裳、圓袂、方領、曲裾、黑緣、大帶、緇冠、幅巾、黑履

●冠禮

◆（一）冠

(1) 告祠堂：祝文紙（餘下同祭禮"有事則告"條）

(2) 戒賓：賓、深衣、牋紙（或白紙）

(3) 宿賓：牋紙（或白紙）

(4) 陳設：盥盆、帨巾、帟幕、堊、席

(5) 陳冠服：執事者、侍者、緇冠、笄、幅巾、深衣、大帶、黑履、笠子、道袍、條帶、鞋、儒巾（或紗帽）、襴衫（或公服）、革帶、靴、櫛、盤、帕、酒注、盞盤、脯、醢、席

(6) 序立：償、氅衣（或中赤莫）、勒帛、采履

(7) 乃醮：酒、盞、席、脯、醢、茅沙

(8) 禮賓：酒、饌、幣（賓幣、贊幣、償幣）

◆（二）笄

"笄"禮程序與"冠"相同，告祠堂、戒賓、宿賓、陳設、乃醮、禮賓六節所用"諸具"亦同，不同之處有二：

(1) 陳服：背子、冠、笄

(2) 序立：唐衣

●婚禮

◆（一）納采

(1) 具書：牋紙、四柱單子、衣樣單子、函、袱

(2) 使者如女氏：使者、從者、媒氏、執事者、幕、席、桌、盛服

(3) 復書授使者：牋紙、涓吉單子、席、桌、酒、饌、幣、盤

◆（二）納幣

(1) 納幣：擔幣者（擔函人）、使者、幣、函、袱、負布

◆（三）親迎

(1) 陳婿室：氈、褥、席、衾、枕、帷幕、衣服、篋、笥

(2) 婿家設位：方席、交拜席、饌桌、燭臺、果蔬、酒瓶、玄酒瓶、禁、酒注、盞盤、卺杯、匕筯楪、盥盆、勺、帨巾、酒瓶、盞盤

(3) 女家設次：帟幕、席、炬

(4) 婿盛服：紗帽、黑團領、品帶、黑靴

(5) 醮子：贊者、席、桌、酒注、盞盤、盛服

(6) 婿乘馬：執雁者、生雁、袱、馬、燭籠、炬

(7) 醮女：姆、贊者、席、冠、袡衣（或圓衫）、帶、簇頭里、紅裙、桌、酒注、盞盤

(8) 奠雁：侍者、雁夫（即執雁者）、生雁（木雁）、席、燭臺

(9) 奉女登車：從者、轎、帕、贄幣（棗栗或時果、股脩或乾肉）、盤、袱、燭籠

禮賓：席、饌、幣、盤

◆（四）婦見舅姑

(1) 舅姑禮之：席、桌、酒注、盞盤

(2) 饋舅姑：席、桌、盛饌、盤、酒注、盞盤、潔滌盆、拭巾、盥盆、帨巾

(3) 舅姑饗之：席、饌、盤、俎

◆（五）廟見

(1) 奠菜：堇、盤

◆（六）婿見婦之父母

(1) 壻見：從者、幣、盤
(2) 禮壻：饌、盤

● 喪禮
◆ （一）初終
(1) 遷居正寢：御者、新衣、纊、上衣（道袍或直領）
(2) 旣絶：衾
(3) 復：侍者、上服（深衣，或道袍，或團領公服）、篚
(4) 遷尸：執事者、幃（或屛）、床、席、褥、枕
(5) 楔齒綴足：角柶、燕几（或書案）、組、衾
(6) 護喪：祝、相禮、司書、司貨、曆、硯、筆、墨、紙
(7) 易服：深衣（或道袍，或直領）、大帶（或白布帶）、白大衣、白長裙
(8) 始死奠：桌、脯、醢、酒、盥盆、帨巾
(9) 治棺：木工、漆工、棺材、衽、漆、臘、松脂、七星板
◆ （二）沐浴 襲 奠 爲位 飯含
(1) 陳襲衣：床、席、褥、枕、桌、（男子：幅巾、網巾、深衣、團領、裼護、直領、條帶、裹肚、袍襖、汗衫、袴、單袴、小帶、勒帛、履）、（女子：掩、纚、褖衣、圓衫、長襖子、帶、衫子、袍襖、小衫、裹肚、裳、袴、單袴、彩鞋）、（男女通用：充耳、幎目、握手、冒、襪）、舉布、盥盆、帨巾
(2) 沐浴：桌、鬲、瓦盤、潘、水、沐巾、浴巾、拭巾、櫛、組、小囊、筓、幎巾
(3) 飯含：貝（或金玉錢幣，或無孔珠）、米、箱、盛米盌、抄米匕、盥盆、帨巾
(4) 設冰：床、冰（或水）、盤
(5) 爲位：編藁、席薦、席、草薦、幃、帷
◆ （三）靈座 魂帛 銘旌
(1) 置靈座：衣架（或屛）、席、椅、大桌、魂帛、箱、復衣、

帕、果、酒注、盞盤、罩巾、香案、燭臺、拭巾、梳貼、盥盆、帨巾

（2）立銘旌：善書者、銘旌、竹杠、粉、鹿角膠、筆、盥盆、帨巾

◆（四）小斂

（1）陳小斂：床、席、褥、枕、桌、衾、絞、上衣（深衣、團領之類）、散衣（袍襖雜衣袴類）、絹、新綿、剪板、長竹、俠衾、盥盆、帨巾

（2）設奠：桌、饌、筯楪、潔滌盆、勺、拭巾、盥盆、帨巾

（3）括髮：麻繩、免布、布巾、簪

◆（五）大斂

（1）陳大斂：床、席、褥、桌、衾、絞、上衣、散衣、盥盆、帨巾

（2）設奠：如小斂奠

（3）納棺：役夫、棺凳、秫灰、紙、褥、枕、散衣、柩衣、跗

（4）漆棺：漆凳、漆、松炭末、巾、屏、衿

（5）結裹：紙、氈、油單、小索、草席、紙環、大索

（6）塗殯：甄、石灰、材木、藁席、凳、屏、帳

（7）設靈床：幕、屏、帳、床、薦、席、褥、枕、被、衣

（8）喪次：樸陋之室、別室、苫、塊

◆（六）成服

（1）成服之具：布、麻、針、綫、（男子：冠、孝巾、衣、裳、中衣、行纏）、簪、衣裳、蓋頭、冠、首絰、腰絰、絞帶、杖、屨、童子服、侍者服、妾婢服

（2）出入：直領、樸馬、素轎、鬖布笠

◆（七）朝夕哭奠 上食

（1）朝奠、夕奠：同上小斂奠

（2）上食：飯、羹、饌、匕筯楪、盤、熟水

（3）朔日：蔬菜、清醬、米食、麵食、飯、羹、肉、魚、匕筯

楪、盤、熟水

（4）薦新：各節令新物

◆ （八）吊奠賻

（1）吊奠：白衣、白帶、香、燭、果、食物、酒瓶、盞盤、盥盆、帨巾

（2）賻：錢、帛、衣服

◆ （九）聞喪 奔喪

（1）易服遂行：四腳巾、白布衫、繩帶、麻屨、惡車

（2）變服：括髮麻、免布、布巾

（3）未得行爲位：椅、席、奠

（4）之墓哭：括髮麻、免布、白布巾、腰絰

（5）齊衰以下聞喪爲位成服：椅、席

◆ （十）治葬

（1）治葬：祝、司書（發書告期者）、祝版

（2）開塋域祠后土：祝、執事者、董役者（如葬師之類）、役夫、新潔席、祝版、果脯、醢、酒注、盞盤、吉服、拜席、盥盆、帨巾、器用、指南鐵、細繩、標木

（3）告先塋：新潔席、香爐、香盒、祝版、果脯、酒注、盞盤、拜席、盥盆、帨巾

（4）穿壙：莎土匠、墓上閣、棺樣、金井機、金井蓋、曲尺、地平尺、細繩、器用、布巾、布裳、布襪

（5）做灰隔：三物幕、石灰、細沙、内金井機、淨土、黄土、薄板、油、糯米、紙、灰隔蓋、椰、器用

（6）刻誌石：刻工、石、燔瓷、片灰

（7）造大轝：大轝、小轝、翣翣、畫翣

（8）作主：執事者、木工、新潔席、桌、主材（備用：粉、鹿角膠、木賊）、韜、藉、櫝座、櫝蓋、箱、兩窗櫝、布巾、布裳

◆ （十一）遷柩 朝祖 奠 賻 陳器 祖奠

（1）遷柩：祝、執事者、祝版、饌

（2）朝祖：執事者、役夫、新潔席、蓋頭

（3）遷於廳事：帷、席

（4）陳器：役夫、罩夫、擔夫、方相、腰罩、紼、銘旌、功布、輓詞、鐸、雨具、布巾

（5）祖奠：饌、炬

◆（十二）遣奠

（1）遣奠：席、饌、紙、盥盆、帨巾

（2）奉魂帛：侍者、女僕、主箱、脯

◆（十三）發引

（1）柩行：執事者、炬、燭籠

（2）哭步從：惡車、素轎

（3）親賓奠：幄

◆（十四）及墓 下棺 祠后土 題木主 成墳

（1）設靈幄：幄、屏、席、席薦

（2）親賓次：白幕、幃、席、

（3）婦人幄：布幕、幃、席薦

（4）奠：果、脯、醢、酒注、盞盤、筯楪、盥盆、帨巾

（5）乃窆：執事者、短杠、長杠、測目器、下棺布、紙、素絲、細繩、雪綿子、柩衣、銘旌、翣、轆轤

（6）贈：玄、纁、盤、盥盆、帨巾

（7）實灰：執事者、油紙、酒、布巾、布襪

（8）下誌石：鐵束、甄、石函、木櫃

（9）題主：善書者、新潔席、桌、井間、筆、墨、硯、竹刀、盥盆、帨巾

（10）成墳：石工、莎草、炭屑、標木、細繩、小石碑、趺、階砌石、石床、遊魂石、香案石、石人、望柱石

◆（十五）反哭

（1）置靈座：屏、席、椅、大桌、帕、香案、燭臺、拭巾

◆（十六）虞祭

(1) 沐浴：沐浴盆、帨巾

(2) 陳器：祝、執事者、茅束、桌、祝版、酒瓶、酒架、酒注、盞盤、徹酒器、拭巾、大床、盤、潔滌盆、勺、拭巾、火爐、炬、盥盆、勺、帨巾

(3) 具饌：內執事、果、醯、蔬菜、清醬、醋、盞盤、匕筯楪、米食、麵食、飯、羹、肉、魚、酒、炙、茶、祭器

(4) 埋魂帛：祝、執事者、器用

◆ （十七）卒哭

(1) 陳器具饌：玄酒瓶

(2) 既卒哭：席、木枕、平涼子、布直領、布帶、

◆ （十八）祔

(1) 設位陳器具饌

(2) 沐浴：布網巾

(3) 奉主：笥、香案、

(4) 與宗子異居宗子告於祖

(5) 紙牓：紙、硯、筆、墨、盥盆、帨巾

(6) 奉新主：笥

◆ （十九）小祥

(1) 沐浴：同上虞祭

(2) 陳器具饌：同上卒哭

(3) 陳練服：執事者、丈夫次、婦人次、（男子：冠、孝巾、網巾、衣裳、腰絰、中衣、腰絰、行纏）、（婦人：首絰、衣裳、簪、蓋頭）、絞帶、杖、屨、侍者妾婢服、吉服

(4) 既練：惡室、薦、蒲席

(5) 亡日行奠：饌

◆ （二十）大祥

(1) 前一日告祠堂：平涼子、布直領、布帶

(2) 陳祥服：執事者、丈夫次、婦人次、（男子：白笠、網巾、直領、帶、白靴）、（婦人：簪、衣裳、屨）

(3) 奉主：小桌、笥、帕
◆（二十一）禫
(1) 陳禫服：執事者、丈夫次、婦人次、黪布笠、網巾、黪布衫、白布帶、皂靴、冠、淡黃帔、白大衣、履
(2) 改題：淨水、刷子、巾
(3) 設位：合櫝
(4) 埋於墓側：祝、要轝、遺衣、木匣、莎草
(5) 不遷之位遷於墓所：祠堂、要轝、祭器
(6) 遷於最長房：要轝、祭器

●祭禮
◆（一）四時祭
(1) 卜日：祝、執事者、桌、香爐、香盒、祝版、杯珓、盤、盛服
(2) 齋戒：沐浴盆，帨巾，新潔席
(3) 設位：帟幕、屏、席、椅、坐褥、小桌、大桌、座面紙、拭巾、屏、深衣
(4) 陳器：香案、香爐、香盒、香匕、火筯、燭臺、茅束、茅盤、桌、祝板、酒瓶、酒注、盞盤、玄酒瓶、酒架、拭巾、徹酒器、徹炙器、大床、受胙盤、胙席、盤、潔滌盆、拭巾、火爐、炬、盥盆、勺、帨巾
(5) 省牲滌器具饌：內執事、牲、果、脯、醢、蔬菜、清醬、醋、盞盤、匙筯、米食、麪食、魚、肉、酒、炙、茶、祭器、背子、深衣
(6) 奉主：笥、盛服
(7) 徹餕：燕器、盒
(8) 祭土神：祝、執事者、新潔席、燭臺、祝板、饌、酒注、盞、徹酒器、潔滌盆、拭巾、盛服、拜席、盥盆、帨巾
◆（二）禰：其儀節諸具大略同四時祭，但祇祭考妣二位

◆ （三）忌日

（1）變服：黲布笠、布深衣、白布帶、皂靴、黑笠、素帶、皂靴、淡黃帔、白大衣、玄帔、玉色裳、帶

（2）奉主：蓋座、笲、香案

（3）旅中遇忌：椅、香案

◆ （四）墓祭

（1）灑掃：執事者、刀斧、拭巾、深衣、玄冠、素服、黑帶、拜席

（2）饌：祝、新潔席、香爐、香盒、祝板、饌、酒瓶、酒注、盞盤、匕筯楪、徹酒器、潔滌盆、拭巾、湯瓶、盥盆、帨巾

（3）祭后土：饌

參考文獻

一 古籍

晁公武撰，孫猛校：《郡齋讀書志校證》，上海古籍出版社1990年版。

陳邦瞻：《宋史紀事本末》，中華書局1977年版。

陳壽撰，裴松之注：《三國志》，中華書局1959年版。

陳元靚：《歲時廣記》，商務印書館1939年版。

陳振孫：《直齋書錄解題》，上海古籍出版社1987年版。

程顥、程頤：《二程集》，中華書局2004年版。

戴銑：《朱子實紀》，《續修四庫全書》，上海古籍出版社2003年版。

杜佑：《通典》，中華書局1984年版。

杜預注，孔穎達疏：《春秋左傳正義》，中華書局1980年版。

范曄：《後漢書》，中華書局1965年版。

胡應麟：《甲乙剩言》，中華書局1991年版。

黃榦：《黃勉齋先生文集》，商務印書館1936年版。

黃丕烈：《百宋一廛書錄》，上海古籍出版社2002年版。

顧野王：《大廣益會玉篇》，中華書局1987年版。

高承撰，李果訂：《事物紀原》，中華書局1985年版。

郭璞注，邢昺疏：《爾雅注疏》，中華書局1980年版。

郭嵩燾：《郭嵩燾全集》，岳麓書社2012年版。

李昉等：《太平御覽》，中華書局1960年版。

李匡乂：《資暇集》，中華書局1985年版。

李幼武：《宋名臣言行錄外集》，影印文淵閣《四庫全書》本。
劉熙：《釋名》，中華書局 1985 年版。
劉昫等：《舊唐書》，中華書局 1975 年版。
孟元老：《東京夢華錄》，中華書局 1982 年版。
歐陽修、宋祁：《新唐書》，中華書局 1975 年版。
丘濬：《家禮儀節》，齊魯書社 1997 年版。
瞿鏞：《鐵琴銅劍樓書目》，上海古籍出版社 2002 年版。
沈括：《夢溪筆談》，上海書店出版社 2009 年版。
司馬光：《司馬氏書儀》，上海商務印書館 1936 年版。
司馬光：《資治通鑒》，中華書局 1956 年版。
司馬光撰，李之亮箋注：《司馬溫公集編年箋注》，巴蜀書社 2009 年版。
蘇軾著，馮應榴輯注：《蘇軾詩集合注》，上海古籍出版社 2001 年版。
湯鐸：《文公家禮會通》，日本京都大學科學研究所藏本。
脫脫等：《宋史》，中華書局 2000 年版。
王得臣：《麈史》，上海古籍出版社 1986 年版。
王復禮：《家禮辨定》，齊魯書社 1997 年版。
王懋竑：《白田雜著》，影印文淵閣《四庫全書》本。
王念孫：《廣雅疏證》，中華書局 1983 年版。
王溥：《唐會要》，中華書局 1955 年版。
王欽若等：《册府元龜》，中華書局 1960 年版。
王三聘輯：《古今事物考》，上海書店出版社 1987 年版。
王先謙撰集：《釋名疏證補》，上海古籍出版社 1984 年版。
魏堂：《文公家禮會成》，上海圖書館藏嘉靖三十六年本。
徐兢：《宣和奉使高麗圖經》，中華書局 1985 年版。
許慎撰，段玉裁注：《說文解字注》，上海古籍出版社 1988 年版。
楊紹和：《楹書隅錄》，上海古籍出版社 2002 年版。
葉夢得：《石林燕語》，中華書局 1985 年版。

宗懍：《荊楚歲時記》，岳麓書社1986年版。

張金吾：《愛日精廬藏書志》，上海古籍出版社2002年版。

章太炎：《國學略說》，上海文藝出版社2001年版。

張廷玉等：《明史》，中華書局1974年版。

真德秀：《西山讀書記》，影印文淵閣《四庫全書》本。

鄭玄注，賈公彥疏：《周禮注疏》，上海古籍出版社2010年版。

鄭玄注，孔穎達疏：《禮記正義》，北京中華書局1980年版。

周中孚：《鄭堂讀書記》，商務印書館1959年版。

朱熹：《晦庵先生朱文公文集》，《朱子全書》，上海古籍出版社、安徽教育出版社2010年版。

朱熹：《家禮》，《性理大全》，山東友誼出版社1989年版。

朱熹：《家禮》，《中華再造善本》，北京圖書館出版社2004年版。

朱熹：《儀禮經傳通解》，《朱子全書》，上海古籍出版社、安徽教育出版社2010年版。

朱熹：《朱子語類》，《朱子全書》，上海古籍出版社、安徽教育出版社2010年版。

朱熹著，楊復附注，劉垓孫增注：《文公家禮集注》，《中華再造善本》，北京圖書館出版社2004年版。

［韓］韓國慶居大學校韓國學研究所：《韓國禮學叢書》，民族文化圖書出版社2008—2011年版。

［韓］弘文館編：《增補文獻備考》，朝鮮隆熙二年鉛印本。

［韓］金宗瑞：《高麗史節要》，《域外漢籍珍本文庫》，西南師範大學出版社、人民出版社2012年版。

［韓］李圭景：《五洲衍文長箋散稿》，首爾東國文化社1959年版。

［韓］申叔舟等：《國朝五禮儀》，日本早稻田大學藏本。

［韓］徐居正等：《經國大典》，首爾大學奎章閣藏本。

［韓］英祖：《國朝喪禮補編》，首爾大學奎章閣藏本。

［韓］英祖：《國朝續五禮儀》，首爾大學奎章閣藏本。

［韓］鄭道傳：《朝鮮經國典》，首爾徽文出版社1974年版。

[韓] 鄭麟趾等：《高麗史》，首爾大學奎章閣藏本。

二　今人著述

陳顧遠：《中國婚姻史》，上海文藝出版社1987年版。

陳來：《中國近世思想史研究》，生活·讀書·新知三聯書店2010年版。

陳文華主編：《中國古代茶具鑒賞》，江西教育出版社2007年版。

高春明：《中國服飾名物考》，上海文化出版社2001年版。

高豐、孫建君：《中國燈具簡史》，北京工藝美術出版社1997年版。

高會霞：《理學與社會》，長春出版社2011年版。

葛兆光：《想像異域：讀李朝朝鮮漢文燕行文獻札記》，中華書局2014年版。

華夫主編：《中國古代名物大典》，濟南出版社1993年版。

惠吉興：《宋代禮學研究》，河北大學出版社2011年版。

李東華：《朝鮮半島古代建築文化》，東南大學出版社2011年版。

李甦平：《韓國儒學史》，民出版社2009年版。

李玉潔：《先秦喪葬制度研究》，中州古籍出版社1991年版。

劉興均等：《"三禮"名物詞研究》，商務印書館2016年版。

劉兆祐：《周禮、儀禮、三禮論著目錄》，臺北洪葉文化事業2000年版。

潘谷西主編：《中國古代建築史》，中國建築工業出版社2009年版。

彭林：《三禮研究入門》，復旦大學出版社2012年版。

彭林：《中國禮學在古代朝鮮的播遷》，北京大學出版社2005年版。

錢玄：《三禮名物通釋》，江蘇古籍出版社1997年版。

錢玄：《三禮通論》，南京師範大學出版社1996年版。

錢玄、錢興奇：《三禮辭典》，鳳凰出版社2014年版。

孫機：《中國古輿服論叢》，文物出版社1993年版。

裘紀平：《中國茶畫》，浙江攝影出版社2014年版。

湯勤福：《半甲集》，上海三聯書店2010年版。

王鍔:《三禮研究論著提要》,甘肅教育出版社 2001 年版。

武金勇等:《先秦兩漢繪畫顏料研究》,中國水利水電出版社 2016 年版。

徐德明:《朱熹著作版本源流考》,中國文聯出版社 2000 年版。

楊雨蕾:《燕行與中朝文化關係》,上海辭書出版社 2011 年版。

揚之水:《古詩文名物新證合編》,天津教育出版社 2012 年版。

楊志剛:《中國禮儀制度研究》,華東師範大學出版社 2001 年版。

俞成雲:《韓國文化通論》,南京大學出版社 2015 年版。

袁傑英:《中國歷代服飾史》,高等教育出版社 1994 年版。

張伯偉:《作爲方法的漢文化圈》,中華書局 2011 年版。

張敏:《韓國思想史綱》,北京大學出版社 2009 年版。

趙克生:《明代地方社會禮教史叢論:以私修禮教書爲中心》,中國社會科學出版社 2011 年版。

趙評春、遲本毅:《金代服飾(金齊國王墓出土服飾研究)》,文物出版社 1998 年版。

鄭春:《朱子〈家禮〉與人文關懷》,福建教育出版社 2010 年版。

周紹良:《紹良書話》,中華書局 2009 年版。

竺小恩:《中國服飾變革史論》,中國戲劇出版社 2008 年版。

[韓]金煐泰:《韓國佛教史概說》,柳雪峰譯,社會科學文獻出版社 1993 年版。

[韓]林基中編:《燕行錄全集》,首爾東國大學校出版部 2001 年版。

[韓]盧仁淑:《〈朱子家禮〉與韓國之禮學》,人民文學出版社 2000 年版。

[韓]宋載卲:《韓國漢文學思想研究》,李學堂譯,山東大學出版社 2009 年版。

[日]吾妻重二:《朱熹〈家禮〉實證研究》,華東師範大學出版社 2012 年版。

索　引

《備要》　30, 38 – 46, 59, 67, 80, 120, 122, 146, 152, 153, 155, 163, 164, 168, 202, 256, 257, 259 – 263, 361, 391, 392, 394, 403, 404, 408

《便覽》　30, 42 – 46, 89, 112, 183, 262, 266, 283, 302, 326, 330, 333, 336, 349, 363, 394

《叢書》　21 – 27, 29, 36, 40, 41, 45, 46, 55, 56, 60, 66, 67, 70, 71, 73, 75, 76, 81 – 84, 86 – 90, 92 – 95, 97 – 101, 103 – 105, 107 – 109, 111, 112, 115, 117, 119, 126, 127, 129, 132, 133, 137, 138, 143, 145, 146, 148, 150, 151, 156, 157, 161, 162, 165, 166, 173, 174, 185, 188, 189, 196, 200, 203, 204, 206 – 212, 215, 217, 219, 222, 223, 226, 230, 234, 238, 244 – 246, 250, 252, 255, 264, 267, 269, 272, 275, 288, 293, 298, 300, 305 – 308, 312, 314, 316, 319, 321, 326, 327, 329, 331, 332, 334, 339, 344, 345, 351, 353, 354, 356, 363, 364, 366, 371, 375, 379, 384 – 388, 390, 395, 398, 400, 402, 405, 407 – 410, 412, 414, 415

《國朝五禮儀》　18, 37, 39, 41, 81, 209, 289, 327, 376

《韓國禮學叢書》　21, 28, 416

《祭儀》　7, 8, 116, 180

《家禮》　1 – 14, 16 – 24, 26 – 39, 41 – 47, 53 – 56, 59 – 62, 64 – 84, 87, 88, 90, 93, 96,

98 – 101, 104, 105, 107, 108, 110 – 112, 115 – 124, 126 – 129, 133, 134, 138, 143, 146, 149, 150, 152, 154 – 156, 158 – 166, 168 – 170, 173 – 176, 180, 181, 183, 185, 187 – 189, 196, 199 – 201, 203 – 212, 214 – 218, 220 – 223, 226, 227, 230, 233 – 238, 244 – 251, 254 – 257, 260, 262, 263, 266, 269, 273, 275 – 281, 283, 285, 286, 288, 292, 293, 296, 297, 299, 300, 303 – 308, 309 – 312, 315, 316, 319, 321, 323, 324, 326 – 330, 332 – 334, 336, 339 – 341, 344, 345, 347, 349, 350, 353 – 368, 371 – 381, 383 – 390, 394, 395, 398, 400, 402 – 410, 412, 414 – 419

《家禮儀節》 14, 30, 31, 34, 36, 209, 228, 306, 405

《三才圖會》 240, 241, 298

《喪禮備要》 19, 22, 26, 27, 30, 36, 37, 41, 68, 70, 71, 75, 79, 82, 90, 92, 109, 111, 143, 150, 159, 162, 166, 174, 209, 255, 256, 259, 266, 267, 391, 399, 414

《書儀》 3, 6, 7, 9, 10, 32, 33, 38, 42, 64, 79, 80, 97, 98, 122, 126, 128, 202, 205, 206, 217, 220, 222, 223, 226, 227, 230, 234 – 237, 246, 247, 250, 255, 258, 260, 263, 267 – 269, 280, 282, 288, 292, 301 – 303, 307, 313, 323, 324, 326 – 328, 336, 337, 340, 341, 344, 353 – 356, 360, 367, 368, 372 – 376, 378, 381, 383, 392 – 394, 399, 408, 409, 414

《司馬氏書儀》 3

《四禮便覽》 19, 22, 26, 27, 30, 41, 42, 45, 53, 58, 62, 68, 70, 71, 74, 75, 78, 84, 87, 89, 90, 94, 99 – 101, 103, 104, 108 – 110, 112, 120, 126, 139, 143, 151, 159, 163, 166, 177, 189, 197, 199, 201, 209, 210, 216, 219, 222, 226, 232, 235, 247, 253, 255, 257, 266, 268,

278，301，304，308，311，
312，315，322，329，331，
332，335，339，347，350，
352－354，356，358，362，
364，366，367，373，377，
380，386，392，399，401，
408，414

《性理大全》 4，13，14，30，
32，46，47，65，395

《儀節》 2，3，31－36，38－
41，43，45，46，65，75，
79，90，104，107，110－
112，115，118，123，124，
129，136，139，144，166－
170，173，176，184，187，
202，205，206，211，212，
216－223，227，230，232，
235－238，244，247，250，
256－259，261，266－268，
276－278，284，286，289，
294，295，298，302，305－
308，312，315，327，329，
335，337，347，355，356，
360，363，374，376，378，
384，388，400－404

《政和五禮新儀》 6，214，
337

《朱子成書》 5，12，13，65

《朱子家禮》 2，14－19，42，

57，62，214

《纂圖集注文公家禮》 4，12

杯珓 390，393，395－399，
414，416

背子 47，48，50，52，256－
258，264，265，354，356，
357，359－363

幣 48，49，300－304，308，
320－322，324－333，368，
379－384，386，388，416，
417

邊子 240，241，243，416

采屐 48，246，248，250，
255－260，263，266－269，
416

彩屐 247，250，261，268，
269，273

茶筅 47，52，119，120，
124，128，129，133－138，
142，209，211，402，416

陳淳 4，8，322

廚庫 47，56，60，73－76，
416

創發 209，210，232，305，
385，386，414

祠堂 10－12，17，42，47－
49，52，55－76，78－84，
86，88，89，92，94，96，
100，102，105，110，112，

索　引　449

115，116，134，166，174，
182，203，208－210，212，
214，219，303，313，317，
329，347，349，351，364，
387，390，394，416

大盤　47，48，52，53，85，
115－119，127，143，174，
196，210，211，416

股脩　379－385，388，417

堊　48，218－221，302，306，
416

粉盞　48，206－208，416

袱　244，286，312，313，
316，323－326，329－333，
349，352，368，373－375，
377，380，383，386，388，
416

幅巾　34，48，49，55，275，
276，278－293，296，299，
307，348，416

幞頭　47，48，50，52，53，
166，237，238，275－289，
291，292，295－299，308，
343，346，347，349，364，
387，416

冠禮　24，32－36，42，48，
213－223，226，234，236，
241，244－250，255－261，
263，266，269，273，275－

277，279，280，283，284，
286，288，289，292－294，
298，299，301－308，328，
359，361，363

裹肚　34，49，255，256，
258，259，261，262，266，
267，305，307，417

函　222，223，312，313，316，
323－326，329－333，352，
374，386，416

合用　33，34，36，39，41，
46，99，101，104，148，
217，235，236，248，263，
335，411，412

笏　47，48，52，166－174，
209，212，277，282，349，
416

花勝　339－341，344，345，
387，416，417

華勝　339－342，344，387，
416

婚禮　35，88，112，213，
214，245，275，280，298，
309－311，313，317，320，
325－327，331，333，334，
337，339，340，344，345，
347－349，351－353，355，
356，358，362－365，368，
369，371，372，374，377，

382, 385–388

祭禮　1, 8, 9, 12, 13, 22, 32–35, 42, 52, 81, 85, 100, 102, 107, 108, 111, 156, 159, 162, 211, 212, 216, 243, 245, 306, 389, 390, 395, 404, 409, 414, 415

假髻　47, 52, 227, 357–362, 364, 365

牋紙　48, 312–317, 326, 329–333, 348, 352, 386, 416

交椅　34, 80, 85, 101, 104–111, 164, 210, 211, 335, 416

角黍　45, 47, 174, 175, 177, 178, 180, 181, 184–186, 189, 196–200, 212, 416

轎　49, 50, 353, 366–371, 387, 416

金長生　19, 22, 26, 30, 36, 37, 45, 46, 53, 70, 81, 82, 92, 95, 100, 115, 132, 142, 144, 157, 159, 166, 173, 174, 189, 204, 207, 208, 210, 266, 267, 269, 275, 289, 293, 295, 298, 307, 315, 399, 400, 404, 407–409, 412, 414, 415

罋　334–339, 387, 416

酒注　34, 47–52, 75, 128, 143–150, 161, 201, 205, 212, 281, 287, 301, 335–337, 402, 403, 410, 416

涓吉單子　311, 313, 319, 320, 386, 416

龕　47, 56, 57, 60, 67, 68, 73, 75–87, 89, 90, 92, 94, 101, 110, 112, 115–119, 127, 143, 165, 177, 187, 206, 207, 210, 211, 392, 416

勒帛　27, 34, 48, 49, 246–248, 250, 253, 255–269, 279, 282, 289, 305, 307, 416

李縡　19, 22, 26, 30, 41–46, 53, 71, 73, 81, 90, 115, 126, 142, 159, 166, 173, 177, 185, 189, 210, 232, 252, 253, 255, 266, 278, 290, 293, 304, 308, 315, 316, 350, 351, 364, 384, 387, 388, 399, 409, 414

禮生　34, 35, 39, 43, 247

禮圖　4, 11–13, 27, 29,

32，38，42，68，75，216，228

笠子 275–278，280–292，294–296，298，300，307，308，326，346，347，349，350，387，416

掠 34，48，222，223，226，227，229，230，234–238，244，305，306，416

茅沙 34，121，150，151，153–156，161–166，416

茅束 123，150–152，154–165，212，416

墨車 49，345，346，348，349，351–353，367，368，374，376，416

姆 49，354–358，366–368，382，383，387，416

納幣 48，309，311–316，319–333，352，357，372，375，380，386，417

納采 48，202，205，309，311–317，320，321，330–332，371，375，386

帔 49，53，356–366，387

親迎 48，112，309–311，320，333，334，337，344，346–349，351–353，360，361，367，368，371–376，381，387

丘濬 2–4，14，26，30–36，38，43，45，46，53，65，75，110，112，118，124，136，137，144，166，170，173，185，187，205，211，212，217，221，230，232，237，238，244，250，252，266，267，289，294，295，298，305–307，315，327，356，376，378，384，388，400，404

儒巾 34，35，275–292，298–300，308，416

三加 220，221，223，230，236，244，245，250，262，268，269，275–293，296–300，302，305–308

喪禮 12，13，22，32–37，41，42，49，75，100，105，107，110，111，113，162，213，232，234，236，237，243，256–259，261–264，267，306，307，359，371，395，409

燒酒 182–184，410–413，415

深衣 10，12，13，32，34，37，42，47–49，52，53，55，

168, 208, 209, 214, 222, 226, 234, 235, 246, 247, 249, 251, 256 – 260, 262, 264, 267, 275 – 293, 299, 307, 349, 358, 359, 361, 362

盛服　48, 49, 52, 166, 169, 170, 247, 276, 298, 308, 330, 331, 339, 340, 344, 345, 347 – 350, 352 – 354, 358 – 362, 364, 368, 374, 378, 387

盛飾　353, 356, 358 – 361, 363, 364, 368, 387

時食　79, 122, 174 – 178, 181 – 184, 188, 193, 195 – 197, 199

實踐　7, 16, 19, 21, 27, 29, 42, 62, 310, 418

書式　14, 27, 32, 43, 312, 314, 315, 317, 319, 320, 386

四襆衫　42, 48, 246 – 255, 257, 258, 260, 261, 263, 264, 267, 269, 277, 282, 283, 285, 287 – 289, 292, 305, 306

四禮　7, 10, 16, 20, 22, 26, 37, 42, 43, 45, 98,

107, 309

四柱單子　311, 313, 316 – 320, 386, 416

俗節　56, 76, 78, 115, 174 – 178, 180 – 190, 194, 197, 199, 212

湯瓶　34, 47, 51, 52, 96, 97, 119, 120, 123, 124, 128, 129, 133, 134, 136, 138 – 142, 147, 209, 212, 400, 401, 416

唐紒　227, 232, 306, 416

唐歧　227, 229, 232, 306, 416

唐只　232, 416

王懋竑　2, 10

網巾　34, 35, 222, 223, 226, 227, 229, 232, 234 – 245, 275, 277, 279, 280, 282, 283, 285, 286, 289, 305, 306, 416

香匕　401, 415

香匙　34, 52, 96 – 99, 210, 400 – 402, 406, 415, 416

香盒　34, 47, 49, 76, 84, 87 – 95, 97, 98, 109, 112, 115, 155, 210, 401, 402, 415, 416

香爐　34, 47, 49, 51, 52,

索　引　453

75, 76, 84, 87 – 99, 109,
111, 112, 115, 155, 201,
205, 210, 390, 391, 401,
402, 415, 416

敘立　32, 37, 56, 59, 60,
62, 67 – 71, 73, 99

玄酒　34, 51, 52, 123, 146,
336, 337, 402, 404, 405,
408 – 412, 415

玄纁　42, 313, 321 – 333,
352, 384, 386

循俗　7, 81, 99, 120, 336,
339, 348, 356, 360, 362,
364, 380

雁　49, 177, 316, 330, 332,
333, 349, 352, 368, 371 –
378, 416

諺解　23, 36, 83, 379

楊復　2, 8, 11 – 13, 31, 47,
174, 187, 215, 218, 230,
300, 303, 320, 345, 349,
351, 387, 390

帟幕　48, 102, 110, 215 –
218, 220, 302, 305, 416

盞托　47, 52, 115, 119,
120, 122, 127 – 131, 133,
142 – 144, 209, 211, 402,
416

執事者　34, 35, 43, 48 – 53,
78, 96, 111, 119, 123,
133, 138, 143, 146, 149,
165, 166, 202, 207, 220,
221, 244, 250, 277, 281,
283, 285 – 288, 302, 403,
405, 409

櫛　34, 48 – 50, 221 – 229,
231, 234 – 237, 244, 245,
277, 281, 283, 285, 287,
416

諸具　1, 24 – 31, 36, 37, 39 –
43, 45 – 47, 53 – 56, 68, 70,
74, 75, 78, 81, 84, 86, 89,
90, 94, 99, 101, 102, 104,
105, 110, 112, 120, 143,
146, 151, 152, 154, 155,
162 – 164, 166, 177, 197,
201 – 203, 208 – 211, 213 –
217, 219, 220, 222, 223,
229, 230, 235 – 237, 247,
257, 262, 268, 277 – 279,
284, 285, 301, 304 – 306,
309, 311, 312, 316, 319,
322, 325, 329, 330, 332,
335, 337, 347, 348, 352,
354, 355, 358, 363, 364,
367, 368, 373 – 375, 380,
383, 385, 386, 389, 390,
392, 394, 401, 413, 414,

416–419
祝版　31，34，48，49，51，52，155，164，200–206，212，400，416
祝文　14，31，32，38，201–207，214，312

坐褥　34，35，86，89，104，105，109–111，151，163，209，211，416
座面紙　86，89，90，112，155，164，209，210，416

後　　記

　　本書的前身，是我的博士學位論文。2013 年，我考入華東師範大學中國文字研究與應用中心，師從許嘉璐、臧克和兩位先生，攻讀漢語言文字學訓詁方向的博士學位。入學之初，即接手了兩項工作：一是文字中心與西南大學毛遠明先生合作的隋唐五代石刻文獻語料建設，承擔了部分墓志碑刻語料的點校、考證；二是文字中心的韓國古典禮學文獻數據庫建設，承擔了張錫英《儀禮集傳》的謄錄、點校。在博士論文選題時，也因此有過兩方面的考慮。我最初的想法是，在碩士階段，廣西大學肖瑜教授指導我做的是法藏敦煌文獻寫卷楷書俗字研究，繼續從事隋唐碑刻俗字研究在內容、方法上都相對熟悉，比較有把握。我把我的想法匯報給臧先生，先生給我提了另一個思路：首先，以俗字爲研究對象的博士論文已經不少，且我本人的碩士論文做的就是俗字，從個人突破的角度來説，是不是可以考慮重新選一個研究方向？況且浙江大學張涌泉先生珠玉在前，恐怕也很難在理論層面有很大的提升。其次，文字中心引進的這部《韓國禮學叢書》對於國内學界來説，是全新的史料，如能從中擇一二選題認真做下去，也能讓大家認識到這部書的價值。從小的方面説是完成了一篇博士論文，往大了説，也是爲域外漢籍研究做了一點貢獻。

　　認真考慮了臧老師的建議，我便一心要在《韓國禮學叢書》中找出合適的選題。彼時，同門蘇小露正在錄校曹好益的《家禮考證》

和李縡的《四禮便覽》。他向我提到了在錄文中遇到的一個有意思的現象，即從中國流傳到朝鮮半島的各類禮書中，朝鮮學者特重朱熹《家禮》。而且，這些《家禮》論著常常將施行禮儀所需的物具單獨臚列出來，名之"諸具"。他建議我可以考察一下《叢書》中的"諸具"，並以此爲博士論文的選題。子云："友直，友諒，友多聞。"沒有小露兄的多聞，就沒有這一部書。小露兄的博士論文《韓國〈家禮〉版本文字校勘研究》在梳理總結韓國禮學實踐者傳播、討論、校訂《家禮》文本文字所取得成就及所存在局限基礎上，對照中國國內現存《家禮》版本系統，進一步完善《家禮》文本文字，重新整理出了一個更具參考性的《家禮》校本，爲本書的撰寫也提供了莫大的便利。

　　論文選題明確後，曾與許先生溝通。許先生説："能够做好純文字研究很好，我的老師陸宗達先生就寫過《説文》方面的論著，陸先生的老師黄季剛先生的小學也是一流的。但是我也鼓勵你去做這個韓國禮學的題目，這是文化交流的一個很好的範例。我們弘揚我們中國傳統的禮學文化，一要有主體性，二要主動地、自覺地與其他的文化去接觸、去交流。理解並欣賞其他的優秀文化，同時也被其他的文化理解與欣賞。"

　　2016年5月，在山東大學亞太禮學文化研究院舉行的第三届"孟子與禮學文化國際學術研討會"上，認識了韓國慶星大學校鄭景柱教授。我們言語不通，祇能通過頗有古風的"筆談"進行交流。各自返校、回國之後，還通過郵件多次向鄭教授請教有關韓國禮學、禮器研究現狀的問題，先生均細緻回復，指點迷津。

　　顧亭林嘗謂爲學當"采銅於山"，而對我來説，即便想要"買舊錢以鑄"也不可得。《韓國禮學叢書》出版未久，國內對其關注不多，而針對"諸具"的研究幾近於無，因此，祇得老老實實地下"圍山采銅"的笨功夫：在一年多的時間內，逐字逐句讀完了16開大小，120册，包含136位作者的155種著作的《韓國禮學叢書》。在敲壞了兩個外置鍵盤之後，收穫了大約150萬字的"鑄錢精銅"。

博士論文從動筆到完成，前後持續了大約一年半。在這一年半中，經歷了結婚、生子、兼職、找工作等諸多"人生大小事"；完成了從學生到教師，從妻子到母親等諸多角色的轉換。待產時，醫院的護士說我恐怕是這間醫院有史以來第一個在病房寫論文的產婦。我說："我現在懷着兩個孩子，一個在肚子裏，一個在電腦裏。哪一個都不能放棄。"雖然都是"懷胎十月"，孩子出生祇疼了兩天，論文卻"難產"了很久。寫作過程中，常常遭遇各種各樣的瓶頸：最初周邊材料匱乏時，西南政法大學的彭衛民博士將其遊歷港臺地區及日韓兩國辛苦搜輯的文獻資料及他本人的研究論著慨然相贈，同時指引我利用各類韓國學的電子資源；在閱讀《禮學叢書》《文集叢刊》以及其他有關古代朝鮮歷史、文化、禮俗文獻遇到障礙，尤其是語言上的障礙時，多次煩擾延邊大學朝鮮族的李燦豪小兄弟和浙江師範大學的韓國留學生鄭燦喜；在專業上遇到疑惑時，張再興、王元鹿、黃人二、王平、董蓮池、郭瑞、潘玉坤等老師，無論在課上還是課下都不吝指點；在學習、生活中遇到困難時，蘇小露、韓立坤、孔哲、吳晗、計曉雲、高博涵、唐艷、饒益波、劉小輝、王盈、莊博聞等在華東師範大學、四川大學、廣西大學、中國社會科學院、北京大學、北京語言大學、浙江科技學院認識的同學、朋友們都會及時地爲我解除紛擾。

　　2018年畢業之後，我入職淮陰師範學院文學院。許芳紅院長，以及分管教學和語言學的楊穎副院長、陳年高副院長多次鼓勵我以博士論文申報課題。幸於2020年10月，獲得國家社科基金優秀博士論文出版項目的立項支持。在近十個月的論文修繕過程中，得到了同事董守志、李迅、晁鋭、程泱等老師的諸多指點。項目中文概要的英譯，則煩擾聖母大學程彤博先生和他可愛的夫人陳佳伶博士頗多。

　　從博士論文的撰寫到本書的正式出版，我無法一一判別出前面述及的每一位與文章某一個句段篇什的具體關聯。但我知道，少了他們其中任何一位，這一過程都將新增坎坷。

　　項目交稿前幾天，請"賤外"周先生替我最後校一遍稿。夜以繼日地讀了一個禮拜，周先生説："我本來是'漢學派'，你這篇稿子，當真是'爲淵驅魚'，我恨不得立刻投了'宋學'。"李植《家禮諺解·跋》中説："禮不難行於朝，而難行於野。其行之難，非盡情之難，難於盡其文而已。"念本科時，最感興趣的是當代文學，從未想過有一天會從事禮器名物的研究。揚之水先生在《關於"定名與相知"》中提到沈從文從小説創作轉向文物研究時説："'文物'與'文學'，兩個詞組都有一個'文'字，'文'本身即有多解，'文'與'物'、'文'與'學'組合，又有多解。我關注比較多的是'文心'，小説詩歌戲劇的創作時'文心'，'物'的設計製作同樣也是'文心'，本來二者是文心相通的，祇是時過境遷，二者分離，因此必要想辦法重新拼合。"在揚之水看來，理想的名物研究是"建構一個新的敘事系統"，此中"包含着文學、歷史、文物、考古等學科的打通，一面是在社會生活史的背景下對詩中'物'的推源溯流；一面是抉發'物'中折射出來的文心文事"。"希望用這種方法使自己能夠在'詩'與'物'之間往來遊走，在文學、藝術、歷史、考古等領域裏，發現問題，解決問題，從一個特殊的角度重温古典。"自從開始研究"諸具"，生活中、書本中、影視劇中出現的一器一物都不僅僅是無關宏旨的"擺設"，而是成爲我審視、研究的對象。人類生活方式的演進、物候的變化、作品創作者的嚴謹與否，都能從這小小的器物中體現出來。在電影《Jackie》中，娜塔莉·波特曼飾演的 Jackie Kennedy 對《生活》雜志的記者説："物品和藝術品比人的壽命更長，它們代表着重要的理念，比如歷史、身份，還有美。"揚之水説"這樣的考證過程永遠有着求解的誘惑力，因此總是令人充滿激情"，對我來説，也是一樣。

　　最後，我想把這本書送給我的女兒周方隅。如前所述，她和這本書曾同時在我的身體中孕育，她是"後發先至"，而書則"姍姍來遲"。《星湖先生家禮疾書》中，李瀷引了一句中國古話"居山者不以魚鱉爲禮，居澤者不以麋鹿爲禮"來談尊"禮"而不泥於"儀"。此即許嘉璐先生提倡的，以開放、包容、和合之心，看待不同的文化。這既是我寫這本書的初衷，也是最終體會。而女兒的名字出自《老子》的"大方無隅"，心胸寬廣，"至大無外"，自然就沒有邊角。從這個角度來説，我的女兒，和我的這本書，的確是孿生雙子。